Xpert.press

Springer-Verlag Berlin Heidelberg GmbH

Die Reihe **Xpert.press** des Springer-Verlags vermittelt Professionals in den Bereichen Softwareentwicklung, Internettechnologie und IT-Management aktuell und kompetent relevantes Fachwissen über Technologien und Produkte zur Entwicklung und Anwendung moderner Informationstechnologien.

Bertram Neubauer · Tom Ritter · Frank Stoinski

CORBA Komponenten

Effektives Software-Design und Programmierung

Mit 45 Abbildungen

Springer

Bertram Neubauer
Humboldt-Universität Berlin, Institut für Informatik
Unter den Linden 6, 10099 Berlin

Tom Ritter
Fraunhofer Institut FOKUS
Kaiserin-Augusta-Allee 31, 10589 Berlin

Frank Stoinski
Humboldt-Universität Berlin, Institut für Informatik
Unter den Linden 6, 10099 Berlin

Additional material to this book can be downloaded from http://extras.springer.com.
ISSN 1439-5428
ISBN 978-3-540-00922-1 ISBN 978-3-642-18566-3 (eBook)
DOI 10.1007/978-3-642-18566-3

Bibliografische Information Der Deutschen Bibliothek
Die Deutsche Bibliothek verzeichnet diese Publikation in der Deutschen Nationalbibliografie; detaillierte bibliografische Daten sind im Internet über <http://dnb.ddb.de> abrufbar.

springer.de

Umschlaggestaltung: KünkelLopka, Heidelberg
Satz: Belichtungsfertige Daten von den Autoren
Gedruckt auf säurefreiem Papier 33/3142 GF 543210

Vorwort

Die Übertragung der allgemeinen Idee von Komponenten auf den Bereich von Softwareanwendungen konnte sich in den letzten Jahren verstärkt durchsetzen. Hauptursache dafür ist die Möglichkeit der raschen und kosteneffizienten Implementierung neuer Anwendungen auf der Grundlage vorgefertigter, konfigurierbarer Bausteine, der Komponenten. Obwohl CORBA seit Jahren eine Schlüsselstellung bei der Realisierung verteilter Anwendungen einnimmt, war bis vor kurzem eine komponentenorientierte Herangehensweise bei der Entwicklung von CORBA-Anwendungen nicht standardisiert Mit dem CORBA-Komponentenmodell schließt die OMG diese Lücke.

Das CORBA-Komponentenmodell führt einen Komponentenbegriff ein, der mit CORBA und relevanten CORBA-Standarddiensten integriert ist. Eine CORBA-Komponente erweitert dabei den Begriff des Objekts um die Reflektion von Informationen zur Erzeugung von Verbindungen zwischen Komponenten. Ähnlich zu entsprechenden Konzepten in der jüngsten Sprachrevision der *Unified Modeling Language*, UML 2.0, können Anschlussstellen definiert werden, die die Implementierung oder Verwendung von Schnittstellen, sowie das Senden oder Empfangen von Ereignissen ausdrücken. Zum Betrieb benötigt eine CORBA-Komponente eine erweiterte Infrastruktur, deren zentraler Bestandteil der Container ist. Der Vorteil für den Entwickler besteht darin, dass große Teile der Implementierung automatisch generiert werden können und er somit von immer wiederkehrenden und fehlerträchtigen Implementierungsaufgaben entbunden wird. Darüber hinaus kann auch die Inbetriebnahme kompletter Anwendungen nahezu automatisch auf der Grundlage der Spezifikation der Anwendung erfolgen.

Dieses Buch unternimmt den Versuch, die durch *die Object Management Group* (OMG) veröffentlichte Spezifikation des CORBA-Komponentenmodells in der Version 1.1 für den Software-Entwickler zu erschließen. Diskutiert wird der komplette Entwicklungsweg von der Spezifikation einer CORBA-Komponente in der *Interface Definition Language* und im UML-Profil für das CORBA-Komponentenmodell über die Spezifikation einer Implementierung für die Komponente in der *Component Implementation Definition Language* und die werkzeugunterstützte Generierung und Implementierung der Komponente bis zur Komposition von Anwendungen aus vorgefertigten CORBA-Komponenten und deren Inbetriebnahme.

Dieses Buch zu schreiben war für uns eine große Herausforderung. Darüber hinaus verlangte es auch von Freunden und Verwandten, sich in dieser Zeit in Geduld und Nachsicht zu üben. Unser besonderer Dank gilt unseren Familien, die uns die vielen Arbeitsabende stets wohlwollend verziehen haben und uns damit die Zeit gaben, dieses Buch zu schreiben. Unser Dank gilt auch Harald Böhme, mit dem wir gemeinsam in vielen kritischen Diskussionen in die Tiefen des Standards des CORBA-Komponentenmodells vorgestoßen sind. Des Weiteren bedanken wir uns bei den Mitarbeitern des Lehrstuhls Systemanalyse der Humboldt-Universität zu Berlin und des Fraunhofer Instituts Fokus, insbesondere Klaus-Peter Eckert und Klaus-D. Engel, für die Unterstützung und die kritische Durchsicht des Manuskripts dieses Buches.

Berlin, im März 2004

Bertram Neubauer
Tom Ritter
Frank Stoinski

Leitfaden zum Lesen

Das vorliegende Buch ist in vier große Teile gegliedert. Der erste Teil ist der Theorie gewidmet. Diskutiert werden zuerst die Theorie der komponentenbasierten Softwareentwicklung im Allgemeinen und anschließend speziell die theoretischen Grundlagen des CORBA-Komponentenmodells. Im zweiten Teil geht es um die praktische Komponentenentwicklung. Gezeigt wird an mehreren Beispielen, wie die Modellierungskonzepte und Implementierungskonzepte eingesetzt werden, um zu fertig implementierten und komponierbaren Komponenten zu kommen. Im dritten Teil wird die Komposition von Anwendungen aus CORBA-Komponenten diskutiert. Dabei wird auch auf die spätere Inbetriebnahme der Anwendung in einer IT-Umgebung eingegangen. Im vierten Teil geht es schließlich mit der Software Qedo um eine konkrete Implementierung des CORBA-Komponentenmodells. Die auch auf der beiliegenden CD zu findende Version dieser Software kann für erste eigene Schritte mit dem CORBA-Komponentenmo-dell genutzt werden.

Im Buchtext werden häufig verschiedene Schriftarten eingesetzt, um bestimmte Wörter und Wortgruppen vom umgebenden Text abzuheben. Erstmalig eingeführte Begriffe werden *kursiv* geschrieben. Das gilt auch für die Erwähnung englischer Wörter, die sich ansonsten in den normalen Text einbetten sollen und nicht übersetzt werden. Treten Bezeichner und Elemente aus einem Programmtext oder einer textuellen Spezifikation im laufenden Text auf, werden sie immer in `Courier` gesetzt. Längere Fragmente eines Programmtextes oder einer textuellen Spezifikation sind ebenfalls in `Courier` gesetzt. Bei diesen Fragmenten ist zu beachten, dass an Stellen, an denen Teile des Originaltextes ausgelassen wurden, mit dem Auslassungszeichen „. . .“ in einer eigenen Zeile gearbeitet wird. Zur Vereinfachung wurde an einigen Stellen im weiteren Verlauf des Buches anstelle von Standard des CORBA-Komponentenmodells nur vom Standard gesprochen.

Inhaltsverzeichnis

Teil I – Theorie des CORBA-Komponentenmodells

Teil III – Entwicklung von Anwendungen

Teil I

Theorie des CORBA-Komponentenmodells

1 CORBA

Das CORBA-Komponentenmodell ist eine neue Technologie für komponentenorientierte, CORBA-basierte verteilte Anwendungen. CORBA als Grundlage des CORBA-Komponentenmodells stellt hierbei die Grundkonzepte für Verteilung und Kommunikation bereit. Das folgende Kapitel ist CORBA selbst gewidmet. Im ersten Teil erfolgt eine zeitliche Einordnung dieser Technologie. Daran anschließend wird ein Überblick über CORBA und seine Bestandteile und Kernkonzepte gegeben. Danach werden die für das CORBA-Komponentenmodell wesentlichen Bestandteile einzeln vorgestellt.

1.1 Überblick CORBA

Rechnernetzwerke realisieren effiziente und adaptive Berechnungswerkzeuge.

Die Computertechnik hat in den vergangenen Jahrzehnten eine rasante Entwicklung genommen. Wurden anfangs Rechner ausschließlich einzeln und unabhängig von anderen Rechnern für die Lösung einer Aufgabe herangezogen, dominieren heute vernetzte Rechnerkonfigurationen, bei denen mehrere Rechner gemeinsam an der Lösung einer Aufgabe beteiligt sind. Dabei lassen sich im Wesentlichen zwei Arten von vernetzten Rechnerverbünden beobachten, homogene Verbünde und heterogene Verbünde. Bei den homogenen Verbünden arbeiten weitestgehend baugleiche Rechner zusammen, die über die gleiche Netzwerktechnologie verbunden sind. Solche Rechnerverbünde sind häufig unter der alleinigen Kontrolle einer einzelnen Institution oder Person. Das zur Kommunikation benutzte Protokoll kann hierbei relativ einfach gestaltet werden, da aufgrund der einheitlichen Architektur alle Rechner ein gemeinsames Verständnis über die Art und Struktur von Datentypen haben.

An heterogenen Verbünden sind verschiedene Rechner mit unterschiedlichen Architekturen, Betriebssystemen und Netzwerktechnologien beteiligt. Entsprechend aufwendig muss ein Protokoll zur Kommunikation zwischen den beteiligten Rechnern gestaltet werden, da es nicht nur von den unterschiedlichen verwendeten Netzwerktechnologien und Architekturen abstrahieren muss, sondern auch die in den verschiedenen Architekturen verwendeten Datentypen und Datenstrukturen geeignet aufeinander abbilden muss.

Historisch gesehen abstrahieren Programmiersprachen immer stärker von der konkreten Technologie.

In den Anfangszeiten der Computertechnik wurden Programme ausschließlich manuell in binärem Code geschrieben. Neben der Tatsache, dass dies ein extrem zeitaufwendiger und fehlerträchtiger Prozess war, setzte es außerdem voraus, dass der Entwickler die Zielmaschine bis in das letzte Detail kennt. Später aufkommende Abstraktionen in Form von Assemblersprachen hatten anfänglich mit geringer Akzeptanz zu kämpfen, da man von dieser Abstraktion eine ineffektive Nutzung der technischen Ressourcen eines Rechners erwartete. In kurzer Zeit setzten sich trotzdem die Assemblersprachen durch, da der Programmierer sich hier wesentlich besser auf das eigentliche Problem konzentrieren konnte und weniger die aktuellen technischen Gegebenheiten in Betrachtung ziehen musste. Später wurden die Assemblersprachen durch Hochsprachen wie Simula, Pascal, Fortran, Cobol, C++ und Java abgelöst, von denen die meisten auch heute noch unverzichtbar für die Softwareentwicklung sind.

Objektorientierte Programmiersprachen ermöglichen eine klare Trennung von Daten und Zugriffschnittstelle.

Ein Meilenstein in der Softwareentwicklung wurde durch die objektorientierte Programmierung erreicht. Das wesentliche Konzept dieser Programmiertechnik ist das *Objekt*, ein programmiersprachliches Konstrukt, das seinen Zustand, der in Form von programmiersprachlichen Daten vorliegt, kapselt und Zugriff auf diesen Zustand über wohldefinierte Interfaces gestattet. Objekte stellen über ihr Interface Dienste bereit, die von anderen genutzt werden können. Hauptinteraktionspunkte an solchen Interfaces sind Methoden, die Daten entgegennehmen und berechnete Daten zurückliefern. Aufrufe solcher Methoden führen zu Zustandsänderungen des Objekts. Somit lässt sich eine klare Rollenverteilung erkennen: der Aufrufer einer Methode an einem Objekt ist in der Rolle eines Klienten des Objekts, während das Objekt, das den Methodenaufruf verarbeitet in der Rolle eines Servers ist. Diese Rollenverteilung findet sich auch in modernen Netzwerken und Rechnerverbünden wieder. Ein Rechner (Klient) nutzt Dienste, die durch einen anderen Rechner (Server) angeboten werden. Es gibt eine Vielzahl von Gründen dafür, dass diese Dienste durch einen anderen Rechner angeboten werden:

- Ein Dienst stellt hohe Anforderungen an die Rechenkapazität.
- Ein Dienst soll vielen Nutzern offen stehen.
- Die Wartung und Aktualisierung der durch den Dienst genutzten Daten soll zentral vorgenommen werden.

- Bei der Bereitstellung des Dienstes werden sensible oder geschützte Daten benutzt, die in dieser Form dem Nutzer nicht zugängig gemacht werden sollen.

CORBA kombiniert das Klienten-Server-Modell mit den Konzepten der objektorientierten Programmierung.

Die Aufteilung in Klient und Server als Beispiel eines einfachen Rechnerverbundes setzt jedoch die Vernetzung dieser Rechner voraus. Dazu muss ein geeigneter Mechanismus gefunden werden, mit dem die Dienste des Servers dem Klienten zur Verfügung gestellt werden können. Die Daten, die zur Steuerung des Dienstes dienen, müssen über das Netzwerk ausgetauscht werden. In den Anfängen wurden die dafür erforderlichen Protokolle von Hand implementiert. Das war zum einen ein fehlerträchtiger Prozess, zum anderen waren diese Protokolle meist sehr stark abhängig von der unterstützten Anwendung und damit wenig adaptierbar an neue Anforderungen.

Später entlasteten Technologien wie ONC/RPC (*Open Network Computing/Remote Procedure Call*) und DCE/RPC (*Distributed Computing Environment/Remote Procedure Call*) den Programmierer beim Entwurf und der Implementierung verteilter Programme. Mit solchen RPC-Technologien lassen sich Anwendungen implementieren, bei denen Prozeduraufrufe transparent über ein Netzwerk an anderen Anwendungsteilen gerufen werden können. Diese Technologien fanden vor allem in prozeduralen Sprachen Anwendung.

Mit der zunehmenden Beliebtheit von objektorientierten Programmiersprachen wie C++ und Java erwuchs schnell der Wunsch, die von den prozeduralen Sprachen bekannten Prozeduraufrufe über Netzwerkgrenzen hinweg auch auf die Methodenrufe an Objekten auszudehnen. Hier setzt die *Common Object Request Broker Architecture (CORBA)* an (s. Born et al. 2004). CORBA ist eine Technologie zur Realisierung verteilter, objektorientierter Anwendungen. Zentrales Konzept von CORBA ist das *CORBA-Objekt*, das seine Dienste über ein wohldefiniertes Interface bereitstellt. Klienten nutzen die Dienste eines CORBA-Objekts in dem sie Operationsaufrufe an das CORBA-Objekt senden. Diese Operationsaufrufe, die den herkömmlichen Methodenaufrufen entsprechen, werden transparent in entsprechende Netzwerknachrichten umgewandelt und vom gerufenen CORBA-Objekt ausgewertet. Das Ergebnis des Operationsaufrufs wird wiederum transparent als Netzwerknachricht an den Klienten übermittelt.

CORBA ermöglicht plattformunabhängige Softwareentwicklung.

Zu den herausragenden Eigenschaften von CORBA gehört die Plattformunabhängigkeit. Anwendungen können auf einer Vielzahl von Plattformen entwickelt und eingesetzt werden, von der Mehrprozessor-Maschine bis hin zum *Personal Data Assistant* (PDA). CORBA ermöglicht eine Softwareentwicklung unabhängig von der im Rechner eingesetzten CPU und des eingesetzten Betriebssystems.

Zusätzlich dazu abstrahiert CORBA auch von der verwendeten Programmiersprache, so dass es möglich wird, verteilte Anwendungen aus Anwendungsteilen zusammenzusetzen, die in unterschiedlichen Programmiersprachen entwickelt wurden. Dies ermöglicht, Teile der Applikation in der am besten dafür geeigneten Programmiersprache zu schreiben. So kann beispielsweise ein CORBA-Objekt im Server in C++ geschrieben werden, um eine optimale Performanz des Dienstes zu erreichen, während die grafische Oberfläche des Klienten in Java geschrieben ist und von den Stärken dieser Sprache bei der Implementierung von grafischen Nutzerinterfaces profitiert.

Die zentrale Vermittlungsstelle bei der Kommunikation von Methodenaufrufen zwischen Klient und CORBA-Objekt ist der *Object Request Broker* (ORB). Der ORB ist für die Codierung und Decodierung von Netzwerknachrichten zur Übermittlung von Operationsaufrufen und Operationsantworten verantwortlich und stellt grundlegende unterstützende Laufzeitdienste für CORBA-Objekte bereit.

CORBA-Objekte werden von so genannten *Servants* implementiert. Ein *Servant* bezeichnet das konkrete programmiersprachliche Konstrukt, das die Funktionalität des Interfaces eines CORBA-Objekts oder mehrerer CORBA-Objekte implementiert. In C++ werden *Servants* durch C++-Klassen implementiert. Der Begriff *Server* bezeichnet in CORBA den Kontext in dem ein *Servant* läuft. Das ist in den meisten Fällen ein Betriebssystemprozess.

Abb. 1.1: Der Object Request Broker

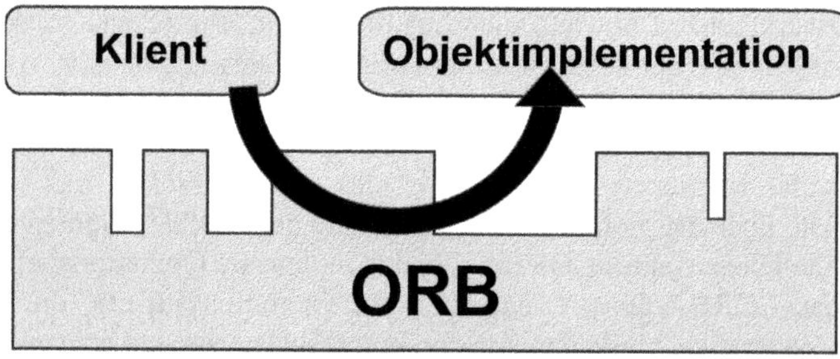

CORBA-Objekte werden durch Objektreferenzen adressiert. Eine Objektreferenz verdeckt den augenblicklichen Aufenthaltsort eines CORBA-Objekts. Durch dieses Konzept gelingt es, die konkrete Verteilung von CORBA-Objekten in verteilten Applikationen für einen Klienten transparent zu machen.

Das Interface eines CORBA-Objekts wird durch eine spezielle Beschreibungssprache spezifiziert, die *Interface Definition Language* (IDL). Durch IDL werden Datentypen, Interfaces und zugehörige Operationen und Parameter beschrieben. CORBA-Objekte können grundsätzlich nur ein CORBA-Interface implementieren.

Daneben definiert der CORBA-Standard eine Reihe von so genannten *Common Object Services*, Diensten, die häufig benötigte Aufgaben in verteilten Anwendungsumgebungen realisieren. Diese Dienste sind selbst wieder als CORBA-Interfaces spezifiziert.

Die wichtigsten Bestandteile des CORBA-Standards werden in den folgenden Kapiteln vorgestellt. Dabei kann dieser kurze Einführung in CORBA ein sorgfältiges Studium des Standards nicht ersetzen. Vielmehr sollen diejenigen Konzepte von CORBA noch mal in Erinnerung gerufen werden, die hauptsächlich beim CORBA-Komponentenmodell Anwendung finden.

1.2 Object Request Broker

Der ORB ist die zentrale Schaltzentrale bei der CORBA-Kommunikation.

Der *Object Request Broker* ist der zentrale Bestandteil der CORBA-Architektur. Er wird sowohl auf Klientenseite als auch auf Serverseite benutzt. Seine Hauptaufgabe ist die Übertragung von Operationsaufrufen (*Requests*) vom Klienten zum Server and Operationsantworten (*Reply*) vom Server zum Klienten. Dazu muss er im Vorfeld die Implementierung des CORBA-Objekts auffinden und auf den Empfang eines Operationsaufrufs vorbereiten. Nach der Abarbeitung der Operation im gerufenen CORBA-Objekt wird das Resultat des Operationsaufrufs mit seiner Hilfe an den Klienten zurück übermittelt.

Der ORB ermöglicht weiterhin den Zugriff auf eine Reihe grundlegender Hilfsfunktionen in CORBA. So bietet er Funktionen an, um Objektreferenzen in eine Zeichenkette umzuwandeln, um sie an geeigneter Stelle für einen späteren Gebrauch ablegen zu können. Umgekehrt kann eine in einer Zeichenkette abgelegte Objektreferenz mit Hilfe des ORB wieder in eine interne Objektreferenz umgewandelt werden.

Der ORB ist nur konzeptionell ein monolithisches Gebilde. In den meisten ORB-Produkten und damit in den meisten verteilten CORBA-Anwendungen wird die Funktionalität des ORB in einer Bibliothek bereitgestellt. Bei der Kommunikation zwischen Klient und Server kann damit ein Teil des ORB in der Bibliothek des Klienten implementiert sein, während ein anderer Teil in der Bibliothek des Servers implementiert ist. Auch vollkommen andere Konstellationen der ORB-Partitionierung sind denkbar.

Zugriff auf die Hilfsfunktionen des ORB erfolgt für Klienten und CORBA-Objekte gleichermaßen über das ORB-Interface. Dieses Interface ist standardisiert und ermöglicht damit identischen Zugriff auf die ORB-Funktionen, unabhängig von der jeweils genutzten ORB-Implementierung.

Stubs und Skeletons sind typspezifische ORB-Interfaces, DII und DSI sind generische ORB-Interfaces.

IDL-Stubs sind vom Interface des Zielobjekts abhängige klientenseitige ORB-Interfaces zum Initiieren eines Operationsaufrufs. Wie auch in den streng typisierten Programmiersprachen wie beispielsweise C++ und Java muss man den Typ eines Objekts kennen, um eine Operation an diesem aufzurufen. In CORBA gibt es über diese Möglichkeit hinaus auch einen Aufrufmechanismus, der an die schwach typisierten Sprachen wie Python und Tcl angelehnt ist. Das *Dynamic Invocation Interface* (DII) ist ein vom Interface des Zielobjekts unabhängiges klientenseitiges ORB-Interface, das ebenfalls für einen Operationsaufruf verwendet werden kann. Hier müssen nur der Name der Operation und die Parameter bekannt sein, um eine Operation an einem beliebigen CORBA-Objekt aufzurufen. Beide ORB-Interfaces haben ihre Berechtigung. Während die typspezifischen *Stub*-Interfaces auf natürliche Weise die Signatur des entsprechenden CORBA-Interface nachbilden, ist für die Nutzung des *Dynamic Invocation Interface* häufig ein mehrstufiger Prozess zum Aufbau eines Operationsaufrufs erforderlich. Der Vorteil des *Dynamic Invocation Interface* ist es, dass kein typspezifischer Programmcode benötigt wird.

Abb. 1.2: Interfaces am ORB

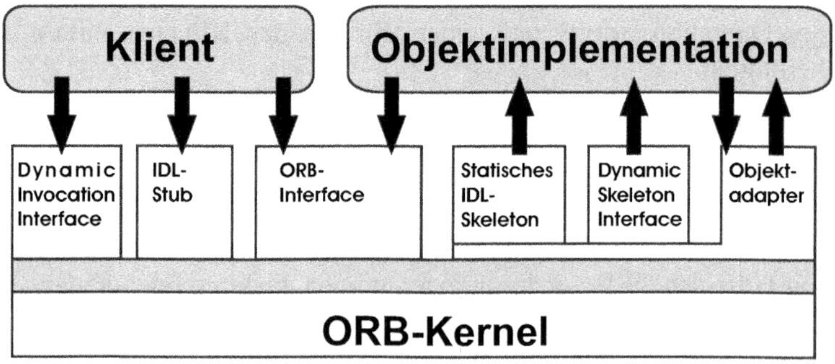

IDL-Skeletons sind in Analogie zu *IDL-Stubs* typspezifische serverseitige ORB-Interfaces zur Implementierung eines CORBA-Objekts. Das *Dynamic Skeleton Interface* (DSI) ist ein vom implementierten CORBA-Interface unabhängiges serverseitiges ORB-Interface zur Implementierung eines CORBA-Objekts. Es ermöglicht es, nun auch bei den Objektimplementierungen eine schwache Typisierung zu verfolgen. Somit ist mit dem *Dynamic Skeleton Interface* eine einfache Realisierung von Delegierungen für beliebige Typen von

CORBA-Objekten möglich. Hier steht wieder dem Nachteil einer komplizierteren Implementierung eines solchen CORBA-Objekts der Vorteil gegenüber, nicht auf zusätzliche typspezifische programmiersprachliche Konstrukte angewiesen zu sein.

Für beide Implementierungsstrategien gibt es relevante Anwendungsfälle. In den meisten Fällen werden CORBA-Objekte unter Nutzung eines typspezifischen *IDL-Skeleton* implementiert, während man für die Implementierung generischer Brücken zwischen CORBA und einer weiteren Technologie meist auf das *Dynamic Skeleton Interface* zurückgreifen muss, da es für eine solche Brücke nicht möglich ist, sämtliche zu bedienenden CORBA-Interfaces im Vorfeld zu kennen.

Objektadapter bieten serverseitige Interfaces für jeweils eine bestimmte Klasse von Objektimplementierungen an.

Ein Objektadapter ist der wichtigste Zugriffspunkt für Objektimplementierungen auf serverseitige Dienste des ORB. Zu den Aufgaben eines Objektadapters zählen:

- Generierung und Interpretation von Objektreferenzen,
- Vermitteln der Operationsaufrufe an die verwalteten Objekte,
- Sicherheit von Interaktionen,
- Objekt- und Implementierungsaktivierung,
- Abbildung von Objektreferenzen auf Implementierungen und
- Registrierung von Implementierungen.

Der Grund für die Einführung eines Objektadapters in Ergänzung zum ORB-Interface auf Server-Seite liegt in der großen Vielfältigkeit von Objektimplementierungen hinsichtlich Objektgranularitäten, Lebenszeiten, Implementierungsarten und weiteren Eigenschaften begründet. Diese Vielfältigkeit macht es für den ORB schwierig, ein einziges für alle Objekte gleichermaßen effizientes und bequem zu nutzendes Interface anzubieten. Mit speziellen Objektadaptern ist es möglich, für eine Reihe von Objektimplementierungen mit ähnlichen Anforderungen ein optimales Interface zum ORB anzubieten. War in den Anfangstagen von CORBA der *Basic Object Adapter* (BOA) die erste Wahl für nahezu alle CORBA-Implementierungen, so existiert heute mit dem *Portable Object Adapter* (POA) ein im Gegensatz zum BOA zwischen ORB-Implementierungen verschiedener Hersteller portabler und leistungsfähiger Objektadapter, der den BOA aus allen Bereichen verdrängt hat.

1.3 Interface Definition Language

Die Interface Definition Language ermöglicht die programmiersprachenunabhängige Beschreibung von Objektinterfaces.

Eines der grundlegenden Prinzipien bei der Entwicklung von CORBA-Anwendungen ist die Unabhängigkeit von der benutzten Implementierungssprache. So gibt es keinen technologischen Grund für den Programmierer, die Benutzung (Klient) und die Realisierung eines Dienstes (Server) in der gleichen Sprache zu vollziehen. Vielmehr kann er für den jeweiligen Kontext eine passende Sprache auswählen. Häufig ist es beispielsweise der Fall, dass im Klienten eine Sprache wie Java benutzt wird, die eine einfache Integration in graphische Oberflächen ermöglicht. Für die Realisierung von Diensten wird dagegen in vielen Fällen auf Compilersprachen wie C++ zurückgegriffen. Die Unabhängigkeit der Benutzung und Realisierung eines Dienstes muss jedoch auf einer gemeinsamen Basis erfolgen. In einer einzelnen Programmiersprache würde man dazu beispielsweise Deklarationen von Datentypen und programmiersprachlichen Objekten benutzen. Mit CORBA soll aber gerade die Unabhängigkeit von den Programmiersprachen erreicht werden. Somit kann beispielsweise die Schnittstelle eines CORBA-Objekts nicht durch die Bekanntgabe gemeinsam zu nutzender C++-Datentypen ausgedrückt werden, sondern es muss eine Abstraktion von konkreten programmiersprachlichen Konzepten erreicht werden.

CORBA-Interfaces werden durch die Interface Definition Language beschrieben.

Die in CORBA gewählte Lösung ist die *Interface Definition Language* (IDL). IDL ist keine Programmiersprache, sondern eine Sprache zur Beschreibung von Objektschnittstellen, Operationen und Datentypen. Zentrales Konzept in IDL ist das *CORBA-Interface*, das die Schnittstelle eines CORBA-Objekts definiert. Ein CORBA-Interface stellt einen Vertrag zwischen CORBA-Objekt und Klient über die Nutzung dar. In einem CORBA-Interface werden Attribute und Operationen gruppiert. Attribute sind konfigurierbare Werte an einem CORBA-Objekt. Die Operationen, die in einem Interface definiert sind, können von einem Klienten gerufen werden und müssen von dem CORBA-Objekt realisiert werden. Es existieren vier verschiedene Arten von Operationsparametern:

- *in*-Parameter sind Eingabeparameter,
- *inout*-Parameter sind sowohl Eingabeparameter als auch Ausgabeparameter,
- *out*-Parameter sind Ausgabeparameter,
- *return*-Parameter spezifizieren den Rückgabewert (genau einmal vorhanden pro Operation).

Als Parameterdatentypen unterstützt CORBA primitive Datentypen wie *Short*, *Float* und *String*, konstruierte Datentypen wie Strukturen und Aufzählungen und Vorlagedatentypen (*template types*) wie Sequenzen.

Während die ersten Versionen der *Interface Definition Language* nur den Operationsruf per Referenz unterstützten (*call by reference*), wurde in spätere Versionen der Sprache auch der Operationsruf per Wert (*call by value*) integriert. Eine Sonderposition nehmen hierbei die so genannten *Valuetypes* ein. *Valuetypes* vereinen Eigenschaften von Interfaces und Strukturen. Sie unterstützen Einfachvererbung von anderen *Valuetypes*, können einen komplexen Zustand besitzen (d.h. beliebige Graphen mit Rekursionen und Zyklen) und können ein Interface anbieten. Zur Kommunikation von Fehlern bei der Ausführung einer Operation definiert IDL spezielle strukturierte Typen, die Ausnahmen (*Exceptions*) genannt werden.

Lokale Interfaces definieren programmiersprachliche Schnittstellen.

Zusätzlich zu normalen CORBA-Interfaces können mit IDL auch prozess-lokale Interfaces beschrieben werden. Im Unterschied zu einem echten CORBA-Interface, können für diese Interface-Art keine Objektreferenzen generiert und exportiert werden. Lokale Interfaces bieten damit einen eleganten Weg, um programmiersprachliche Schnittstellen in CORBA-Anwendungen zu beschreiben.

1.3.1 Sprachabbildungen

Sprachabbildungen definieren die Abbildung von CORBA-Konstrukten auf programmiersprachliche Konstrukte.

Mit der *Interface Definition Language* ist es möglich, Interfaces von CORBA-Objekten zu beschreiben. Durch die gemeinsame Festlegung auf ein Interface gelingt es dem Klienten und einem CORBA-Objekt ein gemeinsames Verständnis über die Schnittstelle zu einem Dienst zu haben. Mit der Definition des Interfaces ist es jedoch für den Anbieter eines Dienstes nicht getan, sondern er muss auch die Implementierung des Interface bereitstellen. IDL selbst bietet keine Konstrukte zur Beschreibung einer solchen Implementierung eines CORBA-Interface an. Vielmehr definiert der CORBA-Standard für die verschiedenen Konstrukte von IDL entsprechende Sprachabbildungen für die verschiedenen gebräuchlichen Programmiersprachen. Eine solche Sprachabbildung bezieht sich immer auf eine konkrete Programmiersprache und beschreibt, wie CORBA-Interfaces in dieser Programmiersprache zu implementieren sind. Dies ist notwendig, da ORB-Hersteller und Hersteller von CORBA-Objekten in den meisten Fällen verschieden voneinander sind und somit klar festgelegt werden muss, wie der ORB Operationsaufrufe an ein CORBA-Objekt eines Fremdherstellers ausliefern muss.

Sprachabbildungen legen neben der Art und Weise der Implementierung eines CORBA-Interface auch fest, auf welche programmiersprachlichen Datentypen die CORBA-Datentypen abzubilden sind. Beispielsweise ist für den CORBA-Datentyp *Short* festgelegt, dass er mindestens einen Wertebereich von 16 Bit besitzt. Für Programmiersprachen, in denen nur Datentypen mit einem Wertebereich von 32 Bit existieren, ist es also erlaubt, den CORBA-Datentyp *Short* auch auf einen solchen programmiersprachlichen Datentyp abzubilden. Insbesondere kann es bei diesen Sprachabbildungen dazu kommen, dass zwei in CORBA verschiedene Datentypen auf denselben programmiersprachlichen Datentyp abgebildet werden. Es existieren inzwischen Sprachabbildungen für fast jede gegenwärtig verwendete Programmiersprache, sei es Compilersprache oder Interpretersprache.

Bei der Definition der Sprachabbildungen in die unterschiedlichen Programmiersprachen wurde versucht, die Abbildung möglichst natürlich in die jeweilige Sprache einzubetten. So werden die IDL-Schnittstellen normalerweise immer auf das Schnittstellenkonzept der Sprache abgebildet. Für C++ bedeutet das, dass das Interface-Konzept von CORBA auf ein entsprechendes Klassen-Interface einer C++-Klasse abgebildet wird. Bei Sprachen, die keine objektorientierten Konzepte unterstützen, wird die Abbildung jedoch häufig schwierig und schlecht handhabbar, da diese Konzepte dann nachgebildet werden müssen.

Die Transformation einer IDL-Beschreibung eines CORBA-Interface in die entsprechenden Konstrukte einer bestimmten Programmiersprache erfolgt in der Regel automatisch durch ein spezielles Werkzeug, das vom ORB-Hersteller bereitgestellt wird. Dieses Werkzeug wird IDL-Compiler genannt. Ein solcher Compiler generiert alle zur Implementierung eines CORBA-Objekts notwendigen programmiersprachlichen Konstrukte, beispielsweise der IDL-*Skeletons*, inklusive aller Hilfskonstrukte, die nicht direkt an der Implementierung eines CORBA-Objekts beteiligt sind. Darüber hinaus erzeugt er auch die typspezifischen IDL-*Stubs* für die Verwendung des Interface durch einen Klienten.

1.4
Portable Object Adapter

Der Portable Object Adapter stellt den wichtigsten Objektadapter in CORBA dar.

Objektadapter stellen für Objektimplementierungen das wichtigste Interface zum ORB dar. Objektimplementierungen werden im CORBA-Sprachgebrauch auch *Servant* genannt. Der *Portable Object Adapter*, kurz POA genannt, ist der am häufigsten eingesetzte Objektadapter. Mit seiner Hilfe können Objektimplementierungen konstruiert werden, die portabel sind und mit ORBs verschiedener Hersteller zusammenspielen.

Der POA übernimmt eine Vielzahl von Aufgaben, die im Zusammenspiel zwischen dem ORB als zentraler Kommunikationsstelle und der Objektimplementierung notwendig sind. Als erste wichtige Eigenschaft ist der POA für die Generierung und Interpretation von Objektreferenzen verantwortlich, durch die jedes CORBA-Objekt adressiert wird. Ein wichtiger Bestandteil einer Objektreferenz ist die sogenannte *Object Id*, ein Wert, der im POA zur Identifizierung eines CORBA-Objekts benutzt wird. *Object Ids* können sowohl vom POA zugewiesen und verwaltet werden als auch von der Objektimplementierung. Für den Klienten sind sie unsichtbar in einer CORBA-Objektreferenz verpackt. Anhand der *Object Id* ist der POA in der Lage, bei einem Operationsaufruf die entsprechende Objektimplementierung zu finden. Dabei ist es möglich, dass eine Implementierung des entsprechenden CORBA-Objekts erst gestartet werden muss. Dies geschieht in jedem Fall transparent für den Klienten des Operationsrufs. Neben der *Object Id* enthalten Objektreferenzen weitere Informationen wie beispielsweise Adressierungsdaten für den Server, in dem der POA und damit die Objektimplementierung läuft.

In vielen Anwendungsfällen ist es ausreichend, Objektreferenzen durch den POA selbst in eigener Regie erzeugen und verwalten zu lassen. Es existiert jedoch eine Reihe von Anwendungsfällen, in denen ein Programmierer stärkeren Einfluss auf die zu verwendende *Object Id* und die Zuordnung einer *Object Id* zu einer bestimmten Objektimplementierung haben will. Für diesen Zweck bietet der POA das Konzept der *Servant Manager*.

1.4.1 Servant Manager

Servant Manager ermöglichen nutzer-verwaltete Object Ids

Es gibt grundsätzlich zwei Arten von *Servant Manager*, den *Servant Activator* und den *Servant Locator*. *Servant Manager* ermöglichen dem POA, CORBA-Objekte bei Bedarf zu aktivieren, und zwar dann, wenn ein *Request* für ein inaktives Objekt im POA eintrifft. Sinnvoll sind *Servant Manager* immer dann, wenn eine große Anzahl von CORBA-Objekten im POA verwaltet werden muss, für die die gleichzeitige Aktivierung aller Objekte nicht erforderlich ist. Letztendlich belegt jedes aktivierte Objekt wichtige Ressourcen im Server, auch wenn es gerade nicht einen Operationsaufruf bearbeitet. *Servant Manager* werden immer durch den Nutzer bereitgestellt, da nur er die genauen Regeln kennt, nach denen Objektimplementierungen in seinem Anwendungsszenario mit *Object Ids* assoziiert sind.

Der *Servant Activator* wird benutzt, wenn eine Objektimplementierung nach der Aktivierung für weitere Operationsaufrufe zur Verfügung stehen soll. Ein häufiger Anwendungsfall sind langlebige Objekte, die bei Bedarf deaktiviert werden und beim Eintreffen eines Operationsaufrufs wieder für längere Zeit aktiviert werden. Der *Servant Locator* wird häufig dann benutzt, wenn eine Objektimplementierung nur einen bestimmten Operationsaufruf behandeln soll. In diesem Fall wird die Information über die benutzte Objektimplementierung im Gegensatz zum *Servant Activator* nach Bearbeitung des Aufrufs wieder verworfen.

1.5 General Inter-ORB Protocol

GIOP definiert die Protokollnachrichten zwischen CORBA-Klient und CORBA-Server.

Protokolle im Allgemeinen legen Regeln zur Kommunikation zwischen Kommunikationspartnern fest. Wie schon bei der Diskussion des ORB angedeutet, sind Teile des ORB in unterschiedlichen Prozessen auf unterschiedlichen Rechnern implementiert. Das macht es jedoch erforderlich, dass sämtliche physikalischen bzw. softwaretechnischen Teile des logischen Konzepts ORB miteinander kommunizieren können. In CORBA sorgt das *General Inter-ORB Protocol* (GIOP) dafür, dass ORBs unterschiedlicher Hersteller gemeinsam in einer CORBA-Anwendung benutzt werden können. Dadurch ist es möglich, für Klient und Server verschiedene ORBs zu benutzen. GIOP definiert eine Menge von Protokollnachrichten, die zwischen den beteiligten ORBs ausgetauscht werden. Die folgende Liste erläutert jede der Protokollprimitiven.

- *Request*
  Übermittelt einen Operationsaufruf.
- *Reply*
  Übermittelt ein Operationsergebnis und wird als Antwort auf Requests verschickt.
- *CancelRequest*
  Benachrichtigt einen Server, dass ein Klient nicht mehr auf eine ausstehende Antwort einer *Request*-Nachricht oder auch einer *Locate-Request*-Nachricht wartet.
- *LocateRequest*
  Erfragt die tatsächlich zu nutzende Objektreferenz, falls der Server entscheidet, Operationen an bestimmten Objektreferenzen nicht selbst zu implementieren.
- *CloseConnection*
  Informiert den Klienten darüber, dass der Server die Absicht hat, die Verbindung zu beenden. Der Klient kann nicht davon ausgehen, im Anschluss an diese Nachricht noch Antworten aus ausstehenden Operationsrufen zu erhalten.
- *MessageError*
  Diese Nachricht wird gesendet, wenn einer der Kommunikationspartner eine empfangene Nachricht nicht erfolgreich dekodieren konnte.
- *Fragment*
  Eine Fragment-Nachricht wird im Anschluss an eine *Request*- oder *Reply*-Nachricht gesendet, wenn die komplette Nachricht fragmentiert ist.

GIOP abstrahiert von konkreten Netzwerktechnologien. Zwar legt es exakt fest, welche Informationen in welchem Format zwischen einem CORBA-Klienten und einem CORBA-Objekt auszutauschen sind, jedoch wird nicht gesagt, wie Netzwerkverbindungen in einer konkreten Netzwerktechnologie zu öffnen sind und GIOP-Nachrichten über eine solche Verbindung auszutauschen sind. Dies wird durch spezielle Technologieabbildungen geregelt. Die wichtigste dieser Abbildungen, das *Internet Inter-ORB Protocol* (IIOP) legt fest, wie GIOP-Nachrichten über TCP/IP übertragen werden.

1.5.1 Common Data Representation

CDR definiert die Kodierung von IDL-Datentypen.

Beim Operationsaufruf an einem CORBA-Objekt werden IDL-Datentypen als Operationsparameter übertragen. Diese Kommunikation erfordert die geeignete Kodierung der Datentypen zum Zwecke des Einfügens in einen Bytestrom. Die *Common Data Representation* (CDR) ist die für GIOP definierte Syntax zum Austausch von IDL-Datentypen. Bei der Kodierung werden grundsätzlich keine Typinformationen übertragen. Parameter werden in der Reihenfolge ihres Auftretens in der Signatur einer Operation in den Datenstrom kodiert. Bei den typspezifischen IDL-*Stubs* und IDL-*Skeletons* kennen Klient und gerufenes CORBA-Objekt die Art und Reihenfolge der Operationsparameter anhand der darin verfügbaren statischen Typinformationen. Bei den generischen Interfaces DSI und DII müssen externe Informationsquellen wie das *Interface-Repository* herangezogen werden, um die zu übertragenden Datentypen in den Datenstrom zu kodieren bzw. aus dem Datenstrom erfolgreich dekodieren zu können. Eine Ausnahme bildet der IDL-Typ *Any*, der als Container für einen beliebigen konkreten IDL-Typ benutzt wird. Bei der Benutzung eines Any wird im kodierten Datenstrom eine explizite Kennzeichnung des im Any enthaltenen IDL-Typs mitgeführt, wodurch eine erfolgreiche Dekodierung dieses IDL-Typs ohne einen zur Compile-Zeit festgelegten IDL-Typ möglich ist.

CDR unterscheidet bei der Codierung und Decodierung Endianess und Alignment der genutzten Architektur

Die *Common Data Representation* unterscheidet bei der Kodierung und Dekodierung von Integer-Werten die sogenannte *Endianess* des kodierenden bzw. dekodierenden Systems. Unter der *Endianess* versteht man die Tatsache, dass verschiedene Prozessorarchitekturen Integer-Werte im Speicher unterschiedlich anordnen. Bei Systemen, die der *Big Endianess* genügen, steht das höherwertige Byte an erster Stelle, und das niederwertige Byte an letzter Stelle. Bei Systemen mit *Little Endianess* steht das niederwertige Byte an erster Stelle, gefolgt von dem höherwertigen Byte. Intel-Architekturen sind traditionell *Little-Endianess*-Systeme. Durch die Kennzeichnung der *Endianess* in den kodierten Datentypen können Systeme mit gleicher *Endianess* die Daten ohne Vorbehandlung übernehmen. Bei Systemen mit unterschiedlicher *Endianess* muss das empfangende System die Byteordnung verändern, bevor es die Daten nutzen kann.

Eine weitere wichtige Eigenschaft von CDR ist das *Data Alignment*. Darunter versteht man die Anordnung von Datentypen in Bezug auf bestimmte Bytegrenzen. Dieses Konzept hat seine Ursache in der Anforderung verschiedener Prozessor-Architekturen an ein *Alignment* der verwendeten Datentypen im Speicher. Häufig verlangen Prozessoren, dass Datentypen mit einer Länge von 2 Byte auch auf 2-Byte-Grenzen angeordnet sind (*2-byte-aligned*). Das bedeutet, ein solcher 2-Byte-Datentyp darf bei Byte 0, 2, 4 usw. beginnen. Ein Beginn an einem ungeraden Byte im Speicher ist nicht erlaubt. Solche *Alignment*-Bedingungen definiert auch CDR für CORBA. So sind die 2-Byte-Datentypen *Short* und *UShort* immer 2-*aligned*, während die 4-Byte-Datentypen *Long* und *ULong* immer 4-*aligned* sind. Durch dieses *Alignment*-Konzept gelingt es, IDL-Datentypen schnell und effizient aus und in einen CDR-Bytestrom zu holen bzw. zu schieben. Ein solches *Alignment*-Konzept macht es erforderlich, dass unter Umständen an bestimmten Stellen im Datenstrom Füll-Bytes eingesetzt werden, um die *Alignment*-Bedingung für den darauf folgenden Datentyp zu gewährleisten. Soll beispielsweise ein *Long*-Typ (*4-byte-aligned*) auf einen *Short*-Typ (*2-byte-aligned*) folgen, wird in den kodierten Datenstrom zuerst der *Short*-Typ kodiert (2 Byte), darauf folgend 2 Füll-Bytes und abschließend die 4 Bytes des *Long*-Typs.

Als weitere wichtige Eigenschaft ermöglicht CDR auch die Kodierung und Dekodierung von Zeichenketten in verschiedenen Kodierungssätzen. Das ermöglicht den Austausch internationaler Sonderzeichen zur Darstellung landstypischer lokaler Texte.

1.5.2 Interoperable Object Reference

Interoperable Object References realisieren ein ORB-übergreifendes Verständnis über die Adressierung eines CORBA-Objekts.

Eine Objektreferenz ist eine Art Objektname, der ein CORBA-Objekt zuverlässig und eindeutig benennt. Eine Objektreferenz identifiziert bei jeder Benutzung dieser Objektreferenz während eines CORBA-*Request* dasselbe CORBA-Objekt. Allerdings kann ein CORBA-Objekt durchaus durch mehrere verschiedene Objektreferenzen benannt werden. Die speicher-interne Repräsentation einer Objektreferenz ist für einen Klienten unsichtbar. Es existieren lediglich wohldefinierte Operationen an einer Objektreferenz, über die sie beeinflusst werden kann. Objektreferenzen können zum Zwecke der Externalisierung und späteren Weiterbenutzung in eine Zeichenkette (*string*) umgewandelt werden, der dann beispielsweise in einer Datei gespeichert werden kann. Aus dieser Zeichenkette kann später die Objektreferenz rekonstruiert werden.

Prinzipiell kann jeder ORB über das Format einer Objektreferenz selbst entscheiden. Die Folge davon ist, dass Objektreferenzen, die von einem ORB A erzeugt wurden in den seltensten Fällen von einem ORB B interpretiert und genutzt werden können. Um Interoperabilität zwischen verschiedenen ORB-Produkten zu ermöglichen, definiert der CORBA-Standard ein einheitliches Format für Objektreferenzen, die so genannte *Interoperable Object Reference*. Dieses Format kann entweder zusätzlich zu einem produkt-nativen Format angeboten werden oder das ausschließlich vom ORB benutzte Format sein. Alle aktuellen ORB-Produkte nutzen dieses interoperable Format für Objektreferenzen, da Interoperabilität mit anderen ORBs zu einem der wichtigsten Kriterien für die Auswahl eines CORBA-Produkts geworden ist.

Eine *Interoperable Object Reference* organisiert Informationen in Profilen. Ein jedes Profil unterstützt eines oder mehrere Transportprotokolle und enthält sämtliche Informationen die das oder die von dem Profil unterstützten Transportprotokolle benötigen, um ein CORBA-Objekt zu identifizieren. Ein einzelnes Profil enthält somit ausreichend Informationen, um einen kompletten *Request* an einem CORBA-Objekt unter Nutzung eines der unterstützten Transportprotokolle zu initiieren.

1.6 Standarddienste in CORBA

CORBA-Standarddienste definieren Standardfunktionalität für CORBA-Anwendungen.

Mit den bisher diskutierten Konzepten von CORBA sind theoretisch alle Hilfsmittel bekannt, um eine verteilte CORBA-basierte Anwendung zu erschaffen. In der Praxis zeigt sich jedoch, dass in vielen verteilten CORBA-Anwendungen häufig gleiche Funktionen zur Erfüllung bestimmter Teilaspekte der Anwendung benötigt werden. Ein Beispiel für eine häufig erforderliche Funktion ist die Zuordnung von Objektreferenzen auf Namen. In der Art eines Telefonbuches lassen sich Objektreferenzen unter einem hierarchisch strukturierten und leicht verständlichen Namen registrieren. Nun wäre es möglich, dass jeder CORBA-Entwickler eine eigene Version einer solchen Funktion spezifiziert und in seinen Anwendungen implementiert. Damit würde man jedoch eine der wichtigsten Stärken von CORBA, nämlich die Interoperabilität von Teilen einer CORBA-Anwendung verlieren. Diese Teile können von unterschiedlichen Parteien entwickelt worden sein und, zumindest was die Interoperabilität bei der Nutzung dieser Standardfunktionalität angeht, dann nicht mehr interoperabel sein. Es liegt also nahe, diese häufig benötigten Funktionen zu identifizieren und sie zur allgemeinen Benutzung in CORBA-Anwendungen zu standardisieren. Eine Standardisierung bedeutet hierbei die Spezifikation eines oder mehrerer CORBA-Interfaces, über die der entsprechende Dienst zu nutzen ist und die Definition der Semantik der einzelnen Operationen dieser Interfaces.

CORBA definiert dazu die *Common Object Services* (COS), eine Reihe von Standarddiensten mit grundlegenden Funktionen zur Unterstützung bei der Nutzung und Implementierung von CORBA-Objekten. In nahezu allen CORBA-Anwendungen finden einer oder mehrere dieser Standarddienste Anwendung. Diese Dienste sind unabhängig von der Applikationsdomäne, in der sie benutzt werden. Die wichtigsten Standarddienste für CORBA sind:

- Namensdienst (*Name Service*) realisiert eine Abbildung von Namen auf Objektreferenzen.
- Ereignisdienst (*Event Service*) stellt Funktionen zur asynchronen Übertragung von Ereignissen bereit.
- Transaktionsdienst (*Transaction Service*) stellt Transaktionsunterstützung für CORBA-Anwendungen bereit.
- Händlerdienst (*Trading Service*) realisiert einen Dienst in der Art der bekannten „Gelben Seiten". CORBA-Objekte können anhand bestimmter Merkmale registriert und wieder aufgefunden werden.
- Persistenzdienst (*Persistent State Service*) ermöglicht die dauerhafte Abspeicherung und Rekonstruktion des Zustands eines CORBA-Objekts.
- Sicherheitsdienst (*Security Service*) stellt Funktionen zur Authentifizierung und Autorisierung für CORBA-Applikationen bereit.

2 Das CORBA-Komponentenmodell

Ein komponentenorientierter Softwareentwurf ermöglicht eine rasche Implementierung neuer Anwendungen unter Nutzung von bestehenden universellen und wieder verwendbaren Teilen. Im vorangegangenen Kapitel wurde die Objektwelt, wie die OMG sie sieht, dargestellt und der Objektbegriff für verteilte objektorientierte CORBA-Anwendungen konkretisiert. Das folgende Kapitel ist eine Einführung in das CORBA-Komponentenmodell (*CORBA Component Model*), das durch die OMG standardisierte, auf CORBA aufsetzende Komponentenmodell. Der erste Teil befasst sich mit dem Begriff der Komponente im Allgemeinen. Dieser Begriff ist nicht nur in der Informatik heutzutage ein gern und häufig benutzter Terminus, wodurch eine genaue Klassifizierung von Komponenten im Sinne der Softwareentwicklung und Softwareinstallation notwendig wird. Im Anschluss daran wird dieser Komponentenbegriff für die CORBA-Domäne konkretisiert und das Konzept der so genannten *Homes* vorgestellt.

2.1 Komponentenbegriff

Warum Komponenten historisch gesehen keine Errungenschaft der Informatik sind.

Der Begriff *Komponente* wird heutzutage nicht nur in der Informatik mannigfaltig benutzt. In allen Industriezweigen, sei es beim Automobilbau, in der Elektronik- und Elektrotechnikindustrie, in der Automatisierungstechnik und selbst in der chemischen und lebensmitteltechnischen Industrie ist im täglichen Arbeitsablauf von Komponenten die Rede. So ist ein herkömmlicher Fernseher aus Sicht eines Fernsehmechanikers aus verschiedenen Komponenten aufgebaut, unter anderem der Bildröhre, dem Tuner, der Infrarot-Empfangseinheit und dem Netzteil. Leider, und zum Glück für den Fernsehmechaniker, kann jedes dieser Teile unabhängig von anderen kaputt gehen. Ein Glück für den Besitzer eines Fernsehers ist es jedoch, dass diese Komponenten auch unabhängig von anderen ausgetauscht werden können, und er nicht jedes Mal einen neuen Fernseher kaufen muss, wenn eines dieser Teile defekt ist. Bei einem Auto sieht es ähnlich aus. Im Laufe seines Lebens wird eine Vielzahl der Teile, aus denen ein Auto zusammengebaut ist, ersetzt. Das Ersetzen dieser einzelnen Teile ändert jedoch nichts an der Identität des Autos an sich – es wird weiterhin das Auto seines Besitzers bleiben. Im Gegensatz zu herkömmlichen Fernsehern gibt es beim Auto auch die Tuning-Industrie, die es dem leidenschaftlichen Autofahrer beispielsweise ermöglicht, seine bisherigen Standardreifen durch breitere Sportreifen zu ersetzen oder die standardmäßigen Stoßdämpfer durch kurze Sportstoßdämpfer. Obwohl die Autoren keine Anhänger dieser Autobastelei sind, lässt sich doch hieran sehr gut erkennen, wie im allgemeinen der Begriff der Komponente verstanden wird, nämlich als Sache, die irgendwie Teil eines Ganzen ist und beliebig ausgetauscht werden kann, solange das ersetzende Teil die äußeren Anforderungen des ersetzten Teils erfüllt.

Komponenten als universelle und austauschbare Teile

Die Voraussetzung für den Austausch ist, dass die neue Komponente über die wesentlichen Eigenschaften der zu ersetzenden Komponente verfügt. Bei einem Auto können die Räder nur ersetzt werden, wenn die Felgen der beiden Räder kompatibel sind, das heißt dieselbe Anzahl der Bohrungen besitzen, denselben Achsdurchmesser haben und so weiter. Bei einem Fernseher kann die Steckkarte mit der Infrarot-Empfangseinheit nur durch eine Karte mit dem gleichen Rastermaß und der gleichen elektrischen Logik an den verschiedenen Kontakten ersetzt werden. Ein wichtiger Aspekt, der sich daraus ergibt, ist der, dass nun die verschiedenen Teile eines Autos oder Fernsehers nicht mehr zentral bzw. aus einer Hand produziert werden müssen. Die einzelnen Unternehmen können sich vielmehr auf die Produktion von Bildröhren oder Bremszylindern spezialisieren, solange die für den Einbau in das fertige Produkt erforderlichen Schnittstellen eingehalten werden.

Komponentenorientierung in der Softwareindustrie hilft Kosten sparen.

Die Komponentenorientierung bei der Herstellung am Beispiel des Autos und Fernsehers hat sich historisch ergeben. Diese Konzepte wollte man natürlich auch auf die Softwareentwicklung übertragen. Mit einer komponentenorientierten Produktionsweise gibt man der Softwareindustrie ein mächtiges Instrument zur Universalität und Wiederverwendbarkeit von Programmcode in die Hand. Gerade die Wiederverwendbarkeit von Programmcode ist eine wichtige Herausforderung zur Senkung der Kosten bei der Herstellung und Einführung neuer Anwendungen. Häufig wird heutzutage der Programmcode zur Lösung eines Problems einfach neu programmiert (ist ja schließlich schon bekannt) oder durch die beliebte *Cut-and-Paste*-Technik in den aktuellen Programmcode übernommen. Das

Ergebnis ist in beiden Fällen häufig ein erhöhter Aufwand für die Fehlersuche, da meist der früher geschaffene Code nicht zur Verwendung in späteren Programmen vorgesehen war und unvorhergesehene Anpassungen auch an eigentlich von diesem Code relativ unabhängigen Programmteilen erforderlich macht. Durch eine konsequent komponentenorientierte Entwicklungsweise legt man die Grundlage für eine nachhaltige Nutzung einmal geschaffener Softwarelösungen.

Die Verwirrung in der Softwareindustrie um den Begriff der Komponente

Obwohl es heutzutage mehrere etablierte Komponententechnologien gibt, von denen das in diesem Buch behandelte CORBA-Komponentenmodell eine ist, haben viele Softwareentwickler noch ein recht diffuses Verständnis von der Natur von Softwarekomponenten. Sowohl in der internen Kommunikation unter Softwareentwicklern als auch bei der Vermarktung von Produkten wird gern der Begriff der Komponente lediglich als Synonym für einen Teil eines physikalisch oder logisch Ganzen herangezogen. „Komponentenorientierte Software“ ist zu einem allgemein verwendeten Qualitätsbegriff geworden, ohne dass eine damit verbundene qualitative Aussage tatsächlich fassbar ist. So bezeichnen Verkaufsabteilungen von Softwareunternehmen häufig ihre individuellen, unabhängigen Anwendungen, die sie in einer spezifischen Softwaresammlung zusammenfassen, als Komponenten. Als Rechtfertigung dient dabei lediglich der Fakt, dass die Funktionalität der bedienten Anwendungsdomäne separat und unabhängig in verschiedenen Programmen oder Programmteilen implementiert ist. Das geht soweit, dass in Dokumentationen zu Softwarebibliotheken durchaus Klassen, Objekte, Prozeduren oder Prozesse als Komponenten bezeichnet werden.

Die Vielzahl der verwendeten Terme und der mit ihnen verbundene leichtfertige und ungenaue Umgang machen es notwendig, dass man sich am Anfang auf eine exakte Definition des Komponentenbegriffs verständigt. Dies ist insbesondere wichtig, weil es in verschiedenen Programmiersprachen Konzepte wie Namensräume, Module und Pakete zur Aufteilung und Gliederung von Software gibt, die bei der Komponentenentwicklung Anwendung finden können, jedoch nicht mit dem Komponentenbegriff vermischt werden sollten. Der Komponentenbegriff muss dabei in den verschiedenen Phasen der Softwareentwicklung betrachtet werden. Während in der Spezifikation- und Designphase der Begriff der Komponente sich meist auf die Gesamtheit der Spezifikationskonstrukte bezieht, so bezeichnet er in der Implementierungsphase das entstehende individuell installierbare Programmmodul, das die Geschäftslogik enthält. In letzterer Phase wird auch häufig von Softwarekomponenten geredet.

In der Literatur finden sich unzählige teilweise widersprüchliche Definitionen für das, was eine Komponente ausmacht. Häufig werden dabei der Begriff der Komponente und des Objekts gleichgesetzt. An anderer Stelle ist wieder von Komponentenobjekten die Rede. Der Grund liegt vielleicht darin, dass Komponenten und Objekte eine Reihe gemeinsamer Eigenschaften besitzen. So bieten beide ihre Funktionalität über wohldefinierte Schnittstellen an. Diese Schnittstellen werden Interfaces genannt. Ein weiterer Grund ist, dass sich objektorientierte Sprachen gegenwärtig einer hohen Beliebtheit erfreuen und somit auch verstärkt bei der Entwicklung von Softwarekomponenten eingesetzt werden. Da es sich bei Komponenten und Objekten um verschiedene Konzepte handelt, ist eine klare Abgrenzung der beiden Begriffe notwendig. Wenngleich es auch den Autoren nicht möglich sein wird, ihren Komponentenbegriff durchzusetzen, so wird er zumindest im Rahmen dieses Buches ein Fixpunkt zum Verständnis des CORBA-Komponentenmodells und der Softwareentwicklung mit CORBA-Komponenten sein. Als ergänzende Literatur zum Thema Komponentensoftware sei dem interessierten Leser das Buch „Component Software", 2nd Edition von Clemens Szyperski ans Herz gelegt (s. Szyperski 1999), das eine umfangreiche theoretische Abhandlung über Komponenten an sich und eine Diskussion bestehender Komponententechnologien enthält. Das CORBA-Komponentenmodell als sehr junge Technologie ist leider noch nicht Gegenstand des Buches.

2.1.1 Was ist eine Komponente?

In Richtung eines sinnvollen Komponentenbegriffs

Die im vorigen Teil dargestellten Probleme zur genauen Spezifizierung des Konzepts der Softwarekomponente machen es erforderlich, sich als erstes eine sinnvolle und zweckmäßige Definition zu erarbeiten. Zu einiger Verwirrung führen immer Diskussionen mit anderen Entwicklern, bei denen vor allem die Begriffe Komponente, Klasse und Objekt in wechselnder Bedeutung und ohne klare Abgrenzung zueinander verwendet werden. Zusätzlich erschwert werden solche Diskussionen durch einen laxen Umgang mit dem Begriff der Instanz. Es soll hier versucht werden, diese Begriffe zu präzisieren und ein einheitliches Verständnis der Einordnung zu schaffen.

Fürs erste kann man sich bei der Definition eines Komponentenbegriffs an der im Buch von Szyperski beschriebenen Charakteristik von Komponenten orientieren. Dort werden die wesentlichen Eigenschaften einer Komponente folgendermaßen charakterisiert:

- Eine Komponente ist eine Einheit, die unabhängig installiert werden kann.
- Eine Komponente ist eine Einheit, die Gegenstand einer Komposition sein kann.
- Eine Komponente besitzt keinen dauerhaften Zustand.

Die erste Eigenschaft erfordert, dass Komponenten genau abgegrenzt zu ihrer Umgebung und zu anderen Komponenten sind. Aus diesem Grund kapselt eine Komponente ihren inneren Aufbau. Das bedeutet insbesondere, dass jemand, der fremde vorgefertigte Komponenten einsetzen will, davon ausgehen muss, dass er in den meisten Fällen keinen Zugriff auf die inneren Konstruktionsdetails einer Komponente hat. Eine weitere Implikation ist, dass die Installation einer Komponente immer als Ganzes erfolgt, sie also nicht für diese Zwecke separierbar ist.

Interfaces als Zugang zur Komponentenfunktionalität

Die Kapselung ihres internen Aufbaus macht es erforderlich, einen geeigneten Mechanismus bereitzustellen, über den eine Komponente Zugriff auf ihre Funktionalität gewährt. Solche Zugriffspunkte werden *Interfaces* genannt. Gewöhnlich unterstützt eine Komponente mehrere Interfaces. Jedes dieser Interfaces kann einen unterschiedlichen Dienst der Komponente anbieten. Interfaces sind also die einzige Möglichkeit, mit der Komponente zu interagieren und ihren Zustand zu manipulieren. Insbesondere ist alles, was man nicht über Interaktionen an den Interfaces einer Komponente manipulieren kann, von außen nicht manipulierbar.

Die Eigenschaft einer Komponente, Gegenstand von Kompositionen zu sein, macht es erforderlich, dass sie in sich ausreichend abgeschlossen ist. Des Weiteren muss eine Komponente genau spezifizieren, was sie benötigt und was sie bereitstellt. Zu den häufigsten benötigten Dingen gehören Interfaces anderer Komponenten mit denen eine Komposition eingegangen werden kann. Dinge, die eine Komponente bereitstellt, sind die von ihr implementierten Interfaces. Aus den beiden ersten Eigenschaften folgt, dass eine Komponente ihre Implementierung verdeckt und durch wohldefinierte Interfaces mit ihrer Umgebung kommuniziert. Das eben angesprochene Verdecken der Implementierung hinter den Interfaces einer Komponente wird im Laufe dieses Kapitels noch präzisiert.

Warum Komponenten nicht zustandsbehaftet sind.

Die dritte Eigenschaft schließlich, und zwar dass eine Komponente keinen dauerhaften Zustand hat, sagt aus, dass eine Komponente nicht von Kopien ihrer selbst unterschieden werden kann. Die Zustandslosigkeit einer Komponente bedeutet also, sie kann auf einem bestimmten System installiert und aktiviert werden, das Vorhandensein mehrerer Kopien ist jedoch unsinnig. Somit kann man also für ein System durchaus die Frage stellen, ob eine bestimmte Komponente dort verfügbar ist. Die Frage jedoch, wie viele Kopien dieser Komponente verfügbar sind, macht keinen Sinn. Mit Ausnahme von Attributen, die nicht ursächlich zur Komponentenfunktionalität beitragen, wie eine Seriennummer oder ein Herstellerkennzeichen, besitzt eine Komponente keine zustandsbehafteten Parameter.

2.1.2 Was ist ein Objekt?

Eigenschaften von Objekten

Um ein besseres Verständnis für den Begriff der Komponente zu bekommen, soll dieser Begriff als nächstes dem Objektbegriff gegenübergestellt werden. Obwohl im vorangegangenen Kapitel schon von CORBA-Objekten die Rede war, soll es hier um Objekte im Allgemeinen gehen. Objekte sind laut Szyperski folgendermaßen charakterisiert:

- Ein Objekt ist eine Einheit der Instanzerzeugung und hat eine eindeutige Identität.
- Ein Objekt hat einen Zustand, dieser Zustand kann dauerhaft sein.
- Ein Objekt kapselt seinen Zustand und sein Verhalten.

Aus diesen Eigenschaften lassen sich weitere ableiten. Da ein Objekt eine Einheit ist, die durch Instanzerzeugung ins Leben gerufen wurde, kann also ein Objekt niemals nur teilweise erzeugt werden. Während ein Objekt einen individuellen Zustand besitzt, kann es durch seine Eigenschaft der eindeutigen Identität trotz Zustandsänderungen während seiner Lebenszeit immer eindeutig identifiziert werden. Als Beispiel sei hier wieder das Auto herangezogen, bei dem im Laufe der Jahre nahezu sämtliche Teile ausgetauscht sein können, und es trotzdem noch *das* Auto seines Besitzers ist.

Die Erzeugung von Objekten

Um Objekte zu erzeugen ist es erforderlich, eine Vorschrift zu haben, die den Zustandsraum, den initialen Zustand und das Verhalten des Objekts beschreibt. Eine solche Vorschrift wird *Klasse* genannt. Als Alternative bietet sich ein Softwaredesignmuster an, das unter dem Namen *Prototype* bekannt ist. Hier existiert im Vorfeld ein initialisiertes Objekt, das geklont und im Anschluss daran entsprechend der eigenen Anforderungen konfiguriert wird. Neu erzeugte Objekte müssen auf einen initialen Zustand gesetzt werden. Das gilt sowohl für Objekte, die mittels Klassen erzeugt wurden als auch für durch Klonen existierender Prototypobjekte erzeugte Objekte. Dabei muss es sich um einen zulässigen Zustand des Objekts handeln. Häufig ist dieser Zustand bei der Erzeugung vom Klienten parametrisierbar, beispielsweise durch Konstruktoren oder Fabriken.

2.1.3 Komponenten und Objekte

Die Beziehung zwischen Komponenten und Objekten

Die Frage ist nun, wie Komponenten und Objekte zusammenhängen. Anhand der bisherigen Diskussion zu Komponenten und Objekten lässt sich schlussfolgern, dass einer Komponente wahrscheinlich durch Objekte Leben eingehaucht wird. Das würde bedeuten, dass eine Komponente normalerweise aus einer oder mehreren Klassen oder unveränderlichen Prototypobjekten besteht. Das ist jedoch keine zwingende Voraussetzung. Eine Komponente muss nicht ausschließlich Klassen enthalten, ja sie kann sogar überhaupt keine Klassen enthalten. Bei der Implementierung der Komponente können Technologien wie Prozeduren, Funktionen oder auch Assemblersprachen zum Einsatz gekommen sein. Für eine Komponente ist es also keine sich aus ihrer Natur ergebende Eigenschaft, mittels Klassen implementiert zu sein. Häufig kann man nicht einmal sagen, wenn man als Nutzer einer Komponente von dieser ausschließlich Referenzen auf Objekte bereitgestellt bekommt, ob diese Komponente intern komplett objektorientiert implementiert ist oder nicht.

Der Begriff der Komponente und der Begriff des Objekts sind also nicht zwingend miteinander verbunden. Komponenten können durch Objekte implementiert werden, wodurch auch eine natürliche Implementierung der Komponente ermöglicht wird, allerdings kann ebenso eine beliebige andere Implementierungsstrategie Anwendung finden.

2.1.4 Instanzen

Die Einordnung des Begriffs Instanz in Bezug auf Komponenten und Objekte

Ein weiterer wichtiger Begriff aus der Objektwelt, für den gleichermaßen ein gemeinsames Verständnis seiner Bedeutung sichergestellt werden muss, ist der Begriff der *Instanz*. Instanzen sind Dinge, die entsprechend einem Bauplan erzeugt wurden. Das bedeutet, dass Objekte, wie sie in diesem Buch definiert werden, Instanzen von Klassen sind. Klassen wiederum sind Instanzen des jeweiligen programmiersprachlichen Metatyps, der das Klassenkonzept repräsentiert. Die Frage ist, ob es auch eine Beziehung zwischen dem Begriff der Komponente und dem Begriff der Instanz gibt. Die Antwort darauf ist ja. Eine Komponente an sich ist, wie oben ausgeführt, eine individuell installierbare Einheit. Die alleinige Installation schließt jedoch nicht ein, dass man tatsächlich schon etwas programmtechnisch aktives in der Hand hat. Dazu muss erst der durch die Komponente bereitgestellte Bauplan genutzt werden, um dementsprechend Instanzen der Komponente zu erzeugen. Instanzen einer Komponente sind die Gegenstände mittels derer bei der komponentenorientierten Programmierung Anwendungen komponiert werden.

Instanzen einer Komponente sind erst zur Laufzeit verfügbar.

Es ist sehr wichtig, genau zwischen den Konzepten *Komponente* als individuell installierbare Einheit und *Instanz einer Komponente* als Laufzeitkonstrukt zu unterscheiden. Instanzen einer Komponente sind erst zur Laufzeit verfügbar und damit nicht individuell installierbar. Eine Komponente beinhaltet demnach sowohl den Code zur Erzeugung ihrer Komponenteninstanzen als auch den Code zur Implementierung der Funktionalität ihrer Komponenteninstanzen. Der Code zur Implementierung der Funktionalität einer einzelnen Komponenteninstanz wird auch Komponentenimplementierung genannt. Genauer müsste man an dieser Stelle von einer Instanz der Komponentenimplementierung reden, da es sich bei der Komponentenimplementierung um programmiersprachliche Konstrukte handelt, die unter Umständen mehrfach erzeugt sein können für unterschiedliche Komponenteninstanzen. Der Einfachheit halber soll jedoch im Verlauf des Buches nur von der Komponentenimplementierung gesprochen werden.

An dieser Stelle soll noch erwähnt werden, dass die Zuordnung zwischen einer Komponenteninstanz und einer Komponentenimplementierung nicht immer statisch ist. Vielmehr kann eine Komponentenimplementierung im Laufe ihres Lebens verschiedene Komponenteninstanzen verkörpern. So ist es vorstellbar, bei zustands- und identitätslosen Komponenteninstanzen immer dieselbe Komponentenimplementierung zu benutzen. Bei zustandsbehafteten Komponenteninstanzen muss natürlich bei einer solchen Neuzuordnung die Speicherung und Wiederherstellung des Zustands der Komponenteninstanz beachtet werden.

2.1.5 Komponententyp

Komponenten genügen einem Komponententyp.

Komponenten sind nach der bisherigen Diskussion also Einheiten, die installiert werden können. Im Anschluss an die Installation können Komponenteninstanzen erzeugt werden. Diese Instanzen werden nach einem festgelegten Bauplan ähnlich dem Klassenkonzept bei Objekten erzeugt, der der Komponente inhärent ist. Dieser Bauplan sorgt dafür, dass eine Komponenteninstanz genau die Eigenschaften hat, die durch ihren Komponententyp spezifiziert werden. Der Typ einer Komponente legt zum einen die spezifischen Anforderungen einer Komponente an ihre Laufzeitumgebung fest und zum anderen definiert er die äußere Struktur der Komponente, das heißt ihre Interfaces.

Der Komponententyp bezieht sich also nicht auf die programmiersprachliche und implementationstechnische Natur einer Komponente. Für einen gegebenen beliebigen Komponententyp kann es mehrere Komponenten geben, die diesem Typ genügen. Die Art und Weise, wie eine Komponente implementiert wird, so dass ihre Instanzen dem anvisierten Komponententyp genügen, ist unerheblich für die funktionelle Einheit der Komponente an sich. Das Zusammenwirken von Komponenten, ihre Interaktionen untereinander und mit ihrer Umwelt werden ausschließlich auf der Basis ihrer Interfaces definiert. Damit ist die Kenntnis über die Implementierung einer Komponente und ihrer programmiersprachlichen Repräsentation durch konkrete programmiersprachliche Kontrukte zweitrangig. Die Zahl der möglichen Komponenten, die einem bestimmten Komponententyp genügen, ist damit faktisch unbegrenzt.

2.1.6 Sichtbarkeit und Wiederverwendung

Die wesentlichen Sichtbarkeitskategorien für Komponentenimplementierungen sind Blackbox, Whitebox und Graybox.

Komponenten können ihre Funktionalität durch eine Vielzahl von Implementierungstechnologien bereitstellen, wie z.B. objektorientierte Sprachen oder auch Prozeduren mit globalen Zustandsvariablen. Bei der Komposition von Komponenten zu neuen Anwendungen ist es jedoch selten der Fall, dass der Anwendungs-Designer (s. auch die Definition der Rollen im CORBA-Komponentenmodell in Kapitel 6) Einblick in die interne Implementierung einer Komponente hat. Jedoch kann es Fälle geben, bei denen eine Komponente durchaus Einblick in ihre Implementierung gewährt. Der Zugriff auf die Funktionalität der Komponente ist dann zwar weiterhin nur über Interaktionen an ihren Interfaces möglich, aber die Implementierung kann zu Studienzwecken eingesehen werden. Bei der Sichtbarkeit von Implementierungen unterscheidet man im Wesentlichen die folgenden Ansätze:

- Blackbox,
- Whitebox,
- Graybox.

Bei dem Blackbox-Ansatz sind absolut keine Details über die Implementierung der Komponente hinter ihren Interfaces sichtbar. Im Gegensatz dazu steht der Whitebox-Ansatz, bei dem die Implementierung komplett verfügbar ist. Der Graybox-Ansatz schließlich öffnet nur einen kontrollierten Teil der Implementierung zur Einsichtnahme.

Wiederverwendungsstrategien für Komponentenimplementierungen

Auf der Basis dieser Ansätze können Wiederverwendungsstrategien definiert werden. Beim Blackbox-Ansatz wird sich bei der Wiederverwendung der Komponente auf nichts anderes als die Kenntnis der Komponentenspezifikation verlassen. Im Gegensatz dazu wird bei der Wiederverwendung von Komponenten entsprechend dem Whitebox-Ansatz zwar auch die Implementierung unter Nutzung der Interfaces wiederverwendet, jedoch wird sich dabei zusätzlich auf die Erkenntnisse verlassen, die man bei Studium der konkreten Implementierung gewonnen hat. Die Wiederverwendungsstrategie beim Graybox-Ansatz ähnelt dem des Whitebox-Ansatzes in der Form, dass man sich hier nicht auf die komplette Implementierung abstützen kann, sondern nur die Erkenntnisse aus einem durch den Komponentenentwickler kontrolliert geöffneten Teil der Implementierung benutzen kann.

2.1.6.1 Weitere Kriterien für die Wiederverwendung

Wie Kontextabhängigkeiten die Wiederverwendbarkeit beeinflussen.

Über die Art und Weise, eine Komponente derart zu spezifizieren, dass sie im höchsten Maße wiederverwendbar ist, könnte selbst ein ganzes Buch geschrieben werden. Die Möglichkeiten der Wiederverwendung hängen zum einen von den Interfaces der Komponente ab und zum anderen von den expliziten Kontextabhängikeiten der Komponente. Unter den expliziten Kontextabhängigkeiten versteht man die Anforderungen, die eine Komponente an ihre Umgebung stellt, um zu funktionieren, und zwar mit Hinblick auf Komposition und Installation.

Wenn es keine einschränkenden Kontextabhängigkeiten gibt, kann die Komponente in jeder Komponentenwelt eingesetzt werden. Im praktischen Leben jedoch ist eine solche Komponente nicht denkbar. Natürlich ist es vorstellbar, dass eine Komponente sämtliche für ihre Ausführung erforderliche Software selbst mitbringt und damit die expliziten Kontextabhängigkeiten weitestgehend minimiert. Das würde jedoch der Idee der komponentenorientierten Software widersprechen, an erster Stelle und hauptsächlich Komponenten zur Bereitstellung der Anwendungsfunktionalität zu nutzen. Die Lösung für dieses Problem ist also vielmehr, die primäre Funktionalität der Komponente zu identifizieren und sämtliche darüber hinaus benötigte Funktionalität auszulagern. Dies ist jedoch meist mit einem starken Anstieg der Kontextabhängigkeiten verbunden. Je größer die Zahl der Kontextabhängigkeiten, desto eingeschränkter die Möglichkeiten der Wiederverwendung der Komponente. Das Kunststück für einen Komponentenentwickler besteht darin, die richtige Balance zu finden.

2.1.7 Eine abschließende Definition

Nachdem nun die spezifischen Eigenschaften von Komponenten erörtert wurden, und dieser Begriff eindeutig von den Begriffen Klasse, Objekt und Instanz abgegrenzt wurde, kann man nun den hier entwickelten Komponentenbegriff abschließend in einer Definition manifestieren.

Definition des Komponentenbegriffs zur Nutzung in diesem Buch

---

Eine Komponente besitzt vertraglich spezifizierte Interfaces und ausschließlich explizite Kontextabhängigkeiten. Sie kann unabhängig von anderen Komponenten installiert und von Dritten für Kompositionen benutzt werden.

In der Literatur findet man häufig auch den Begriff Software-Komponente. Dort unterscheidet man zwischen dem Konzept der Komponente an sich (das Konzept wird dann meist Komponente genannt) und ihrer konkreten technologischen Realisierung, beispielsweise in Form einer dynamischen, nachladbaren Bibliothek (diese wird dann Software-Komponente genannt). Es soll in diesem Buch sowohl das Konzept als auch dessen Realisierung in Form von irgendwie geartetem Programmcode unter dem Begriff „Komponente" zusammengefasst werden. Die genaue Einordnung ergibt sich dann aus dem Kontext der Diskussion.

2.2 CORBA-Komponenten

CORBA-Komponenten sind eine spezielle Form von Komponenten.

Dieses Kapitel wird auf der theoretischen Grundlage des eben erarbeiteten Komponentenbegriffs in die noch relativ junge Technologie der CORBA-Komponenten einführen. Bisher wurde die ursprüngliche CORBA-Welt mit ihrem *Object Request Broker*, ihren *Servants*, *Servern* und *Klienten* vorgestellt. Weiterhin wurde der Begriff der Komponente geeignet von anderen Konzepten aus der Softwaretechnik abgegrenzt. Nun soll erläutert werden, wie sich Komponenten in der CORBA-Welt darstellen. Wurde bisher in diesem Buch von Komponenten stets sehr allgemein und ohne Beziehung zu einer konkreten Technologie geredet, wird nun der Versuch unternommen, Komponententechnologie und CORBA-Technologie zu vereinigen.

Aus den bisherigen Darstellungen in diesem Buch, kann eine Erwartungshaltung an diese Art von Komponenten formuliert werden. Da sie in der CORBA-Welt angesiedelt sind, werden CORBA-Interfaces bei der Spezifikation der Interfaces einer CORBA-Komponente eine Rolle spielen. CORBA-Komponenten werden also Komponenten sein, die wahrscheinlich auch entfernt ansprechbar sind. Weiterhin ist zu erwarten, dass heterogene Kompositionen zwischen Komponenten, die in unterschiedlichen Programmiersprachen implementiert sind und auf unterschiedlichen Plattformen laufen, problemlos möglich sind. Kompositionen können dabei durchaus zwischen räumlich weit entfernten CORBA-Komponenten existieren.

2.2.1 Der Metatyp CORBA-Komponente

Der Sinn eines Komponentenmodells

Komponenten sind Bausteine für Anwendungen. Dazu werden sie mit anderen Komponenten komponiert. Die Komposition erfolgt unter Nutzung vertraglich definierter Interfaces einer Komponente. Ein wichtiger Teil, den eine bestimmte Komponententechnologie definieren muss, ist die mögliche und zulässige Beschaffenheit dieser Interfaces. Dazu muss eine solche Technologie ein Komponentenmodell definieren, das aussagt, welche Freiheiten und Möglichkeiten ein Designer einer Komponente hat. Unter dem Designer wird hier derjenige verstanden, der neben anderen Dingen die Entscheidungen über die Interaktionsmöglichkeiten einer Komponente trifft und damit die Interfaces der Komponente festschreibt. Die Ausprägung dieser Interfaces kann man auch als die oberflächlichen Eigenschaften einer Komponente verstehen, da diese Interfaces gewissermaßen eine Schale um den Kern der Komponente, die implementierte Anwendungslogik, legen und nur durch sie ein Zugriff auf diese Logik möglich ist. Das Komponentenmodell definiert also die Mittel, die zur Beschreibung einer Komponente und damit zur Manifestation eines Komponententyps benutzt werden dürfen. Diese erlaubten Mittel werden durch den Komponenten-Metatyp spezifiziert.

Die CORBA-Komponente ist ein neuer Metatyp in CORBA.

Eine CORBA-Komponente, im folgenden Absatz auch nur Komponente genannt, wurde als ein neuer Metatyp in CORBA eingeführt. Der wichtigste bisher bekannte, und im Kapitel über die Grundlagen von CORBA (s. Kapitel 1) diskutierte Metatyp war der des CORBA-Objekts. Der Komponenten-Metatyp ist eine Erweiterung und Spezialisierung des Objekt-Metatyps von CORBA. CORBA-Komponententypen werden in der von CORBA bekannten *Interface Definition Language* notiert und können in einem *Interface Repository* repräsentiert werden. Die *Interface Definition Language* stellt ab Version 3.0 entsprechende Konstrukte für die Spezifikation von CORBA-Komponenten bereit. Diese Konstrukte werden ausführlich in Kap. 8 diskutiert. Instanzen einer CORBA-Komponente werden durch Komponentenreferenzen beschrieben. Eine solche Komponentenreferenz wird repräsentiert durch die schon bekannte Objektreferenz. Insofern ist die Definition eines Komponententyps in einer IDL-Beschreibung eine Spezialisierung und Erweiterung einer Definition eines Interface-Typs.

2.2.2 Ports

Ports sind die Gestaltungselemente für CORBA-Komponenten.

Die wesentlichen oberflächlichen, und damit von außen sichtbaren Eigenschaften eines Komponententyps in CORBA sind die so genannten Ports. Sie bestimmen, auf welche Art und Weise Klienten der Komponente oder ihre Umgebung mit ihr interagieren können. Das CORBA-Komponentenmodell definiert dazu fünf mögliche Portarten:

- *Komponenteninterface*, ein von jeder CORBA-Komponente bereitgestelltes Interface mit grundlegenden Operationen
- *Facets*, voneinander verschiedene, benannte Interfaces, die von Klienten benutzt werden können.
- *Receptacles*, benannte Verbindungspunkte durch die die Fähigkeit einer Komponente beschrieben wird, externe Interfaces zu benutzen.
- *Ereignisproduzenten (Event sources)*, benannte Verbindungspunkte, an denen eine Komponente Ereignisse eines bestimmten Typs aussendet.
- *Ereigniskonsumenten (Event sinks)*, benannte Verbindungspunkte, an denen eine Komponente Ereignisse eines bestimmten Typs akzeptiert.

Mittels dieser fünf Konzepte kann ein Komponentendesigner die spezifischen Oberflächeneigenschaften seiner Komponente beschreiben. Abb. 2.1 zeigt eine schematische Darstellung einer CORBA-Komponente. Die weißen Boxen im Innern der Komponente stellen die Implementierungsartefakte dieser Komponente dar, also die Programmcodefragmente, die die eigentliche Anwendungslogik der Komponente implementieren.

Abb. 2.1: Der Metatyp CORBA-Komponente

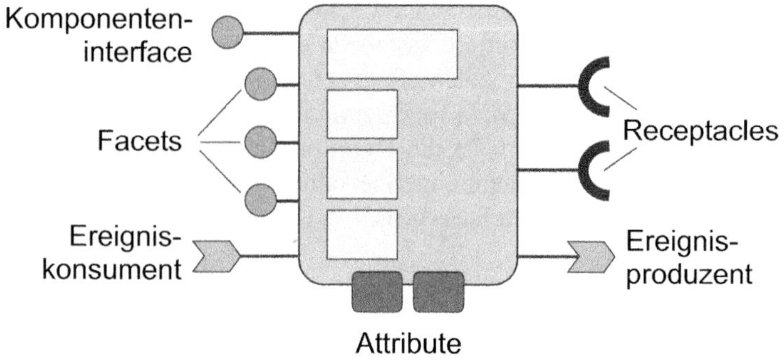

2.2.3
Das Komponenteninterface

Das Komponenteninterface ist das zentrale Interface einer CORBA-Komponente.

Jede CORBA-Komponente bietet zumindest ein Interface an, das Komponenteninterface. Dieses Interface ist unabhängig von eventuell vorhandenen weiteren oberflächlichen Eigenschaften der Komponente vorhanden und wird auch als das *äquivalente Interface* der Komponente bezeichnet. Die Ausprägung dieses Interface wird maßgeblich durch die Definition des Komponententyps beeinflusst. Der Begriff äquivalentes Interface kommt dadurch zustande, dass im CORBA-Komponentenmodell die neuen komponentenspezifischen Konzepte durch spezielle Abbildungsregeln auf traditionelle CORBA-Konzepte abgebildet werden. Das äquivalente Interface spiegelt also die komponentenspezifischen Konzepte äquivalent durch ein CORBA-Interface wieder (s. auch Kap. 9).

Es stellt sich hier die Frage, warum die komponentenspezifischen Konstrukte auf herkömmliche IDL-Konstrukte und nicht direkt auf Konstrukte einer Programmiersprache abgebildet werden. Mit den durch CORBA standardisierten Sprachabbildungen existiert eine ausgereifte Technologie, um CORBA-Interfaces in entsprechende Repräsentationen und Implementierungen einer gewählten Programmiersprache zu überführen. Eine direkte Abbildung in die Programmiersprache hätte einen langen Entwicklungsprozess bedeutet, der mit großer Wahrscheinlichkeit erst nach mehreren Revisionen zu stabilen Abbildungen geführt hätte. Mit der nun standardisierten

Abbildung auf herkömmliche IDL-Konstrukte erschließt man sich für die Komponentenentwicklung automatisch sämtliche Programmiersprachen, für die CORBA Sprachabbildungen definiert.

Das Komponenteninterface gestattet es Klienten, zu den verschiedenen *Facets* der Komponente zu navigieren und sich mit den Ports der Komponente zu verbinden. Es gruppiert eine Vielzahl generischer Operationen zur allgemeinen Verwaltung einer CORBA-Komponente an sich und zur Verwaltung dieser Komponente im Rahmen einer Anwendungskomposition mit anderen Komponenten.

2.2.4 Facets

Facets sind spezielle, zusätzliche Interfaces einer CORBA-Komponente.

Wie schon aus der Abbildung deutlich wird, kann eine CORBA-Komponente mehrere *Facets* besitzen. Ein *Facet* ist nichts weiter als ein ausgezeichnetes, benanntes Interfaces, das die Komponente nach außen anbietet. Die Anzahl der *Facets* an einer Komponente ist dabei unbeschränkt, zumindest in der Design-Phase. Bei der Spezifikation einer Komponente wird man jedoch darauf achten müssen, durch ein vernünftiges Komponentendesign die Anzahl der *Facets* an einer Komponente überschaubar zu halten. Beschränkungen können natürlich auch durch eine bestimmte Implementierung des CORBA-Komponentenmodells entstehen. Das besondere ist, dass die als *Facets* angebotenen Interfaces nicht notwendigerweise von unterschiedlichen Interface-Typen sein müssen. Es ist möglich, dasselbe Interface jedes Mal unter einem anderen Namen als eigenständiges *Facet* anzubieten. Die einzelnen *Facets* sind dabei völlig unabhängig voneinander. Dies ermöglicht dem Komponentendesigner weitgehende Freiheiten bei der Gestaltung und Modellierung der äußeren Struktur der Komponente. Sowohl das äquivalente Interface als auch die *Facets* sind jeweils herkömmliche CORBA-Interfaces.

Die Implementierung des äquivalenten Interface als auch die Implementierung der einzelnen *Facets* sind durch die Komponente gekapselt. Für einen Klienten ist es also nicht möglich von der äußeren Struktur der Komponente auf die innere Implementierung zu schließen. Jedoch ist es einem Klienten stets möglich, von einem *Facet* zu einem anderen oder zu dem äquivalenten Interface zu navigieren. Die Lebenszeit eines *Facets* ist untrennbar verbunden mit der Lebenszeit der zugehörigen Komponente.

2.2.5 Receptacles

Receptacles sind gewissermaßen Schlösser einer Komponente.

Als Gegenstück zu *Facets* bietet das CORBA-Komponentenmodell dem Komponentendesigner das Konzept *Receptacle*. Ein *Receptacle* ist ein benannter Verbindungspunkt an einer Komponente und befähigt diese, Interfaces eines bestimmten Typs zu benutzen. Das Verbinden eines *Receptacle* mit einem geeigneten Interface erfolgt explizit. Gleichermaßen explizit muss eine solche Verbindung auch wieder getrennt werden, wenn sie nicht mehr benötigt wird. Das kann beispielsweise dann der Fall sein, wenn die Komponenteninstanz für eine gewisse Zeit deaktiviert und ihr Zustand persistent ausgelagert werden soll. Das Bekanntmachen eines zu nutzenden Interface an einem *Receptacle* einer Komponente, wodurch eine Bindung des Interfaces an das *Receptacle* erfolgt, geschieht häufig während der Installations- und Konfigurationsphase, s. auch Kapitel 5. Es ist Komponenten aber auch gestattet aus eigener Initiative Bindungen mit anderen Komponenten einzugehen.

Facets und *Receptacles* bilden eine Art Schlüssel-Schloss-Paar. Eine Komponente, die ein *Facet* vom Interface *T* anbietet, kann mit einer Komponente verbunden werden, die ein *Receptacle* besitzt, das ein Interface *T* verlangt. Dieses Schlüssel-Schloss-Prinzip ist das wichtigste Konzept zur Realisierung von Kompositionen zwischen CORBA-Komponenten. Da CORBA-Interfaces voneinander erben können, kann ein *Receptacle* des Interface *T* auch ein *Facet* benutzen, dessen Interface eine Spezialisierung des Interface *T* ist. Natürlich kann das *Receptacle* dabei nur auf die Attribute und Operationen des ihm bekannten Interfaces zugreifen und keinen Gebrauch von den erweiterten Möglichkeiten des spezialisierten Interface des *Facet* machen. Diese Konzepte werden im objekt-orientierten Sprachgebrauch allgemein als Polymorphie bezeichnet. Als Spezialfall können natürlich *Facets* und *Receptacles* einer einzelnen Komponente ebenfalls miteinander verbunden werden, so es denn eine sinnvolle Anwendung dafür gibt.

Receptacles können beliebige CORBA-Interfaces binden.

Bei der Bindung eines Interface an ein *Receptacle* ist es nicht zwingend, dass das Interface, das gebunden werden soll selbst von einer CORBA-Komponente bereitgestellt wird. Eine Komponente kann also durchaus ein *Receptacle* vom Interface `CosNaming::NamingContext` definieren, um zur Laufzeit mit einem laufenden Namensdienst zu kommunizieren. Auf der anderen Seite müssen *Facets* nicht ausschließlich von anderen Komponenten benutzt werden, sondern können auch von herkömmlichen CORBA-Klienten, die nichts von Komponenten wissen, angesprochen werden. Das liegt daran, dass auch Komponenten-Interfaces letztlich nur normale CORBA-Interfaces sind.

Auch bei *Receptacles* ist es wie bei *Facets* möglich, dass mehrere *Receptacles* an einer Komponente dasselbe Interface verlangen. Dabei sind sie jedoch stets unterschiedlich benannt. Häufig sind Kompositionen auf Basis von kompatiblen *Facets* and *Receptacles* bei CORBA-Komponenten eineindeutig. Es gibt jedoch auch Fälle, bei denen eine Komponente mit einem *Receptacle* wünscht, dass es möglich ist, dass mehr als ein externes Interface an dieses *Receptacle* gebunden werden kann. Diese so genannten mehrfachen *Receptacles* können gleichzeitig mit mehreren externen Interfaces verbunden werden und diese gemeinsam ansprechen.

2.2.6 Ereignisproduzenten

Ereignisse werden asynchron übertragen.

Am äquivalenten Interface einer Komponente und an ihren *Facets* können Operationen gerufen werden. Die Bindung zwischen einem *Facet* und einem *Receptacle* erfolgt also zum Zwecke der operationellen Kommunikation. Neben der operationellen Kommunikation als wichtigste Kommunikationsform in der CORBA-Welt gibt es auch die Kommunikation von Ereignissen. In CORBA wird diese Kommunikationsform durch zwei Objektdienste bereitgestellt, den *Event Service* und den *Notification Service*. Ein Sender von Ereignissen verbindet sich mit einem dieser Dienste und schickt seine Ereignisse an einen durch diesen Dienst bereitgestellten Ereigniskanal. Ein Empfänger von Ereignissen kann sich dann an diesem Ereigniskanal anmelden und wird dann von ihm mit den eingegangenen Ereignissen versorgt. Sowohl die Kommunikation zwischen Sender und Ereigniskanal als auch die zwischen Ereigniskanal und Empfänger ist aus Sicht von CORBA operationell, jedoch wird bei der Übermittlung eines Ereignisses von einem Sender an einen Empfänger eine asynchrone Mimik erreicht, da der Ereigniskanal die Ereignisse gegebenenfalls puffern kann und der Sender seine Arbeit fortsetzen kann sobald sein Ereignis den Ereigniskanal erreicht hat, und nicht darauf warten muss, dass das Ereignis tatsächlich alle angemeldeten Empfänger erreicht. Daneben gibt es noch CORBA *Messaging*, eine neuere Technologie, die echte asynchrone Operationsrufe unter Nutzung spezieller Antwortbehandler (*Reply handler*) ermöglicht.

Ereignisproduzenten sind Ports an einer Komponente, die Ereignisse aussenden.

Auch für Komponenten ist es nicht unüblich, dass sie Ereignisse aussenden wollen. Dies können Statusmeldungen, Fehlerereignisse und ähnliche Informationen sein, die an interessierte Empfänger verschickt werden. Das CORBA-Komponentenmodell stellt dazu ein weiteres Konzept bereit, und zwar das Konzept der Ereignisproduzenten (*Event Sources*). Wie der Name schon sagt sind Ereignisproduzenten spezielle Ports an der Komponente, die Ereignisse aussenden. Hierbei wird zwischen zwei Arten solcher Ports unterschieden. Zum einen gibt es die *Publisher* und zum anderen die *Emitter*. Im Gegensatz zum *Publisher* kann an einen *Emitter* genau ein Empfänger von Ereignissen angeschlossen werden. *Publisher* unterstützen dagegen beliebig viele potentielle Interessenten an den ausgesandten Ereignissen dieses Ports. Das CORBA-Komponentenmodell sieht *Emitter* für reine Konfigurationszwecke vor. Komponenten können demnach *Emitter*-Ports anbieten über die sie initial konfiguriert werden können. *Publisher*-Ports dagegen sollen für anwendungsspezifische Aufgaben benutzt werden.

Zur Typisierung der Ereignisproduzenten wird der durch diese Ports ausgesandte Typ des Ereignisses herangezogen. Das CORBA-Komponentenmodell führt für den Ereignistyp den neuen Metatyp *Eventtype* ein. Ein Ereignistyp ist ein CORBA-*Valuetype*, der auf die Kommunikation von Ereignissen zwischen CORBA-Komponenten beschränkt ist. Das bedeutet, dass nur Ereignistypen als Träger der Ereignisinformation im CORBA-Komponentenmodell zugelassen sind. Ein Ereignistyp kann Attribute und Operationen bereitstellen, kann von einem anderen Ereignistyp abgeleitet sein, und sein Zustand kann übertragen werden. Anhand des ausgesandten Ereignistyps lassen sich die Ereignisproduzenten typisieren und auf ihre Kompatibilität mit potentiellen Empfängern der Ereignisse prüfen. Ereignisproduzenten haben ebenfalls einen eindeutigen Namen im Geltungsbereich einer Komponente, wodurch es ermöglicht wird, mehrere, den gleichen Ereignistyp aussendende Ereignisproduzenten unabhängig voneinander zu definieren.

2.2.7 Ereigniskonsumenten

Ereigniskonsumenten sind Ports an einer Komponente, die Ereignisse empfangen.

Das Gegenstück zu Ereignisproduzenten sind die Ereigniskonsumenten (*Event Sinks*). Ereigniskonsumenten sind Ports an einer CORBA-Komponente die Ereignisse empfangen können. Im Gegensatz zu den Ereignisproduzenten, bei denen zwischen *Publisher* und *Emitter* unterschieden wird, gibt es nur eine Art Ereigniskonsument, der *Consumer* genannt wird. Ein *Consumer* kann entweder mit einem *Publisher* oder mit einem *Emitter* verbunden werden.

Die Bindung zwischen Ereignisproduzenten und Ereigniskonsumenten erfolgt auf der Basis des zu übertragenden Ereignistyps.

Das Binden zwischen einem *Consumer* auf der einen Seite und einem *Publisher* oder *Emitter* auf der anderen Seite erfolgt unter Berücksichtigung des jeweils unterstützten Ereignistyps. Wie auch *Publisher* und *Emitter* spezifizieren nämlich auch die *Consumer* den von ihnen konsumierten Eventtype. Theoretisch sollte es möglich sein, auf der Grundlage der Vererbungshierarchie zwischen zwei Ereignistypen auch Bindungen zwischen *Consumers* und *Publishers* oder *Emitters* zuzulassen, bei denen der Ereignistyp des Ereignisproduzenten ein abgeleiteter Ereignistyp des Ereigniskonsumenten ist. Durch einen Fehler im Standard ist dies jedoch augenblicklich nicht möglich, zumindest bei standardkonformer Implementierung. Damit sind also ein Ereigniskonsument und ein Ereignisproduzent genau dann kompatibel und können verbunden werden, wenn sie denselben Ereignistyp konsumieren bzw. produzieren.

Bei der Kommunikation mit dem *Event Service* oder *Notification Service* in herkömmlichen CORBA-Anwendungen wird zwischen dem *Push*-Modell und dem *Pull*-Modell unterschieden. Beim *Push*-Modell werden die Daten auf Initiative des Senders an den Empfänger übertragen, wenn Daten verfügbar sind. Beim *Pull*-Modell fragt ein Empfänger beim Sender nach, ob Daten vorliegen. Im CORBA-Komponentenmodell erfolgt die Ereigniskommunikation nach dem *Push*-Modell, das bedeutet, Ereignisproduzenten versenden selbstständig ihre Ereignisse und Ereigniskonsumenten sind passiv und warten auf das Eintreffen des Ereignisses.

2.2.8 Attribute

CORBA-Komponenten können Attribute haben.

Erfahrungen in der Softwareentwicklung haben gezeigt, dass der Bau von wiederverwendbaren Komponenten einen Kompromiss erfordert zwischen einer wohldefinierten und vernünftig abgegrenzten Funktionalität und ausreichender Flexibilität und Generalität, um ein hohes Maß an Wiederverwendbarkeit in einer spezifischen Anwendungsdomäne zu ermöglichen. Da CORBA-Komponenten individuell verpackte Gegenstände sind, die von Dritten zur Anwendungsentwicklung angeboten werden, ist es ausgeschlossen, dass eine Anpassung einer Komponente an eine neue Anwendung durch die direkte Änderung der Implementierung der Komponente oder durch Ableiten einer spezialisierten Komponente erfolgen kann. Stattdessen setzt das CORBA-Komponentenmodell darauf, dass Attribute an einer Komponenteninstanz zur Konfigurationszeit gesetzt werden können, um ihr grundlegendes Verhaltensmodell festzulegen. Attribute sind Gestaltungselemente, die auch schon bei herkömmlichen CORBA-Interfaces Anwendung fanden. Sie bieten eine bequeme Möglichkeit, den Zugriff auf einen bestimmten Wert an einem Interface zu definieren. Bei Interfacedefinitionen in IDL werden Attribute auf eine Zugriffs- und eine Modifikationsoperation am *Servant* abgebildet. Bei *read-only*-Attributen gibt es keine Modifikationsoperation.

Dieses Konzept wurde für CORBA-Komponenten übernommen. Dabei muss man zwischen Attributen unterscheiden, die an Interfaces definiert sind, welche wiederum von der Komponente bereitgestellt werden und Attributen, die direkt an einer Komponente außerhalb eines Interfaces definiert werden. Attribute innerhalb eines Interfaces sind für die spezifische Anwendungslogik des dieses Interface implementierenden CORBA-Objekts gedacht. Attribute an einer Komponente sind ausschließlich für Konfigurationszwecke gedacht. Obwohl Komponentenattribute auch für Klienten der Komponente sichtbar sind (die Zugriffs- und Modifikationsoperationen können am Komponenten-Interface gerufen werden), sollte eine andere Nutzung der Attribute als für Konfigurationszwecke unterbleiben. Eine mögliche Nutzung dieser Attribute kann beispielsweise durch Komponentenfabriken oder Installationswerkzeuge erfolgen, die anhand von Anwendungsbeschreibungen Komponenteninstanzen zu Anwendungen komponieren und konfigurieren.

2.3 Homes

Homes erzeugen und verwalten Komponenteninstanzen.

Das CORBA-Komponentenmodell standardisiert die Art und Weise wie Instanzen einer CORBA-Komponente erzeugt und verwaltet werden. Dabei bedient es sich des bekannten Fabrik-Designmusters. Das Fabrik-Muster wird immer da angewendet, wo Objekte, deren dynamischer Typ zum Zeitpunkt der Kompilierung nicht bekannt ist, zur Laufzeit erzeugt werden sollen. Dieses Designmuster beinhaltet, dass es eine Anzahl spezieller Fabriken gibt, von denen jede Objekte eines bestimmten Typs erzeugen kann. Diese Fabriken melden sich unter einem geeigneten Identifikator an und stellen jeweils eine normierte, uniforme Operation zur Erzeugung eines Objekts bereit. Zur Laufzeit kann dann jede der Fabriken durch Ruf der normierten Operationen zur Erzeugung eines Objekts instruiert werden.
Dieses Prinzip findet auch beim CORBA-Komponentenmodell Anwendung, wobei die Fabriken hier *Homes* heißen. Nur so ist es möglich, dass von unbekannten Komponenten, und nahezu alle Kompo-

nenten von Drittanbietern werden unbekannte Komponenten sein, zur Laufzeit Instanzen erzeugt werden können, aus denen wiederum Applikationen zusammengebaut werden können. *Homes* sind demnach spezielle Fabriken, die genau einem Komponententyp zugeordnet sind. Neben der generischen Erzeugung von Komponenteninstanzen bieten *Homes* auch die Möglichkeit, typspezifische Fabrikmethoden zu definieren, die dann auch über spezifische Parameter verfügen können.

Wie eine CORBA-Komponente ein neuer Metatyp in CORBA ist, so ist auch ein *Home* ein neuer Metatyp. Zu jeder Komponentendefinition muss es mindestens eine *Home*-Definition geben. Die Zuordnung eines *Home* zu einem konkreten Komponententyp sagt aus, dass das *Home* Komponenteninstanzen des zugeordneten Komponententyps erzeugen kann. Es ist möglich, dass verschiedene *Homes* denselben Komponententyp verwalten. Für Komponenteninstanzen zur Laufzeit gilt in diesem Fall, dass eine Instanz immer genau dem *Home* zugeordnet ist, in dem es auch erzeugt wurde.

Neben der eigentlichen Erzeugung müssen *Homes* auch die von ihnen erzeugten Komponenteninstanzen verwalten. Insbesondere betrifft das Komponenten, die langlebig sind und damit das Runterfahren eines Rechners „überleben" und nach dem Neustart wieder verfügbar sein sollen. Da nur ein *Home* Komponenteninstanzen erzeugen kann, sind alle potentiellen Komponenteninstanzen in genau einer internen Verwaltungsliste eines aktiven *Home* eingetragen.

Homes können schlüssellos oder schlüsselbehaftet sein.

Die Verwaltung von Komponenteninstanzen in einem *Home* kann einerseits schlüssellos sein, wodurch die laufenden Komponenteninstanzen also anonym erscheinen, oder schlüsselbehaftet. Im schlüsselbehafteteten Fall können Komponenten durch ihr *Home* durch einen eindeutigen Schlüssel identifiziert werden. Das ist besonders wichtig bei der Rekonstruktion von ausgelagerten oder deaktivierten Komponenteninstanzen aus externen Datenbanken.

Homes unterstützen neben dem Fabrik-Mechanismus zur Erzeugung von Komponenteninstanzen auch den so genannten Finder-Mechanismus. Der Finder-Mechanismus dient dazu, eine zuvor im *Home* erzeugte Komponenteninstanz aufzuspüren und wieder zu benutzen. Dazu können Finder-Methoden mit spezifischen Parametern definiert werden, bei denen ein *Home* eine Komponenteninstanz anhand der angebotenen Parameter identifiziert. Nicht zu verwechseln ist dieser Mechanismus mit dem *Home Finder*, der zum Auffinden von installierten *Homes* in einer Domäne dient.

3 Der Container

Nachdem in den vorangegangenen Kapiteln CORBA-Komponenten an sich beschrieben wurden, soll es in diesem Kapitel um die Laufzeitumgebung von CORBA-Komponenten gehen. Diese Laufzeitumgebung wird Container genannt, da sie in gewisser Weise eine virtuelle Schale um die CORBA-Komponente bildet. Ein Container ist für die Verwaltung von CORBA-Komponenten während ihrer Ausführung verantwortlich. Außerdem abstrahiert er im Zusammenspiel mit dem Komponentenserver von bestimmten Eigenschaften der konkreten Hardware und der Softwareumgebung der eingesetzten Zielplattform.

3.1 Laufzeitumgebung einer CORBA-Komponente

Schon mit CORBA wird eine weitreichende Abstraktion von der konkreten Zielplattform bei der Anwendungsentwicklung erreicht. Bei der Entwicklung von CORBA-Komponenten wird diese Abstraktion auf weitere Eigenschaften verteilter Anwendungen wie Transaktionsmanagement und Persistenz ausgedehnt. Ziel ist es, den Komponentendesigner von wiederkehrenden Aufgaben, wie der Integration der Geschäftslogik der Komponente mit einem Transaktionsdienst, zu entlasten und dadurch die Programmierung von CORBA-Komponenten zu vereinfachen.

Eine Laufzeitumgebung abstrahiert von Hardware und Software.

In heterogenen verteilten Systemen unterscheiden sich die Hardwareeigenschaften (z.B. die Art des Prozessors) und die benutzte und bereitstehende Software (z.B. Betriebssystem, Datenbanken, Transaktionsmonitore) von Rechner zu Rechner häufig sehr. Ein Komponentenhersteller wäre gezwungen, eine Komponente für jeden einzelnen Rechner anzupassen, wenn sie von den dort bereitstehenden Diensten der installierten IT-Infrastruktur profitieren soll. Ein solcher Ansatz hätte den Nachteil, dass Komponenten immer nur auf den Rechnern, die zur Entwicklungszeit der Komponente bekannt und verfügbar waren, ausführbar sind.

Durch die Einführung einer standardisierten Laufzeitumgebung, kann man den Adaptionsaufwand erheblich verringern. Eine solche Laufzeitumgebung abstrahiert von bestimmten Eigenschaften der Installationsumgebung und entkoppelt eine CORBA-Komponente von der konkreten Hard- und Software des Rechners auf dem sie ausgeführt wird. Dadurch ist eine CORBA-Komponente nur noch von der Laufzeitumgebung abhängig, die gegenüber den CORBA-Komponenten immer gleich aussieht.

In Java ist die Laufzeitumgebung die Java Virtual Machine.

Das Konzept einer Laufzeitumgebung findet man bei einer Vielzahl von Technologien wieder. Häufige Eigenschaften einer Laufzeitumgebung sind das Verbergen von Heterogenität bei der Ausführungsumgebung, das Verbergen von Heterogenität bei der Bereitstellung von die Anwendung unterstützenden Zusatzdiensten und das Verwalten des Lebenszyklus von Softwarekonstrukten. Eine Laufzeitumgebung wird beispielsweise auch in der Programmiersprache Java benutzt. Die in Java notwendige virtuelle Maschine (*Java Virtual Machine*) erlaubt es, Java-Anwendungen auf beliebigen Zielplattformen ausführen zu lassen. Hier erfolgt in erster Linie eine Verdeckung der unterschiedlichen Ausführungsarchitekturen für Java-Anwendungen (Intel oder Sparc-Prozessor, Windows oder Linux). Grundlage dieser Verdeckung ist ein durch die virtuelle Maschine interpretierbarer uniformer Bytecode. Somit wird es möglich, Java-Programme zu erstellen, die auf unterschiedlichen Zielsystemen ohne Veränderungen ausgeführt werden können unter der Voraussetzung, dass es eine virtuelle Maschine für das Zielsystem gibt.

Im CORBA-Komponentenmodell heißt die Laufzeitumgebung Container.

Bei den CORBA-Komponenten wird die Laufzeitumgebung Container genannt. Auch der Container einer CORBA-Komponente ist dafür verantwortlich, die Heterogenität der unterliegenden Hardware und Software zu verbergen und den Lebenszyklus der einzelnen Komponenteninstanzen und der sie implementierenden Softwarekonstrukte zu verwalten. Für die erste Aufgabe, das Verbergen der Heterogenität, bietet der Container eine Reihe von Interfaces an, die den Komponenten eine klar definierte Menge an Operationen bieten. Diese Interfaces werden interne Interfaces genannt. Die Funktionalität, die durch den Container über die internen Interfaces bereitgestellt wird, versetzt eine Komponente in die Lage, ihre eigenen Dienste gegenüber anderen Komponenten zu erbringen. Diese Interfaces werden beispielsweise dazu benutzt, Ereignisse zu verschicken oder die an einen *Receptacle*-Port gebundenen *Facet*-Objektreferenzen zum Zweck des Rufs von Operationen an diesen CORBA-Objekten zu erfragen.

Der Container ist weiterhin für die Steuerung des Lebenszyklus einer CORBA-Komponente verantwortlich. Dafür muss er bestimmte anstehende Entscheidungen, wie beispielsweise die geplante Deaktivierung einer Komponente aus Gründen der Ressourcenschonung, der Komponente mitteilen können. Auch mit Blick auf durch den Container bereitgestellte Standarddienste ist es notwendig, dass der Container Informationen an die Komponente übermitteln kann, beispielsweise beim Transaktionsdienst den Beginn oder das Ende einer Transaktion. Zu diesem Zweck muss der Container wissen, welche programmiersprachlichen Artefakte zur Komponente gehören und wie diese anzusprechen sind. Eine CORBA-Komponente kann dann als Reaktion auf bestimmte Operationsrufe des Containers die entsprechenden Maßnahmen treffen.

Beispielsweise ist es in den seltensten Fällen wünschenswert, dass eine Komponente mitten in einer Transaktion oder während eines kritischen Operationsaufrufs zerstört wird. Wird das Zerstören einer Komponente vorher durch den Container mittels eines Operationsrufs an einem wohl definierten *Callback*-Interface angekündigt, so kann die Komponente kritische Aktionen beenden und in einen definierten Zustand übergehen, bevor sie zerstört wird.

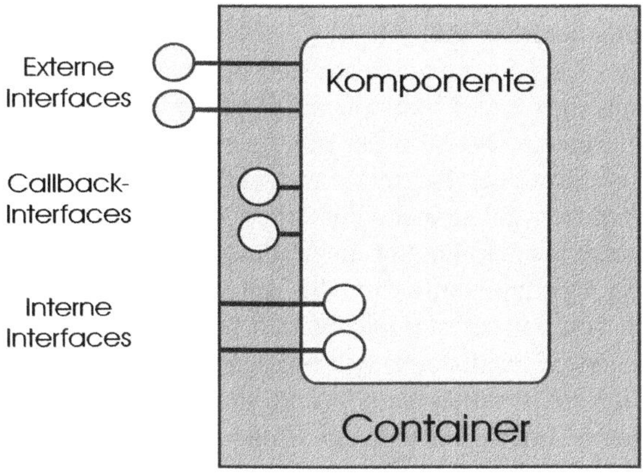

Abb. 3.1: Interfaces an Container und Komponente

Für die Erfüllung dieser Aufgaben benötigt der Container detaillierte Kenntnisse über die Struktur der Komponente, eingegangene Verbindungen mit anderen Komponenten und eintreffende sowie ausgehende Operationsrufe. Das CORBA-Komponentenmodell sieht dazu vor, dass der Container jede operationelle und ereignisorientierte Operation der durch ihn verwalteten CORBA-Komponenten einsehen und gegebenenfalls beeinflussen kann. Hier wird auch der Begriff des Containers verständlich, der eine virtuelle Kapsel um die Komponenten bildet und Kommunikation einer CORBA-Komponente nur durch diese Containerschale erlaubt.

3.2 Standarddienste des Containers

In Geschäftsanwendungen werden häufig mehrere CORBA-Dienste benötigt. Ihre Benutzung ist dabei nicht trivial.

Der CORBA-Standard sieht eine Reihe von Standarddiensten für CORBA-Anwendungen vor. Diese Dienste, die so genannten *Common Object Services* (*COS*), decken ein breites Spektrum von Funktionalitäten ab, s. Kapitel 1.6. Einer dieser Dienste ist der Namensdienst. Der Namensdienst spielt in den meisten CORBA-basierten Anwendungen eine wesentliche Rolle. Er wird in der Regel dafür benutzt, den Kontakt zwischen zwei Teilen eines verteilten Systems herzustellen, die unabhängig voneinander gestartet wurden. Es gibt aber auch andere Dienste, wie den Nachrichten- oder Ereignisdienst (*Notification Service* und *Event Service*), die häufig in CORBA-basierten Systemen zur Anwendung kommen. Beide Dienste dienen der asynchronen Kommunikation zwischen CORBA-Objekten. Daneben gibt es weitere Dienste, wie den Transaktionsdienst (*Transaction Service*), den Persistenzdienst (*Persistent State Service*) und den Sicherheitsdienst (*Security Service*), die in einer CORBA-Umgebung bereitstehen.

Einige dieser Standarddienste sind in Bezug auf die Dienstlogik und Dienstnutzung sehr komplex. Oftmals müssen mehrere Interaktionen mit einem Dienst in der richtigen Reihenfolge und unter Bereitstellung korrekter Parameter ausgeführt werden, um den Dienst sinnvoll nutzen zu können. Für einen Anwendungsentwickler zusätzlich erschwerend kommt hinzu, dass eher administrative Aufgaben, wie Operationsrufe für die anfängliche Initialisierung des Dienstes, von ihm selbst implementiert werden müssen, also Teil der eigentlichen Geschäftslogik sein müssen. Damit wird die Geschäftslogik mit Funktionalität angereichert, die eigentlich nicht direkt anwendungsspezifisch ist, und der Entwicklungs- und Wartungsaufwand erhöht sich.

Die Komplexität von CORBA-Diensten am Beispiel des Namensdienstes

Das folgende C++-Codefragment verdeutlicht das Vorgehen für die Benutzung des Namensdienstes in einer fiktiven Anwendung. Ein Teilsystem versucht Verbindung zu einem anderen Teilsystem (`system_b`) aufzunehmen. Dafür muss es eine Objektreferenz auf eines der CORBA-Objekte des entfernten Teilsystems aus dem Namensdienst auslesen.

```
try
{
    CORBA::Object_var ns_obj =
    orb->resolve_initial_references ("NameService");
    ns = CosNaming::NamingContext::_narrow (ns_obj);
}
catch (CORBA::ORB::InvalidName&)
{
    // Fehlerbehandlung
}
catch (CORBA::SystemException&)
{
    // Fehlerbehandlung
}

CosNaming::Name the_name;
the_name.length (1);
the_name[0].id = CORBA::string_dup ("system_b");
the_name[0].kind = CORBA::string_dup ("");

CORBA::Object_var system_b_obj;

try
{
    system_b_obj = ns->resolve (system_b);
}
catch  (CosNaming::NamingContext::NotFound&)
{
    // Fehlerbehandlung
}
```

An diesem Beispiel, der Namensdienst gehört wohlgemerkt zu den einfachsten Diensten in CORBA, ist gut zu erkennen, wie viel Aufwand notwendig ist, um allein eine Objektreferenz aus dem Namensdienst auszulesen. Ein ähnlicher Aufwand ist auch notwendig, um eine Objektreferenz in den Namensdienst einzutragen. Beide Vorgänge sind in CORBA-basierten Anwendungen Teil der Geschäftslogik.

Für die oft sehr umständliche Nutzung der CORBA-Dienste lassen sich noch weitere Beispiele finden. Das einfache Absenden eines Ereignisses (*Event*) über einen Ereigniskanal ist ebenfalls mit einer Anzahl von Interaktionen verbunden, die die eigentlichen Geschäftslogik und deren Entwicklung unnötig belasten. Aus diesem Grund gliedern viele CORBA-Anwendungsentwickler sehr schnell diese Funktionalität in Form von Hilfsfunktionen in externe Bibliotheken aus.

Der Container verdeckt die Komplexität bestimmter CORBA-Standarddienste.

Eines der Ziele, die man mit der Definition des CORBA-Komponentenmodells bzw. mit dem Containerdesign verfolgt hat, ist die Vereinfachung der Programmierung von CORBA-Anwendungen, insbesondere den Zugriffs auf die oft relativ komplexen CORBA-Standarddienste und deren Benutzung. Die Geschäftslogik einer Komponente soll um die eher administrativen Dienstinteraktionen entlastet werden. Im Idealfall finden sich in der Geschäftslogik keine Dienstinteraktionen mehr, und die Nutzung des Dienstes erfolgt für die Komponentenimplementierung transparent. Somit fällt es in den Aufgabenbereich des Containers, den Dienst korrekt zu initialisieren und bei allen die Komponente betreffenden Interaktionen entsprechend zu nutzen. In einigen Fällen ist es jedoch weiterhin erforderlich, dass die Komponente auf eine bestimmte Funktionalität des Dienstes zugreifen kann. Für solche Fälle werden vereinfachte Interfaces für die Dienstnutzung definiert.

Einzelheiten zu den Dienstschnittstellen des Containers werden in Kap. 11 beschrieben.

Ein gutes Beispiel für einen Dienst, der weitestgehend durch den Container gesteuert werden kann, ist der Persistenzdienst. Dieser Dienst erlaubt es einer Komponente, Teile des Zustandes automatisch in einer Datenbank abspeichern zu lassen. Dieser Dienst kann komplett durch den Container übernommen werden. Als Alternative besteht aber auch die Möglichkeit, den Persistenzdienst von der Komponente direkt benutzen zu lassen, ohne dass der Container in die Nutzung einbezogen wird. Der Transaktionsdienst ist ein Beispiel dafür, wie der Container das Interface zum Dienst in einer vereinfachten Form anbieten kann.

Die Nutzung der Dienste bleibt jedoch weiterhin eine komplexe Aufgabe. Damit der Container einer CORBA-Komponente eine vereinfachte Dienstschnittstelle anbieten oder die Dienstnutzung komplett selbst steuern kann, benötigt er noch zusätzliche Informationen darüber, ob und wie ein solcher Dienst genutzt werden soll. Diese zusätzlichen Informationen werden in Form von Richtlinien bzw. Regeln (*Policies*) bereitgestellt. Beim Erzeugen von Komponenteninstanzen werden solche Regeln vom Container ausgewertet und entsprechend umgesetzt. Das bedeutet insbesondere auch, dass solche Richtlinien nicht durch den Programmierer einer Komponente definiert werden müssen, sondern beispielsweise erst im Zuge der Erstellung von Anwendungen, beispielsweise durch den Anwendungsdesigner, bestimmt werden.

Bei den CORBA-Komponenten wurde nur eine feste Anzahl von Diensten vorgesehen, deren Bereitstellung durch den Container ganz oder teilweise erfolgen kann. Dennoch ließe sich dieses Prinzip generell auch auf weitere, bisher nicht berücksichtigte Dienste erweitern. Falls eine CORBA-Komponente weitere Dienste benötigt, die nicht durch den Container angeboten werden, so muss sie diese direkt benutzen. Die direkte Benutzung solcher Dienste ist dann an die gleichen Bedingungen gebunden, die auch für normale CORBA-Objekte gelten würden. Im Folgenden werden die CORBA-Standarddienste diskutiert, die durch den Container angeboten werden.

3.2.1 Transaktionen

Transaktionen werden in CORBA durch den Transaktionsdienst realisiert.

Ein wichtiges Konzept in heutigen Geschäftsanwendungen sind Transaktionen. Mit dem CORBA-Transaktionsdienst ist es möglich, die bekannten ACID-Eigenschaften (*Atomicity, Consistency, Independence and Durability*) klassischer Transaktionen im informationstechnischen Sinn auch für verteilte CORBA-Anwendungen zu realisieren. Die Probleme, diese Eigenschaften in verteilten Transaktionen zu gewährleisten, werden in der Literatur gründlich diskutiert (s. Gray 1993), und lassen sich in entsprechender Form auch auf CORBA-Objekte in verteilten CORBA-Anwendungen übertragen. Arbeiten beispielsweise CORBA-Objekte auf Datenbanken, so müssen gewisse aus der Anwendungsdomäne heraus resultierende Konsistenzbedingungen über den beteiligten Datenbanken erfüllt werden.

Ein Beispiel hierfür sind Geldüberweisungen von einem Konto eines Kreditinstituts auf ein Konto eines anderen Kreditinstituts. Eine solche Überweisung besteht aus zwei aus Sicht der verteilten CORBA-Anwendung atomaren Schritten, der Belastung des einen Kontos auf der einen Seite und der Gutschrift in Höhe der Belastung auf einem anderen Konto andererseits. Die Konsistenzregeln für diesen Vorgang lassen sich einfach festlegen: eine einseitige Belastung ohne Gutschrift oder eine Gutschrift ohne Belastung sind nicht erlaubt. Das bedeutet, entweder findet die Überweisung komplett statt oder gar nicht. Üblicherweise definiert man für die beiden Schritte der Belastung und Gutschrift eine Transaktion. Eine Transaktion zeichnet sich dadurch aus, dass sie entweder komplett erfolgreich durchgeführt wird, oder dass sie gar nicht ausgeführt wird. Der Fakt, dass eine Transaktion gar nicht ausgeführt wird, bedeutet in den meisten Fällen, dass einige Aktionen bis zum Auftreten eines Fehlerfalls schon ausgeführt wurden und nun wieder zurückgenommen werden müssen. Dieser Vorgang wird auch als *Rollback* bezeichnet. Durch diesen Vorgang wird gewährleistet, dass alle Änderungen an Daten in einer Transaktion im Fehlerfall wieder zurückgenommen werden und die Daten wieder den Zustand vor der Transaktion haben.

Im Bereich von CORBA-Anwendungen wird eine Transaktion über einer Anzahl von Operationsaufrufen an CORBA-Objekten definiert, wobei die einzelnen CORBA-Objekte dabei selbst mit einer Datenbank in Verbindung stehen können. Genaue Informationen über den CORBA-Transaktionsdienst können aus der entsprechenden Spezifikation entnommen werden (s. OMG 2003c).

Der Container kann Transaktionen transparent integrieren.

Im CORBA-Komponentenmodell bietet der Container einen vereinfachten Zugang zum CORBA-Transaktionsdienst. Sämtliche Arbeiten, die zur Initialisierung und Nutzung des Transaktionsdienstes erforderlich sind, können bei Bedarf vom Container übernommen werden. Da Transaktionen in CORBA über einer Folge von Operationen definiert werden und der Container effektiv jeden Operationsruf an den durch ihn verwalteten Komponenten kontrollieren kann, ist der Container in der Lage, Transaktionen für CORBA-Komponenten bereitzustellen, ohne dass die Komponenten selbst in ihrer Geschäftslogik eine der spezifischen Operationen am Transaktionsdienst rufen müssen oder anderweitig in den Transaktionsprozess eingreifen müssen. Dabei ist er auch in der Lage, ein Zurückrollen der Transaktion (*Rollback*) anzuweisen. Diese Strategie nennt man containerverwaltete Transaktionen (*container managed transactions*).

Natürlich steht es einer CORBA-Komponente auch frei, auf diese Unterstützung durch den Container zu verzichten. In diesem Fall kann sie über ein vereinfachtes internes Interface zum Transaktionsdienst am Container Transaktionen selber steuern. Hier spricht man dann von selbstverwalteten Transaktionen (*self managed transactions*). Der Name dieses vereinfachten Interface am Container lautet `UserTransaction`. Zugriff auf dieses Interface erhält eine CORBA-Komponente über einen speziellen Operationsruf an ihrem Kontext-Interface. Falls von der Komponente gewünscht, kann der Container über ein spezielles von der Komponente zu implementierendes *Callback*-Interface die Komponente über die Transaktionsgrenzen (den Beginn der Transaktion und die verschiedenen Phasen des *2-Phase-Commit*-Protokolls) informieren.

3.2.2 Sicherheit

Verteilte Systeme benötigen Sicherheitsmechanismen.

Das Thema Sicherheit spielt vor allem in verteilten Systemen eine sehr wichtige Rolle. Solche Systeme überspannen häufig mehrere Sicherheitsdomänen, wodurch die ausgetauschten Nachrichten mehrere Sicherheitsdomänengrenzen überqueren müssen. An jeder dieser Grenzen müssen die jeweils angewandten Sicherheitspolitiken dieser Sicherheitsdomäne überprüft werden und Operationsrufe erlaubt oder bei Bedarf verweigert werden. Die Definition und Überwachung von Sicherheitspolitiken gestaltet sich in diesen Systemen deshalb schwierig, weil Personen oder Einrichtungen, die in einer Sicherheitsdomäne bekannt und vertrauenswürdig sind, in einer anderen nicht zwangsläufig bekannt und damit hinsichtlich der Vertrauenswürdigkeit und Rechte nicht einschätzbar sind. Weitere Probleme ergeben sich, da die kommunizierten Daten Kommunikationspfade benutzen, die nicht mehr unter der eigenen Kontrolle sind und damit potentiell einsehbar und Gegenstand eines Angriffs sein können. Somit ergeben sich generell für die Kommunikation in verteilten Systemen die beiden Anforderungen, den Inhalt der Kommunikation zu schützen, beispielsweise durch geeignete Verschlüsselungstechnologien wie SSL, und den Zugriff auf sensible Daten zu kontrollieren.

Der CORBA-Sicherheitsdienst realisiert sichere Kommunikation in CORBA-Systemen.

In der aktuellen Spezifikation des CORBA-Komponentenmodells wird das Thema Sicherheit nur oberflächlich behandelt. Es wird darauf verwiesen, dass das Sicherheitsmodell von CORBA benutzt wird. Generell muss allerdings bemerkt werden, dass das Thema Sicherheit bei CORBA gegenwärtig sehr kontrovers diskutiert wird. In einigen Punkten deckt dieses Sicherheitsmodell noch nicht alle Aspekte und Anforderungen heutiger Anwendungen ab. In der Praxis zeichnet sich ein noch viel schlechteres Bild ab. Bei den meisten verfügbaren CORBA-Implementierungen ist, wenn überhaupt, oft nicht mehr als einfache SSL-Verschlüsselung möglich. Interoperabilität auf Sicherheitsebene mit CORBA-Produkten anderer Hersteller ist nicht gegeben. Aus diesem Grund kann das Thema Sicherheit in diesem Buch nicht erschöpfend diskutiert werden. Es wird erwartet, dass in absehbarer Zeit sowohl das Sicherheitskonzept von CORBA, als auch das Sicherheitskonzept des CORBA-Komponentenmodells, das sich auf das Konzept von CORBA abstützt, in überarbeiteter Form durch die OMG veröffentlicht werden.

3.2.3 Automatische Speicherung

Soll der Zustand eines CORBA-Objekts über die Lebenszeit eines Servers hinaus verfügbar sein, so kann der CORBA-Persistenzdienst benutzt werden.

CORBA-Objekte bieten ihre Dienste über eine Menge von Operationen an ihren Interfaces an. Der Zustand eines CORBA-Objekts lässt sich nur über Operationsrufe an seinem Interface ändern. Der Zustand des CORBA-Objekts ist insofern flüchtig als dass mit der Zerstörung des Servers, in dem ein CORBA-Objekt lebt, auch der Zustand des CORBA-Objekts verloren ist. Für langlebige CORBA-Objekte ist es also erforderlich, den Zustand, der sich aus der Summe aller durch den Entwickler des CORBA-Objekts als relevant eingestuften Variablen ergibt, zu externalisieren. Der Persistenzdienst in CORBA ermöglicht die dauerhafte Speicherung des Zustands von CORBA-Objekten über die Lebenszeit des Servers hinaus und damit eine Entkopplung der Lebenszeit eines CORBA-Objekts von der Lebenszeit des Servers. Ein Spezialfall sind hierbei CORBA-Objekte, deren einzige Aufgabe es ist, Datensätze in Datenbanken zu kapseln und eine mittels CORBA ansprechbare Schnittstelle bereitzustellen.

Der CORBA-Persistenzdienst unterscheidet ‚abtract storage types' und' storage types'.

Für die Speicherung von Zuständen werden beim CORBA-Persistenzdienst programmiersprachliche Speicherobjekte, die einem Speicherobjekttyp (*storage type*) genügen, benutzt. Solche Speicherobjekttypen implementieren eine spezielle, vom Entwickler des CORBA-Objekts zu definierende Speicherschnittstelle (*abstract storage type*), die im Wesentlichen von den zu speichernden Variablen des CORBA-Objekts bestimmt wird. Typischerweise wird ein Entwickler eines persistenten CORBA-Objekts für jede Variable, die dauerhaft gespeichert werden soll, eine entsprechende Zustandvariable (in diesem Kontext *State* genannt) an dieser Speicherschnittstelle definieren. Ein Speicherobjekttyp (*storage type*), das diese Speicherschnittstelle (*abstract storage type*) implementiert, kann dann automatisch von einem speziellen Werkzeug, Persistenz-Compiler genannt, generiert werden.

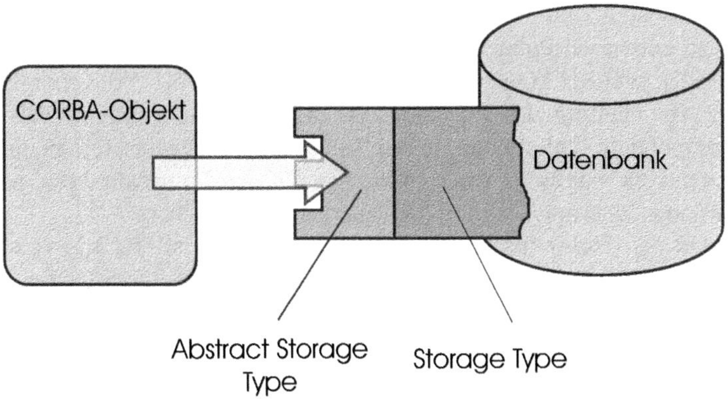

Abb. 3.2: Das Zusammenspiel zwischen Speicherschnittstelle und Speicherobjekt

Zur Laufzeit ruft das CORBA-Objekt einfach Operationen an seinem assoziierten Speicherobjekt über die vereinbarte Speicherschnittstelle auf. Das Speicherobjekt regelt dann die Kommunikation mit einem beliebig gearteten Persistenzanbieter, wie beispielsweise einem Datenbankmanagementsystem. Vom Prinzip her ähnelt dieses Konzept normalen CORBA-Interfaces, nur dass es sich hier um prozesslokale Objekte handelt. Der Persistenzdient definiert auch, wie Speicherobjekte, die eine gewisse Speicherschnittstelle unterstützen, erzeugt werden. Hierzu gibt es das Konzept der Speicherfabriken. Speicherfabriken eines Speicherfabriktyps (*storage home*) sind in der Lage, Speicherobjekte eines oder mehrer Speicherobjekttypen zu erzeugen. Sie sind wiederum abhängig von der Art der Technologie, die zur Speicherung benutzt wird. Im Falle eines Datenbankmanagementsystems kann eine solche Speicherfabrik beispielsweise einen neuen Datensatz in einer Tabelle anlegen und ein mit diesem Datensatz assoziiertes Speicherobjekt erzeugen. Da Speicherfabriken wiederum konkrete technologieabhängige Implementierungen sind, muss das Interface zu diesen Fabriken (*abstract storage home*) geeignet definiert werden. Die Spezifikation solcher Speicherschnittstellen, Speicherobjekttypen, Speicherfabrikschnittstellen und Speicherfabriktypen erfolgt unter Nutzung der *Persistent State Definition Language* (PSDL) durch den Komponentendesigner.

Die Gründe für die Notwendigkeit eines Konzepts für die dauerhafte Speicherung von CORBA-Komponenten sind ähnlich wie die für normale CORBA-Objekte. Zum einen möchte eine CORBA-Komponente ihren Zustand bei einer Deaktivierung durch den Container abspeichern, um ihn über den Zeitraum der Aktivierung hinaus zu sichern. Die Ursachen für eine solche Deaktivierung werden im späteren Verlauf dieses Buches diskutiert (s. Kapitel 3.3). Bei einer erneuten Aktivierung der CORBA-Komponente muss dieser Zustand extern verfügbar sein und wieder in die CORBA-Komponente geladen werden können. Ein anderer Grund für die Notwendigkeit der Speicherung des Zustandes ist der Fall, wenn eine CORBA-Komponente schlicht nur als Repräsentant eines Datensatzes in einer Datenbank eingesetzt wird. In diesem Fall wird normalerweise jede Zustandsänderung sofort in die Datenbank gespeichert.

Primärschlüssel dienen der Zuordnung von gespeicherten Zuständen auf Komponenteninstanzen.

Da das *Home* im CORBA-Komponentenmodell für die Erzeugung und einen Teil der Verwaltung von Komponenteninstanzen zuständig ist, kommt ihm auch eine besondere Rolle bei der Verwaltung von persistenten CORBA-Komponenten zu. Insbesondere muss es bei der containerverwalteten Persistenz in der Lage sein, zu einer beliebigen verwalteten Komponenteninstanz das zugehörige Speicherobjekt aufzufinden. Zu diesem Zweck kann ein *Home* im CORBA-Komponentenmodell so genannte Primärschlüssel definieren. Diese Primärschlüssel dienen für den Fall der Nutzung eines Datenbankmanagementsystems für die Speicherung von Zuständen der Assoziation zwischen einem Datensatz in dieser Datenbank und einer Komponenteninstanz und damit deren Zustand. Aus einem solchen Schlüssel, der eine Komponenteninstanz im Geltungsbereich eines *Home* eindeutig identifiziert, wird dann ein zugeordneter Primärschlüssel für die entsprechende Datenbank gebildet. Der Typ des Primärschlüssels wird durch das *Home* und damit den Komponentendesigner spezifiziert.

Es existieren drei Strategien zur Zustandssicherung von Komponenten: selbstverwaltet, containerverwaltet und mischverwaltet.

Das CORBA-Komponentenmodell unterscheidet drei Strategien zur Zustandssicherung von Komponenteninstanzen. Die erste Strategie lässt die CORBA-Komponente die Verwaltung des eigenen Zustandes und somit auch das Abspeichern ihres Zustands in einer Datenbank oder Ähnlichem selbst übernehmen (*self-managed persistence*). Hierbei kann eine CORBA-Komponente entweder den CORBA-Persistenzdienst benutzen oder auf einen anderen proprietären Mechanismus zurückgreifen. Die zweite Strategie ist, dass eine CORBA-Komponente sich komplett auf den Container bei der Zustandsspeicherung verlässt (*container-managed persistence*). Der Container kann sich hierbei wieder entweder auf den CORBA-Persistenzdienst abstützen oder einen proprietären Mechanismus verwenden. Die dritte Möglichkeit ist, dass eine CORBA-Komponente für einen Teil ihres Zustands eine automatische Speicherung durch den Container bevorzugt und für einen anderen Teil selbst Sorge für die Abspeicherung trägt.

Bei der containerverwalteten Speicherung des Zustands obliegt es dem Container, ob er den CORBA-Persistenzdienst einsetzt oder nicht. Wenn der CORBA-Persistenzdienst benutzt wird, ist es möglich, sämtlichen Code für die transparente Speicherung und Wiederherstellung des Zustands einer CORBA-Komponente automatisch erzeugen zu lassen. Dazu bearbeiten spezielle Werkzeuge, die vom Anbieter des Containers bereitgestellt werden, die PSDL-spezifischen Konstrukte in einer Komponentenspezifikation. Im Anschluss daran werden daraus entsprechende programmiersprachliche Konstrukte generiert, die dann die Kommunikation mit dem zur Zustandspeicherung verwendeten System übernehmen.

3.3 Komponentenkategorien

CORBA-Komponenten können in vielfältigen Anwendungsszenarien eingesetzt werden. Dabei treten unterschiedliche Anforderungen der Anwendungsdomäne an die Lebenszeit der eingesetzten Komponente zu Tage. Bei einer CORBA-Komponente beispielsweise, die die Anmeldung eines Benutzers bei einer Online-Bibliothek übernimmt, genügt es, wenn die Komponenteninstanz ihren Zustand über den Verlauf genau einer Sitzung dieses Nutzers behält. Eine solche Komponenteninstanz wird in den meisten Fällen nicht von anderen Instanzen ihrer Art unterscheidbar sein. Repräsentiert die Komponenteninstanz allerdings einen Mitarbeiter eines Unternehmens, so muss diese Komponenteninstanz ihren Zustand über die Lebenszeit eines Containers hinaus erhalten. Darüber hinaus besitzt eine solche Komponenteninstanz eine klare Identität, in diesem Fall die Identität des repräsentierten Mitarbeiters.

Das CORBA-Komponentenmodell definiert für diese Zwecke so genannte Komponentenkategorien. Mit diesen Kategorien wird die Identität und Zustandsbehaftung von Komponenteninstanzen spezifiziert. Nicht zu verwechseln sind die Komponenteninstanzen mit den Komponentenimplementierungen, die ja im wesentlichen aus programmiersprachlichen Konstrukten bestehen, die zur Laufzeit im Container erzeugt werden und während ihrer Lebenszeit unter Umständen verschiedene Komponenteninstanzen verkörpern können.

Lebenszeit von Komponenteninstanz und Komponentenimplementierung sind unabhängig voneinander.

Der grundlegende Unterschied, der durch unterschiedliche Kategorien bestimmt wird, betrifft die Lebenszeit und den Zustand von Komponenteninstanzen und nicht die Lebenszeit und den Zustand von Komponentenimplementierungen. Der Zustand einer Komponenteninstanz bezieht sich darauf, ob eine Interaktion mit einer Komponenteninstanz nachfolgende Interaktionen mit der gleichen Instanz beeinflussen kann oder nicht. Eine Komponenteninstanz kann entweder einen flüchtigen Zustand oder einen dauerhaften Zustand haben. Ist der Zustand flüchtig, so geht er spätestens dann verloren, wenn die Komponentenimplementierung zerstört wird. Eine

Rekonstruktion des Zustands zu einem späteren Zeitpunkt ist nicht möglich.

Ist der Zustand hingegen dauerhaft, dann kann er über die Lebensdauer einer Komponentenimplementierung hinaus erhalten bleiben. Somit kann eine Komponentenimplementierung, beispielsweise eine Menge von C++-Objekten, die eine bestimmte Komponenteninstanz implementiert, explizit durch den Container zerstört werden, um beispielsweise den Speicherverbrauch zu senken. Zu einem späteren Zeitpunkt kann diese Komponenteninstanz unter Nutzung einer neu erzeugten Komponentenimplementierung durch Rekonstruktion beispielsweise aus einer Datenbank wieder hergestellt werden. Der Zustand der Komponenteninstanz bleibt bei diesem Vorgang erhalten und überdauert auch mehrere Server-Lebenszyklen.

Das CORBA-Komponentenmodell definiert vier solche Komponentenkategorien:

- *Service*,
- *Session*,
- *Process*,
- *Entity*.

Unabhängig von diesen Komponentenkategorien ist die Lebenszeit der CORBA-*Servants*, die die CORBA-Operationsrufe an einer CORBA-Komponente implementieren und an die Geschäftslogik weitervermitteln. Die Lebenszeit der *Servants* steuert die Zuordnung einer Komponentenimplementierung zu einer Komponenteninstanz. Wie bereits erläutert kann eine Komponentenimplementierung während ihrer Lebenszeit verschiedene Komponenteninstanzen verkörpern. Wird ein *Servant* neu erzeugt oder zerstört, so wird dies der assoziierten Komponentenimplementierung durch den Container mitgeteilt. Die Komponentenimplementierung kann daraufhin geeignete Maßnahmen treffen, wie beispielsweise die Abspeicherung ihres Zustands.

Diese Lebenszeit kann mit Einschränkungen vom Komponentendesigner vorgegeben werden. Die Einschränkungen werden durch das CORBA-Komponentenmodell vorgegeben und an späterer Stelle erläutert. Die möglichen Lebenszeitregeln und damit die Aktivierungsregeln für CORBA-Komponenten sind:

- Method,
- Transaction,

- Component,
- Container.

Die Lebenszeitregel *Method* erzeugt einen *Servant* bei jedem neuen Operationsruf und zerstört ihn im Anschluss daran wieder. Damit wird eine Komponentenimplementierung bei jedem Operationsruf aktiviert und wieder deaktiviert. Dieses Vorgehen beschränkt den Speicherverbrauch einer Komponenteninstanz auf die Dauer des Operationsrufs, ist aber unter Umständen mit erhöhten Kosten durch eine häufige Aktivierung und Deaktivierung verbunden.

Bei der Lebenszeitregel *Transaction* wird ein neuer *Servant* bei jedem eintreffenden Operationsruf, der mit einer Transaktion assoziiert ist, erzeugt und nach Beendigung der Transaktion wieder zerstört. Die Aktivierung der Komponentenimplementierung erfolgt damit für die Dauer der Transaktion.

Wird die Lebenszeitregel *Component* eingesetzt, erzeugt der Container einen neuen *Servant* beim ersten Eintreffen eines Operationsrufs für die Komponente. Die Komponentenimplementierung bleibt im Anschluss daran so lange aktiviert, bis sie selbst beim Container ihre Deaktivierung verlangt.

Die Lebenszeitregel *Container* schließlich erzeugt einen neuen *Servant* beim ersten Eintreffen eines Operationsrufs für die Komponente. Es obliegt dem Container zu entscheiden, wann der *Servant* zerstört wird. Bei dieser Regel kann der Komponentendesigner also die Aktivierungszeit der Komponentenimplementierung am wenigsten beeinflussen. Sicher ist allein die Tatsache, dass sie beim ersten Operationsruf aktiviert wird. Der Container kann jetzt die Komponentenimplementierung sofort wieder deaktivieren, sie nach einer gewissen Zeit deaktivieren oder überhaupt nicht deaktivieren. Auch interne Aktivierungsmodelle, wie bei der Lebenszeitregel *Transaction*, sind hier denkbar.

Kommen wir jetzt zurück zu den Komponentenkategorien und wie diese mit den Lebenszeitregeln der *Servants* zusammenhängen. Beim Eintreffen eines Operationsrufs für eine CORBA-Komponente muss als erstes entsprechend der gewählten Lebenszeitregel für *Servants* ein *Servant* durch den Container ausgewählt werden, der diese Operation bearbeitet. Nach der Auswahl des *Servants* muss der Container nun gegebenenfalls den *Servant* mit einer Komponentenimplementierung assoziieren, so dass der *Servant* im Stande ist, auf die richtige Implementierung zu delegieren. Falls der *Servant* beispielsweise nach der Lebenszeitregel *Transaction* arbeitet, so hat er möglicherweise schon aus früheren Operationsrufen Wissen über seine

Komponentenimplementierung und muss nicht neu mit ihr assoziiert werden.

Abb. 3.3: Auswahl von Servant und Komponentenimplementierung im Container

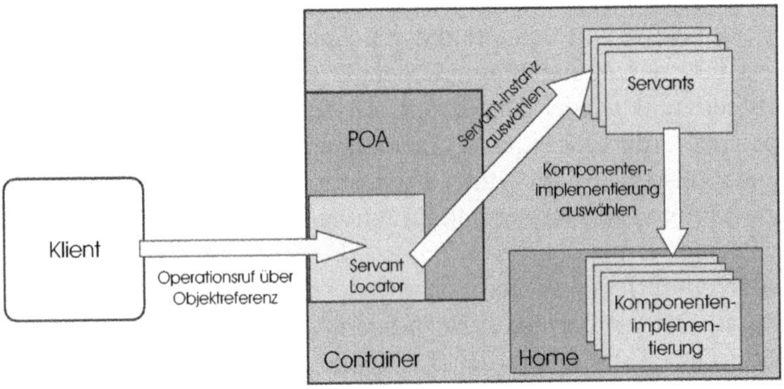

Das allgemeine Vorgehen hierbei wird in Abb. 3.3 gezeigt. Der in der Abbildung dargestellte POA ist konzeptionell Bestandteil des Containers. Im POA kann zur Auswahl eines geeigneten *Servant* beispielsweise das Konzept des *Servant Locator* angewandt werden (s. Kapitel 1.4.1). Obwohl das CORBA-Komponentenmodell sich hier bezüglich der Container-Architektur nicht festlegen will, beschreibt es diesen Ansatz jedoch als den natürlichen Weg zur Realisierung eines Containers. Die Komponenteninstanz wird durch eine vom Container entsprechend der Lebenszeitregel für den bearbeitenden *Servant* für diesen Operationsruf gewählte Komponentenimplementierung verkörpert. Im Folgenden sollen die vier vom CORBA-Komponentenmodell spezifizierten Komponentenkategorien erläutert werden.

Service-Komponenten besitzen keinen Zustand und keine Identität.

Eine *Service*-Komponente besitzt keinen Zustand und keine Identität. Die Lebenszeit einer *Service*-Komponenteninstanz ist äquivalent zur Lebenszeit eines einzelnen Operationsrufs. Das CORBA-Komponentenmodell erlaubt, für *Service*-Komponenten nur die Lebenszeitregel *Method* einzusetzen. Des Weiteren können *Service*-Komponenten zwar Transaktionen initiieren, nehmen aber selbst nie an einer Transaktion teil. *Service*-Komponenten werden also immer da eingesetzt, wo es nicht erforderlich ist, dass die Komponente eine Lebenszeit über die Zeit einer einzelnen Klient-Interaktion mit der Komponente hinaus hat. Als Beispiel sei ein Operationsruf an einem der *Facets* einer *Service*-Komponente betrachtet. Beim Eintreffen des Operationsrufs im Container wählt dieser einen *Servant* für diesen Operationsruf aus. Dieser *Servant* kann neu erzeugt oder einem *Servant*-Pool entnommen sein. Da *Service*-Komponenten zustandslos sind, kann der Container nun also auch eine beliebige Komponentenimplementierung wählen. Nach Bearbeitung des Operationsrufs verliert der *Servant* seine Assoziation mit der Komponenteninstanz und kann beispielsweise wieder zurück in den *Servant*-Pool entlassen werden. Da das Wissen um den Zustand bei diesen Komponenteninstanzen von Operationsruf zu Operationsruf verloren ist, bietet sich auch für die Komponentenimplementierungen ein Pool-Konzept an, es ist sogar möglich für alle Operationsrufe an einer beliebigen *Service*-Komponenteninstanz immer dieselbe Komponentenimplementierung zu benutzen.

Eine Session-Komponente besitzt einen vorübergehenden Zustand und eine nicht-dauerhafte Identität.

Eine *Session*-Komponente besitzt einen vorübergehenden (*transient*) Zustand und eine Identität, die jedoch nicht dauerhaft ist. Die Lebenszeitregel für eine *Session*-Komponente ist beliebig. Ein *Servant* für eine *Session*-Komponente wird entsprechend der spezifizierten Lebenszeitregel an eine Komponentenidentität gebunden. Danach kann der *Servant* beispielsweise wieder in einen *Servant*-Pool wandern und andere Komponentenidentitäten annehmen. Da *Session*-Komponenten ebenso wie *Service*-Komponenten keinen dauerhaften Zustand haben, können sie zwar selbst Transaktionen initiieren, aber nie selbst an einer Transaktion teilnehmen. *Session*-Komponenten behalten ihren Zustand über eine Folge von Operationsrufen (eine Sitzung) eines Klienten. Obwohl das CORBA-Komponentenmodell erlaubt, für *Session*-Komponenten eine beliebige Lebenszeitregel einzusetzen, erscheinen in diesem Zusammenhang nur die Lebenszeitregeln *Transaction* und *Component* sinnvoll. Bei der Lebenszeitregel *Container* beispielsweise hat der Container kein Wissen über den Umfang einer solchen Sitzung. Dieses Wissen kann nur extern oder der Komponente selbst bekannt sein. Die Lebenszeitregel *Method* ist ebenfalls nicht sinnvoll, weil hier der Komponente gar nicht die Möglichkeit gegeben wird, mehrere Operationen unter Beibehaltung ihres Zustands zu bearbeiten. *Session*-Komponenten können beispielsweise eingesetzt werden, um Iteratoren zu implementieren, die über eine längere Klienten-Interaktion ihren Zustand behalten müssen, jedoch nach keiner dauerhaften Speicherung verlangen.

Eine Process-Komponente besitzt einen dauerhaften, für den Klienten transparenten Zustand und eine dauerhafte Identität.

Eine *Process*-Komponente besitzt einen dauerhaften Zustand, der jedoch für den Klienten nicht sichtbar ist, und eine dauerhafte Identität, die ausschließlich unter Verwendung von nutzerdefinierten Operationen für den Klienten sichtbar gemacht werden kann. *Process*-Komponenten müssen laut Spezifikation container-verwaltete Transaktionen benutzen. Eine *Process*-Komponente wird vor allem dann genommen, wenn es um die Darstellung von Geschäftsprozessen geht (z.B. eine Gehaltszahlung anweisen). *Process*-Komponenten können Transaktionen inittieren und auch selbst an einer Transaktion teilnehmen.

Eine Entity-Komponente besitzt einen dauerhaften, für den Klienten sichtbaren Zustand und eine dauerhafte, primärschlüsselbasierte Identität.

Eine *Entity*-Komponente besitzt einen dauerhaften Zustand, der auch für Klienten sichtbar ist und eine dauerhafte Identität die architekturell bedingt sichtbar ist für den Klienten durch die Spezifikation eines Primärschlüssels am *Home*. *Entity*-Komponenten werden immer dann benutzt, wenn sie Repräsentanten für Gegenstände mit einer langen Lebensdauer sind. *Entity*-Komponenten müssen laut Spezifikation containerverwaltete Transaktionen benutzen. Beispielsweise lässt sich ein Konto bei einer Bank sehr gut als *Entity*-Komponente modellieren, da das Konto eine Identität hat (es besitzt eine Kontonummer und ist einem Kontoinhaber zugeordnet) und über einen Zustand verfügt (im Zustand enthalten ist zumindest die aktuelle Deckung des Kontos).

3.4 Containertypen

Container stellen die Laufzeitumgebung für CORBA-Komponenten bereit. In dieser Funktion verwalten sie die Lebenszeit von Komponenteninstanzen und übernehmen die Integration und Verwaltung der Standarddienste Transaktionsdienst, Persistenzdient und Sicherheitsdienst, aber auch die Kommunikation von Ereignissen, beispielsweise durch die Integration des CORBA-Ereignisdienstes. Die eben diskutierten Komponentenkategorien stellen unterschiedliche Anforderungen an ihre Laufzeitumgebung, die sich vor allem in ihren unterschiedlichen Identitäts- und Lebenszeitkonzepten begründen. Ein Container, der beispielsweise ausschließlich *Service*- und *Session*-Komponenten verwaltet, benötigt keine Integration mit einem Persistenzdienst. Dagegen muss ein Container, der *Entity*-Komponenten verwaltet, nicht nur einen solchen Persistenzdienst geeignet integrieren, sondern auch das Problem der dauerhaften Objektreferenzen für die verwalteten Komponenten entsprechend lösen.

Verschiedene Containertypen unterscheiden sich hinsichtlich ihrer durch eine Komponenten-implementierung nutzbaren APIs.

Die verschiedenen Anforderungen werden durch den Einsatz verschiedener Containertypen mit jeweils spezifischem API (*Application Programming Interface*) gelöst. So wie ein normales CORBA-Interface einen Vertrag zwischen einem CORBA-Objekt und einem Klienten darstellt, stellt das Container-API einen Vertrag zwischen einer bestimmten Komponente und ihrem Container dar.

Das CORBA-Komponentenmodell definiert zwei Grundtypen von Container-APIs. Das *Session*-Container-API ist gedacht für Komponenten, die vergängliche (*transient*) Objektreferenzen benutzen. Container, die dieses API bereitstellen, nennt man *Session*-

Container. Das *Entity*-Container-API dagegen unterstützt Komponenten, die mit dauerhaften (*persistent*) Objektreferenzen arbeiten. Container mit diesem API werden *Entity*-Container genannt. Nur durch die Standardisierung dieser APIs ist es möglich, dass Container und Komponente aus verschiedener Hand kommen können. Eine Komponente, die zur Laufzeit einen Container mit den Eigenschaften eines *Session*-Containers erwartet, muss davon ausgehen können, das API und Semantik des API des Containers, in den sie zur Laufzeit installiert wird, den ihr bekannten Regeln genügt.

3.4.1 Der Komponenten-Kontext

Der Container verwaltet instanzspezifische Informationen im Komponenten-Kontext.

Der Container ist die Laufzeitumgebung für eine potentiell große Zahl von Komponenteninstanzen. Zur Wahrnehmung seiner Aufgabe ist es erforderlich, dass er für jede Komponenteninstanz entsprechende Informationen verwaltet. Solche Informationen können neben den aktuellen Bindungen der Ports der Komponente vor allem Informationen über den Zustand der Komponenteninstanz in Bezug auf die Nutzung der verschiedenen Containerdienste sein. Transaktionen beispielsweise müssen für jede einzelne Komponenteninstanzen verwaltet werden, unter Umständen auch für einzelne *Facets*.

Über das Kontextinterface kann auf Informationen im instanzspezifischen Kontext im Container zugegriffen werden.

Die Menge der Informationen, die ein Container für eine Komponenteninstanz verwaltet, wird allgemein Kontext genannt. Für einen gewissen Teil der Funktionalität der Containerdienste ist es häufig erforderlich, dass die Komponente selbst mit dem Dienst kommuniziert. Dazu muss der Container für die Komponente ein entsprechendes Interface bereitstellen, über das der Zugriff auf die Containerdienste erfolgen kann. Dieses Interface wird Kontext-Interface genannt, da durch Operationsrufe an ihr gewisse Informationen im Kontext der Komponenteninstanz verändert werden. Das Kontext-Interface ist eines der so genannten internen Interfaces des Containers. Sie ist abhängig von den strukturellen Eigenschaften der Komponente und der gewählten Komponentenkategorie und damit dem eingesetzten Containertyp.

Um einer CORBA-Komponente ihr Kontext-Interface bekannt zu machen, wird ihr einmalig bei der Erzeugung und vor der Vermittlung des ersten Operationsrufs eine Referenz auf ihr Kontext-Interface durch den Container bereitgestellt. Dieses Interface kann die Komponente für die folgenden Aufgaben nutzen:

- Die an ein, durch die Komponente bereitgestelltes, *Receptacle* gebundenen CORBA-Objekte erfragen, um Operationen an ihnen zu rufen.
- Ereignisse über einen durch die Komponente bereitgestellten Ereignisproduzenten (*Publisher* oder *Emitter*) versenden.
- Durch die Komponente selbst verwaltete Transaktionen steuern.
- Sicherheitsaspekte einer aktuellen Interaktion erfragen und beurteilen.
- Eine Deaktivierung durch den Container anfordern.

Die ersten beiden Aufgaben sind abhängig von der Zahl und Art der spezifizierten Ports an der Komponente. Die drei letzteren Aufgaben sind dagegen unabhängig vom Komponententyp. Während das Kontext-Interface den Teil des Vertrags zwischen Komponente und Container darstellt, der vom Container erfüllt werden muss, stellen die durch die Komponente zu implementierenden Interfaces den Teil dar, der durch die Komponente zu erbringen ist. Diese werden im nächsten Kapitel erläutert.

3.4.2 Callback-Interfaces

CORBA-Komponenten implementieren lokale Callback-Interfaces, an denen der Container Operationen aufruft.

Der Container ist für die Verwaltung von Komponenteninstanzen und ihren Implementierungen zur Laufzeit verantwortlich. Eine solche Komponentenimplementierung kann als beliebig komplizierte Menge verschiedener programmiersprachlicher Artefakte realisiert sein. Wichtig für den Container ist, dass diese Artefakte genau spezifizierte Interfaces implementieren, über die der Container Operationen, die der Geschäftslogik der Komponente zugeordnet sind, oder Operationen, die der Verwaltung der Komponentenimplementierung dienen, rufen kann. Diese Interfaces werden *Callback*-Interfaces genannt. Sie sind immer als lokale CORBA-Interfaces spezifiziert, da die Komponentenimplementierung im selben Prozess wie der Container läuft und es sich damit stets um eine Kommunikation im selben Prozess handelt.

Es existieren typabhängige und typunabhängige Callback-Interfaces.

Solche *Callback*-Interfaces werden beispielsweise für jeden Interfacetyp, der in einem *Facet* verwendet wird, definiert. Wenn ein konkretes Programm-Artefakt einer Komponente diesen Teil der Komponente (dieses spezielle *Facet*) implementieren möchte, muss es das entsprechend zugeordnete *Callback*-Interface dieses *Facet*-Interfacetyps implementieren. Der Container kann dann zur Laufzeit bei der Komponentenimplementierung ein Artefakt für ein bestimmtes *Facet* erfragen, das erhaltene Interface des Artefakts in den gewünschten Interfacetyp konvertieren und eine anstehende Operation der Geschäftslogik an dem Artefakt rufen.

Neben den *Callback*-Interfaces, die vom Komponententyp abhängig sind, gibt es auch noch *Callback*-Interfaces, die von einer Komponente implementiert werden können und zur Laufzeit vom Container zur Verwaltung der Implementierung benutzt werden. Sie sind damit orthogonal zu den *Callback*-Interfaces, die die Geschäftslogik betreffen. Diese *Callback*-Interfaces sind nicht von den strukturellen Merkmalen der Komponente abhängig, sondern von der Komponentenkategorie und dem gewählten Containertyp und bilden zusammen mit dem im vorigen Kapitel diskutierten Kontext-Interface das Container-API. Die nachfolgenden Kapitel beleuchten den *Session*-Containertyp und den *Entity*-Containertyp näher.

3.4.3 Allgemeine Eigenschaften des Containers

Session-Container und Entity-Container teilen eine Reihe gemeinsamer Eigenschaften.

Der *Session*-Containertyp und der *Entity*-Containertyp haben eine Reihe gemeinsamer Eigenschaften. Diese Eigenschaften resultieren aus den allgemeinen Aufgaben eines Containers im CORBA-Komponentenmodell. Eine erste wichtige und gemeinsame Aufgabe beider Containertypen ist die Fähigkeit, Komponenten-*Homes* zu laden. Ist ein solches *Home* erst einmal geladen, können durch spezielle Operationen am *Home*-Interface Komponenteninstanzen erzeugt werden. Das Laden eines *Home* zieht stets auch eine Überprüfung der gewählten Komponentenkategorie nach sich, schließlich darf ein *Session*-Container nicht zum Laden eines *Process*-Komponenten-*Home* benutzt werden.

Zur Wahrnehmung weiterer Aufgaben ist es für beide Containertypen erforderlich, sämtliche Kommunikation der verwalteten Komponenten einzusehen. Nur dadurch ist es möglich, dass der Container gewisse Entscheidungen hinsichtlich Aktivierung und Deaktivierung von Komponenteninstanzen, Transaktionsmanagement und Persistenzmanagement treffen kann. Da beide Containertypen die Kommunikation der verwalteten Komponenten überwachen, ist es ihnen möglich, bestimmte Funktionen, wie die Verwaltung der Bindungen einer Komponente mit einer anderen, möglicherweise externen Komponente zu verwalten. Eine durch den Container verwaltete Komponente kann dann später eine Anfrage über die Anzahl und genaue Ausprägung der mit ihr verbundenen fremden Komponenteninstanzen an ihren Container stellen.

Die Gemeinsamkeiten der beiden Containertypen spiegeln sich in uniformen API-Interfaces wieder, die durch die beiden Containertypen jeweils unterschiedlich spezialisiert werden. Eine tiefere Diskussion dieser Interfaces und deren Semantik wird in den späteren Kapiteln an den Stellen, an denen sie in einer konkreten Implementierung gebraucht werden, erfolgen.

3.4.4 Eigenschaften des Session-Containers

Der Session-Container unterstützt Service- und Session-Komponenten.

Der *Session*-Container unterstützt *Service*- und *Session*-Komponenten. Diesen beiden Komponentenkategorien ist gemein, dass sie keine persistente Speicherung ihres Zustands verlangen. Eine Implementierung einer Komponente, beispielsweise als eine Menge von C++-Klassen, kann somit problemlos für verschiedene Komponenteninstanzen wieder verwendet werden. Den Anfang und das Ende der Verwendung einer bestimmten Komponentenimplementierung im Kontext einer konkreten Komponenteninstanz muss der Container der Implementierung mitteilen. Dies geschieht über spezielle Operationen an einem der *Callback*-Interfaces der Komponente.

Unter Umständen ist es wichtig für eine Komponente, über Transaktionsgrenzen informiert zu werden. Zu diesem Zweck ist ein *Session*-Container zusätzlich in der Lage, den Beginn der Transaktion und den Beginn und das Ende des beim Transaktionsdienst verwendeten *2-Phase-Commit-Protocol* der Komponente über Operationsrufe an einem ihrer *Callback*-Interface mitzuteilen.

3.4.5 Eigenschaften des Entity-Containers

Der Entity-Container unterstützt Process- und Entity-Komponenten.

Der *Entity*-Container unterstützt *Process*- und *Entity*-Komponenten. Diese beiden Komponentenkategorien erlauben im Zusammenspiel mit dem *Entity*-Container die persistente Speicherung ihres Zustands. Eine Implementierung einer solchen Komponente, beispielsweise als eine Menge von C++-Klassen, kann zwar für verschiedene Komponenteninstanzen wieder verwendet werden, allerdings muss zwischen der Wiederverwendung die Speicherung des Zustands der alten Komponenteninstanz und die Restauration des Zustands der künftigen Komponenteninstanz liegen. Dazu ruft der *Entity*-Container spezielle Operationen an einem *Callback*-Interface der Komponente.

Wie auch der *Session*-Container ruft der *Entity*-Container spezielle Operationen zur Aktivierung und Deaktivierung der Komponente.

Im Unterschied zum *Session*-Container wird jedoch hier keine neue Assoziierung der Komponentenimplementierung mit einer Komponenteninstanz erreicht, sondern einfach nur der Komponente die Möglichkeit gegeben, bei erwarteter längerer Inaktivität, Ressourcen freizugeben.

Eine *Entity*-Komponente kann über ihren Kontext den ihr zugewiesenen Primärschlüssel erfragen. Mit diesem Primärschlüssel ist es ihr möglich, bei selbstverwalteter Persistenz den mit ihr assoziierten Datensatz eines Persistenzanbieters zu identifizieren.

3.5 Der Komponentenserver

Der Komponentenserver erzeugt Container.

Container selbst existieren im so genannten Komponentenserver. Der Komponentenserver stellt eine Art Fabrik dar, über die verschiedene Container erzeugt werden können. Je nach Eigenschaft des zu Grunde liegenden Betriebssystems und der verwendeten Programmiersprache kann das Komponentenserver-Konzept auf unterschiedliche Konzepte des Betriebssystems abgebildet werden. Die natürlichste und auch am häufigsten anzutreffende Abbildung ist die Abbildung eines Komponentenservers auf einen Betriebssystemprozess.

Ein erfahrener Anwendungsdesigner wird bei der Konzeption seiner Anwendung darauf achten, dass sehr eng zusammenarbeitende Komponente möglichst im selben Container instanziiert werden, um durch die dann mögliche prozess-lokale Kommunikation zwischen den beiden Komponentenimplementierungen eine hohe Performanz zu erreichen. Die Anzahl der möglichen Komponentenserver pro Rechner ist nicht beschränkt und wird nur durch die vorhandene Anzahl der Rechenressourcen limitiert.

Die Wahl eines konkreten Komponentenservers schränkt die Art der möglichen installierbaren Komponenten ein.

Die wichtigste Eigenschaft des Komponentenservers, deren Betrachtung essentiell ist für den Einsatz mit CORBA-Komponenten, ist die benutzte Programmiersprache. Auf den ersten Blick könnte man sagen, eine CORBA-Komponente, die in C++ geschrieben ist, kann nur in einem Komponentenserver installiert werden, der ebenfalls in C++ geschrieben ist. Das ist nicht ganz richtig. Genauer müsste man hier sagen: Eine Komponente, die als Windows-DLL vorliegt (beispielsweise durch einen C++-Compiler erzeugt), kann nur in einem Komponentenserver installiert werden, der eine Windows-DLL laden kann. Schließlich ist es auch möglich, aus einer anderen Programmiersprache heraus eine Windows-DLL zu erzeugen. Natürlich spielen hier auch weitere Abhängigkeiten wie die von C++ bekannte Namenskodierung (*Name Mangling*) zur Codierung von Programmsymbolen bei der Wahl eines zur Komponentenimplementierung kompatiblen Komponentenservers eine Rolle. Diese Namenskodierung wird gegenwärtig von verschiedenen C++-Compilern unterschiedlich implementiert, wodurch Objektdateien, die von einem Compiler erzeugt wurden nicht kompatibel mit Objetkdateien eines anderen Compilers sind.

Eine weitere Eigenschaft, die in der Praxis von Bedeutung sein kann, ist der Hersteller. Auch wenn in der Spezifikation des CORBA-Komponentenmodells größter Wert auf Kompatibilität zwischen unterschiedlichen Herstellern gelegt wurde, so ist es doch manchmal so, dass Hersteller Erweiterungen anbieten, die über den Standard hinausgehen. Will man nun Komponenten einsetzen, die auf solche Erweiterungen angewiesen sind, so ist es wichtig, dass diese Erweiterungen auch zur Verfügung stehen. In diesem Fall muss also ein Komponentenserver des richtigen Herstellers auf dem betrachteten Rechner gestartet worden sein. Andere, ebenfalls benötigte Komponenten sind dann jedoch möglicherweise vom Komponentenserver eines anderen Herstellers abhängig (obwohl solche Abhängigkeiten natürlich nicht erstrebenswert sind) oder lediglich in einer anderen Programmiersprache geschrieben und erfordern damit den Betrieb weiterer paralleler Komponentenserver auf diesem Rechner.

Mehrere Komponentenserver auf einem Rechner erhöhen die Robustheit von komponentenbasierten Anwendungen.

Es gibt aber noch einen weiteren, eher praktischen Grund, für die Benutzung mehrerer Komponentenserver auf einem Rechner. Wie bereits weiter oben erläutert, wird ein Komponentenserver meist auf das Konzept Betriebssystemprozess abgebildet. In einem Komponentenserver bzw. in den darin enthaltenen Containern wird unter Umständen eine große Anzahl von CORBA-Komponenten ausgeführt. Schlecht programmierte bzw. fehlerhafte Komponenten können innerhalb eines Komponentenservers (Prozess) erheblichen Schaden verursachen. Das kann dazu führen, dass der gesamte Prozess, in dem sich diese Komponente befindet, unkontrolliert beendet wird. Dieses Beenden kann in aller Regel kaum abgefangen werden. Alle anderen Komponenten, die in diesem Komponentenserver ausgeführt werden, würden in diesem Fall ebenfalls zerstört werden. Das stellt in einigen Fällen ein ernsthaftes Sicherheits- und Stabilitätsproblem dar, insbesondere wenn man daran denkt, dass ein Komponentenserver als Basis für eine Reihe von unterschiedlichen Anwendungen dienen kann.

Solche Probleme lassen sich vermeiden, indem man Komponenteninstanzen in unterschiedlichen Komponentenservern auf demselben Rechner erzeugt. Der Nachteil dieser Lösung ist natürlich, dass der neue Komponentenserver zusätzliche Ressourcen belegt. Die Kommunikation zwischen Komponenten, die auf dem gleichen

Rechner aber in unterschiedlichen Komponentenservern sind, benötigt in der Regel nun mehr Zeit, da sie über Prozessgrenzen hinweg erfolgen muss. Deshalb kommt dem Verteilen der Anwendung auf verschiedene Rechner und Komponentenserver ein hohes Maß an Bedeutung zu. Die Entscheidung darüber erfolgt beim Anwendungsdesign und bei der Inbetriebnahme und beeinflusst die Performanz und Stabilität der später laufenden Applikation.

3.6 Der Komponentenserver-Aktivator

Der Komponentenserver-Aktivator stellt den Einstieg in komponentenbasierte CORBA-Anwendungen dar. Er erzeugt Komponentenserver.

Die richtige Initialisierung des Komponentenservers schafft die Grundlage für eine später korrekt funktionierende Anwendung. Da auch Komponentenserver nur bei Bedarf erzeugt werden müssen, um Ressourcen auf dem benutzten Rechner zu schonen, muss auch für den Komponentenserver ein Fabrikmechanismus definiert werden. Das CORBA-Komponentenmodell sieht hierzu den Komponentenserver-Aktivator (*Component Server Activator*) vor. Der Komponentenserver-Aktivator definiert einen standardisierten Weg, um Komponentenserver zu erzeugen und zu zerstören. Beim Erzeugen eines Komponentenserver können spezifische Eigenschaften durch die Übergabe von vordefinierten Konfigurationswerten, gesteuert werden.

Das CORBA-Komponentenmodell gibt keine Richtlinien und Empfehlungen für die maximale Zahl der durch einen Komponentenserver-Aktivator verwalteten Komponentenserver vor. Das gleiche gilt auch für die Zahl der durch einen Komponentenserver verwalteten Container. Hier muss das Wissen um die konkrete IT-Infrastruktur, beispielsweise die verwendeten Rechenressourcen, und der Zugang zu verfügbaren Diensten beurteilt werden, um zu einer sinnvollen Richtlinie zu kommen. In vielen Fällen können erst Erfahrungen aus dem tatsächlichen Betrieb diese Informationen liefern.

4 Implementierungsstruktur

Die Entwicklung einer CORBA-Komponente ist ein zweistufiger Prozess. Im ersten Schritt wird die äußere Struktur der Komponente festgelegt. Sie bestimmt, auf welche Weise die Komponente mit anderen Komponenten und nicht-komponentenbasierten Teilen einer CORBA-Anwendung interagieren kann. Im zweiten Schritt wird die CORBA-Komponente implementiert. Darunter versteht man die Implementierung der anwendungsspezifischen Programmlogik hinter den nach außen sichtbaren Strukturmerkmalen, wie *Facets* und Ereignisports (vgl. dazu Kap. 2.2).

Neben der Spezifikation der äußeren Struktur einer CORBA-Komponente schlägt das CORBA-Komponentenmodell auch einen Weg vor, die innere Struktur, also die Struktur der Komponentenimplementierung, zu definieren. Hierbei konzentriert sich der Komponenten-Entwickler auf Eigenschaften der Komponentenimplementierung, die nicht direkt von der verwendeten Implementierungssprache abhängig sind. Das folgende Kapitel beschreibt den durch das CORBA-Komponentenmodell vorgeschlagenen Implementierungsansatz für CORBA-Komponenten und die Mechanismen, die unter Nutzung einer programmiersprachenunabhängigen Implementierungsbeschreibungssprache zu Implementierungsskeletten für CORBA-Komponenten führen.

4.1 Komposition

Definition der Implementierungsstruktur

Eine Definition der Implementierungsstruktur einer CORBA-Komponente bietet eine Reihe von Vorteilen. Zum einen kann diese Struktur programmiersprachenunabhängig gestaltet werden und ermöglicht damit die schnelle Generierung von Implementierungsskeletten für verschiedene Implementierungssprachen durch geeignete Werkzeuge. Ein weiterer Vorteil ist, dass neben der Struktur der Implementierung auch weitere Eigenschaften der Implementierung spezifiziert werden können. Zu diesen Eigenschaften gehören beispielsweise die Komponentenkategorie und der Typ der zu verwendenden Speichertypen für die Persistenz der Komponente.

Dem Komponentenentwickler ermöglicht eine solche Beschreibung der inneren Struktur der Komponente eine Entlastung von Programmieraufgaben, die nicht direkt der eigentlichen Geschäftslogik der Komponente zugeordnet sind. Der Einsatz ist ihm jedoch freigestellt, da der gesamte Implementierungscode für die Komponente auch komplett von Hand geschrieben werden kann. Die Nutzung einer solchen Beschreibung stellt also auch eine Arbeitserleichterung für den Komponentenentwickler dar.

Eine Komposition beschreibt eine Komponentenimplementierung.

Die Implementierung einer Komponente ist in vielen Fällen kein monolithischer Block, sondern besteht aus einer Menge von Softwareartefakten, die jeweils spezifische Aufgaben der Geschäftslogik implementieren. Nur das Zusammenwirken aller Artefakte gemeinsam ermöglicht es der Komponente, ihre Aufgaben korrekt zu erfüllen. Ein denkbarer Weg für CORBA-Komponenten wäre beispielsweise, jedes *Facet* in einem eigenen Softwareartefakt zu implementieren. Die Implementierung einer CORBA-Komponente gruppiert sozusagen eine Menge von Softwareartefakten zu einer logischen Einheit. Diese Gruppierung wird Komposition genannt und ist nichts weiter als das durch das CORBA-Komponentenmodell vorgeschlagene Konzept zur Sammlung aller implementierungsrelevanten Codefragmente für eine konkrete Implementierung eines bestimmten Komponententyps. Der Container kann zur Laufzeit bei einer Komponentenimplementierung das für eine bestimmte Operation zu benutzende Softwareartefakt erfragen.

Die Sprache für die programmiersprachenunabhängige Beschreibung von Komponentenimplementierungen heißt CIDL.

Für die Beschreibung einer Komposition schlägt das CORBA-Komponentenmodell eine neue Sprache als Erweiterung der *Persistent State Definition Language* (PSDL) und der *Interface Definition Language* (IDL) vor. Diese Sprache wird *Component Implementation Definition Language* (CIDL) genannt. Sie bietet Konstrukte zur Beschreibung einer Implementierung einer CORBA-Komponente durch die Assoziation der Komposition mit einem zu implementierenden *Home*-Typ und damit implizit dem zu implementierenden Komponententyp.

Die Softwareartefakte einer Komposition können dabei unterschiedlichen Ursprungs sein. Manche Artefakte können vollständig durch spezielle Werkzeuge erzeugt worden sein, während andere von Hand geschrieben wurden. Der häufigste Weg bei solchen Softwareartefakten ist jedoch, dass bestimmte Werkzeuge Implementierungsskelette für sie erzeugen, die vom Programmierer geeignet mit Leben, also der Geschäftslogik der Komponente, gefüllt werden müssen.

Für einen Komponententyp können mehrere Kompositionen, also Implementierungen, definiert werden. Das eröffnet die Möglichkeit, unterschiedliche Implementierungsvarianten anzubieten. So kann eine Komponente, die als Dienst das Sortieren von Daten anbietet, auf unterschiedliche Weise implementiert werden. Jede Implementierung kann dabei einen anderen Sortieralgorithmus benutzen. Beim Zusammenbau einer Anwendung kann dann eine dieser Implementierungsvarianten ausgesucht werden, da alle Implementierungen die Funktionalität, die durch die Spezifikation der Komponentenschnittstellen vorgegeben ist, erfüllen.

Zu einem Komponententyp kann es verschiedene unabhängige Komponentenimplementierungen geben.

Die Frage ist, wie eine Implementierung einer CORBA-Komponente, und damit die spezifische Menge von Software-Artefakten, erzeugt werden. Die Erzeugung kann nur durch jemanden erfolgen, der vollständiges Wissen über den betrachteten Komponententyp hat. Bei der Spezifikation der äußeren Struktur einer Komponente in IDL (s. Kap. 2.2) wird mindestens ein so genanntes *Home* definiert, das diesem Komponententyp zugeordnet ist. Ein *Home* erzeugt Komponenteninstanzen eines festen Komponententyps und spielt damit die Rolle einer Fabrik. Die Implementierung eines solchen *Home* ist eng mit einer Implementierung des Komponententyps verbunden. Die *Home*-Implementierung muss in der Lage sein, Instanzen der Komponentenimplementierung zu erzeugen und zu verwalten. Diese beiden Implementierungen hängen demnach sehr stark voneinander ab und lassen sich nicht unabhängig voneinander betrachten. Beide Konzepte bilden also eine Einheit und stellen den wichtigsten Teil einer Komposition dar.

Zwischen einem *Home*-Typ und einem Komponententyp besteht eine n:1-Beziehung. Ein *Home*-Typ kann genau einen Komponententyp verwalten. Allerdings kann es mehrere verschiedene *Home*-Typen geben, die alle denselben Komponententyp verwalten. Diese Beziehung zwischen den *Home*-Typen und den Komponententypen macht den *Home*-Typ zum zentralen Element einer Komposition, obwohl im Grunde der Komponententyp im Mittelpunkt des Interesses steht. Durch die Auswahl eines in IDL spezifizierten *Home*-Typs wird implizit die Wahl des benutzten Komponententyps getroffen.

Der Typ des Home ist das zentrale Gestaltungselement einer Komposition.

Auch ein *Home* muss letztendlich vom Komponentenentwickler implementiert werden. Das bedeutet, wie bei der Komponentenimplementierung, ein geeignetes Softwareartefakt bereitzustellen, das die Geschäftslogik des *Home* hinter seinem Interface implementiert. Im Gegensatz zu einer Komponente wird ein *Home*, zumindest aus Sicht des Containers, immer monolithisch implementiert. Dem Komponentenentwickler ist es freigestellt, durch Delegationen aus dem das *Home* implementierenden Softwareartefakt auf zusätzliche Softwareartefakte, die Implementierung weiter zu strukturieren.

Factory-Operationen und Finder-Operationen können in verschiedenen Implementierungen unterschiedliche Semantik haben.

Das Laufzeitverhalten eines *Home* kann maßgeblich Auswirkungen auf das resultierende Verhalten der komponentenbasierten Anwendung haben. Besonders deutlich wird das bei *Finder-* oder *Factory*-Operationen, die für ein *Home* definiert werden können. Die Art und Weise wie eine *Finder*-Operation eine der durch das *Home* verwalteten Komponenteninstanzen findet, bestimmt, welche Instanz als Ergebnis einer solchen *Finder*-Operation geliefert wird. Als Beispiel seien hier *Process*-Komponenten erwähnt, für die ein *Home* zwar keine Primärschlüssel definieren darf, aber die die Komponentenidentität durchaus durch nutzerdefinierte Operationen, zu denen auch die *Finder*-Operationen gehören, offenbaren können. Hier legt der Komponentenentwickler in der Implementierung klar fest, wie eine Abbildung bestimmter Anfrageparameter der *Finder*-Operation auf existierende Komponenteninstanzen auszusehen hat. Eine falsche Interpretation der Parameter der *Finder*-Operation kann zu ungewollten Effekten und Fehlfunktionen in der späteren Anwendung führen.

Die Softwareartefakte, die einen *Home*-Typ und einen Komponententyp implementieren, werden *Executor* genannt. In Abhängigkeit davon was durch einen *Executor* implementiert wird, unterscheidet man zwischen dem *Home-Executor* und dem Komponenten-*Executor*. Die *Executors* sind die eigentlichen Träger der Funktionalität und damit der Geschäftslogik, sie werden zu einem erheblichen Teil durch einen Komponentenentwickler erzeugt. Dennoch bietet das CORBA-Komponentenmodell an, das Skelett eines *Executor* durch automatische Ableitung aus der Kompositionsbeschreibung in CIDL erzeugen zu lassen. Die einzelnen Bestandteile einer Komposition werden in den folgenden Kapiteln erläutert.

4.2 Executors

Ein Executor implementiert das Verhalten einer Komponente oder eines Home.

Unter dem *Executor* versteht man die Gesamtheit der einen *Home*- oder einen Komponententyp implementierenden Softwareartefakte. Der Komponenten-*Executor* implementiert die Geschäftslogik eines Komponententyps wohingegen der *Home-Executor* dies für einen *Home*-Typ macht. Die Geschäftslogik repräsentiert das Verhalten einer Komponente im Sinne des Erbringens der geforderten Funktionalität. Da CORBA-Komponenten auch für verschiedene Programmiersprachen zur Verfügung stehen sollen, wurde hier bewusst durch die OMG auf die Verwendung von objektorientierten Begriffen wie Klasse oder Objekt verzichtet. Stattdessen wurde der weniger vorbelastete Begriff *Executor* geprägt.

Die Spezifikation des *Executor* ist in der Spezifikation der Komposition enthalten. *Executors* implementieren stets ein lokales CORBA-Interface (s. Kap. 1.3). Dieses Interface wird bestimmt durch die Art der vom *Executor* zu implementierenden strukturellen Merkmale der CORBA-Komponente, wie *Facets*, *Receptacles* und Ereignisports. Dadurch, dass ein *Executor* über das CORBA-Konzept des lokalen Interface definiert wird, ist auch klar, welcher Natur die zum *Executor* gehörenden programmiersprachlichen Softwareartefakte sind. Bei objektorientierten Programmiersprachen wie C++ oder Java setzt sich ein *Executor* demnach aus einer oder mehreren Implementierungsklassen zusammen, da das Konzept der lokalen Interfaces auf C++-Klassen bzw. Java-Klassen abgebildet wird.

Ein Executor implementiert lokale CORBA-Interfaces.

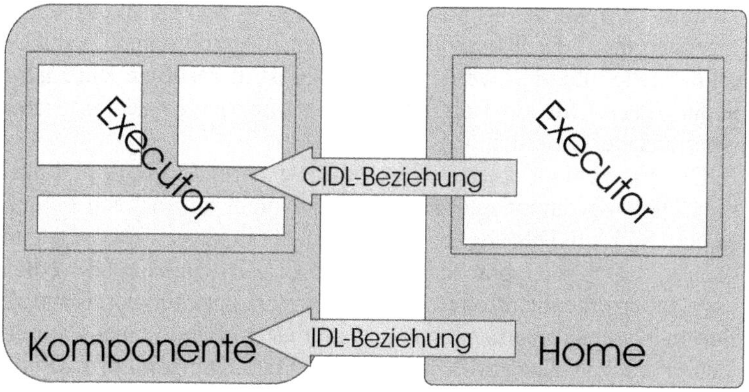

Abb. 4.1: Home-Executor und Komponenten-Executor

In einem Komponenten-*Executor* müssen alle Operationen implementiert werden, die eine Komponente über eine ihrer Interfaces anbietet. Das betrifft zum einen sämtliche Operationen und Attribute, die über die durch die Komponente angebotenen *Facets* erreichbar sind. Zum anderen müssen alle Operationen und Attribute, die aus den durch die Komponente unterstützten Interfaces (*supported interfaces*) stammen, durch den *Executor* implementiert werden. Nachrichten, die über Ereigniskonsumenten empfangen werden, werden ebenfalls durch den Container an den Komponenten-*Executor* weitergeleitet und müssen dort verarbeitet werden. Dazu muss der *Executor* wohldefinierte Operationen zur Übergabe des durch den Container empfangenen Ereignistyps implementieren.

Weitere Operationen, die aus dem Komponenten-Interface stammen und administrative Aufgaben betreffen (z.B. Navigation zu den angebotenen Schnittstellen, Verbindungsmanagement) werden nicht durch den *Executor* implementiert, sondern können durch generierten oder statischen Code im Container realisiert werden.

Threads ermöglichen einer CORBA-Komponente außerhalb des Kontexts eines Operationsrufs aktiv zu sein.

Eine CORBA-Komponente ist von Natur aus zunächst passiv und reagiert auf Stimulationen von außen, beispielsweise Operationsrufe an einem *Facet*. Die Aktivitätsphasen der Komponente sind auf die Zeiten der Bearbeitung eines eingetroffenen Operationsrufs beschränkt und enden mit dem Zurückgeben eines Ergebnisses. Im Anschluss an einen Operationsruf wartet die Komponente auf den nächsten Operationsaufruf. In einigen Fällen reicht ein solches Verhalten jedoch nicht aus und die Komponente muss selbst aktiv werden. Das bedeutet, dass sie von sich aus Operationen ruft, Ereignisse verschickt oder andere Aspekte ihrer Funktionalität bearbeitet. Dafür muss eine Komponente einen eigenen Kontrollfluss (*Thread*) haben. Man kann in diesem Fall von aktiven Komponenten reden, da sie Teile ihrer Geschäftslogik auch außerhalb eines Operationsrufs abarbeiten. Ein solcher Kontrollfluss kann sich zum Beispiel dadurch ergeben, dass die Komponente mit einer graphischen Benutzerschnittstelle integriert werden muss. Hier ist in der Regel ein zusätzlicher *Thread* für die Verarbeitung der Nachrichten der grafischen Oberfläche erforderlich.

Im CORBA-Komponentenmodell gibt es keine standardisierte Thread-Abstraktion.

Die Verwaltung solcher Kontrollflüsse ist in CORBA und auch im CORBA-Komponentenmodell bisher nicht ausreichend berücksichtigt worden. Das liegt in erster Linie daran, dass in den verschiedenen Programmiersprachen, die durch CORBA unterstützt werden, ganz unterschiedliche oder auch keine Konzepte für das Kontrollflussmanagement vorhanden sind. Aus diesem Grund muss auch das Verwalten von Kontrollflüssen für CORBA-Komponenten auf der Ebene der Programmiersprachen realisiert werden. Im CORBA-Komponentenmodell bietet es sich an, den Container für die Erzeugung und Verwaltung von Kontrollflüssen zu nutzen. Das jeder Komponenteninstanz verfügbare Kontext-Interface zum Container könnte dahingehend erweitert werden, dass an ihm beispielsweise Operationen zur Erzeugung eines neuen *Threads* und neuer *Thread*-Kontrollstrukturen, wie *Mutexe* und *Locks*, gerufen werden können. Eine solche Erweiterung ist jedoch proprietär und Komponenten, die auf diese Erweiterungen vertrauen, müssen gezielt in einen Container installiert werden, der diese Erweiterungen bereitstellt. Gegenwärtig wird das Konzept in der OMG diskutiert. Es bleibt abzuwarten, ob eine solche *Thread*-Abstraktion schon Eingang in CORBA selbst findet oder für das CORBA-Komponentenmodell speziell standardisiert wird.

Eine der wesentlichen Aufgaben eines *Home* ist die Erzeugung von Komponenteninstanzen. In vielen Fällen kann die Implementierung einer uniformen Operation zum Erzeugen einer Komponenteninstanz aufgrund der formalen Beschreibung der Komposition automatisch generiert werden und sollte nicht durch den Programmierer erzeugt werden. Der *Home-Executor* kann in der Regel eine sehr einfache Implementierung haben. In einem *Home* kann aber auch wesentlich mehr Funktionalität definiert worden sein. Dazu gehören weitere *Factory*-Operationen zum Erzeugen neuer Komponenteninstanzen, *Finder*-Operationen zum Auffinden bereits erzeugter Komponenteninstanzen oder völlig frei definierte Operationen. In solchen Fällen besitzt der *Home-Executor* als Implementierung eines solchen *Home* eine wesentlich kompliziertere Struktur. Man sollte in jeden Fall beim Design von Komponenten und *Homes* darauf achten, ein *Home* mit möglichst wenig erweiterter Funktionalität zu entwerfen.

4.3 Segmente

Ein Executor kann sich aus mehreren Segmenten zusammensetzen.

In einigen Fällen, in denen eine CORBA-Komponente sehr viele verschiedene strukturelle Merkmale aufweist, kann es sinnvoll sein, den Komponenten-*Executor* zu segmentieren. Das bedeutet, dass der *Executor* in verschiedene unabhängige Einheiten, die so genannten *Segmente*, unterteilt wird, die jeweils eine genau festgelegte Menge der strukturellen Merkmale implementieren. Ein solcher *Executor* wird *segmentierter Executor* genannt, im Unterschied zu einem *monolithischen Executor*, der nicht segmentiert ist.

Ein Grund für die Segmentierung eines *Executors* ist der Wunsch nach schlanken Implementierungsartefakten. Softwareartefakte mit einer großen Anzahl an Methoden sind schwer zu handhaben und zu warten. Bei einer CORBA-Komponente mit einer großen Anzahl von Ports führt das bei einem monolithischen Ansatz unweigerlich zu einer großen Menge an Operationen am *Callback*-Interface der Komponente. Da Segmente die Hilfsmittel zur Strukturierung der Implementierung einer Komponente sind, führt ein monolithischer *Executor* zu einem einzelnen großen Softwareartefakt, beispielsweise einer C++-Klasse. Die große Menge an Operationen in dieser Klasse und die Zuordnung zu einzelnen strukturellen Eigenschaften der Komponente ist dann oft nur schwer beherrschbar.

Zweitens bietet es sich mit dem Ansatz des segmentierten Komponenten-*Executor* an, die Segmente unabhängig voneinander zu aktivieren und zu deaktivieren. Dadurch wird es ebenfalls möglich gemacht, dass Segmente ihren dauerhaften Zustand unabhängig von anderen Segmenten und vom Hauptsegment (dieses implementiert das äquivalente Komponenteninterface) abspeichern können. Dieses Vorgehen schont Ressourcen und ermöglicht ein besseres Antwortverhalten der Komponente. Insofern obliegt es dem Komponenten-Designer, Segmente an seiner Komponentenimplementierung zu identifizieren, die relativ unabhängig voneinander sind. Eine falsche Segmentierung kann hier dazu führen, dass sekundäre Abhängigkeiten zwischen den Segmenten existieren und verschiedene Segmente trotzdem immer gleichzeitig aktiviert und deaktiviert sind.

Leider lässt das CORBA-Komponentenmodell segmentierte *Executors* nur für *Process*- und *Entity*-Komponenten zu. Diese Einschränkung resultiert aus der früheren Annahme, dass Segmente lediglich ein Vehikel zur Steuerung der Aktivierung und Deaktivierung von Teilen der Komponentenimplementierung sind. Die bessere Wartbarkeit von segmentierten Komponentenimplementierungen spielt in der Spezifikation keine Rolle. Obendrein ist es schwierig Komponenten, die mehrere *Facets* desselben Interfacetyps unterstützen, durch einen monolithischen *Executor* zu implementieren, da ein solches Interface vom *Executor* dann genau einmal implementiert werden kann, und eine Unterscheidung, welches *Facet* gerade bedient wird, für den *Executor* schwierig ist.

Segmente implementieren Schnittstellen nur komplett.

Ein Segment implementiert immer eines oder mehrere der an der Komponente vorhandenen Strukturmerkmale komplett. Die möglichen Strukturmerkmale sind hier das Komponenten-Interface mit den nutzerdefinierten Operationen und einem möglicherweise vorhandenen geerbten Interface, die *Facets* und die Ereigniskonsumenten. Eine Verteilung einzelner Operationen eines Interface auf unterschiedliche Segmente, ist im CORBA-Komponentenmodell nicht vorgesehen. Eine solche Verfeinerung mit der Einbeziehung von Operationen würde einen erheblich höheren Verwaltungsaufwand für die einzelnen Segmente bedeuten. Hat man tatsächlich den Fall, dass Operationen eines Interface eigentlich an unterschiedlichen Segmenten implementiert werden sollen, sollte man sein Komponenten-Design überprüfen. Operationen an einem Interface einer CORBA-Komponente fassen zusammengehörende Interaktionen mit der Komponente zusammen. Demzufolge müssen sie auf gemeinsamen Daten arbeiten und können damit in einem Segment implementiert werden.

Allerdings ist es gestattet, dass ein Segment mehrere Interfaces implementiert. Ein Komponentenentwickler kann beispielsweise ein Segment nutzen, um das Komponenten.Interface zu implementieren und ein weiteres, um ein vorhandenes *Facet* und einen Ereigniskonsumenten zu implementieren.

Da auch das Komponenten-Interface als zentrale Schnittstelle einer CORBA-Komponente implementiert werden muss, existiert genau ein Segment, das diese Schnittstelle implementiert. Dieses Segment muss nicht durch den Komponentenentwickler definiert werden. Es implementiert implizit neben dem Komponenten-Interface alle anderen Interfaces der CORBA-Komponente, die nicht explizit durch andere Segmente implementiert werden. Dieses Segment wird als *Hauptsegment* (*component segment*) bezeichnet. Das Komponenten-Interface sowie weitere von der Komponente unterstützte (*supported*) Interfaces werden immer durch das Hauptsegment implementiert.

Das Hauptsegment implementiert das Komponenten-Interface und alle unterstützten Interfaces.

Die Entscheidung, ob eine CORBA-Komponente monolithisch oder segmentiert implementiert wird, liegt letztendlich beim Komponentenentwickler. Diese Entscheidung kann beeinflusst werden durch die Art und Anzahl der an einer Komponente verfügbaren Strukturmerkmale in Verbindung mit dem Wissen aus der zu bedienenden Anwendungsdomäne. In keinem Fall muss diese Entscheidung jedoch mit Hinblick auf die spätere Performanz der Komponentenimplementierung getroffen werden. Im Grunde genommen stellt die monolithische Implementierungsstrategie einen Spezialfall der segmentierten dar, in der es nur ein Segment gibt. Ein Container sollte in der Lage sein, Operationsrufe sowohl an monolithisch implementierte als auch an segmentiert implementierte CORBA-Komponenten ohne Performanzunterschied zu delegieren.

Monolithische oder segmentierte Implementierung beeinflusst nicht die Performanz.

Der Container nimmt Operationsrufe für CORBA-Komponenten entgegen und delegiert diese Rufe an ein entsprechendes Segment des *Executor* einer Komponente. Der *Executor* eines *Home* implementiert Operationen zum Erzeugen eines neuen Komponenten-*Executor* und damit einer neuen Komponentenimplementierung. Die Frage stellt sich, wie der Container an ein spezielles Segment herankommt, um darauf zu delegieren. Bei einem monolithischen *Executor* ist es einfach, da es hierbei nur ein Segment, das Hauptsegment, gibt und das *Home* bei der Erzeugung einfach ein solches neu erzeugtes Segment zurückgeben kann. Beim segmentierten Ansatz kann man zwar spezielle Operationen am Hauptsegment definieren, die die entsprechenden Softwareartefakte zurückgeben, der elegantere Ansatz ist jedoch der so genannte *Executor Locator*. Ist ein *Executor* segmentiert implementiert, so kann das *Home* ein spezielles lokales Objekt zurückgeben, das Operationen bereitstellt, mit denen der Container ein Implementierungsartefakt für ein konkretes Strukturmerkmal der Komponente erfragen kann. Da alle Ports einer Komponente eindeutig benannt sind, genügt es, wenn der Container dem *Executor Locator* bei der Anfrage den Namen eines Ports der Komponente übergibt, für den jetzt ein Operationsruf eingetroffen

Im segmentierten Implementierungsansatz hilft der Executor Locator, das richtige Segment als Ziel für einen Operationsruf zu finden.

ist. Das vom *Executor Locator* zurückgegebene lokale Objekt, das das gewünschte Segment implementiert, wird vom Container dann als Ziel der Delegation des wartenden Operationsrufs genutzt.

4.4 Dauerhafter Zustand

Die Speicherung des Zustands eines Executor ermöglicht langlebige Komponenteninstanzen.

CORBA-Komponenten können je nach gewählter Komponentenkategorie ihren Zustand über die Lebenszeit eines Komponentenservers erhalten. Eine solche lang andauernde Lebenszeit macht es erforderlich, den aktuellen Zustand der Komponente bei einer Deaktivierung abzuspeichern. Die spätere Aktivierung der Komponente, die jetzt auch in einem anderen Komponentenserver erfolgen kann, macht es erforderlich, dass der abgespeicherte Zustand geladen wird und eine Komponentenimplementierung geeignet mit diesem Zustand initialisiert wird. Dadurch kann diese Implementierung ab diesem Zeitpunkt die gewünschte Komponenteninstanz verkörpern.

Beim Design einer solchen CORBA-Komponente steht ein Komponentenentwickler zuerst vor dem Problem, die relevanten zu sichernden Variablen zu identifizieren. Neben den anwendungsspezifischen internen Variablen, die es zu sichern gilt, steht der Komponentenentwickler auch vor der Frage, ob die aktuelle Bindung von *Receptacles* und Ereignisproduzenten dauerhaft gespeichert werden soll. Die besondere Schwierigkeit dieser Entscheidung liegt darin begründet, dass er hier eigentlich nur Entscheidungen bezüglich seiner Komponente treffen soll, der Zustand der *Receptacles* und Ereignisproduzenten jedoch eine Eigenschaft der späteren Anwendung ist, auch wenn diese Eigenschaften in den einzelnen Komponenten verwaltet werden. Insofern muss der Komponentenentwickler an dieser Stelle vorausschauend genug sein, um die späteren Anforderungen der Anwendung an seine Komponente schon jetzt identifizieren zu können.

Die Mechanismen, die zur Speicherung des Komponentenzustands benutzt werden sollen, werden im CORBA-Komponentenmodell ebenfalls innerhalb der Komposition festgelegt. Zuerst definiert ein Komponentenentwickler unter Nutzung von CIDL (das ja eine Erweiterung von PSDL darstellt) die zu nutzende Speicher- und Speicherfabrikschnittstelle. In der Spezifikation der Komposition legt er dann eine konkrete Bindung des *Home-Executor* an die vorher definierte Speicherfabrikschnittstelle fest. Implizit wird durch diese Wahl auch festgelegt, dass der Komponenten-*Executor* die durch die Speicherfabrikschnittstelle verwaltete Speicherschnittstelle benutzt.

Bei segmentierten Executors wird der Zustand für jedes Segment einzeln gespeichert.

Wenn eine Komponentenimplementierung segmentiert ist, soll es erlaubt sein, einzelne Segmente unabhängig von anderen zu aktivieren und zu deaktivieren. Das setzt jedoch voraus, dass die einzelnen Segmente ihren eigenen Zustand unabhängig von anderen Segmenten abspeichern und wieder rekonstruieren können. Um eine Komponente so zu implementieren, genügt es also nicht, nur für den *Home-Executor* eine Bindung an eine Speicherfabrikschnittstelle festzulegen, sondern es muss für jedes einzelne Segment eine Bindung an eine eigene Speicherfabrikschnittstelle festgelegt werden. Die Wahl der Speicherfabrikschnittstelle legt wiederum implizit die benutzte Speicherschnittstelle fest.

An dieser Stelle muss gesagt werden, dass die jetzige Spezifikation des CORBA-Komponentenmodells hinsichtlich der persistenten Speicherung von CORBA-Komponenten noch lückenhaft ist. Zwar gelingt es, eine Komponentenimplementierung mit Blick auf ihre Segmente und die zu nutzenden Speicherfabrikschnittstellen und Speicherschnittstellen in CIDL zu modellieren, jedoch bleibt offen, welche Auswirkungen dies auf die internen Interfaces im Container und die *Callback*-Interfaces an den Komponenten hat. Gegenwärtig werden verschiedene Konzepte in der OMG diskutiert, wobei man hierbei immer auch zwischen der containerverwalteten Persistenz und der selbstverwalteten Persistenz unterscheiden muss. Eine Möglichkeit ist, dass die Komponente über ihr Kontext-Interface Zugriff auf die ihr zugeordneten Speicherobjekte bekommt. An diesen Speicherobjekten kann sie dann die entsprechenden Methoden rufen, um ihren Zustand auszulesen oder abzuspeichern (s. Abb. 4.2).

Abb. 4.2: Speicherung eines segmentierten Executor

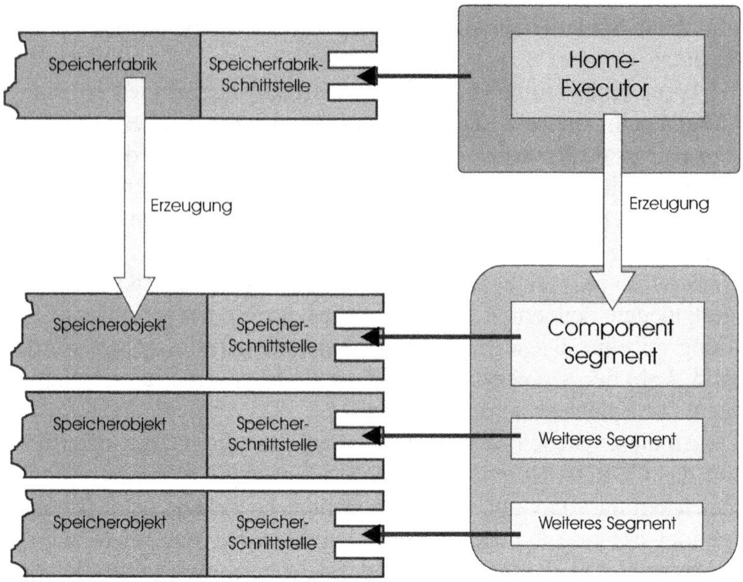

Eine andere Möglichkeit ist, dass der Container bzw. generierter Code die Kommunikation mit der Speicherfabrik und den Speicherobjekten übernimmt und die Komponente über wohl definierte Operationen an ihrem *Callback*-Interface die Möglichkeit bietet, ihren Zustand neu zu setzen oder auszulesen. Beide Möglichkeiten sind implementierbar. Wie die endgültige Fassung der Persistenzintegration für CORBA-Komponenten aussehen wird, kann an dieser Stelle nicht gesagt werden.

4.5 Proxy Homes

Proxy Homes ermöglichen die Delegation von Operationen an Homes.

Unter Umständen ist es für einige Aufgaben der Verwaltung von Komponenteninstanzen nicht notwendig, stets das zugeordnete *Home* zu kontaktieren. Einige Informationen können auch in entsprechenden Stellvertreter-Objekten gespeichert und bei Bedarf zugänglich gemacht werden Das CORBA-Komponentenmodell definiert dazu die so genannten *Proxy Homes*. Wie der Name schon sagt, sind sie Stellvertreter eines *Home* und implementieren dasselbe Interface wie das richtige *Home*. Ein *Proxy Home* muss im Gegensatz zu einem *Home* nicht co-lokal zum Container und damit zum richtigen *Home* sein. Einige der Operationen eines *Home* kann ein *Proxy Home* unter Umständen selbst implementieren, während andere Operationen an das richtige *Home* delegiert werden müssen. Für den Klient ist die Benutzung eines *Proxy Home* absolut transparent. Er kann nicht feststellen, ob er gegenwärtig mit einem *Proxy Home* oder mit einem echten *Home* kommuniziert.

Proxy Homes werden ebenfalls im Kontext der Komposition definiert. Sie sind ausschließlich ein Implementierungsdetail und benötigen keine eigene Entsprechung in IDL. Im Rahmen der Definition des *Proxy Home* in der Komposition erfolgt eine Einteilung der Operationen des *Home* nach Operationen, die vom *Proxy Home* selbst implementiert werden und Operationen, die an das echte *Home* delegiert werden.

Die effektive Benutzung des Proxy-Home-Konzepts erfordert eine genaue Analyse der späteren Anwendung.

Die effektive Benutzung des *Proxy-Home*-Konzeptes benötigt jedoch eine genaue Analyse der Anwendung. Da zum Zeitpunkt der Definition und Implementierung des *Proxy Home* die spätere Anwendung selbst noch nicht vollständig bekannt ist, kann der Komponentenentwickler an dieser Stelle nur Annahmen treffen, ob die Einführung eines *Proxy Home* Vorteile für die Anwendung bringt. Hier muss er abwägen, ob der spätere Nutzen für die Anwendung die erforderliche erweiterte Infrastruktur mit einem *Proxy Home* rechtfertigt.

4.6 Komponentenkategorien

Die Komponentenkategorie wird in der Komposition festgelegt.

In Kapitel 3.3 wurden bereits die verschiedenen Komponentenkategorien erläutert. Die Komponentenkategorie ist eine Eigenschaft der Komponentenimplementierung und wird deshalb auch im Rahmen einer Komposition spezifiziert. Die von den in IDL spezifizierten Strukturmerkmalen der Komponente unabhängige Spezifizierung der Komponentenkategorie in CIDL ließe den Schluss zu, dass eine CORBA-Komponente unabhängig von ihren Strukturmerkmalen in einer beliebigen Komponentenkategorie implementiert werden könnte. Das ist jedoch nicht so. Jede Komponentenkategorie stellt spezifische Anforderungen an die Lebenszeit und Identität der Komponenteninstanzen. Die Identität einer Komponenteninstanz muss sich jedoch beispielsweise bei *Entity*-Komponenten auch am IDL-Interface widerspiegeln. Solche Komponenten müssen ein *Home* mit einem assoziierten Primärschlüsseltyp haben. *Service-*, *Session-* und *Process*-Komponenten wiederum dürfen an ihrem *Home* keinen Primärschlüssel unterstützen. Die Konsequenz daraus ist, dass Komponentenkategorie und gewählte Strukturmerkmale von Komponente und *Home* nicht unabhängig voneinander sind.

5 Komponentenbasierte Anwendungen

In den vorangehenden Kapiteln wurden die Grundlagen zum Verständnis von Komponenten geliefert, sowohl im allgemeinen Sinn als auch insbesondere vor dem speziellen Hintergrund von CORBA-Komponenten. Betrachtet man das Wesen von Komponenten, verbindet sich mit dem Begriff einer Komponente die Vorstellung eines Bausteins, der erst mit anderen Bausteinen zu einem Ganzen zusammengefügt werden muss, um einen Zweck erfüllen zu können. Damit verschiebt sich der Blickpunkt von der Komponente zur Komposition von Bausteinen in Form von Komponenten. Vor dem Hintergrund der Softwareentwicklung heißt das, die Anwendung, welche mit Hilfe von Komponenten realisiert werden soll, rückt in den Mittelpunkt. Dieses Kapitel befasst sich daher mit dem Übergang von der Entwicklung einzelner Komponenten zum tatsächlichen Einsatz komponentenbasierter Anwendungen.

Eine der zentralen Zielstellungen im CORBA-Komponentenmodell ist die Unterstützung bei der Entwicklung von komponentenbasierten Anwendungen, beginnend bei der Spezifikation und Implementierung bis zu einer möglichst vollständigen Automatisierung von Installation, Management und Betrieb dieser Anwendungen. Das erfordert einerseits eine spezielle Art der Beschreibung und Bereitstellung ausführbarer Implementierungen einzelner Komponenten beziehungsweise der gesamten Anwendung. Andererseits gelten auch besondere Anforderungen an die Infrastruktur der Laufzeitumgebung, also der zugrundeliegenden Komponentenplattform.

5.1 Was ist eine komponentenbasierte Anwendung?

Eine komponentenbasierte Anwendung ist ein Zusammenspiel von Komponenteninstanzen.

Der Begriff der komponentenbasierten Anwendung hat eine intuitive Bedeutung. Er bezeichnet eine Anwendung, die nicht aus einer monolithischen Implementierung besteht, sondern aus einer Menge miteinander verbundener, über Schnittstellen interagierende Komponenteninstanzen. Dabei können diese Komponenteninstanzen auf einer zugrundeliegenden Komponentenplattform beliebig verteilt sein. Der Aspekt der Verteilung ist neben anderen Aspekten transparent. Die Bezeichnung komponentenbasierte Anwendung begründet sich also darin, dass die Existenz der gesamten Anwendung auf der Existenz entsprechender Komponenten basiert. Die gewünschte Funktionalität wird durch die Kombination der Funktionalität aller beteiligten Komponenten erbracht. Komponentenbasierte Anwendungen haben unter anderem den Vorteil, dass sie zu großen Teilen bereits existierende Komponenten wiederverwenden können. Damit erleichtert sich die Entwicklung neuer Anwendungen erheblich.

Eine komponentenbasierte Anwendung hat verschiedene Repräsentationen.

Eine komponentenbasierte Anwendung hat aus verschiedenen Blickwinkeln und zu verschiedenen Zeiten ihres Lebenszyklus mehrere unterschiedliche Repräsentationen.

Zunächst gibt es die Spezifikation der Anwendung. Da sich die Anwendung aus Komponenten zusammensetzt, umfasst die Spezifikation sämtliche Informationen über die beteiligten Komponenten, über die Instanzen, welche für die Anwendung erzeugt werden müssen, über Verbindungen zwischen diesen Instanzen sowie über ihre initiale Konfiguration. Zur Spezifikation einer Anwendung im CORBA-Komponentenmodell wird eine spezielle XML-Notation verwendet, so dass die resultierende Repräsentation eine Menge von XML-Dateien ist. Damit steht zwar die logische Struktur der Anwendung auf einer abstrakten Beschreibungsebene zur Verfügung, die Inbetriebnahme der Anwendung ist jedoch auf dieser Grundlage noch nicht möglich.

Für die Inbetriebnahme bedarf es neben der Spezifikation weiterer Informationen und konkreter Implementierungsdateien. Demzufolge ist eine weitere Repräsentation einer komponentenbasierten Anwendung, diesmal aus dem Blickwinkel der Inbetriebnahme, erforderlich. Diese gesuchte Repräsentation ist die Zusammenfassung von Spezifikationsinformationen und Informationen über Komponentenimplementierungen. Konkret handelt es sich dabei um ein Archiv, in dem sowohl eine Darstellung der Spezifikation als auch Dateien mit Implementierungscode enthalten sind. Mithilfe von Werkzeugen und durch Unterstützung der Komponentenplattform kann auf der Grundlage dieser Repräsentation eine Abbildung auf Laufzeitkonstrukte erzeugt werden.

Schließlich existiert zur Laufzeit eine weitere Repräsentation. Dabei handelt es sich um die bei der Inbetriebnahme erzeugte Laufzeitrepräsentation der Anwendung in Form eines Objektes.

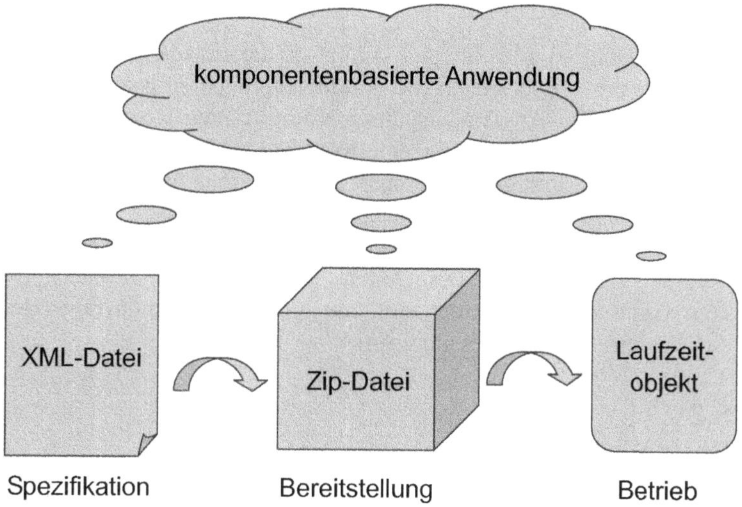

Abb. 5.1: Repräsentationen einer Anwendung

5.2 Beispielanwendungen

Unbestritten erlaubt die Betrachtung von Beispielen generell eine bessere Illustration der Darlegungen und führt somit zur Erleichterung des Verständnisses. Aus diesem Grund werden nachfolgend zwei Beispiele für komponentenbasierte Anwendungen vorgestellt, die im weiteren Verlauf des Buches wiederholt herangezogen werden, um Erläuterungen zu unterlegen. Zunächst ist die Einführung eher informell und soll eine allgemeine Vorstellung vermitteln. Im zweiten Teil des Buches wird dann erklärt, wie die entsprechenden Komponenten als CORBA-Komponenten entwickelt werden. Der dritte Teil widmet sich der Betrachtung, wie aus CORBA-Komponenten Anwendungen erstellt werden.

5.2.1
Hello World

Das Hello-World-Beispiel ist ein einfaches Beispiel für eine komponentenbasierte Anwendung.

Zu den klassischen Beispielen, mit denen man eine Technologie demonstrieren kann, gehört das Beispiel *Hello World*. Im Fall der CORBA-Komponenten ist es willkommen, um in ganz einfacher Form das Muster von Aktion und Reaktion zu demonstrieren und um mit wenig Aufwand schnell eine lauffähige Anwendung zu erstellen.

Beim Hello-World-Beispiel kommt es darauf an, von einer Anwendung die Ausschrift „Hello World" erzeugen zu lassen. Für die Realisierung der Anwendung durch Komponenten lassen sich zwei Dinge erkennen, die sich für eine Konzeption als Komponente eignen, den Rufer und den Gerufenen. Der Gerufene bietet eine operationale Schnittstelle an, über die er gerufen werden kann. Als Ergebnis eines solchen Aufrufes gibt die Komponente auf der Konsole die Meldung „Hello World" aus. Der Rufer benutzt die Schnittstelle, die vom Gerufenen angeboten wird, um die entsprechende Operation zur Ausschrift des Textes aufzurufen.

5.2.2
Philosophen

Beim Philosophenbeispiel handelt es sich um ein klassisches Beispiel, das unter dem Namen „Dining Philosophers" bekannt ist. Dieses Anwendungsbeispiel wurde von Edger W. Dijkstra 1965 erstmalig formuliert. Es dient als Modell und universale Methode zum Testen und Vergleichen von Theorien über die Reservierung von Ressourcen. Mit diesem Beispiel, das weit in der Informatik verbreitet ist, kann man typische Ressourcenkonflikte demonstrieren. Eine endliche Menge von Prozessen verfügt über eine ebenfalls endliche Menge von Ressourcen, die sich die Prozesse teilen müssen. Die Ressourcen können immer nur von einem Prozess gleichzeitig verwendet werden, wodurch sowohl *Lifelock*- als auch *Deadlock*- Situationen entstehen können.

Den Namen erhielt das Beispiel aufgrund der folgenden konkreten Beschreibung. Eine Gruppe von Philosophen sitzt an einem runden Tisch, auf dem eine Menge von Gabeln und Speisen bereitstehen. Jeder Philosoph führt nacheinander die Aktionen Essen, Schlafen und Denken in dieser festgelegten Reihenfolge aus. Zum Essen benötigt er zwei Gabeln - eine für die rechte Hand und eine weitere für die linke Hand.

Abb. 5.2: Drei speisende Philosophen

Die Gabeln werden den Philosophen aus der Menge der verfügbaren Gabeln zugeordnet, d.h. ein Philosoph muss zum Essen immer die ihm zugewiesenen Gabeln verwenden. Natürlich können Gabeln zu einem Zeitpunkt auch nur von jeweils einem Philosophen benutzt werden. Im vorliegenden konkreten Fall soll ein Tisch mit drei Philosophen betrachtet werden, wobei jedoch nur zwei Gabeln vorhanden sind, die sich in der Mitte des Tisches befinden. Zur Visualisierung des Verhaltens von Philosophen gibt es in unserem Beispiel abweichend vom Original weiterhin einen Zuschauer. Dieser soll von den Philosophen über die Veränderung ihrer aktuell ausgeführten Tätigkeit informiert werden.

Es würde sich hier anbieten, einen Philosophen als Komponente zu modellieren, wobei jeder Philosoph dann durch eine Komponenteninstanz repräsentiert wird. Auch die Gabel kann als eigene Komponente modelliert werden. In unserem Beispiel existieren zwei Komponenteninstanzen der Besteck-Komponente. Schließlich kann auch der Beobachter als eigene Komponente modelliert werden. Von dieser Komponente existiert in diesem Szenario genau eine Instanz.

Dieses Beispiel wurde in einer abgewandelten Form bereits mehrfach im Rahmen von öffentlichen Demonstrationen, die unter anderem bei der OMG stattfanden, vorgeführt. Dabei diente es in erster Linie dem Nachweis der Interoperabilität zwischen verschiedenen Implementierungen des CORBA-Komponentenmodells. Aus diesem Grund wird dieses Beispiel auch in dieser oder leicht abgewandelter

Form von verschiedenen Implementierungen angeboten. Das hat den Vorteil, dass man sie anhand dieses Beispiels besonders gut miteinander vergleichen kann.

5.3 Bereitstellungsformate

Die Inbetriebnahme von komponentenbasierten Anwendungen im CORBA-Komponentenmodell stellt besondere Anforderungen an die Bereitstellung von Komponenten- und Anwendungsimplementierungen.

5.3.1 Metainformationen

Komponentenimplementierungen benötigen Metainformationen.

Prinzipiell ist eine CORBA-Komponente durch die Spezifikation ihrer Interfaces mittels IDL eindeutig definiert. Die Angabe der IDL-Spezifikation reicht jedoch für die Inbetriebnahme einer Anwendung nicht aus, da bereits für die Installation einzelner Komponenten implementierungsspezifische Abhängigkeiten, wie etwa das verwendete Betriebssystem oder die Implementierungssprache, berücksichtigt werden müssen. Die Möglichkeit, einen Komponententyp beliebig zu implementieren, führt also zwingend zur Forderung nach weiteren Metainformationen, Informationen die nicht die Funktionalität der Anwendung oder ihre Interfaces betreffen, sondern deren Implementierung.

Die Komposition von Anwendungen aus Komponenten benötigt Metainformationen.

Auch die Beschreibung von Anwendungen als Komposition von Komponenten erfordert eine Vielzahl von Informationen, die zusätzlich zum Implementierungscode der Komponenten vorhanden sein müssen. Solche Informationen beinhalten die Verweise auf beteiligte Komponenten, das Vorhandensein von Verbindungen zwischen Komponenteninstanzen sowie die Konfiguration von Instanzen. Im Gegensatz zu nicht komponentenbasierten Anwendungen wird ja der Komponentencode für eine allgemeine Wiederverwendung vorgesehen und somit von anwendungsspezifischen Informationen wie Konfigurationsdaten befreit. Entsprechende Anweisungen zum Verbinden zweier Komponenten können somit nicht mehr programmatischer Bestandteil einer Implementierung sein, sondern müssen zur Zeit der Inbetriebnahme zusätzlich ausgeführt werden.

Insgesamt lässt sich also feststellen, dass durch die Abstraktion von Komponenten sowohl implementierungsspezifische als auch anwendungsspezifische Metainformationen zur Verfügung stehen müssen. Zur Illustration kann man auch hier eine Parallele im täglichen Leben finden. Betrachtet man das Beispiel von Computer-Hardware wird deutlich, dass bei der Auslieferung einer bestimmten Hardware der Hersteller diese Hardware immer zusammen mit einer Beschreibung oder Spezifikation an den Kunden ausliefert. Erst dadurch ist es möglich, die Hardware eventuellen besonderen Anforderungen anzupassen, zu konfigurieren und einzubauen.

XML wird zur Beschreibung der Metainformationen benutzt.

Der Austausch von entsprechenden Metainformationen im CORBA-Komponentenmodell erfordert natürlich eine einheitliche Repräsentation, die von allen Beteiligten verstanden werden muss, also standardisiert sein sollte. Mit Hinblick auf die angestrebte Automatisierung der Inbetriebnahme muss es sich dabei um eine gut maschinenlesbare Darstellung handeln. Andererseits sollte es auch möglich sein, die Daten manuell zu bearbeiten. Aus dieser Kombination von Anforderungen begründet sich die Wahl von XML (s. W3C 2000) als Repräsentation der im CORBA-Komponentenmodell benötigten Informationen. Genauer werden die Informationen klassifiziert und mittels *XML Document Type Definition* (DTD) eigene Notationen definiert. Insgesamt definiert das CORBA-Komponentenmodell vier solcher Deskriptorentypen:

- Ein *CORBA Component Descriptor* dient zur Beschreibung der Spezifikation einer Komponente.
- Ein *Software Package Descriptor* dient zur Beschreibung einer oder mehrerer Implementierungen einer Komponente.
- Ein *Component Assembly Descriptor* dient zur Beschreibung einer Komposition von Komponenten.
- Ein *Property File Descriptor* dient zur Beschreibung einer Konfiguration.

Auf jeden dieser Deskriptortypen wird an späterer Stelle noch näher eingegangen. Auch wenn es möglich ist, dass der Nutzer die entsprechenden Dateien manuell bearbeiten kann, wird er normalerweise nicht direkten Kontakt mit der XML-Darstellung haben, sondern mittels komfortabler Werkzeuge über graphische Interaktionen die Informationen notieren.

5.3.2 Archive

Archive bündeln die benötigten Dateien.

Betrachtet man wieder das einfache Beispiel von Computer-Hardwarekomponenten läst sich erkennen, dass die Hardware zusammen mit ihrer Beschreibung in einem Packet oder einer Verpackung ausgeliefert wird, um Verlust oder Vertauschung der zur

Hardware gehörigen Beschreibung zu verhindern. Ebenso verhält es sich bei der Implementierung von CORBA-Komponenten und komponentenbasierten Anwendungen hinsichtlich der beiliegenden Metainformationen. Auch für das CORBA-Komponentenmodell wird also ein Format benötigt, das die inhaltliche Zusammengehörigkeit einzelner Dateien reflektiert und somit sicherstellt, dass Metainformationen und Implementierungsdateien zusammenpassen. Dabei findet das allgemeine Konzept des Softwarearchivs Verwendung. Das genau zu verwendende Format ist das zip-Format. Das heißt, sowohl für die Menge aller zu einer Komponente gehörenden Implementierungen als auch für eine komponentenbasierte Anwendung selbst wird jeweils ein zip-Archiv zur Bereitstellung der benötigten Dateien verwendet.

5.4 Bereitstellung von Komponenten

Nachdem eine Komponente mittels IDL spezifiziert wurde, muss sie implementiert werden, um tatsächlich in Anwendungen verwendet werden zu können. Mit dem Übergang von der Spezifikation zur Implementierung wird jedoch die Plattformunabhängigkeit der abstrakten Interfacebeschreibung aufgegeben. Damit ergeben sich für eine Komponentenspezifikation eine Vielzahl möglicher Implementierungen, die abhängig von verschiedenen Laufzeitumgebungen beispielsweise durch das verwendete Betriebssystem, den verwendeten CORBA-ORB, die Implementierungssprache, etc. charakterisiert werden. Natürlich können sich auch zwei Implementierungen für exakt die gleiche Laufzeitumgebung und gleiche Implementierungssprache voneinander unterscheiden, weil etwa verschiedene Hersteller konkurrierende Produkte entwickelt haben.

Die Spezifikation der Komposition von komponentenbasierten Anwendungen erfolgt unabhängig von der aktuellen Implementierung der verwendeten Komponenten.

Um Komponenten nun ihrem eigentlichen Zweck zuzuführen, nämlich der Wiederverwendung in verschiedenen Kontexten und als Strukturierungsmittel bei Anwendungsentwurf und Anwendungsrealisierung, werden komponentenbasierte Anwendungen als aus miteinander verbundenen Komponenteninstanzen bestehend betrachtet. Auch diese Betrachtungsweise folgt, gleich der Spezifikation der Komponenten, einer plattformunabhängigen Sicht und beschreibt keine Implementierung. Die Implementierung der Anwendung wird erst durch das Zusammenspiel konkreter Implementierungen der verwendeten Komponenten realisiert, die zum Zeitpunkt des Entwurfes jedoch noch nicht bekannt sein müssen.

Erst zum späteren Zeitpunkt der Inbetriebnahme ist es erforderlich, dass diese Implementierungen verfügbar sind. Zu diesem Zeitpunkt wird dann entschieden, wie die Anwendung auf der konkreten Zielplattform verteilt wird, also welche Implementierungen auf welche Rechner installiert werden. Dabei soll entweder in Abhängigkeit des für die Verteilung der Komponente bestimmten Rechners die optimale Implementierung gewählt werden, oder die Menge aller Implementierungen zur Auswahl des Zielrechners herangezogen werden. Es ist also wichtig, dass alle verfügbaren Implementierungen einer Komponente bei der Inbetriebnahme zugreifbar sind, inklusive der relevanten Informationen bezüglich ihrer spezifischen Abhängigkeiten und Charakteristika. Wie bereits beschrieben werden zu diesem Zweck alle Implementierungen einer Komponente im CORBA-Komponentenmodell in einem Archiv abgelegt. Die Metainformationen zu diesen Implementierungen sind in Form von XML-Dateien ebenfalls selbst in diesem Archiv enthalten.

Metainformationen für Installation und implementationsspezifische Konfiguration von Komponenten.

Die Menge der Informationen, die über eine Komponentenimplementierung vorliegen, besteht grob aus zwei Teilen. Zum einen die Beschreibung der Software, die für die Installation des Programmcodes benötigt wird, und zum anderen eine Reihe von Informationen, die die Eigenschaften der implementierten Komponente betreffen. Zur Beschreibung der Software zählen Namen und Ort der Programmdateien, die Beschreibung der Anforderungen der Implementierung an die Laufzeitumgebung, sowie allgemeine Angaben bezüglich der Identität des Herstellers oder eine verbale Beschreibung der Implementierung. Jede Implementierung einer CORBA-Komponente hat eine eindeutige Identität, anhand derer sie identifiziert werden kann, sei es innerhalb eines Archivs oder auch in einer Menge bereits auf einem Rechner installierter Software. Diese Identität ist durch die Verleihung eines global eindeutigen Namens in Form einer universellen eindeutigen Identifikationsnummer (*Universal Unique Identifier, UUID*, s. Opengroup 1997) gewährleistet. Diese Art von Informationen ist an die von Microsoft entwickelte *Open Software Description* angelehnt. Es handelt sich dabei um eine allgemeingültige Beschreibung von Software zur Unterstützung von Installationsprozessen. Insbesondere ist OSD nicht spezifisch für CORBA-Komponenten. Für die Notation dieser Informationen im CORBA-Komponentenmodell wurde die XML-DTD *Software Package Descriptor* definiert.

Zu den weiteren Informationen bezüglich der Eigenschaften der implementierten Komponente zählen die Beschreibung der Interfaces der Komponente und ihres *Home* als auch die Spezifikation des Komponententyps, der Lebenszeitregel der *Servants* und die Angabe, welche Containerdienste durch die Komponente verwendet werden sollen. Beispielsweise können auf diese Art bestimmte Operationen als transaktional gekennzeichnet und entsprechend parametrisiert werden. Auch für die Repräsentation dieser Informationen definiert das CORBA-Komponentenmodell eine eigene XML-DTD namens *CORBA Component Descriptor*.

5.5 Bereitstellung von Anwendungen

Anwendungen sind Kompositionen von Komponenteninstanzen.

Die Entwicklung einer Anwendung aus Komponenten setzt voraus, dass die von ihr verlangte Funktionalität durch die Komposition entsprechender Komponenten gewährleistet werden kann. In der Regel wird kaum eine Anwendung ausschließlich durch die Wiederverwendung existierender Komponenten realisierbar sein. Vielmehr ist zu erwarten, dass zwar ein Teil der Funktionalität als immer wiederkehrender allgemeiner Grundbestandteil von Anwendungen durch bereits vorhandene Komponenten erbracht werden kann, aber bestimmte anwendungsspezifische Semantik eigene Implementierung erfordert. In diesem Fall müssen zusätzlich anwendungsspezifische Komponenten entwickelt werden, um die Lücken zu schließen (s. Kapitel 6.2.1.1). Existiert erst einmal eine solche Dekomposition der Anwendung in Komponenten, kann ihre Struktur durch miteinander verbundene Komponenteninstanzen beschrieben werden. Diese Beschreibung ist die komponentenbasierte Spezifikation der Anwendung. Zum Zeitpunkt ihres Entwurfes müssen die Spezifikationen der verwendeten Komponenten bereits vorliegen, da für die Beschreibung der Instanzen und insbesondere deren Verbindungen die Kenntnis über die Interfaces und Ports der Komponenten erforderlich ist.

Mit der Spezifikation der Komposition entsprechender Komponenteninstanzen, einschließlich ihrer Konfiguration, ist gleichzeitig bereits die Implementierung einer komponentenbasierten Anwendung im CORBA-Komponentenmodell im Prinzip abgeschlossen und erfordert keinen weiteren anwendungsspezifischen Programmcode. Die Implementierung einer Anwendung stützt sich also ausschließlich auf die Implementierungen der verwendeten Komponenten und die Spezifikation der Anwendungsstruktur. Informationen zur Erzeugung der Komponenteninstanzen sowie über deren Verbindungen untereinander müssen nicht mehr programmatisch in Form von Programmcode formuliert werden, wie dies beim nichtkomponentenbasierten Ansatz der Fall wäre. Stattdessen werden sie aus der Spezifikation gewonnen und können mit Hilfe generischer Schnittstellen zur Instantiierung der Anwendung dienen.

Die Übernahme der Informationen aus der Spezifikationsebene bietet den Vorteil, dass die Implementierung diesbezüglich keine Abweichung gegenüber der Spezifikation mehr gestattet. Damit ist eine wichtige Fehlerquelle bei der Implementierung und Integration von Komponenten ausgeschaltet. Es ist ein Schritt in Richtung modellbasierter Softwareentwicklung, bei der die Spezifikation als Modell betrachtet wird und die zentrale Informationsquelle für eine automatische Codegenerierung bildet.

Die Spezifikation der Anwendung ist ein Schritt in Richtung modellbasierter Softwareentwicklung.

In welcher Form werden aber diese Informationen repräsentiert? Im Falle der Implementierungen von Komponenten wurden die Formate bereits vorgestellt. Sie liegen als Archive vor, in denen sich die benötigten Programmdateien und Metainformationen befinden. Um die Inbetriebnahme komponentenbasierter Anwendungen in möglichst hohem Maße von Interaktionen des Nutzers zu entbinden, also zu automatisieren, gibt es analog zu den Komponentenarchiven auch Archive, die alle benötigten Dateien und Informationen für die Installation und den Start von Anwendungen enthalten. Benötigt werden zum einen die Implementierungen der Komponenten, weshalb sich im Archiv einer Anwendung auch für jede verwendete Komponente deren Komponentenarchiv befindet. Zum anderen werden die Informationen bezüglich der Struktur der Anwendung benötigt. Diese Metainformationen werden im CORBA-Komponentenmodell wiederum mit Hilfe von XML-Dokumenten notiert und sind ebenfalls im Archiv einer Anwendung zu finden. Mit der Existenz eines solchen Archivs sind alle Voraussetzungen geschaffen, um für die Inbetriebnahme der Anwendung ein Höchstmaß an Automatisierung zu erlauben. Alle Informationen sind in maschinenlesbarer Form vorhanden und zugreifbar. Wie an späterer Stelle beschrieben wird, muss der Nutzer lediglich noch Informationen bezüglich der Verteilung der Komponenten auf der Zielplattform liefern.

Die Erzeugung eines Archivs zur Unterstützung der automatischen Inbetriebnahme einer Anwendung wird vom CORBA-Komponentenmodell zur komponentenbasierten Entwicklung vorgeschlagen, ist jedoch nur möglich, wenn die genaue Struktur einer Anwendung schon vorher statisch bekannt ist. In der Regel wird dies auch der Fall sein, da der Anwendungsentwickler eine Anwendung vorab spezifiziert, bevor sie von einem Nutzer eingesetzt wird. Es ist aber auch vorstellbar, dass die Anwendung dynamisch, durch Interaktionen eines Nutzers, erzeugt wird. Dies ist im CORBA-Komponentenmodell möglich, da die Komponentenplattform bestimmte Schnittstellen bietet, die es erlauben, bereits installierte Komponentenimplementierungen bzw. *Homes* von Komponenten zu erfragen. Die Interaktion zwischen dem Nutzer und der Komponentenplattform sollte dabei von Werkzeugen übernommen werden, die einerseits einen Überblick über bereits vorhandene Komponenten erlauben und andererseits die Eingabe von Informationen zur Erzeugung einer neuen Anwendung erleichtern.

Die Menge der Metainformationen einer komponentenbasierten Anwendung im CORBA-Komponentenmodell, wie sie letztendlich auch im entsprechenden Archiv zu finden ist, umfasst mehrere verschiedene Aspekte. Einerseits zählen dazu konkrete Informationen, wo sich die Implementierungen der Komponenten befinden, bzw. wie auf sie zugegriffen werden kann. Andererseits ist die Beschreibung der Anwendungsstruktur enthalten. Dazu gehören genauere Aussagen über die Platzierung von Komponenten auf Zielrechnern und über die Instanzen und die Verbindungen zwischen den Instanzen. Auch für die Repräsentation dieser Informationen definiert das CORBA-Komponentenmodell eine eigene XML-DTD mit dem Namen *Component Assembly Descriptor*.

5.6 Konfiguration

Konfiguration erlaubt ein hohes Maß an Wiederverwendung von CORBA-Komponenten.

Ein zentrales Anliegen komponentenbasierter Softwareentwicklung ist die Wiederverwendbarkeit von Komponentenspezifikationen und Komponentenimplementierungen. Um ein möglichst hohes Maß an Wiederverwendbarkeit zu gestatten, ist es wichtig, Komponenteninstanzen sowie ihre zugrunde liegenden Implementierungen konfigurieren zu können. Dadurch können zum einen Implementierungen an besondere Gegebenheiten der verschiedenen Laufzeitumgebungen, wie etwa den Zugriff auf andere, nicht containerverwaltete Dienste, angepasst werden. Zum anderen können verschiedene Instanzen ein und derselben Komponente an die Anforderungen unterschiedlicher Anwendungen angepasst werden. Sowohl die Komponente als auch deren Implementierung muss damit nicht auf genau einen Anwendungsfall fixiert sein. Aus den Erfahrungen der Softwareentwicklung hat sich gezeigt, dass eine solche Anpassung von entscheidender Bedeutung ist, da in der Realität oftmals leicht unterschiedliche aber dennoch ähnliche Funktionalitäten verlangt werden, die durch einfache Parametrisierung eines gemeinsamen Programmtextes leicht erreicht werden können. Die Schwierigkeit besteht im Entwurf der Konfigurierbarkeit einer Komponente. Die Konfiguration von Komponenten im CORBA-Komponentenmodell beinhaltet sowohl die Konfiguration bestimmter Eigenschaften einer Komponentenimplementierung als auch die Konfiguration von anwendungsspezifischen Eigenschaften einer Komponenteninstanz.

Die Konfiguration einer Komponentenimplementierung muss zum Zeitpunkt ihrer Installation beziehungsweise des Startens des *Homes* erfolgen und hat danach für alle Instanttierungen bestand. Zu diesem Zweck kann eine beliebige Anzahl von Konfigurationswerten bei der Installation eines *Home* an den Container übergeben werden. Diese Informationen werden dann bei der Instantiierung durch das *Home* ausgewertet.

Die Konfiguration einer Komponentenimplementierung erfolgt während der Installation.

Die Konfiguration von Komponenteninstanzen kann im CORBA-Komponentenmodell auf verschiedene Weisen erfolgen. Die Konfiguration durch die Veränderung von Attributwerten hat sicherlich die größte Bedeutung und bietet die größte Flexibilität. Bei diesem Ansatz werden bereits bei der Modellierung einer Komponente entsprechende Attribute spezifiziert, die später zur Laufzeit eine Konfiguration gestatten. Damit spiegelt sich die Konfigurationsmöglichkeit direkt in der Schnittstellenbeschreibung der Komponente wieder. Durch die Spezifikation ist die Konfigurierbarkeit keine Eigenschaft einer Implementierung sondern ist implementierungsunabhängig.

Die Konfiguration von Komponenteninstanzen erfolgt meist über Attribute.

Um das für die Konfiguration benötigte Schreiben von Werten zu gestatten, muss natürlich bei der Spezifikation des entsprechenden Attributs darauf geachtet werden, dass es auch als schreibbar spezifiziert wird. Die Werte von Attributen einer Komponente können damit zu jedem Zeitpunkt im Lebenszyklus einer entsprechenden Instanz geschrieben oder gelesen werden, womit sowohl die Konfiguration des Startzustandes als auch die Rekonfiguration einer bereits laufenden Komponenteninstanz ermöglicht wird. Die Unterscheidung zwischen Konfiguration und Rekonfiguration ist nicht zwingend, kann aber unter bestimmten Umständen sinnvoll und gewünscht sein. Der Unterschied besteht maßgeblich darin, dass eine Konfiguration als einmaliges Ereignis zu Beginn des Lebenszyklus einer Komponenteninstanz betrachtet wird, üblicherweise in einer eigenen abgeschlossenen Phase unmittelbar vor der Benutzung der Komponenteninstanz im Rahmen einer Anwendung.

Unter Rekonfiguration versteht man dann die wiederholte Konfiguration zu einem späteren Zeitpunkt. Auch hierbei kann es erforderlich sein, dass sich die Komponenteninstanz in einer besonderen Phase befindet. Das wird in der Regel auch der Fall sein. Es besteht aber auch die Möglichkeit, dass für bestimmte Komponenteninstanzen die Rekonfiguration nicht gestattet wird, um eine Veränderung ihres Verhaltens zur Laufzeit auszuschließen. Für diesen Fall muss die Verwendung von Attributen zur Konfiguration durch eine besondere Implementierungsstrategie eingeschränkt werden, da die Schnittstelle der Komponente zunächst eine beliebige Rekonfiguration zulässt. Die Lösung besteht darin, dass bei der Spezifikation des

Durch Rekonfiguration von Attributen kann eine CORBA-Komponente an veränderte äußere und innere Bedingungen der Anwendung angepasst werden.

Attributes eine Ausnahme vereinbart wird, die bei Manipulation des Wertes geworfen werden kann. In der entsprechenden Implementierung muss dann dafür Sorge getragen werden, dass bei der Konfiguration der Wert gesetzt wird, bei jedem weiteren Versuch jedoch das Werfen der Ausnahme die Unzulässigkeit der Rekonfiguration signalisiert.

Die Konfiguration von Komponenteninstanzen unter Verwendung von Attributen ist eine wichtige Grundlage für die Unterstützung der automatischen Inbetriebnahme von Anwendungen im CORBA-Komponentenmodell. Es werden erneut XML-Deskriptoren für die Notation der benötigten Modellinformationen verwendet, in diesem Fall um die Sollwerte der entsprechenden Attribute einer Komponenteninstanz zu spezifizieren und bei der Inbetriebnahme bereitzustellen.

Eine weitere Möglichkeit der Konfiguration von Komponenten ist die Konfiguration im Zuge ihrer Erzeugung. Dies geschieht mittels entsprechender Operationen am *Home* einer Komponente. Die zu diesem Zweck spezifizierten Fabrikoperationen erlauben die Übergabe beliebiger Parameter bei der Erzeugung einer Komponenteninstanz. Auch dieser Ansatz verlangt die Voraussicht zum Zeitpunkt der Spezifikation, allerdings in diesem Fall der Spezifikation des *Home* und nicht der der Komponente. Damit ist es möglich, für einen bereits spezifizierten Komponententyp ein anwendungsspezifisches *Home* zu definieren, um mit einer entsprechenden Implementierung Instanzen der Komponente zu konfigurieren. Diese Variante hat allerdings mehrere Nachteile. Zum einen ist die Konfiguration hierbei nur einmalig zu Beginn des Lebenszyklus einer Komponenteninstanz möglich. Zum anderen besteht eine starke Abhängigkeit von der Existenz einer besonderen Implementierung. Nicht jede Implementierung dieser Komponente beziehungsweise eines *Home* dieser Komponente ist nun mehr in der Lage, die für diese Art benötigten Fabrikoperationen zu bieten. Ein weiterer entscheidender Nachteil ist auch die eingeschränkte Brauchbarkeit bei der automatischen Inbetriebnahme. Während die Angabe von Attributwerten zur Konfiguration von Komponenteninstanzen einer Anwendung im CORBA-Komponentenmodell vorgesehen ist, gibt es keine Möglichkeit, auszudrücken, ob und wenn ja, welche spezifischen Operationen zur Erzeugung entsprechender Instanzen verwendet werden sollen. Insgesamt bieten spezielle Fabrikoperationen zwar die Möglichkeit zur Konfiguration einer Komponente, der Ansatz leidet jedoch unter einer Reihe von Nachteilen, die seine Einsetzbarkeit in der Realität stark einschränken dürfte.

War bisher nur die Rede von der Konfiguration von Komponenteninstanzen, den Bausteinen einer Anwendung, stellt sich nun die

Frage, wie Anwendungen konfiguriert werden. Tatsächlich wird eine Anwendung im CORBA-Komponentenmodell jedoch ausschließlich über ihre Komponenten konfiguriert. Der Grund dafür liegt maßgeblich darin, dass eine adäquate Repräsentation der gesamten Komposition zur Laufzeit fehlt, beziehungsweise dass diese Repräsentation zu schwach ist. Durch das Fehlen eines rekursiven Kompositionsbegriffes in diesem Zusammenhang werden Anwendungen auch nicht wieder als Komponenten betrachtet, haben daher keine vergleichbare Identität und bieten keine Schnittstelle zur Konfiguration.

Zur Konfiguration von Attributen werden beliebige Wertetypen benötigt.

Die Menge der Metainformationen bezüglich der Konfiguration einer Komponente umfasst allgemein gesprochen sämtliche Informationen darüber, welche Eigenschaften mit welchen Werten belegt werden sollen. Da die Werte später als Parameter von Operationen übergeben werden müssen, ist es zudem nötig, dass auch Informationen über den genauen Typ des zu konfigurierenden Wertes enthalten sind. Konfigurationswerte können also nicht nur Zeichenkettenvariablen sondern beliebige CORBA-Typen sein. Für die Repräsentation der Informationen über die Konfigurationswerte definiert das CORBA-Komponentenmodell eine eigene XML-DTD mit dem Namen *Property File Descriptor*. Informationen darüber, ob eine Komponenteninstanz anhand ihrer Attribute konfiguriert werden soll oder ob es sich um die Konfiguration einer Komponentenimplementierung handelt, befinden sich im *Component Assembly Descriptor* beziehungsweise im *Software Package Descriptor*, wo sich Verweise auf einen entsprechenden *Property File Descriptor* befinden.

5.7 Infrastruktur für Anwendungen

Mit der Spezifikation des CORBA-Komponentenmodells wird eine Anzahl neuer Konzepte eingeführt, die die Entwicklung von komponentenbasierter Software bis hin zur Beschreibung kompletter Anwendungen einschließlich deren Konfiguration und automatischer Inbetriebnahme gestattet. Um diese neuen Konzepte in der Praxis tatsächlich einsetzen zu können und die neue Technologie in der Softwareentwicklung zu etablieren, bedarf es einer umfassenden Unterstützung durch eine geeignete Infrastruktur. Diese Infrastruktur besteht gewöhnlich aus einer Reihe von Werkzeugen zur Unterstützung der Entwicklung von Komponenten und Anwendungen sowie aus einer Komponentenplattform als hardwaretechnische und softwaretechnische Betriebsumgebung dieser Anwendungen, die die automatische Inbetriebnahme unterstützt. Ein wichtiger Bestandteil dieser Komponentenplattform ist im CORBA-Komponentenmodell in jedem Fall der Container.

5.7.1 Werkzeugunterstützung

Der Einsatz von Werkzeugen macht die vorhandene Komplexität beherrschbar.

Bei der Entwicklung von Software bestehen heutzutage hohe Ansprüche aus verschiedensten Perspektiven, etwa an die Qualität der Software, die Entwicklungszeit oder das benötigte Expertenwissen des Entwicklungspersonals. Um diesen Ansprüchen gerecht zu werden und um im Vergleich mit anderen Technologien konkurrenzfähig zu sein, muss eine umfangreiche Werkzeugunterstützung zur Verfügung stehen oder besser noch, eine Integration dieser Werkzeuge in eine komfortable Entwicklungsumgebung für Komponenten, auch bekannt als *Integrated Development Environment* (IDE). Erst der massive Einsatz von Werkzeugen ermöglicht es, die zunehmende Komplexität der Entwicklungen beherrschbarer zu machen und durch Automatisierung ein Höchstmaß an Rationalisierung und Qualitätssicherung zu erreichen.

Es zeigt sich, dass bereits bei der Entwicklung von Komponenten und Anwendungen eine Reihe von Arbeitsschritten nötig ist, die einer Werkzeugunterstützung bedürfen. Sie reichen von der Gewinnung entsprechender Metainformationen bezüglich der Komponenten und ihrer Implementierungen, über die Spezifikation von Anwendungsstruktur und Anwendungskonfiguration bis zur Archivierung von Implementierungsdateien. Auch nach Abschluss des Entwicklungszyklus einer Komponente beziehungsweise Anwendung werden Werkzeuge benötigt, die die Aufbereitung von Daten für die Inbetriebnahme übernehmen. Schließlich muss unmittelbar vor der Inbetriebnahme einer Anwendung die letztendliche Verteilung ihrer Komponenten auf einer konkreten Zielplattform bestimmt werden, was natürlich nur mittels entsprechender Werkzeuge machbar ist. Inwiefern die beschriebenen Funktionalitäten tatsächlich durch verschiedene Werkzeuge erbracht werden, oder ob nur ein kombiniertes Werkzeug benötigt wird, ist Sache der jeweiligen Implementierung und kann nicht vorgegeben werden.

5.7.1.1 Modellierung

Für den Entwurf einer komponentenbasierten Anwendung durch die Komposition existierender Komponenten ist die Werkzeugunterstützung von herausragender Bedeutung, denn hierbei werden große Mengen an Informationen über die Struktur der Anwendung, verwendete Komponenten, ihre Instanzen und Verbindungen gesammelt, sowie die anwendungsspezifische Konfiguration der Instanzen festgelegt. Diese Informationen müssen in bestimmten Formaten abgelegt werden, die die automatische Verarbeitung im Zuge der Inbetriebnahme gestatten. Bei den Formaten handelt es sich wie beschrieben um bestimmte XML-Dateien. Die Beschreibung einer Anwendung wird in einer speziellen XML-Datei, dem *Component Assembly Descriptor*, abgelegt. Eventuelle Konfigurationswerte einer Komponenteninstanz finden sich in einer weiteren XML-Datei, dem *Property File Descriptor*, wieder.

Das manuelle Aufschreiben der XML-Dateien ist mühsam und fehlerträchtig.

Da das Ergebnis der Komposition also lediglich aus einer Reihe von XML-Dateien besteht, erscheint es durchaus möglich, für den Entwurf einer Anwendung direkt die entsprechenden XML-Dateien mittels eines herkömmlichen Editors zu erzeugen und zu editieren. Das ist jedoch keineswegs empfehlenswert, denn bereits bei geringer Komplexität der Anwendung wird es für den Nutzer schwierig, den Überblick zu behalten und er erfährt keinerlei Unterstützung bei Erkennung und Vermeidung von Eingabefehlern. Die Verfügbarkeit eines speziellen Werkzeuges ist für die Benutzbarkeit und Akzeptanz der neuen Technologie an dieser Stelle unbedingte Voraussetzung.

Am besten scheint die Modellierung von Komponenten und Anwendungen unter Verwendung einer graphischen Nutzerschnittstelle. Die relevanten Informationen können so bequem über Interaktionen des Nutzers gewonnen und übersichtlich präsentiert werden. In einem automatischen Generierungsschritt können dann anschließend die Modellierungsdaten zur Erzeugung der entsprechenden XML-Descriptoren dienen. Gegenwärtig laufen bei der OMG Arbeiten an einem UML-Profil für CCM, das es erlaubt, mithilfe von UML CORBA-Komponenten und entsprechende Anwendungen zu spezifizieren (s. Kapitel 7).

5.7.1.2 Archivierung

Wie bereits vorgestellt, werden sowohl für die Implementierung einer Komponente als auch für die Repräsentation einer komponentenbasierten Anwendung eine Vielzahl von unterschiedlichen Dateien benötigt, die Teile von Programmcode oder Metainformationen enthalten können. Um die thematische Zusammengehörigkeit dieser Dateien besser widerspiegeln zu können und um die Übertragung oder Auslieferung der Implementierungen zu erleichtern, wird ein Archiv erzeugt, in dem alle diese Dateien enthalten sind. Es ist zwar durchaus möglich, mit Hilfe der enthaltenen Metainformationen auf externe Dateien zu verweisen, das Format einer Implementierung bleibt aber in jedem Fall ein Archiv.

Einfache Archivierungswerkzeuge überlassen es dem Nutzer, komponentenspezifische Dateien für das Archiv auszuwählen und zusammenzustellen.

Für die allgemeine Aufgabe der Archivierung von Dateien gibt es eine ganze Reihe von verfügbaren Werkzeugen für unterschiedliche Formate und Betriebssysteme, von einfachen Kommandozeilenwerkzeugen bis hin zu Programmen mit graphischen Benutzeroberflächen. Als weit verbreitetes und sehr populäres Beispiel sei hier das Programm WinZip für die Windows Plattform und das Zip-Format genannt. Natürlich können diese Werkzeuge auch für CORBA-Komponenten benutzt werden, sie bieten jedoch keine Unterstützung bei der Auswahl und Zusammenstellung komponentenspezifischer Dateien. Der Nutzer wird mit dem Problem, die Metainformationen und Implementierungsdateien zusammenzutragen, alleingelassen. Eine deutliche Verbesserung wäre die Integration der Archivierungsfunktionalität in eine Werkzeugkette, die aufgrund zuvor im Rahmen der Modellierung gesammelter Metainformationen ein Archiv automatisch zusammenstellt. Das kann in einer einfachen Variante zum Beispiel bereits durch die Verwendung von Werkzeugen, wie beispielsweise Make, erreicht werden.

5.7.1.3 Inbetriebnahme

Die Bestimmung der Verteilung erfolgt mittels Werkzeugen.

Zu Begin der Inbetriebnahme einer komponentenbasierten Anwendung, genauer gesagt in der ersten Phase des gesamten Prozesses, muss die tatsächliche Verteilung der Komponenten auf der konkreten Zielplattform, so wie sie beim Endnutzer vorgefunden wird, bestimmt werden. Dazu müssen einerseits Charakteristika dieser Plattform bzw. der Rechner aus denen die Plattform besteht betrachtet werden. Beispiele für solche Charakteristika sind das vorhandene Betriebssystem, die Speichergröße, etc. Andererseits müssen die Eigenschaften der Komponentenimplementierungen untersucht werden, um zu bestimmen, welche Anforderungen die Implementierungen an ihre Laufzeitumgebung haben. Erst der Vergleich der Gegebenheiten der Plattform mit den Anforderungen der Implementierungen erlaubt zu bestimmen, auf welchen Rechnern die Implementierungen installiert werden können. Dabei gibt es generell zwei gegenläufige Strategien. Zum einen ist es möglich, bestimmte Implementierungen bevorzugt auf der Plattform zu verteilen. Zum anderen können bestimmte Rechner der Plattform bevorzugt für die Installation beliebiger Implementierungen verwendet werden. Die Anforderungen der Implementierungen lassen sich aus den beiliegenden Archiven entnehmen. Die darin enthaltenen Metainformationen können von Werkzeugen leicht gewonnen und ausgewertet werden.

Für die Beschreibung der Plattformgegebenheiten hingegen gibt es keine standardisierten Formate und damit keinen standardisierten Weg zur Beschaffung dieser Informationen. Hier liegt es im Aufgabenbereich eines speziellen, auf die jeweilige Plattform zugeschnittenen Werkzeuges, diese Informationen zu sammeln. Auf welche Art und Weise die Gegenüberstellung der Erfordernisse und die Entscheidung für eine konkrete Verteilung der Komponenten geschieht, bleibt dem jeweiligen Werkzeugentwurf überlassen. Die Spanne reicht von der bloßen Präsentation der Informationen, die die manuelle Entscheidung des Nutzers über die Verteilung verlangt, über eine Kontrolle der Konsistenz gewählter Verteilungen bis hin zu einem automatischen Vorschlag, bei dem mögliche Verteilungen berechnet und mithilfe von Kriterien eine Rangfolge erstellt werden kann. Für jede dieser Strategien gibt es Anwendungsfälle. Der Administrator einer Plattform wird daran interessiert sein, die volle Kontrolle über jegliche Installation von Software zu haben. Demgegenüber steht der einfache Nutzer einer Anwendung, der sich in der Regel nicht um die Details der Installation kümmern will und daher eine automatische Variante bevorzugt, die keine Interaktion erfordert.

Die jeweiligen Gegebenheiten der Komponentenplattform müssen von den Werkzeugen selbst herausgefunden werden.

Nachdem die konkrete Verteilung der Anwendung bestimmt wurde und die entsprechenden Informationen als XML-Datei wieder im Archiv abgelegt sind, ist die erste Phase der Inbetriebnahme beendet. Damit sind alle Voraussetzungen erfüllt, um die Anwendung vollautomatisch auf der Zielplattform zu installieren und zu starten. Insbesondere ist keine Interaktion mit dem Nutzer mehr erforderlich. Alle benötigten Dateien befinden sich im zur Anwendung gehörenden Archiv, das zur Fortsetzung der Inbetriebnahme der Plattform übergeben bzw. bekannt gegeben werden muss. Dazu wurde eine entsprechende Schnittstelle definiert, die aus dem Archiv einer Anwendung eine Laufzeitrepräsentation dieser Anwendung erzeugt. Diese Schnittstelle zu bedienen liegt wiederum im Aufgabenbereich eines Werkzeuges für die Inbetriebnahme und wird vom Systemadministrator ausgeführt.

Die Übergabe des Archivs an die Plattform erfolgt mittels Werkzeug.

5.7.2 Plattformunterstützung

Schnittstellen an der Komponentenplattform ermöglichen die Inbetriebnahme komponentenbasierter Anwendungen.

Das Ziel der Inbetriebnahme einer Anwendung besteht in der Erzeugung einer Laufzeitrepräsentation der Spezifikation einer Anwendung in der konkreten Betriebsumgebung eines Nutzers. Da die Anwendung aus Komponenten besteht, muss die Betriebsumgebung des Nutzers eine entsprechende Komponentenplattform sein, die die Ausführung von Komponenten unterstützt. Die Plattform ist in der Regel ein Netzwerk beliebiger Rechner, auf denen spezielle Software eine komponentenspezifische Abstraktionsebene für komponentenbasierte Anwendungen bietet. Im Ergebnis der Inbetriebnahme sollen auf dieser Plattform Komponentenimplementierungen installiert und Komponenteninstanzen erzeugt werden, weshalb Unterstützung durch die Betriebsumgebung unbedingt erforderlich ist. Zu diesem Zweck wurden im CORBA-Komponentenmodell eine Reihe von Schnittstellen definiert, die von der Plattform implementiert werden müssen. Mittels dieser Schnittstellen kann eine Interaktion zwischen der Plattform einerseits und dem Initiator einer Inbetriebnahme andererseits stattfinden. Was sich dabei konkret hinter der Rolle des Initiators versteckt, ist nicht definiert. In der Regel wird es sich um ein ausgewiesenes Werkzeug handeln, mit dessen Hilfe ein Installateur die von ihm gewünschte Anwendung installiert und startet.

5.7.2.1 Installation

Bei der Installation wird der Programmcode der Komponentenimplementierung auf den ausgewählten Rechner gebracht.

Zur Unterstützung der Installation von Komponentenimplementierungen benötigt die Plattform eine Schnittstelle, mit deren Hilfe eine ausgewählte Implementierung einer bestimmten Komponente auf einem beliebigen Rechner der Plattform installiert werden kann. Zu diesem Zweck befindet sich auf jedem Rechner der Plattform eine Implementierung dieser Schnittstelle. Unter Angabe der genauen Identität der ausgewählten Implementierung und des Archivs der dazugehörigen Komponentenimplementierung in dem sich die benötigten Dateien befinden, kann die entsprechende Software der Implementierung auf dem Zielrechner installiert werden. Ebenso können bereits installierte Implementierungen wiederum unter Angabe der Identität aktualisiert oder deinstalliert werden. Bei Installation und Deinstallation ist darauf zu achteten, dass die Benutzung einer Implementierung durch verschiedene Anwendungen gewährleistet ist, ohne diese Implementierung tatsächlich mehrfach zu installieren. Dies kann durch eine Referenzzählung erfolgen, die dafür sorgt, dass entsprechende Implementierungsdateien solange installiert bleiben, bis darauf basierenden Anwendungen deinstalliert wurden.

Die Thematik der Aktualisierung von Komponentenimplementierungen ist ein weites Feld und wirft eine ganze Reihe von theoretischen und praktischen Problemen auf. So ist es nicht ohne weiteres möglich, den Programmcode einer bereits laufenden Komponenteninstanz zur Laufzeit zu ändern. Die Spezifikation dieser Funktionalität im CORBA-Komponentenmodell ist sehr schwach und undeutlich. Daher ist es kaum möglich, die Aktualisierung von Komponenten zu implementieren oder zu benutzen. An dieser Stelle bedarf der Standard mit Sicherheit einer Revision, um dies in Zukunft zu ermöglichen.

5.7.2.2 *Instantiierung*

Bei der Anwendung, die im Zuge der Inbetriebnahme installiert und gestartet werden soll, handelt es sich letztendlich um die Instantiierung von komponentenspezifischem Programmcode, der in einem oder mehreren Betriebssystemprozessen auf den Rechnern der Komponentenplattform eines Nutzers läuft. Daraus folgt, dass die Plattform in der Lage sein muss, Betriebssystemprozesse neu zu erzeugen beziehungsweise installierte Komponentenimplementierungen zu starten. Um diese Funktionalität zu unterstützen, werden wiederum spezielle Schnittstellen angeboten, die auf jedem Rechner der Plattform von einem speziellen Prozess implementiert werden müssen.

Bei der Instantiierung muss auch eine Zuordnung zu Betriebssystemprozessen erfolgen.

Bei der Inbetriebnahme einer Anwendung werden diese Schnittstellen benutzt, um Laufzeitumgebungen für Komponenten, also Container, zu erzeugen, in die dann im Anschluss die Implementierungen von Komponenten geladen werden können. Dabei soll die Erzeugung von Containern von der Erzeugung neuer Betriebssystemprozesse entkoppelt werden, so dass eine größere Flexibilität bei der Strukturierung der entstehenden Komponentenserver erreicht werden kann. Um unterschiedlichen Anforderungen an diese Struktur gerecht zu werden, können Betriebssystemprozesse entweder exklusiv für einzelne Komponentenimplementierungen erzeugt werden oder gleichzeitig mehrere verschiedene Implementierungen beherbergen.

Erreicht wird dies durch die Einführung einer Mehrstufigkeit. Bei der Erzeugung eines Komponentenservers wird immer ein neuer Prozess erzeugt. Dieser Prozess besitzt eine Repräsentation als CORBA-Objekt und erlaubt über eine spezielle Schnittstelle die Erzeugung von Containern. Soll die Implementierung einer Komponente beispielsweise in einem eigenen Prozess laufen, muss ein neuer Komponentenserver erzeugt werden, in dem anschließend ein passender Container angelegt wird, mit dessen Hilfe danach die Komponentenimplementierung geladen wird. Sollen die Implementierungen mehrerer Komponenten gemeinsam in einem Prozess laufen, etwa um den Kommunikationsaufwand zu verringern und damit die Performanz zu steigern, müssen mehrere Container in diesem Prozess erzeugt werden.

Theoretisch gibt es in diesem Fall auch die Möglichkeit, einen Container für das mehrfache Laden verschiedener Komponentenimplementierungen zu verwenden. Obwohl dies durch den Standard nicht verboten ist, wird in der Realität eine Mehrfachnutzung kaum stattfinden, aus mehreren Gründen. Zum einen ergibt sich für eine Komponentenimplementierung faktisch keinerlei Vorteil. Ein Container kann als eine Art Verwaltungsstruktur mit einer Menge von Funktionen oder Objekten betrachtet werden. Die gemeinsame Nutzung durch mehrere Komponenten kann leicht dazu führen, dass sich beispielsweise das Suchen in bestimmten Verwaltungslisten verlangsamt. Das Maß der genauen Auswirkungen hängt natürlich von der konkreten Implementierung des Containers ab. Die Vorstellung, die Kommunikation zwischen den Implementierungen könnte durch die vermeintliche Nähe in einem Container performanter sein, ist unzutreffend. Die durch die Zugehörigkeit zum selben Prozess mögliche Verbesserung ist schon dann gegeben, wenn verschiedene Container des gleichen Prozesses benutzt werden.

Zum anderen ist der Container einer Komponente als deren Laufzeitumgebung unter Umständen speziell auf ihre besonderen Anforderungen zugeschnitten bzw. spezifisch konfiguriert. Solange nicht ausgeschlossen werden kann, dass eine spezielle Konfiguration vorliegt, sollte der entsprechende Container nicht für beliebige andere Komponenten wiederverwendet werden, auch wenn deren Komponententyp es erlauben würde. Die Konfigurationswerte eines Containers können über spezielle Operationen an seiner Schnittstelle abgelesen werden, um zu bestimmen, ob eine besondere Konfiguration vorliegt, die dem Laden einer weiteren Komponentenimplementierung im Wege steht. Das bedeutet jedoch einen zusätzlichen Aufwand bei jeder Instantiierung, und im Konfliktfall muss letztlich doch für jede Implementierung ein eigener Container erzeugt werden.

5.7.2.3 Laufzeitrepräsentation von Anwendungen

Ein Assembly-Objekt steuert den Lebenszyklus einer Anwendung.

Wie bereits beschrieben wurde, besteht eine komponentenbasierte Anwendung im Betrieb aus verteilten, miteinander kommunizierenden Komponenteninstanzen. Diese Instanzen sind Laufzeitrepräsentationen der entsprechenden Instantiierungen auf Modellebene, wie sie in der Anwendungsspezifikation enthalten sind. Um den Lebenszyklus einer Anwendung zur Laufzeit widerspiegeln und steuern zu können, gibt es zusätzlich eine Laufzeitrepräsentation für die gesamte Anwendung, das sogenannte *Assembly*-Objekt. Dabei handelt es sich um ein spezielles CORBA-Objekt, das im gegenwärtigen Standard auf einige wenige Verwaltungsaufgaben beschränkt ist.

Diese Aufgaben umfassen das Starten und Stoppen der Anwendung, sowie die Möglichkeit zu erfahren, in welchem Zustand sie sich befindet, also ob sie bereits gestartet ist oder nicht. Das *Assembly*-Objekt hat eine generische Implementierung und muss zu Beginn der Inbetriebnahme erzeugt werden. Dazu bietet die Plattform eine entsprechende Schnittstelle an, der das Archiv für eine Anwendung übergeben wird. Anhand der im Archiv enthaltenen Informationen und Komponentenimplementierungen wird ein *Assembly*-Objekt erzeugt, dass die Anwendung automatisch installiert, konfiguriert, startet und stoppt.

5.8 Inbetriebnahme von Anwendungen

Inbetriebnahme einer komponentenbasierten Anwendung wird auch als Deployment bezeichnet.

Für die Inbetriebnahme von Anwendungen wird in der Literatur und bei der Standardisierung des CORBA-Komponentenmodells im Speziellen der Begriff des *Deployment* verwendet. Vor dem allgemeinen Hintergrund der Softwareentwicklung hat der Begriff *Deployment* jedoch keine fest definierte Bedeutung, sondern wird lediglich zur Umschreibung von Bereitstellung und Installation beliebiger Software benutzt. Im Rahmen des CORBA-Komponentenmodells erhielt er eine etwas präzisere Definition, die sich an einem Prozess und dessen Ergebnissen orientiert.

5.8.1 Prozess der Inbetriebnahme

Das Ziel der Inbetriebnahme ist hier das Starten einer komponentenbasierten Anwendung, im einfachsten Fall auch das Erzeugen der Laufzeitabbildung einer einzelnen Komponenteninstanz. Dies ist mehr als die bloße Installation von beliebiger Software. Vielmehr umfasst die Inbetriebnahme einen Prozess, der neben einer Installationsphase noch drei weitere Phasen, deren Reihenfolge fest definiert ist, enthält. Für den Start einer komponentenbasierten Anwendung müssen alle vier Phasen durchlaufen worden sein, wenn auch nicht zwingend unmittelbar aufeinanderfolgend.

Phase 1: Bestimmung der Verteilung

Die erste Phase bestimmt die Verteilung der zu einer Anwendung gehörigen Komponenteninstanzen auf einer konkreten Betriebsumgebung, also einem Netzwerk mit konkreten Rechnern. Hierbei werden einerseits die vorhandenen Implementierungen der Komponente betrachtet und ihre jeweiligen Anforderungen an die Laufzeitumgebung analysiert. Andererseits werden die tatsächlichen Gegebenheiten der Zielrechner untersucht, um anschließend mit den Anforderungen der Implementierungen verglichen zu werden. Eine Komponente kann nur auf einen Rechner verteilt werden, wenn mindestens eine ihrer Implementierungen auf diesem Rechner lauffähig ist, also beispielsweise das richtige Betriebssystem unterstützt.

Phase 2: Installation

Die Zweite Phase ist für die Installation von Software verantwortlich. In der zweiten Phase wird die in Phase 1 für jede Komponente ausgewählte Implementierung auf dem zuvor bestimmten konkreten Rechner installiert. Hierzu zählen unter Umständen die Übertragung der benötigten Software, ihre Installation auf dem Zielrechner und die Registrierung in der Infrastruktur der Komponentenplattform.

Phase 3: Instantiierung

Die dritte Phase dient der Instantiierung der Komponenten. In dieser Phase werden gemäss der Spezifikation der Anwendung als komponentenbasierte Anwendung die Laufzeitrepräsentationen für die benötigten Komponenteninstanzen erzeugt. Für die Instantiierung werden die installierten Komponentenimplementierungen benutzt.

Phase 4: Konfiguration

Die vierte und letzte Phase sorgt abschließend für die Konfiguration der Komponenten. Diese Konfiguration ist initial und kann sich im weiteren Lebenslauf der Anwendung verändern. Sie ist durch die Spezifikation der Anwendung als komponentenbasierte Anwendung vorgegeben. Zur Konfiguration zählen die Erzeugung von Verbindungen zwischen den Ports verschiedener Komponenteninstanzen als auch die Konfiguration von Attributen der Komponenteninstanzen. Mit dem Abschluss dieser Phase ist die Anwendung konfiguriert und lauffähig, kann also ihrem eigentlichen Zweck zugeführt und vom Nutzer verwendet werden.

Die erzeugte Laufzeitrepräsentation der Anwendung, die im Laufe der Inbetriebnahme entsteht, erlaubt in eingeschränktem Umfang die Verwaltung der Anwendung. Dazu zählt das Beenden der Anwendung inklusive der Deinstallation der entsprechenden Komponentenimplementierungen.

5.8.2
Szenario

Um die Abläufe beim *Deployment* einer Anwendung noch einmal zusammenzufassen und zu vermitteln, wo sich dieser Prozess im Lebenszyklus einer Anwendung einordnet und welche Rolle er spielt, eignet sich am besten die Betrachtung eines einfachen Szenarios. Um die Aufmerksamkeit auf das Wesentliche zu richten, wird angenommen, dass alle für die Anwendung benötigten Komponenten bereits entwickelt wurden und entsprechende Implementierungen vorliegen. Sowohl die Spezifikation der Komponenten als auch ihre Implementierung stehen also außerhalb der Betrachtungen. Sie können von beliebigen Komponentenentwicklern erzeugt worden sein. Des Weiteren wird angenommen, dass eine Komponentenplattform zur Verfügung steht, basierend auf den durch den Containerhersteller bereitgestellten Programmen und Werkzeugen.

Die Aufgabe im Beispielszenario besteht darin, eine beliebige Anwendung zu entwickeln und anschließend in einer zu Beginn nicht näher bekannten konkreten Betriebsumgebung eines bestimmten Nutzers zu starten und nach einer bestimmten Zeit wieder anzuhalten. Dafür sollen zunächst die drei in diesem Szenario beteiligten Parteien beziehungsweise Rollen vorgestellt werden. Es gibt den Anwendungsentwickler, der die Anwendung entwirft und implementiert. Es gibt den Nutzer, der die Anwendung in der ihm eigenen Betriebsumgebung verwenden möchte. Und es gibt den Installateur, der die Anwendung auf der vorhandenen Komponentenplattform installiert.

Zuerst tritt der Anwendungsentwickler in Erscheinung. Er verwendet eine ihm zur Verfügung stehende Bibliothek von Komponentenspezifikationen, um eine Spezifikation beziehungsweise ein Modell der gewünschten Anwendung zu erstellen. Die Anforderungsanalyse der Anwendung wird an dieser Stelle außer Acht gelassen, der Designer verfügt über eine konkrete Beschreibung. Nach Abschluss der Anwendungsmodellierung überführt er die bei der Spezifikation gewonnenen Modelldaten in die entsprechende Repräsentation als XML-Dateien und erzeugt daraus unter Hinzunahme der Komponentenimplementierungen eine Archiv-Datei für die gesamte Anwendung. Dieses Archiv kann im Anschluss beispielsweise auf eine CD gebracht und auf diese Weise anderen bereitgestellt werden.

Möchte ein Installateur die besagte Anwendung auf seiner Komponentenplattform einsetzen, benötigt er unabhängig von der Plattform lediglich dieses Archiv. Mit der Übergabe des Archivs an den Installateur ist die Aufgabe des Anwendungsentwicklers abgeschlossen. Er tritt als Teilnehmer in diesem Szenario in Folge nicht mehr in Erscheinung.

Nachdem dem Installateur die Anwendung in Form des Archivs zur Verfügung steht, kann er mit der Inbetriebnahme beginnen. Als erstes muss er in Phase 1 die tatsächliche Verteilung der an der Anwendung beteiligten Komponenten auf den Rechnern seiner konkreten Komponentenplattform bestimmen. Er benötigt dazu ein spezielles Werkzeug, das ihn auf der Basis der aus dem Archiv entnommenen Informationen über die Komponenten bei der Bestimmung des Zielrechners der benötigten Komponentenimplementierungen unterstützt. Verschiedene dabei mögliche Varianten und Strategien wurden bereits im Zusammenhang mit der Werkzeugunterstützung erörtert.

Nachdem die Verteilungsinformationen wiederum im Archiv abgelegt wurden, beginnt Phase 2 der Inbetriebnahme, die Installation. Der Nutzer tritt der Komponentenplattform gegenüber und übergibt ihr unter Zuhilfenahme eines weiteren Werkzeuges das Anwendungsarchiv. Genauer gesagt, er lässt durch die Plattform auf Grundlage der im Archiv befindlichen Daten die Laufzeitrepräsentation der Anwendung erzeugen. Der Zeitpunkt der Installation des benötigten Implementierungscodes für die Komponenten auf den zuvor bestimmten Rechnern der Plattform ist nicht exakt definiert. Das liegt an der automatischen Ausführung der Inbetriebnahme unter der Kontrolle der Laufzeitrepräsentation.

Fest steht lediglich, dass zu Beginn von Phase 3 der Inbetriebnahme, also der Instantiierung, die Installation abgeschlossen sein muss. In dieser Phase 3 werden die Komponenteninstanzen der Anwendung erzeugt, weiterhin automatisch unter der Regie des *Assembly*-Objekts und unter Benutzung besonderer Schnittstellen der Komponentenplattform. Sind alle Instanzen als Bestandteile der Anwendung vorhanden, werden diese im letzten Schritt der Inbetriebnahme miteinander verbunden und spezifisch konfiguriert. Nach abgeschlossener und erfolgreicher Konfiguration kann die Anwendung dann vom Nutzer verwendet werden. Das Beenden und Deinstallieren erfolgt wiederum unter Verwendung des *Assembly*-Objekts.

Angemerkt werden muss, dass das beschriebene Szenario in dieser Art nicht zwingend vom Standard vorgegeben ist. Der Standard definiert vielmehr lediglich die Schnittstellen der Plattform und verweist auf ein solches Szenario als eine mögliche Variante. Allerdings ist diese Variante im Prinzip direkt aus den Schnittstellen abzuleiten.

6 Rollen und Entwicklungsprozesse

Komponentenorientierte Softwareentwicklung hilft bei der Entkopplung der verschiedenen Stufen des Softwareentwicklungsprozesses. Aus der bisherigen Diskussion des CORBA-Komponentenmodells ist ersichtlich, dass von der Spezifikation bis zum tatsächlichen Einsatz einer CORBA-Komponente als Teil einer Anwendung eine Vielzahl von Aufgaben im Entwicklungs- und Installationsprozess wahrzunehmen ist. Da die verschiedenen Aufgaben exakt voneinander trennbar sind, wurden im CORBA-Komponentenmodell so genannte Rollen definiert. Eine Rolle beschreibt eine spezifische Aufgabe im Softwareentwicklunsprozess mit CORBA-Komponenten. Diese Rollen sind relativ unabhängig voneinander und können von verschiedenen Personen verkörpert werden. Beim Prozess der Entwicklung von komponentenbasierten Anwendungen beginnend mit der Idee für eine Komponente bis hin zur fertig installierten und konfigurierten Anwendung, nehmen die einzelnen Rollen unterschiedliche Aufgaben wahr. Das folgende Kapitel stellt sowohl diese Rollen als auch die mit Hilfe dieser Rollen formulierbaren Entwicklungsprozesse für Komponenten und Anwendungen auf Basis des CORBA-Komponentenmodells vor.

6.1 Rollen im CORBA-Komponentenmodell

Die wesentliche Idee hinter Komponenten ist die, dass Komponenten zu neuen Anwendungen komponiert werden können. Dazu können Komponentenentwickler von ihnen entwickelte Komponenten anbieten, die von Anwendungsentwicklern zu komponentenbasierten Anwendungen zusammengebaut werden. Diese Vorgehensweise zeigt, dass in den seltensten Fällen eine fertig installierte und konfigurierte Anwendung aus einer Hand stammt, sondern meist eine Reihe von Spezialisten während des Entwicklungsprozesses einer komponentenbasierten Anwendung beteiligt waren. Das folgende Kapitel stellt diese Spezialisten, die in Form von Rollen im CORBA-Komponentenmodell definiert wurden, vor.

6.1.1 Der Nutzer

Der Nutzer arbeitet mit der Anwendung.

Obwohl nicht explizit im CORBA-Komponentenmodell als eigene Rolle ausgewiesen, so stellt der Nutzer trotzdem die zentrale Person dar, um die es bei der ganzen Komponenten- und Anwendungsentwicklung geht. Ein Nutzer arbeitet mit einer Anwendung. Er ist in gewisser Weise ein Experte in der Anwendungsdomäne, die durch die genutzte Anwendung bedient wird. Über die Art und Weise der Implementierung der Anwendung weiß er in den meisten Fällen nichts. Häufig sind einem Nutzer auch verschiedene Eigenschaften der von ihm genutzten IT-Infrastruktur unbekannt und er vertraut auf die ordnungsgemäße Funktion einer Anwendung in seiner Betriebsumgebung.

6.1.2 Der Komponentenentwickler

Das Design einer Komponente besteht aus Spezifikation und Implementierung.

Bevor eine CORBA-Komponente in Anwendungen benutzt werden kann, muss sie entwickelt werden. Die Entwicklung einer CORBA-Komponente ist genau genommen ein zweistufiger Prozess. Im ersten Schritt wird die Komponente spezifiziert, das heißt ihre äußere Struktur wird festgelegt. Im zweiten Schritt wird die Komponente implementiert, also mit ihrer eigentlichen Geschäftslogik gefüllt. Obwohl beide Schritte wohl voneinander separierbar sind, werden sie in der Praxis jedoch meist unter einem Dach ausgeführt. Ein Komponentenentwickler schafft wiederverwendbare CORBA-Komponenten, die typischerweise genau abgrenzbare Aufgaben oder Prozesse implementieren.

6.1.2.1 Spezifikation

Die Spezifikation beschreibt die Interfaces einer Komponente.

Der erste Schritt legt die äußere Struktur der CORBA-Komponente fest. Dazu gehören *Facets*, *Receptacles*, Ereigniskonsumenten und -produzenten, Attribute und weitere am Komponenteninterface unterstützte Interfaces. Die Festlegung dieser äußeren Struktur erfordert eine sehr genaue Analyse der avisierten Anwendungsdomäne, da in diesem Schritt die Grundlage für die spätere Wiederverwendbarkeit dieser CORBA-Komponente gelegt wird. Mit Hinblick auf die

Komposition von Komponenten wird hier eine Partitionierung der kompletten späteren Anwendung vorgenommen. Eine schlechte Partitionierung kann zu ungewollten Abhängigkeiten zwischen zwei CORBA-Komponenten führen oder zur Überladung mit Funktionalität. Insofern ist davon auszugehen, dass ein Komponentenentwickler typischerweise ein Experte im Bereich der gewünschten Funktionalität der Komponente sein muss.

Da eine Komponente nie außerhalb des Kontextes eines *Homes* existieren kann, beinhaltet die Spezifikation einer CORBA-Komponente auch die Spezifikation mindestens eines zugeordneten *Homes*.

Falls es tatsächlich einmal erforderlich ist, die Rolle des Komponentenentwicklers weiter zu unterteilen, so kann man die Person, die die Komponente spezifiziert, als den Komponentendesigner bezeichnen.

6.1.2.2 Implementierung

Die Implementierung ist unabhängig von der Spezifikation.

Nachdem die äußere Struktur einer CORBA-Komponente definiert ist, kann sie implementiert werden. Die Implementierung einer Komponente bedeutet hierbei das Programmieren der spezifischen Geschäftslogik (*business code*) im Rahmen der Spezifikation der Komponente. Natürlich kann es für eine Komponentenspezifikation mehrere Implementierungen geben. Theoretisch können diese Implementierungen von verschiedenen Implementierern kommen, jedoch stammen in der Praxis meist Spezifikation und Implementierung einer CORBA-Komponente von einem Hersteller.

Je nach angestrebtem Einsatzzweck ist es erforderlich, eine Komponente für verschiedene Zielplattformen zu implementieren. Solange man Implementierungssprachen wie Java benutzt, die auf uniformen Laufzeitumgebungen (*Java Virtual Machine*) aufsetzen, ist eine Implementierung für die meisten Zwecke ausreichend. Für andere Implementierungssprachen muss gegebenenfalls eine Menge von alternativen Implementierungen angeboten werden, die jeweils speziell für ein bestimmtes Betriebssystem, einen bestimmten Compiler oder sogar einen bestimmten ORB gebaut sind.

Die fertigen Implementierungen werden, wie in Kapitel 5.4 beschrieben, in einem Softwarepaket zusammengefasst, das als zip-Archiv vorliegt. Es ist damit ein individuell vermarktbares Produkt.

Zur weiteren Unterteilung der Rolle des Komponentenherstellers kann man die Person, die die Implementierung der Komponente anhand ihrer Spezifikation übernimmt, als den Komponentenimplementierer bezeichnen.

6.1.3 Der Anwendungsentwickler

Der Anwendungsentwickler komponiert Komponenten.

Der Anwendungsentwickler komponiert CORBA-Komponenten zu größeren installierbaren Anwendungen. Als Grundlage für die Anwendungen verlässt er sich auf die durch einen Komponentenentwickler veröffentlichten Softwarepakete. Die Komponenten werden auf der Grundlage ihrer spezifischen äußeren Strukturmerkmale, also ihrer Ports, miteinander verbunden. Dabei werden unter Umständen auch eventuell vorhandene Attribute der einzelnen Komponenten mit für diese Komposition sinnvollen Werten gefüllt. Für diese Aufgabe nutzt ein Anwendungsentwickler lediglich die Spezifikation einer Komponente und benötigt keine Kenntnis der internen Implementierung.

Als Ergebnis dieser Komposition bietet ein Anwendungsentwickler ein Softwarepaket an, das neben den in der speziellen Anwendung benutzten Softwarepaketen der Komponenten eine Beschreibung der Struktur der Anwendung enthält (s. Kapitel 5.5). Das entstandene Softwarepaket ist wiederum ein individuell vermarktbares Produkt.

6.1.4 Der Installateur

Softwarepakete, die durch einen Komponentenentwickler oder durch einen Anwendungsentwickler bereitgestellt werden, müssen vor der Nutzung installiert und mit der vorhandenen Laufzeit-Umgebung integriert werden. Diese Laufzeitumgebung besteht aus einem Komponentenserver und einem in ihm laufenden Container. Der Installateur muss für diesen Installationsprozess alle externen Abhängigkeiten, die durch einen Komponentenhersteller spezifiziert wurden, auflösen. Weiterhin muss er genau den Zusammenbauanweisungen des Anwendungsentwicklers folgen, um zu einer entsprechenden lauffähigen Anwendung in der durch ihn betreuten Domäne zu kommen. Dazu benötigt er genaue Kenntnisse seiner spezifischen operationellen Umgebung.

Die Installation und Konfiguration stützt sich auf containerspezifische Werkzeuge.

Zur Durchführung des Installations- und Konfigurationsprozesses stützt sich der Installateur in der Regel auf Werkzeuge ab, die durch den Containerhersteller bereitgestellt werden. Im ersten Schritt generiert der Installateur zusätzlichen Programmcode, wie CORBA-Interfaces und *Servants*, so dass der Container die CORBA-Komponente zur Laufzeit verwalten kann. Dieser Programmcode ist containerspezifisch und muss deshalb durch containerspezifische

Werkzeuge generiert werden. Im zweiten Schritt werden der generierte (und compilierte) Programm-Code und die CORBA-Komponenten im Komponenten-Container installiert. Auch beim Installationsschritt kommen containerspezifische Werkzeuge zum Einsatz.

6.1.5 Der Containerhersteller

Der Containerhersteller bietet Container und Komponentenserver an.

Der Containerhersteller stellt Werkzeuge bereit, die zur Installation von CORBA-Komponenten notwendig sind und bietet mit dem Container die Laufzeitumgebung für CORBA-Komponenten an. Zugleich bietet der Containerhersteller mit dem Komponentenserver den Zugang zu grundlegenden Systemdiensten wie verteiltem Transaktionsmanagement, Datenbankzugriff und Sicherheitsmanagement an. Obwohl die Aufgaben des Containers und des Komponentenservers gut voneinander trennbar sind, bietet das CORBA-Komponentenmodell effektiv keine Schnittstellen zur Trennung dieser beiden Einheiten an. Insofern wird ein Containerhersteller auch immer der Anbieter des zugehörigen Komponentenservers sein, und die Aufteilung der Funktionalität zwischen diesen beiden Einheiten bleibt ihm überlassen.

Ein Containerhersteller hat typischerweise profunde Kenntnisse über die systemnahen Aspekte der Programmierung geschäftskritischer skalierbarer und sicherer Systeme. Mittels des durch ihn entwickelten Komponentenservers und Containers ermöglicht er, eine CORBA-Komponente von den spezifischen Eigenschaften der unterliegenden Ausführungsplattform unabhängig zu machen.

Neben den standardisierten Eigenschaften von Container und Komponentenserver kann ein Containerhersteller auch weitergehende Funktionalität, wie beispielsweise das Überwachen und Verwalten der in einem Komponentenserver laufenden Container und der jeweils in einem Container laufenden Komponenteninstanzen, anbieten. Hierzu erforderliche Interfaces sind jedoch herstellerabhängig und nur durch herstellerspezifische Werkzeuge, die mit Container und Komponentenserver mitgeliefert werden, nutzbar.

Abb. 6.1: Die Rollen im CORBA-Komponentenmodell

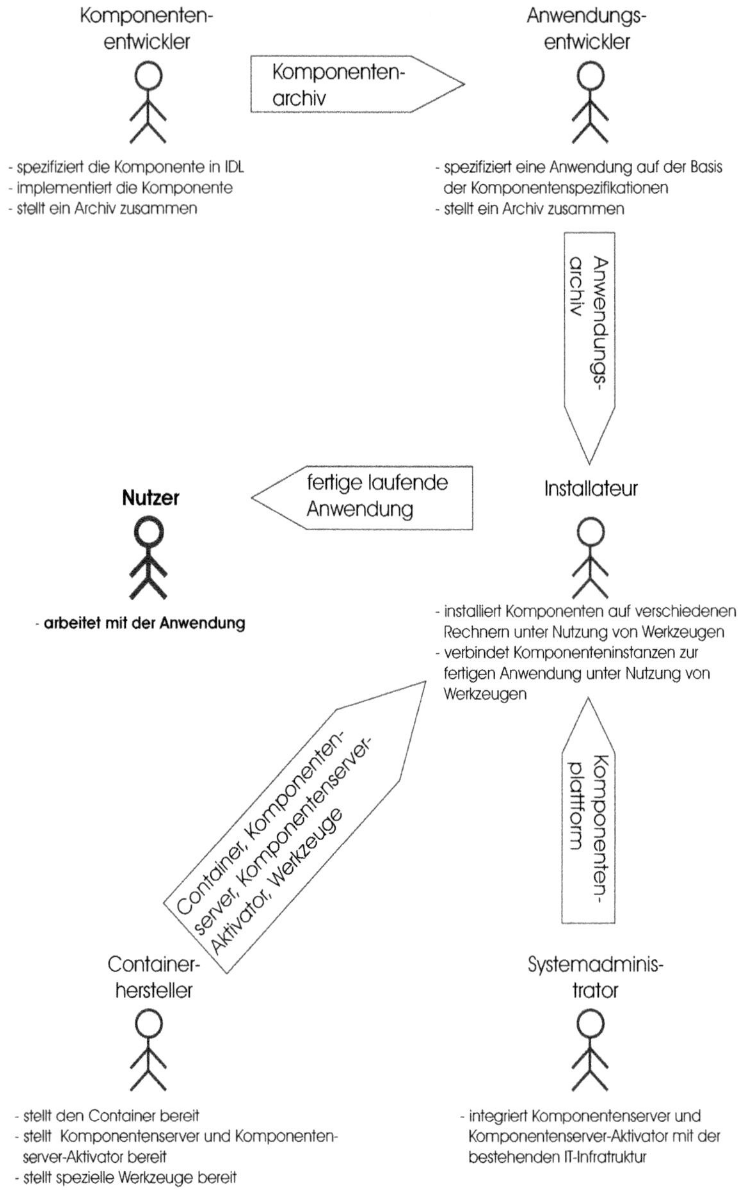

6.1.6 Der Systemadministrator

Als letzte Rolle soll der Systemadministrator vorgestellt werden. Er ist für die Integration von Container und Komponentenserver in bestehende IT-Infrastrukturen und deren Verwaltung verantwortlich. Weiterhin überwacht er die Funktionsfähigkeit laufender Komponentenanwendungen unter Nutzung von durch den Containerhersteller bereitgestellten Werkzeugen.

Der Systemadministrator administriert Container und Komponentenserver.

Das CORBA-Komponentenmodell definiert nur wenige Interfaces für die Verwaltung und Administration von Container und Komponentenserver, die bei weitem nicht die Anforderungen eines Systemadministrators in Bezug auf die erforderlichen Verwaltungsaufgaben abdecken. Deshalb muss jemand in der Rolle des Systemadministrators Kenntnisse sowohl über die in seiner Domäne installierte IT-Infrastruktur als auch über die spezifischen Eigenheiten und mitgelieferten Werkzeuge der dort eingesetzten Container und Komponentenserver haben.

6.2 Der Komponentenentwicklungsprozess

Die Diskussion der verschiedenen Rollen im CORBA-Komponentenmodell zeigt, dass der Weg von der Idee für eine CORBA-Komponente bis zur fertigen komponentenbasierten Anwendung ein in mehrere Phasen unterteilter Entwicklungsprozess ist, der eine Vielzahl von Personen mit jeweils unterschiedlichen Aufgaben und Fachwissen einbezieht. Zu den Aufgaben, die im Rahmen der Komponentenentwicklung durchgeführt werden müssen, gehören das Design der Komponententypen, das Design von Implementierungen, die Implementierung selbst und das Verpacken von Komponenten, um sie für den tatsächlichen Einsatz vorzubereiten. Die einzelnen Aufgaben werden in Abb. 6.2 verdeutlicht.

6.2.1 Entwurf des Komponententyps

Am Anfang des Entwicklungsprozesses steht der Entwurf des Komponententyps. Dieser Schritt erfolgt mit einer bestimmten Zielstellung. Die Zielstellung bestimmt die Freiräume, die ein Entwickler beim Entwurf der Komponententypen hat. In Abhängigkeit davon muss der Entwickler die Komponentenhülle entwerfen, wodurch die

Schnittstellen der Komponenten bestimmt werden. Die dabei verwendeten Interfaces müssen entweder komplett neu entworfen werden, oder es werden bereits existierende Interfaces wiederverwendet.

Abb. 6.2: Entwicklungsprozess bei der Komponentenentwicklung

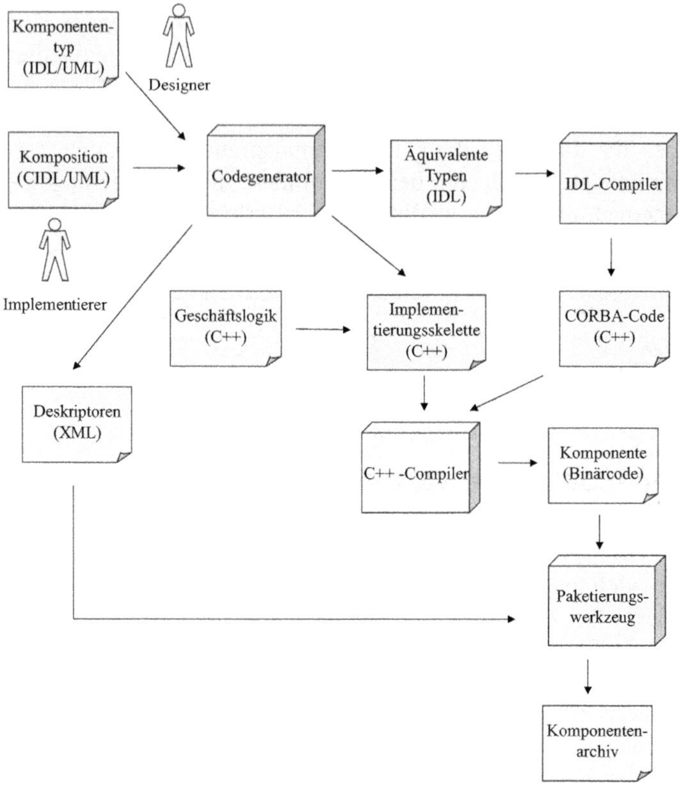

6.2.1.1 Motive der Komponentenentwicklung

Die Entwicklung von Komponenten kann aus zwei unterschiedlichen Motiven heraus erfolgen. Obwohl diese beiden Motive sich teilweise überlagern, ist es wichtig, sie einzeln zu betrachten, um auf dieser Grundlage ein Verständnis für gutes Komponentendesign zu entwickeln.

der Top-Down-Ansatz

Das erste Motiv ergibt sich aus der funktionalen Dekomposition eines Gesamtsystems. Das bedeutet, dass man beim Entwurf eines Systems einzelne Systemteile identifiziert, die als funktionale Einheiten im Systemdesign repräsentiert werden. Zwischen den einzelnen funktionalen Einheiten werden Schnittstellen identifiziert, über die Operationen aufgerufen, Daten ausgetauscht oder Nachrichten verschickt werden. Die Schnittstellen sind die Verbindungspunkte zwischen den einzelnen Systemteilen. Durch weitere Verfeinerung und durch Gruppierung der Schnittstellen entstehen im Verlaufe des Entwicklungsprozesses aus den funktionalen Einheiten CORBA-Komponenten. Man bezeichnet dieses Vorgehen als *Top-Down*-Ansatz.

Für die Aufteilung eines Gesamtsystems in Teilsysteme oder funktionale Einheiten gibt es zwei Gründe. Mit Hilfe der funktionalen Dekomposition ist es möglich, die Komplexität eines Systems auf kleine Einheiten aufzuteilen. Jede dieser Einheiten lässt sich dann jeweils leichter implementieren, da sie weniger komplex ist als das Gesamtsystem. Zum anderen ist die Aufteilung in Funktionseinheiten wichtig, um die Verteilung von Systemen zu ermöglichen. Nur durch klare Trennung der einzelnen Funktionseinheiten ist es später möglich, sie effektiv in verteilten Systemen einzusetzen.

der Bottom-Up-Ansatz

Das andere Motiv, das bei der Komponentenentwicklung eine Rolle spielen kann, ist dem ersten Ansatz entgegen gerichtet. Hierbei wird die Funktionalität einer Komponente nicht aus der Verfeinerung der Funktionalität eines Gesamtsystems abgeleitet, sondern entsteht aus dem Bestreben, eine Komponente zu entwickeln, die eine gewisse Basisfunktionalität erbringt und dann in andere zu entwickelnde Systeme eingebettet werden kann. Zum Zeitpunk der Komponentenentwicklung sind diese Systeme entweder nicht bekannt oder werden nicht berücksichtigt. Dieses Vorgehen bezeichnet man auch als *Bottom-Up*-Ansatz. Bei diesem Ansatz werden Schnittstellen und Komponenten entworfen, ohne dabei speziell auf andere Systeme einzugehen.

Komponenten, die mit diesem Motiv entworfen werden, sollen die Grundbausteine von möglicherweise sehr vielen Komponentensystemen werden und müssen demnach eine gewisse Allgemeingültigkeit besitzen. Das muss beim Design der Komponenten und ihrer Schnittstellen beachtet werden. Je besser das gelingt, desto besser wird sich eine solche Komponente in spätere Systeme integrieren lassen. Allerdings kann das bedeuten, dass solche Komponenten für ein bestimmtes System zwar geeignet sind, sie aber nur zu einem suboptimalen Ergebnis führen, weil sie nicht genau für einen bestimmten Einsatzzweck entworfen und entwickelt wurden. Das ist analog zu der Entwicklung von Klassenbibliotheken. Auch hier gilt, je allgemeiner die Klassen entworfen wurden, desto besser lassen sie sich in Systeme einbinden.

Nicht immer lassen sich die beiden Ansätze eindeutig voneinander trennen. Beispielsweise kann es vorkommen, dass beim *Top-Down*-Ansatz bestimmte Funktionseinheiten identifiziert werden, die mehrfach in einem Gesamtsystem zum Einsatz kommen sollen. In diesem Fall kommt es also zu einer Vermischung der Ansätze, da man auch hier eine gewisse Allgemeingültigkeit der Komponenten und ihrer Schnittstellen benötigt.

6.2.1.2 Entwurf der Komponentenhülle

Der Entwurf der Komponentenhülle wird in Kap. 8 diskutiert.

Unabhängig von der Zielstellung, die beim System- bzw. Komponentendesign verfolgt wird, kommt es darauf an, die Schnittstellen zwischen den Komponenten zu definieren. Eine der großen Stärken des CORBA-Komponentenmodells liegt darin, dass eine Komponente nicht nur eine Schnittstelle, sondern viele verschiedene Schnittstellen anbieten kann, durch die sich sowohl die angebotene als auch die benötigte Funktionalität ausdrücken lassen. Dadurch wird es möglich, die Schnittstellen nach inhaltlichen Erwägungen zu entwerfen, und man ist nicht gezwungen, die gesamte Funktionalität einer Komponente an einer Schnittstelle bereitzustellen. Es ist auch nicht erforderlich, für einen Systemteil, der eine logische Einheit bildet, mehrere Komponenten zu entwerfen, wenn mehr als nur eine Schnittstelle angeboten oder benutzt werden soll.

Um diesen Vorteil etwas zu verdeutlichen, kann man sich das folgende generelle Beispiel vorstellen. Eine Komponente bietet einen bestimmten Dienst an. Dieser Dienst wird von anderen Komponenten, den Dienstnutzern, unter Nutzung einer spezifischen Schnittstelle in Anspruch genommen. In vielen Fällen ist es wichtig, dass ein Dienst auch administriert werden kann und bestimmte Diensteigenschaften verändert werden können. Für diesen Zweck muss eine weitere Schnittstelle definiert werden, die von so genannten Dienstadministratoren benutzt werden kann.

Es wird deutlich, dass die Dienstnutzer und die Dienstadministratoren unterschiedliche Rollen darstellen. Je nach Rolle wird entweder die eine oder die andere Schnittstelle benutzt. Vielfach wird es sogar so sein, dass Dienstnutzer keinesfalls den Dienst administrieren können sollen. Eine Aufteilung der beiden Funktionalitäten Dienstnutzung und Dienstadministration in zwei verschiedenen Schnittstellen erweist sich als besonders sinnvoll, weil die beiden Rollen Dienstnutzer und Dienstadministrator orthogonal sind und schon auf der Ebene der Schnittstellen klar voneinander getrennt werden können. Obwohl die beiden Schnittstellen klar voneinander abgegrenzt sind, gehören sie beide zur gleichen funktionalen Einheit, nämlich dem Dienst.

6.2.1.3
Äquivalente Typumwandlung

Aus dem Entwurf der Komponententypen leiten sich eine Reihe von äquivalenten Schnittstellenbeschreibungen ab. Diese Schnittstellen verkörpern die durch das CORBA-Komponentenmodell standardisierte Abbildung der neu eingeführten Komponentenkonstrukte in der Sprache IDL auf herkömmliche CORBA-Interfaces. Die Schnittstellenbeschreibungen werden meist automatisch durch entsprechende Softwarewerkzeuge erstellt und entlasten dadurch den Implementierer der Komponente. Dennoch kann die äquivalente Typumwandlung auch manuell durchgeführt werden, falls CORBA-Komponenten und nicht-komponentenbasierte CORBA-Anwendungen integriert werden sollen.

Die äquivalente Typumwandlung wird ausführlich in Kap. 9 behandelt.

6.2.2
Implementierung der Komponenten

Nachdem die Komponentenhülle entworfen wurde, kommt es darauf an, die Implementierung für eine solche Komponentenhülle zu erzeugen. Am Beginn steht ein plattformunabhängiges Design der Implementierung. Aus diesem Design lassen sich unter Nutzung spezieller Werkzeuge Implementierungsskelette herleiten. Diese müssen dann mit der eigentlichen Geschäftslogik der Komponente gefüllt werden.

6.2.2.1
Entwurf der Implementierung

Das Design der Implementierung wird wesentlich durch das Design der Komponentenhülle beeinflusst. Andere Eigenschaften der Implementierung wiederum werden unabhängig von der Komponentenhülle festgelegt. Beispielsweise wird die Kategorie einer Komponente erst durch die Implementierung bestimmt. Beim Entwurf der Komponentenimplementierung legt ein Implementierer fest, wie die programmiersprachlichen Artefakte für den *Home-Executor* und den Komponenten-*Executor* heißen. Des Weiteren kann beim Implementierungsdesign auch festgelegt werden, ob der Komponenten-*Executor* in verschiedene Segmente aufgeteilt werden soll. Außerdem kann gegebenenfalls spezifiziert werden, ob und auf welche Art der Zustand einer Komponentenimplementierung dauerhaft gespeichert werden soll. Dafür werden die Schnittstellen zu Speicherfabri-

Der Entwurf der Implementierung einer Komponente wird in Kap. 10 diskutiert.

ken und Speicherobjekten bestimmt, die dann an das Implementierungsdesign gebunden werden.

6.2.2.2 *Implementierung der Komponente*

In Kap. 11 wird die Implementierung von CORBA-Komponenten untersucht.

Nachdem das Design der Komponentenimplementierung abgeschlossen wurde, werden nun die spezifischen Werkzeuge der zu benutzenden Implementierung des CORBA-Komponentenmodells eingesetzt, um Implementierungsskelette generieren zu lassen. Diese Implementierungsskelette werden im Anschluss daran mit der eigentlichen Geschäftslogik gefüllt. Das genaue Aussehen dieser Implementierungsskelette ist durch das CORBA-Komponentenmodell nicht vollständig vorgegeben. Die zum Aufruf der Geschäftslogik wichtigen Schnittstellen zur Geschäftslogik sind jedoch durch die Spezifikation lokaler Interfaces interoperabel gestaltet. Diese Schnittstellen zur Geschäftslogik ergeben sich zum Teil aus dem Design der Komponentenimplementierung und zum Teil aus dem Komponententyp.

6.2.3 Bereitstellung

Das Erzeugen eines Komponentenarchivs wird in Kap. 12 erläutert.

Der Schritt, der den Abschluss der eigentlichen Komponentenentwicklung bildet, ist das Verpacken der Komponenten zu ihrer Bereitstellung. Mit der Fertigstellung der Implementierungsarbeiten, die möglicherweise noch durch Korrektheits- oder Performanztests begleitet werden, muss die eigentliche Komponentenimplementierung in ein Softwarepaket verpackt werden, damit sie der weiteren Benutzung und Einbindung in Anwendungen zur Verfügung steht.

Das Softwarepaket selbst enthält neben dem Programmcode der Komponentenimplementierung auch noch eine Beschreibung des implementierten Komponententyps und der Eigenschaften der Komponente selbst. Daraus leitet sich ab, dass man einen Teil der Beschreibung allein aus der Definition des Komponententyps und der Definition des Implementierungsdesigns ableiten kann, und dass ein anderer Teil, der die spezifischen Eigenschaften, wie beispielsweise die verwendete Programmiersprache, enthält, durch den Entwickler erzeugt werden muss. Da diese Beschreibungen selbst in XML vorliegen, bietet sich für diesen Prozess auch eine Werkzeugunterstützung an. In einem Softwarepaket können unter Umständen mehrere verschiedene Implementierungen desselben Komponententyps enthalten sein. Auch das muss bei der Erzeugung des Komponentepakets berücksichtigt werden.

Mit dem Abschluss des Verpackens wird ein Softwarepaket erstellt, das dann im Prozess der Komposition einer Anwendung weiter verwendet werden kann. Ein solches Softwarepaket kann möglicherweise als Teil einer Komponentenbibliothek einem Anwendungsdesigner bereitgestellt werden.

6.3 Der Anwendungsentwicklungsprozess

Das eigentliche Ziel von Softwareentwicklung, und das gilt natürlich auch bei der Verwendung von Komponenten, ist letztendlich die Entwicklung einer Anwendung, die von einem Nutzer eingesetzt werden kann. Die Entwicklung von Komponenten ist demnach zwar unbedingt erforderlich, stellt aber nicht den Kern dar. Vielmehr ist die Existenz von Komponenten nur Vorbedingung für die Realisierung von komponentenbasierten Anwendungen. Insgesamt überspannt der Prozess der Entwicklung einer solchen Anwendung mehrere Schritte bei denen unterschiedliche Rollen beteiligt sind. Er beginnt bei Entwurf und Spezifikation der Anwendung unter Kontrolle eines Anwendungsentwicklers und endet erst mit der Inbetriebnahme durch einen Installateur.

6.3.1 Entwurf und Spezifikation

Entwurf und Spezifikation einer Anwendung werden in Kap. 12 diskutiert.

In der ersten Phase, zu Beginn des Entwicklungsprozesses einer Anwendung, stehen Entwurf und Spezifikation der Anwendung und der zu nutzenden Komponenten. Hierbei werden sowohl die unterschiedlichen Komponententypen und Komponenteninstanzen, aus denen sich die Anwendung zusammensetzt, bestimmt als auch deren Kommunikation untereinander und damit die Struktur der Anwendung. Zusätzlich wird auch die anfängliche Konfiguration von Komponenteninstanzen beim Start der Anwendung festgelegt.

In aller Regel wird man bei der Bestimmung der Dekomposition einer Anwendung darauf achten, dass möglichst bereits existierende Komponenten wiederverwendet werden können. Allerdings ist auch davon auszugehen, dass im Rahmen einer Anwendung nicht für jede benötigte Funktionalität bereits eine Komponente zur Verfügung steht. Es werden zwar allgemeine, häufig wiederkehrende Aufgaben abgedeckt werden können, für einige Aspekte der eigentlichen Geschäftslogik einer neuen Anwendung muss jedoch unter Umständen eine eigene Abbildung auf entsprechend neu zu entwickelnde Komponenten erfolgen. Demnach beginnt die Entwicklung einer kompo-

nentenbasierten Anwendung nicht erst nachdem alle Komponenten entwickelt wurden, sondern parallel dazu (s. Kap. 6.2.1.1).
Als Ergebnis der Spezifikation der Anwendung entstehen mehrere Beschreibungsdateien, die Informationen über die Struktur der Anwendung und die Konfiguration von beteiligten Komponenteninstanzen enthält.

Abb. 6.3: Entwicklungsprozess bei Anwendungen

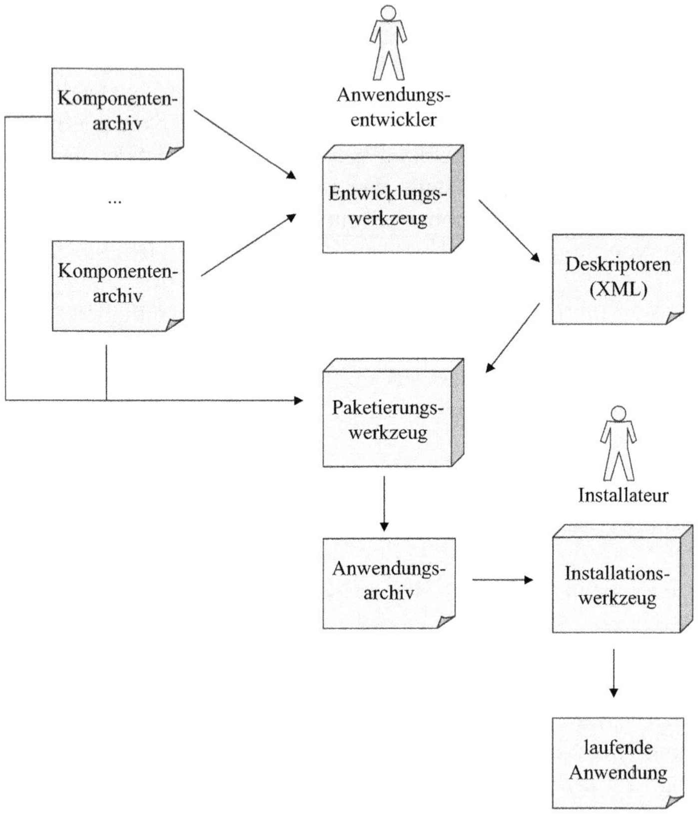

6.3.2 Implementierung und Bereitstellung

Die Implementierung und Bereitstellung einer Anwendung werden in Kap. 13 dargestellt.

Nachdem die Spezifikation einer Anwendung vorliegt, muss auf ihrer Grundlage die Implementierung erfolgen. Implementierung in diesem Zusammenhang bedeutet einerseits die Bereitstellung noch fehlender Implementierungen für verwendete Komponenten. Dies geschieht nach dem bereits beschriebenen Prozess für die Entwicklung von Komponenten und prinzipiell unabhängig von der Anwendung. Andererseits muss jeder Komponente in der Spezifikation der Anwendung eine Implementierung bzw. eine Menge von Implementierungen in Form eines Komponentenarchivs zugeordnet werden. Dies erfolgt durch eine Erweiterung oder Anreicherung der Spezifikationsbeschreibung der Anwendung.

Als Ergebnis der Implementierung einer komponentenbasierten Anwendung entsteht ein Anwendungsarchiv, das die Menge von Beschreibungsdateien zur Spezifikation und die benötigten Implementierungen in Form von Komponentenarchiven als Einheit bereitstellt. Diese besondere Form der Bereitstellung ist die Vorraussetzung für die anschließende Automatisierung der Inbetriebnahme der Anwendung durch einfache Übergabe des Archivs an die Komponentenplattform.

6.3.3 Inbetriebnahme

Die Inbetriebnahme einer Anwendung wird in Kapitel 14 diskutiert.

Der letzte Schritt bei der Entwicklung von komponentenbasierten Anwendungen ist die Inbetriebnahme der Anwendung. Im Prinzip erfolgt die Inbetriebnahme anhand der Spezifikationsbeschreibung aus dem Anwendungsarchiv durch die Erzeugung von Laufzeitrepäsentationen für alle beteiligten Komponenteninstanzen, das Herstellen der Verbindungen und die Konfiguration der Komponenteninstanzen. Es ist eine direkte Abbildung von der Spezifikationsebene auf die Laufzeitebene, die nur unter Mitwirkung der Komponentenplattform erfolgen kann. Die mögliche und aller Wahrscheinlichkeit nach tatsächliche Unterscheidung zwischen der Entwicklungsumgebung der Anwendung und der Zielumgebung ihrer Inbetriebnahme erfordert als einzigen manuellen Schritt eine Anpassung der Verteilung der Anwendung an die Gegebenheiten der Zielumgebung. Dies ist die Aufgabe des Installateurs, die durch die Verwendung von Werkzeugen maßgeblich erleichtert werden kann. Ist dies geschehen, läuft die Inbetriebnahme der Anwendung automatisch.

Teil II

Entwicklung von Komponenten

7 Modellierungskonzepte

Der Entwicklungsprozess einer CORBA-Komponente beginnt, wie in Kapitel 6 beschrieben wurde, mit dem Entwurf und der Spezifikation der Komponente. Dieser Abschnitt kann auch als Modellierung der Komponente betrachtet werden, die auf der Grundlage des durch das CORBA-Komponentenmodell standardisierten Metamodells erfolgt. Die Notation von Modellen setzt geeignete Formen und Technologien voraus. Dieses Kapitel stellt sowohl die durch das CORBA-Komponentenmodell standardisierte Notation in IDL als auch das in naher Zukunft verfügbare UML-Profil für das CORBA-Komponentenmodell vor.

7.1 Modellierung

Bestandteil des CORBA-Komponentenmodells ist ein Metamodell.

Bei der Modellierung von CORBA-Komponenten werden die Konzepte des CORBA-Komponentenmodells benutzt, um in erster Linie Modelle von Komponententypen, aber auch von zugehörigen Implementierungsstrukturen, zu beschreiben. Das CORBA-Komponentenmodell beinhaltet ein Metamodell, vom dem bei der Modellierung einer Komponente entsprechende Instanzen erzeugt werden.

In den für die Notation des Modells verwendeten Modellierungssprachen spiegeln sich die Konzepte aus dem Metamodell wieder. In der Spezifikation des CORBA-Komponentenmodells ist lediglich IDL als Notationssprache definiert worden. Mittlerweile wurde in der OMG aber auch ein UML-Profil zur Notation von CORBA-Komponenten und ihren Implementierungen entwickelt. Dieses Profil befindet sich derzeit in der letzten Phase des Standardisierungsprozesses und wird im Anschluss daran als vollwertiger OMG-Standard zur Verfügung stehen wird.

IDL und das UML-Profil können unabhängig voneinander benutzt werden. Beide Sprachen haben in unterschiedlichen Teilbereichen bestimmte Stärken und Schwächen und letztlich hängt es von den persönlichen Präferenzen des jeweiligen Komponentenentwicklers ab, ob ihm eine textbasierte oder eine graphische Variante der Modellierung besser liegt. Durch ein gemeinsames Metamodell lassen sich Modelle, die in der einen Sprache aufgeschrieben wurden, äquivalent durch Konstrukte der anderen Sprache ausdrücken.

7.1.1 Metamodell des CORBA-Komponentenmodells

Bevor auf die beiden Notationen eingegangen wird, soll an dieser Stelle kurz auf das Metamodell des CORBA-Komponentenmodells eingegangen werden. Mit dem Metamodell werden die Konzepte, die im CORBA-Komponentenmodell zur Definition einer Komponente und ihrer Implementierung benutzt werden, beschrieben. Auf der Grundlage dieses Metamodells können spezielle Werkzeuge aus den Notationen der Komponententypen und der Implementierungsspezifikation Programmcode automatisch generieren.

Abb. 7.1: Paketstruktur des Metamodells des CORBA-Komponentenmodells

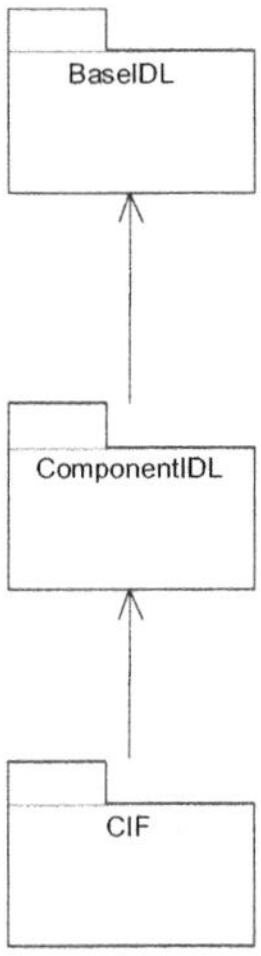

Das Metamodell des CORBA-Komponentenmodells wurde konform zur *Meta Object Facility* (MOF) (s. OMG 2002b), einem Standard zur Beschreibung von beliebigen Metamodellen, beschrieben und teilt sich in drei Pakete auf (s. Abb. 7.1). Das erste Paket mit dem Namen `BaseIDL` deckt den Bereich der einfachen CORBA-Konzepte ab. Zu diesen Konzepten gehört beispielsweise das Konzept des Konzeptes (`InterfaceDef`). Das zweite Paket mit dem

Namen ComponentIDL beinhaltet die Konzepte, die sich auf die Komponentenhülle beziehen, und stützt sich auf die Konzepte aus dem ersten Paket ab. Zu den Konzepten, die dort enthalten sind, gehört zum Beispiel das Konzept des Komponente (ComponentDef). Das dritte Paket mit dem Namen CIF, das sich wiederum auf das zweite Paket stützt, deckt den Bereich der Komponentenimplementierung ab. In diesem Paket ist beispielsweise das Konzept *Executor* (ComponentImpleDef) enthalten. Leider ist die Entwicklung und Inbetriebnahme von komponentenbasierten Anwendungen nicht Bestandteil dieses Metamodells, sondern nur über die Informationen in den XML-basierten Deskriptoren definiert. Gegenwärtig wird an einer Integration dieser Informationen in das Metamodell gearbeitet.

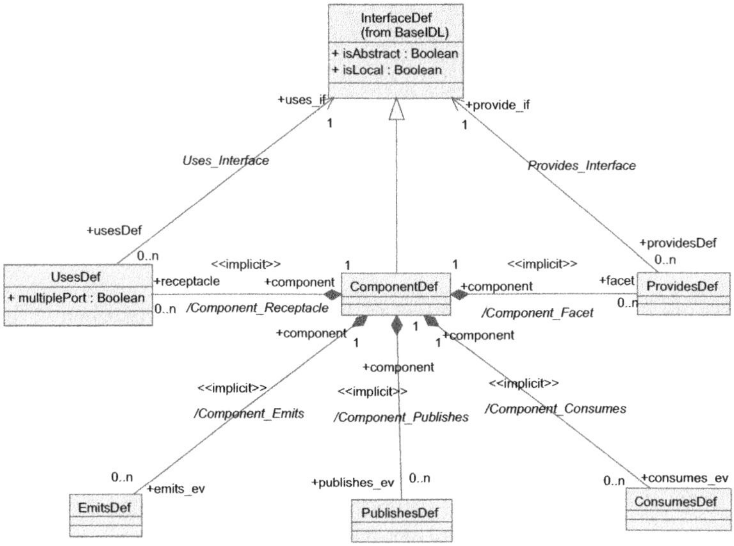

Abb. 7.2: Das Konzept ComponentDef im Metamodell des CORBA-Komponentenmodells

An dieser Stelle soll exemplarisch ein Teil aus dem Metamodell vorgestellt werden. Das Metamodell stellt eine Formalisierung der Konzepte dar, die bereits im ersten Teil des Buches beschrieben wurden. Kernstück des Paketes ComponentIDL, das sich mit der Komponentenhülle beschäftigt, ist das Konzept Komponente. Es wird im Metamodell durch die Klasse ComponentDef repräsentiert (s. Abb. 7.2).

Die Klasse ComponentDef steht mit anderen Konzepten in Beziehung. Die in der Abbildung beschriebenen Beziehungen decken allerdings nur die verschiedenen Varianten des Konzeptes Port ab. Dabei entsprechen `UsesDef` und `ProvidesDef` den Konzepten für die operationalen Ports einer Komponente, also *Facet* und *Receptacle*, und `EmitsDef`, `PublishesDef` und `ConsumesDef` den ereignisorientierten Ports einer Komponente, also den Ereignisproduzenten und -konsumenten.

Das CORBA-Komponentenmodell wurde als einer der ersten OMG-Standards auf der Basis eines Metamodells definiert.

Das CORBA-Komponentenmodell gehört zu einem der ersten Standards der OMG, dessen Kern durch ein Metamodell definiert wurde. Leider wurden bei der Standardisierung Fehler gemacht. So wurde die Äquivalenz der verwendeten Konzepte nicht überprüft. Das führte dazu, dass sich Teile der Konzepte, die in CIDL enthalten sind, nicht im Metamodell des CORBA-Komponentenmodells wiederfinden. Eine Harmonisierung von CIDL und Metamodell soll in späteren Revisionen des Standards erreicht werden.

Bei der Definition des UML-Profils für das CORBA-Komponentenmodell wurde versucht, von vornherein die Profildefinition auf den Konzepten des Metamodells und nicht auf den Konzepten, die sich aus der aktuellen CIDL-Syntax ergeben, aufzubauen. Die Folge ist, dass die Ausdruckskraft von CIDL und UML-Profil nicht gleichmächtig sind.

7.1.2 Modellierungssprache

Traditionell ist der Einsatz von textbasierten Entwurfsprachen in der Softwareentwicklung sehr stark verbreitet. Obwohl es auch für CORBA schon seit längerem eine entsprechenden Standard für eine graphisch orientierte Sprache gibt, findet man in heutigen CORBA-Produkten kaum eine Unterstützung dafür. In aller Regel werden durch die CORBA-Hersteller lediglich IDL-Compiler als textbasierte Werkzeuge angeboten. Dennoch wird die graphische Modellierung in einigen Bereichen bereits sehr erfolgreich angewendet. Je nach Einbettung in den gesamten Entwicklungsprozess bietet die graphische Modellierung gegenüber der textbasierten einige entscheidende Vorteile. Der wichtigste Vorteil ist sicherlich, dass eine graphische Darstellung in ihren Kernkonzepten schneller zu erfassen ist als eine textbasierte Notation. Welcher Notationsmethode der Vorzug zu geben ist, hängt nicht zuletzt auch von den persönlichen Vorlieben des jeweiligen System- bzw. Komponentenentwicklers ab.

7.1.2.1
Modellierung mit IDL

Das CORBA-Komponentenmodell schlägt IDL3 als Notation für Komponententypen vor.

Mit der Sprache IDL werden traditionell die Interfaces von CORBA-Objekten spezifiziert. Diese Sprache ist fester Bestandteil des CORBA-Standards und wurde mit der Einführung des CORBA-Komponentenmodells um eine Reihe von Schlüsselwörtern erweitert, die zur Darstellung der neuen Konzepte benötigt werden. Die einzelnen Schlüsselwörter und ihre Benutzung wird in den nachfolgenden Kapiteln anhand von Beispielen erklärt. Die Schlüsselwörter, die bereits aus CORBA bekannt sind, werden ebenfalls in einem kurzen Überblick erläutert. Weitere Einzelheiten zu IDL und den Schlüsselwörtern sind beispielsweise in OMG 2002c und Henning 1999 zu finden.

7.1.2.2
Modellierung mit UML

Die *Unified Modelling Language* (UML) ist in den letzten Jahren zum Standard im Bereich der graphischen Modellierung geworden. In UML können unterschiedliche Diagramme benutzt werden, um die statischen und dynamischen Eigenschaften von Systemen zu modellieren. Zu diesen Diagrammen gehören unter anderem *Use-Case*-Diagramme, Klassendiagramme, Interaktionsdiagramme, und Aktivitätsdiagramme. In UML-Diagrammen werden immer nur bestimmte Aspekte von Systemen dargestellt. Die Modellierung mit UML ist objektorientiert, sodass zu den zentralen Konzepten, die hier Anwendung finden, Klassen und Assoziationen gehören. Eine Klasse kann Attribute und Operationen besitzen. Assoziationen erlauben die Modellierung von Beziehungen zwischen Klassen bzw. Objekten. Für die graphische Darstellung von Klassendiagrammen, wie sie nachfolgend verwendet werden, hat sich eine Notation etabliert. Klassen werden als Rechtecke dargestellt, die horizontal in drei Sektionen unterteilt sind. In der ersten Sektion ist der Name der Klasse enthalten. In der zweiten Sektion finden sich die Attribute der Klasse und in der dritten Sektion sind die Operationen der Klasse enthalten. Assoziationen sind als Verbindungslinien zu erkennen.

UML bietet die Möglichkeit, einzelne UML-Elemente semantisch anzureichern, in dem man ein UML-Profil definiert. In einem UML-Profil sind spezifische Erweiterungen beschrieben, die sich in drei Gruppen aufteilen:

- Stereotypen können benutzt werden, um die Semantik bestehender UML-Elemente zu erweitern. So kann der Stereotyp `<<CORBAInterface>>` benutzt werden, um eine UML-Klasse als CORBA-Schnittstellentyp zu kennzeichnen. Ein anderer Stereotyp kann benutzt werden, um dem UML-Element `Class` die Bedeutung eines CORBA-Strukturdatentyps (`<<CORBAStruct>>`) zu geben. Als Notation für einen Stereotyp werden die umschließenden spitzen Doppelklammern benutzt.

- Angehängte Werte (*Tagged Values*) lassen sich für UML-Elemente definieren und werden benutzt, um Werte an Elemente „anhängen" zu können. Das wird beispielsweise beim Stereotyp `<<CORBAInterface>>` eingesetzt, um auszudrücken, ob es sich um ein normales oder ein lokales Interface handelt.
- Einschränkungen (*Contraints*) können für alle UML-Elemente definiert werden. Das wird zum Beispiel benutzt, um die Anzahl der Basis-Komponententypen eines Komponententyps auf maximal eins zu beschränken. Solche Einschränkungen können entweder in natürlicher Sprache oder mit Hilfe der Sprache *Object Contraint Language* (OCL) definiert werden.

Das UML-Profil für das CORBA-Komponentenmodell führt neue Stereotypen ein.

Unter Nutzung dieser Konzepte wurde das UML-Profil für das CORBA-Komponentenmodell definiert. Dieses Profil basiert auf dem UML-Profil für CORBA und ergänzt dieses im Wesentlichen um weitere Stereotypen, mit denen sich die neuen komponentenbasierten Konstrukte ausdrücken lassen. Die einzelnen Konzepte dieses Profils werden in Kapitel 8 und 10 vorgestellt.

7.2 Verfeinerung der Beispiele

Im Folgenden werden die beiden Beispielszenarien, die bereits im Kapitel 5 beschrieben wurden, benutzt, um daran die Entwicklung von CORBA-Komponenten zu verdeutlichen. Ohne bereits die genaue Notation zu verwenden, soll ein grobes Modell der Komponententypen und ihrer Implementierungen entstehen, mit denen sich die beschriebenen Beispielszenarien realisieren lassen. Es wird in diesem Fall also mit einem *Top-Down*-Ansatz gearbeitet.

7.2.1 Hello World

Aus der Beschreibung des Beispiels wird deutlich, dass es sich in diesem Szenario lediglich um zwei Komponenten handelt. Die eine Komponente soll eine Operation an der anderen Komponente aufrufen, um diese Komponente zur Ausgabe einer Meldung zu veranlassen. Aus diesen Informationen kann man das folgende allgemeine Design für dieses Szenario ableiten. Das Interface, das durch eine der Komponenten angeboten und von der anderen Komponente benutzt werden soll, erhält den Namen `Hello`. Die Operation, die darin definiert ist, heißt `say`. Diese Operation benötigt weder Ein- noch Ausgabeparameter. Der Typ der Komponente, die diese Schnittstelle anbieten soll, heißt `Callee`.

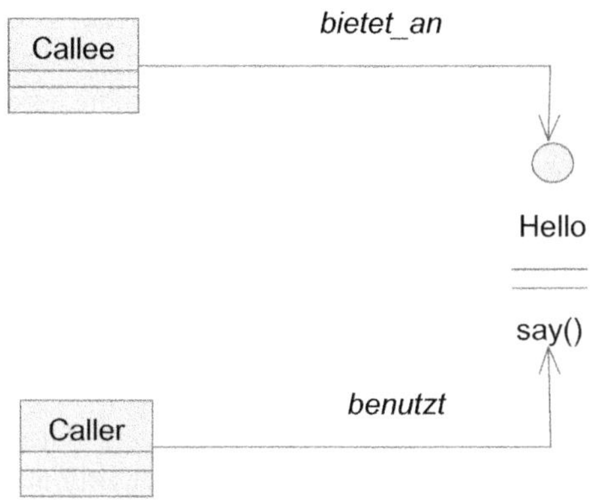

Abb. 7.3: Grobe Definition der Komponententypen im Hello-World-Szenario

Auf der anderen Seite wird ein Komponententyp benötigt, der mit das Interface `Hello` anspricht, das durch die andere Komponente angeboten wird. Es wird also für die aufrufende Seite der Komponententyp `Caller` definiert, der das Interface `Hello` benötigt. Um die mit diesem Szenario verbundenen Typdefinitionen von anderen Typdefinitionen zu trennen, befinden sie sich diese Definitionen in einem eigenen Namensraum, dem Modul `HelloWorld`. Das folgende Bild stellt die beiden Komponententypen und die Beziehungen zum Interface ohne Benutzung einer standardisierten Notation dar.

7.2.2 Speisende Philosophen

Die Beschreibung des Philosphen-Beispiels in Kap. 5.2.2. verdeutlicht bereits, welche einzelnen Akteure an diesem Beispiel beteiligt sind. Der Tisch, an dem die Philosophen sitzen, stellt lediglich ein virtuelles Konzept dar, das nicht durch eine Komponente realisiert wird. In dem Szenario gibt es zwei Gabeln, die jeweils verschiedenen Philosophen zugewiesen sind, die aber nur von jeweils einem Philosophen benutzt werden können.

Aus diesen Informationen kann man das folgende Design ableiten. Es gibt einen Komponententyp Besteck-Komponente (*Cutlery*), der ein Interface vom Typ Gabel (*Fork*) anbietet. Hier wären weitere Interfaces für Messer oder Löffel denkbar. Das Interface benötigt zwei Operationen. Die erste Operation wird gerufen, wenn eine Gabel benutzt werden soll und die zweite Operation wird gerufen, wenn eine Gabel wieder abgelegt werden soll. Beide Operationen müssen bestimmte Ausnahmebedingungen berücksichtigen. Zum einen kann die Gabel bereits in Benutzung sein und kann zum gegenwärtigen Zeitpunkt nicht erneut benutzt werden, und zum anderen muss sichergestellt werden, dass eine Gabel nur von dem Philosophen zurückgelegt werden kann, der sie zuvor auch in Benutzung hatte.

In dem Szenario gibt es eine Anzahl von Philosophen, die sich in ihrer Art aber voneinander nicht unterscheiden. Das bedeutet, dass sie alle Instanzen desselben Komponententyps sind. Philosophen befinden sich in einem bestimmten Zustand. Sie sind entweder essend, denkend, schlafend, hungrig oder verhungert. Um die einzelnen Komponenten voneinander unterscheiden zu können, erhalten sie Namen.

Dieses Beispiel zeigt klassische Ressourcen-Konflikte auf. Wenn ein Philosoph wesentlich längere Zeit zum Essen braucht, als er ohne Essen überleben könnte, wird das für die anderen beteiligten Philosophen zum Problem. Zur Untersuchung solcher Szenarien bieten die Philosophen die Konfiguration der von ihnen genutzten Denk-, Essens- und Schlafzeiten an. Um diese Zeiten einstellen zu können, und so bestimmte Konflikte zu demonstrieren, erhalten die Philosophen weitere Attribute für die Zeit des Essen, des Schlafen und des Denkens. Ein Philosoph benötigt zum Essen zwei Gabeln, eine zur linken Hand und eine zur rechten Hand. Modelliert wird dieser Fakt dadurch, dass der Komponententyp *Philosopher* zweimal ein Interface *Fork* benutzt.

Als ein weiterer Akteur in diesem Szenario tritt der Zuschauer (*Observer*) auf. Er soll in der Lage sein, den Zustand der einzelnen Philosophen zu beobachten. In diesem Fall soll er ständig über die Veränderung des Zustands eines jeden Philosophen informiert werden. Zu diesem Zweck verschicken die Philosophen Ereignisse, für den Fall, dass sich ihr Zustand ändert. Ein solches Ereignis enthält entsprechende Informationen über den neuen Zustand eines Philosophen. Zur Identifizierung eines Philosophen, der ein Ereignis verschickt hat, ist zusätzlich der Name des Philosophen im Ereignis enthalten.

Aus diesen Überlegungen ergibt sich das in Abb. 7.4 dargestellte grobe Design der Komponententypen für das Philosophen-Beispiel. Auch hier gilt es zu beachten, dass dieses Diagramm keine genormte Notation benutzt und das es lediglich die unterschiedlichen Typen in Relation setzt. In dem Diagramm werden keine Komponenteninstanzen betrachtet.

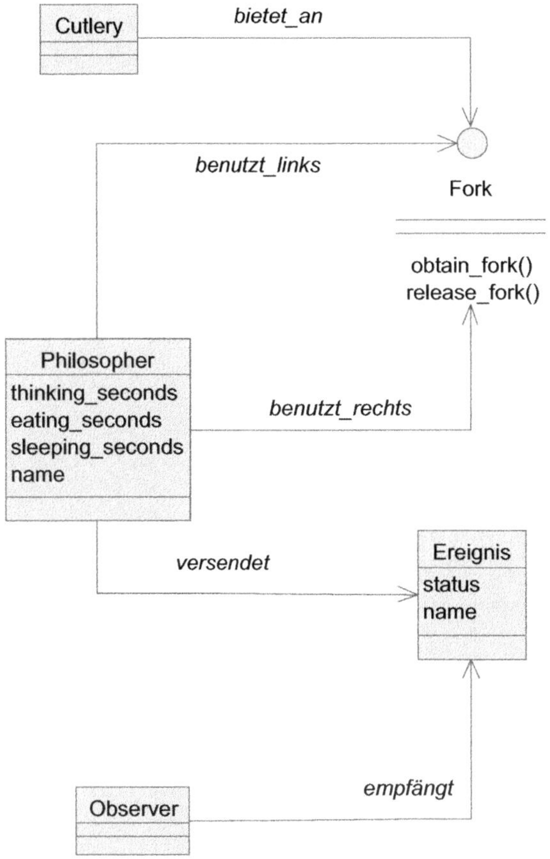

Abb. 7.4: Grobe Definition der Komponententypen des Philosophen-Beispiels

8 Komponentendesign

Nun sollen die im vorigen Kapitel erwähnten Notationen benutzt werden, um die äußere Hülle einer CORBA-Komponente zu entwerfen. Hierbei gilt es, besondere Sorgfalt walten zu lassen, da die äußere Struktur der Komponente ganz maßgeblich die zukünftige Verwendung in komponentenbasierten Anwendungen beeinflusst. Bei der Diskussion der verschiedenen Strukturmerkmale einer CORBA-Komponente werden die beiden Notationen IDL und UML-Profil für das CORBA-Komponentenmodell jeweils gegenübergestellt.

8.1 Entwurf eines Komponententyps

Ein Komponententyp ist eine Schablone für Komponenteninstanzen. Der Komponententyp beschreibt die oberflächlichen Merkmale in Form von Ports einer Komponente. Bei der Definition eines Komponententyps wird unter anderem auf die bekannten Konzepte von CORBA zurückgegriffen. Aus diesem Grund soll als erstes die Benutzung dieser Konzepte und der entsprechenden Notationen vorgestellt werden, bevor die für die CORBA-Komponenten spezifischen Konzepte erläutert werden.

8.1.1 Datentypen

Da das CORBA-Komponentenmodell auf CORBA basiert, werden die in Komponenten verwendeten Datentypen in einer plattformunabhängigen Weise definiert. Das hat den Vorteil, dass auf der Grundlage dieser Datentypen Daten zwischen Rechnern der unterschiedlichsten Architekturen ausgetauscht werden können. CORBA bietet eine Reihe von bereits vordefinierten Datentypen an. Zu ihnen gehören zum Beispiel die primitiven Datentypen `string` und `long`. Neben diesen einfachen Datentypen können aber auch nutzerdefinierte Datentypen, beispielsweise Sequenzen und Strukturen, verwendet werden.

8.1.1.1 Einfache Datentypen

Durch CORBA ist bereits eine Reihe von primitiven Datentypen mit entsprechenden Wertebereichen definiert. Die Grunddatentypen teilen sich in folgende Kategorien auf.

- Um ganze Zahlen zu beschreiben werden die folgenden Datentypen benutzen: `short`, `unsigned short`, `long`, `unsigned long`, `long long`, `unsigned long long`. Für jeden Typ wird der Wertebereich der ganzen Zahlen unterschiedlich stark beschränkt.
- Auch für die reellen Zahlen wurde eine Reihe von Datentypen definiert, die sich genau wie die Datentypen der ganzen Zahlen in der Größe des Wertebereichs unterscheiden. Zu diesen Datentypen gehören: `float`, `double`, `long double`.
- Für die Beschreibung von Zeichen stehen zwei Datentypen zur Verfügung. Der Datentyp `char` ist 8 Bit groß und kann für eine einfache Zeichenkodierung eingesetzt werden. Der Typ `wchar` kann für besondere Zeichenkodierungen benutzt werden.
- Für die Beschreibung von Zeichenketten können die Datentypen `string` und `wstring` benutzt werden. Der Typ `string` ist definiert als Sequenz von Werten des Typs `char` und der Typ `wstring` als Sequenz von Werten des Typs `wchar`.
- Ein weiterer Grunddatentyp wurde für die Beschreibung von Wahrheitswerten definiert. Der Datentyp `boolean` kann die Werte `TRUE` und `FALSE` annehmen.
- Für die Beschreibung von nicht-interpretierten Werten, die eine Größe von 8 Bit haben, kann der Datentyp `octet` benutzt werden. Im Gegensatz zum Datentyp `char`, verbindet sich mit diesem Datentyp keine Zeichenkodierung.
- Außerdem gibt es die Möglichkeit, den generischen Datentyp `any` zu benutzen. Er ist eine Art Containerdatentyp, der es ermöglicht, Werte eines beliebigen, durch CORBA beschreibbaren Datentyps aufnehmen zu können. Somit besteht ein Wert des Typs `any` aus einer Beschreibung des eigentlichen Datentyps und aus dem Wert selbst.

Für die einfachen Datentypen werden für IDL die bereits oben aufgeführten Schlüsselwörter definiert. Beim UML-Profil für das

CORBA-Komponentenmodell werden die einfachen Datentypen als UML-Datentypen mit dem Stereotyp `<<CORBAPrimitive>>` in dem Paket CORBA definiert.

8.1.1.2 Konstruierte Datentypen

Ein Aufzählungsdatentyp (*Enumeration*) wird benutzt, um eine geordnete Menge von Elementen zu definieren. Mit Hilfe der Sprache IDL kann ein Aufzählungsdatentyp unter Benutzung des Schlüsselworts `enum` definiert werden. In geschweiften Klammern erfolgt dann die Aufzählung der Elemente. Der folgende Aufzählungsdatentyp definiert die Liste der möglichen Farben eines Autos.

Beispiel für einen Aufzählungsdatentyp in IDL

```
enum AutoFarbe {rot, gruen, blau, weiss, schwarz};
```

Den gleichen Aufzählungsdatentyp kann man auch mit Hilfe des UML-Profils definieren. Dafür wird eine Klasse mit dem Stereotyp `<<CORBAEnum>>` benutzt. Die Attribute dieser Klasse bilden die Elemente des Aufzählungsdatentyps.

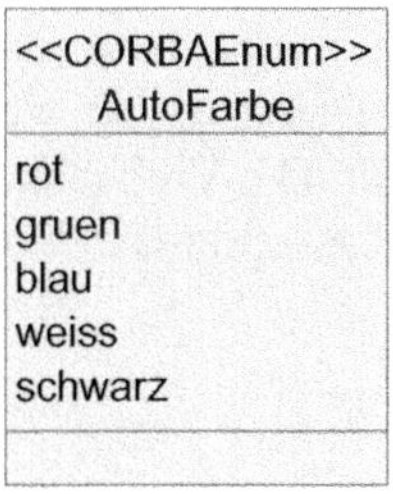

Abb. 8.1: Beispiel für einen Aufzählungsdatentyp im UML-Profil

Vereinigungen (*Unions*) werden benutzt, um mehrere alternative Elemente, die jeweils einen unterschiedlichen Datentyp besitzen können, in einem Datentyp zu vereinen. Jeweils zu einer Zeit ist nur eines der Elemente aktiv. Durch ein spezielles Auswahlelement (*Discriminator*) werden die einzelnen Elemente der Vereinigung identifiziert. Beim Zugriff auf die Vereinigung muss dieser *Discriminator* benutzt werden. Das Schlüsselwort `union` definiert einen solchen Vereinigungstypen. Innerhalb der Definition des Vereinigungsdatentyps wird das Schlüsselwort `switch` benutzt, um den Typ des *Discriminator* zu bestimmen. Jeweils nach dem Schlüsselwort `case` stehen die zu betrachtenden Werte des *Discriminator*, für die jeweils Elemente im Vereinigungsdatentyp definiert sind. Ein besonderer

Anwendungsfall für einen Vereinigungsdatentyp ist die Definition von optionalen Werten.

Das folgende Beispiel zeigt eine Definition eines solchen Vereinigungsdatentyps. Mit diesem Typ wird die Anzahl der Dienstjahre, die eine Person bereits bei einer Firma beschäftigt ist, modelliert. Dieser Wert ist allerdings nur vorhanden, wenn die Person auch tatsächlich bei einer Firma beschäftigt ist. Anderenfalls wird dieser Wert nicht gebraucht. In diesem Fall bietet es sich an, einen optionalen Wert zu definieren, da die Anzahl von null Dienstjahren auch bedeuten könnte, dass die Person erst seit kurzer Zeit bei einer Firma beschäftigt ist.

Beispiel für einen Vereinigungsdatentyp in IDL

```
union Dienstjahre switch (boolean) {
  case TRUE: unsigned short jahre;
};
```

Dieser Vereinigungstyp kann auch mit Hilfe des UML-Profils definiert werden. Dazu wird eine Klasse mit dem Stereotyp `<<CORBAUnion>>` benutzt. Handelt es sich, wie in diesem Fall, beim Datentyp des *Discriminator* um einen einfachen Typ, so wird er als Attribut mit dem Stereotyp `<<switch>>` dargestellt. Anderenfalls wird er durch eine Assoziation modelliert, bei der der Stereotyp `<<switchEnd>>` benutzt wird. Besitzen die Elemente der Vereinigung einen einfachen Datentyp, so werden diese Elemente als Klassenattribute dargestellt. Die Vielfachheit der Elemente ist immer 0..1, wodurch in UML das optionale Vorhandensein einer Eigenschaft ausgedrückt wird.

Abb. 8.2: Beispiel für einen Vereinigungsdatentyp im UML-Profil

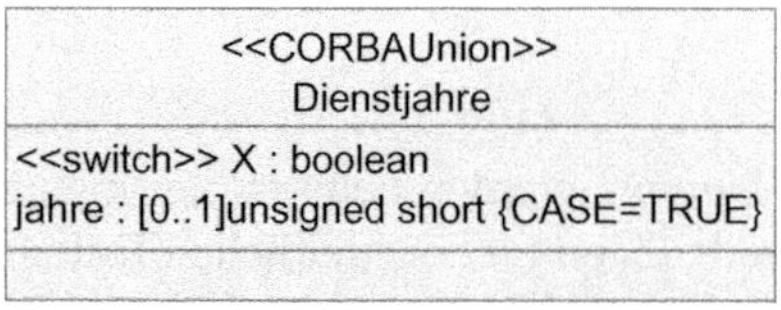

Strukturen können benutzt werden, um komplexe Datenstrukturen zu definieren. Sie setzen sich zusammen aus einer festen Menge von Elementdatentypen. In der Struktur werden die beteiligten Elemente der Struktur durch einen Namen identifiziert. Dadurch können auch mehrere Elemente des gleichen Datentyps in einer Struktur enthalten sein.

Ein Strukturdatentyp lässt sich in IDL mit dem Schlüsselwort `struct` definieren. In den nachfolgenden geschweiften Klammern erfolgt die Definition der in der Struktur enthaltenen Elemente, die durch einen Namen voneinander unterschieden werden können. Jedes dieser Elemente kann von einem eigenen Datentyp sein. Im folgenden Beispiel wird ein Strukturdatentyp `Person` definiert, der die Daten einer Person aufnimmt. Elemente dieses Datentyps sind der Name, der Vorname, das Alter, die Farbe des Autos und die Anzahl der Dienstjahre, falls die Person bei einer Firma angestellt ist.

Beispiel für einen Strukturdatentyp in IDL

```
struct Person {
  string name;
  string vorname;
  unsigned short alter;
  AutoFarbe auto_farbe;
  Dienstjahre aktive_jahre;
};
```

Auch mit dem UML-Profil für CORBA lassen sich Strukturen beschreiben. Dazu verwendet man eine Klasse mit dem Stereotyp `<<CORBAStruct>>`. Es gibt zwei unterschiedliche Methoden, um die Elemente eines Strukturdatentyps zu beschreiben. Besitzt ein Element einen einfachen Datentyp, so wird es in Form eines Klassenattributs beschrieben. Handelt es sich hingegen um einen nutzerdefinierten Datentyp, so wird er durch eine Assoziation mit diesem Datentyp verbunden. Für das Beispiel des Strukturdatentyps für die Personendaten sieht das folgendermaßen aus.

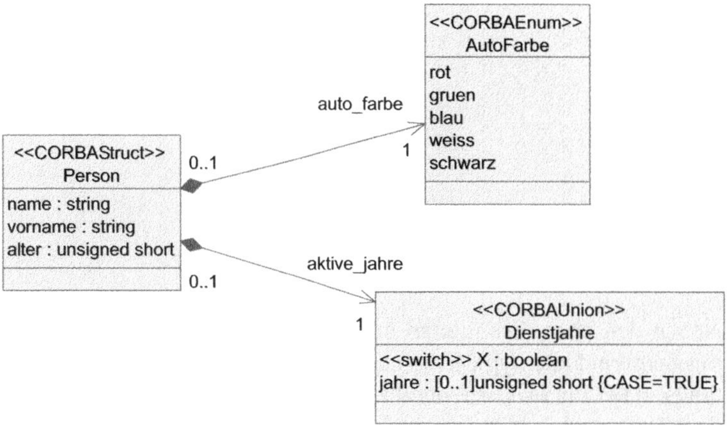

Abb. 8.3: Beispiel für einen Strukturdatentyp im UML-Profil

8.1.1.3 Sequenzen

Eine weitere Variante, um neue Datentypen zu definieren, sind Sequenzen. Sequenzen bestehen aus einer geordneten Menge von Elementen desselben Datentyps. Für eine Sequenz kann die maximale Länge festgelegt werden, indem der Angabe des verwalteten Datentyps die Länge als ganze Zahl folgt. Die Angabe dieser Länge ist optional. Normalerweise sind Sequenzen anonym, das heißt, es gibt keinen eigenen Typnamen. Erst durch die Benutzung des Schlüsselwortes `typedef` lässt sich ein Name für einen neuen Sequenzdatentyp vergeben. Das folgende Beispiel zeigt die Definition eines neuen Sequenzdatentyps `StringList` auf der Basis des Datentyps `string`.

Beispiel für einen Sequenzdatentyp in IDL

```
typedef sequence <string> StringList;
```

Um mit dem UML-Profil einen neuen Sequenzdatentyp definieren zu können, wird eine Klasse mit dem Stereotyp `<<CORBASequence>>` benutzt. Die Angabe des in der Sequenz enthaltenen Datentyps erfolgt durch eine Kompositionsrelation.

Abb. 8.4: Beispiel für einen Sequenzdatentyp im UML-Profil

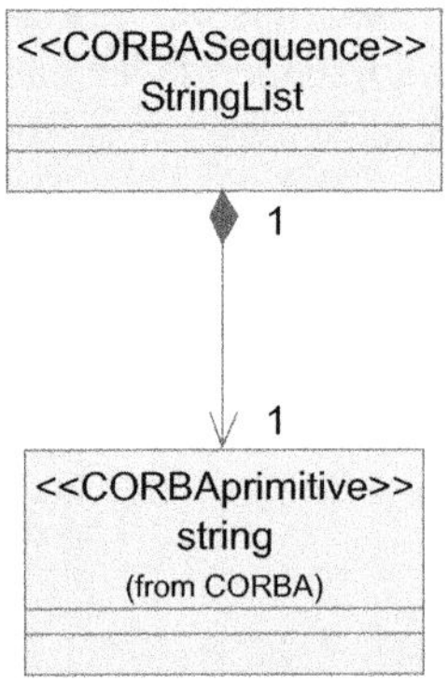

Neben den eben diskutierten nutzerdefinierten Datentypen existiert mit dem Felddatentyp (*Array*) noch ein weiterer Datentyp, der allerdings in der Praxis kaum benutzt wird. Da er viele Eigenschaften mit dem Sequenzdatentyp vereint und in fast allen Anwendungsszenarien durch ihn ersetzt werden kann, soll er an dieser Stelle nicht weiter diskutiert werden.

8.1.1.4
Namensräume

Um die durch den Nutzer definierten Datentypen besser zu strukturieren, können Module eingesetzt werden. Ein Modul bildet einen Namensraum, in dem die definierten Typen einen eindeutigen Namen haben. Dabei können Module ineinander verschachtelt werden, wodurch hierarchische Namen entstehen. Zur Vermeidung von Mehrdeutigkeiten kann der Bereichsoperator `::` benutzt werden, um für einen Datentyp den absoluten Namen aus der Hierarchie der den Datentyp enthaltenden Module zu bilden. Die Definition eines Moduls unter Benutzung von IDL wird durch das Schlüsselwort `module` eingeleitet.

Definition eines neuen Namensraums in IDL

```
module dinner {
  <weitere definitionen>
};
```

Die Definition eines Moduls mit dem UML-Profil wird durch ein Paket mit dem Stereotyp `<<CORBAModule>>` umgesetzt.

8.1.2
Interfaces

Das wichtigste Konzept in CORBA sind die Interfaces in Form der CORBA-Interfaces. Innerhalb eines solchen Interface können Attribute und Operationen definiert werden. Als weiteres Gestaltungsmerkmal können Interfaces von anderen Interfaces abgeleitet werden. Neben den unbeschränkten Interfaces gibt es die lokalen Interfaces, die für prozesslokale Kommunikation gedacht sind. Insbesondere können für sie keine Objektreferenzen generiert werden. Sie dienen in erster Linie der plattformunabhängigen Beschreibung von Schnittstellen zu lokalen Objekten.

In IDL wird das Schlüsselwort `interface` benutzt, um die Definition eines Interface einzuleiten. Handelt es sich um ein lokales Interface, so wird das Schlüsselwort `local` vorangestellt Anschließend kann nach einem Doppelpunk eine Liste von Interfaces folgen, von denen dieses Interface ableiten soll. Innerhalb von geschweiften Klammern, die durch ein Semikolon abgeschlossen werden, folgen die weiteren Definitionen.

Definition eines Interface in IDL

```
interface <interface>
  : <interfaceliste> {
  <weitere definitionen>
};
```

Die Definition eines Interface mit dem UML-Profil erfolgt durch die Benutzung einer Klasse mit dem Stereotyp <<CORBAInterface>>.

Innerhalb von Interfaces können Attribute definiert werden.

An Interfaces können Attribute und Operationen definiert werden. Attribute können als nur lesbar definiert werden. In diesem Fall wird das Schlüsselwort `readonly` vorangestellt. CORBA 3.0 führt erstmals für Attribute die Möglichkeit ein, dass die Zugriffsoperationen auf die Attribute Ausnahmen (*Exceptions*) auslösen können. Für die Operation zum Verändern des Attributs, falls es sich um ein veränderbares Attribut handelt, und für die Operation zum Auslesen des Attributs lassen sich unterschiedliche Ausnahmen definieren. Solche Ausnahmen werden durch die Schlüsselwörter `getraises` und `setraises` angezeigt, nach denen jeweils eine Liste der Ausnahmetypen folgt. Die Angabe von Ausnahmen ist optional. Die Spezifikation eines Attributs wird mit einem Semikolon abgeschlossen. Das folgende Schema zeigt, wie eine Attributdefinition ab CORBA 3.0 aussieht.

Definition eines Attributs in IDL

```
[readonly] attribute <attributtyp> <attributname>
  getraises <ausnahmenliste>
  setraies <ausnahmenliste>;
```

Die Definition von Attributen mit Hilfe des UML-Profils erfolgt bei einfachen Datentypen mittels Klassenattributen. Handelt es sich dabei um Attribute, auf die nur lesend zugegriffen werden darf, so wird der Stereotyp <<readonly>> verwendet. Wird ein Interface in einer Attributdefinition verwendet, so wird dies durch eine Assoziation mit diesem Interface ausgedrückt. Bei anderen nutzerdefinierten Datentypen wird eine Kompositionsrelation verwendet.

In einem Interface können Operationen definiert werden. Operationen besitzen eine Liste von Parametern und einen Rückgabewert als besondere Form eines Parameters. Sowohl der Rückgabewert als auch die Parameter sind von einem bestimmten Typ. Operationen können im Fehlerfall Ausnahmen auslösen. In IDL schreibt man Operationen nach dem folgenden Muster auf.

Definition einer Operation in IDL

```
<rückgabewert> <operationsname> (<parameterliste>)
  raises (<ausnahmenliste>);
```

Der Rückgabewert muss in jedem Fall angegeben werden. Liefert eine Operation keinen Rückgabewert, so wird der Typ `void` benutzt. Die Parameterliste kann leer sein oder eine endliche Menge an Parametern enthalten, die durch Kommas getrennt werden. Ein Parameter wird in IDL in der folgenden Form angegeben.

```
<parameterart> <parametertyp> <parametername>
```

Definition eines Parameters in einer Operationsdefinition in IDL

Die Art des Parameters kann entweder `in`, `out` oder `inout` sein. Es wird damit festgelegt, ob es sich bei dem Parameter um einen reinen Eingabeparameter, einen reinen Ausgabeparameter oder um einen kombinierten Ein- und Ausgabeparameter handelt. Das folgende Beispiel zeigt zwei Interfaces aus dem Philosophen-Beispiel.

Interfaces im Philosophen-Beispiel in IDL

```
module dinner {
  ...
  interface Named {

    attribute string name;
  };

  interface Fork {

    Components::Cookie obtain_fork()
      raises (ForkNotAvailable);

    void release_fork (Components::Cookie ck)
      raises (NotTheEater);
  };
};
```

Das folgende Beispiel zeigt die Definition der beiden Interfaces mit Hilfe des UML-Profils.

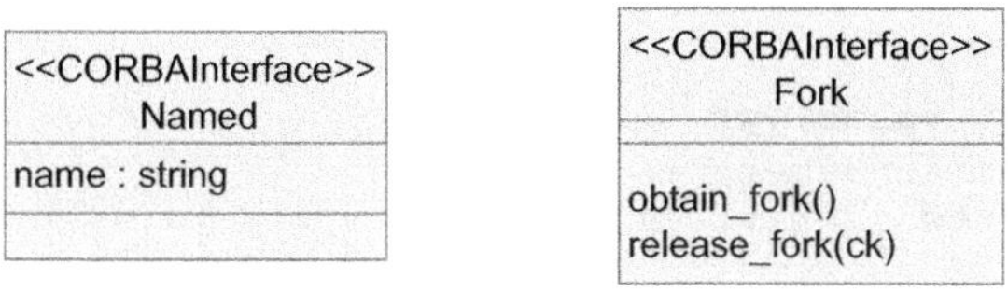

Abb. 8.5: Interfaces im Philosophen-Beispiel im UML-Profil

8.1.3 Valuetypes

Valuetypes stellen eine besondere Form der CORBA-Typen dar und werden in hohem Maße bei der Definition der Standard-Interfaces des CORBA-Komponentenmodells eingesetzt. Sie vereinen Eigenschaften von CORBA-Objekten und Strukturen. Wie CORBA-Objekte können sie ein Interface unterstützen (das heißt implementieren) und voneinander ableiten. Die Implementierung eines *Value-*

type ist jedoch immer lokal. Wie Strukturen aggregieren sie eine Menge von Elementen.

Valuetypes können als Werte übertragen werden, d.h. ihr Zustand wird kodiert und auf der empfangenden Seite wieder dekodiert. Dadurch ergibt sich eine *Call-by-Value*-Semantik. Ein weiterer Vorteil ist die Tatsache, dass man sie voneinander ableiten kann. *Valuetypes* unterstützen Attribute, Operationen, Zustandsvariablen und Fabriken. Mit Attributen und Operationen kann man auf einen *Valuetype* wie auf ein Interface zugreifen.

Die Zustandsvariablen bezeichnen den eigentlichen Zustand eines *Valuetype*. Für die einzelnen Zustandsvariablen werden Sichtbarkeitsregeln definiert. Die zulässigen Sichtbarkeitsregeln heißen `public` (die Zustandsvariable ist von außen zugreifbar) und `private` (die Zustandvariable ist privat und von außen nicht zugreifbar). Fabriken können benutzt werden, um einen *Valuetype* mit einem definierten Zustand zu erzeugen. Dazu kann eine Liste von Parametern definiert werden, die aber nicht der Menge der Zustandsvariablen entsprechen muss.

Valuetypes können abstrakt sein, wodurch sie keine Zustandsvariablen und keine Fabriken definieren dürfen. Von abstrakten *Valuetypes* können keine Instanzen erzeugt werden.

8.1.3.1 IDL

Die Definition von *Valuetypes* mit IDL erfolgt durch das Schlüsselwort `valuetype` und unterliegt dem folgenden generellen Schema.

Definition eines Valuetype in IDL

```
abstract valuetype <name>
  : <basis-valuetypes>
  supports <interface>
{
  <weitere definitionen>
};
```

Das Schlüsselwort `abstract` ist optional und wird nur benutzt, wenn eine abstrakter *Valuetype* definiert wird. Nach dem Schlüsselwort `valuetype` wird der Name des Typs angegeben. Danach kann, eingeleitet durch einen Doppelpunkt, eine Liste von *Valuetypes* folgen, von denen der zu definierende *Valuetype* abgeleitet wird. Wird durch den *Valuetype* ein Interface unterstützt, wird dieser nach dem optionalen Schlüsselwort `supports` angegeben. In den geschweiften Klammern erfolgen dann die weiteren Definitionen. Die Definitionen von Attributen und Operationen unterliegen den gleichen Vorschriften, die bei der Definition von Interfaces anzuwenden sind. Die Definition von Zustandsvariablen erfolgt nach dem folgenden Muster.

```
<sichtbarkeit> <typ> <name>;
```

Definition einer Zustandsvariablen in einem Valuetype in IDL

Die möglichen Werte für die Sichtbarkeit sind `public` und `private`. Der Typ `typ` einer Zustandsvariable kann ein primitiver Datentyp, ein nutzerdefinierter Datentyp, ein Interface oder ein *Valuetype* sein. Der Name der Zustandsvariablen wird mit `name` angegeben und muss innerhalb des *Valuetype* eindeutig sein. Abgeschlossen wird die Definition mit einem Semikolon. Die Definition von Fabriken wird durch das Schlüsselwort `factory` eingeleitet und erfolgt unter Benutzung des folgenden Schemas.

```
factory <name> (<parameterliste>);
```

Definition einer Fabrik für einen Valuetype in IDL

Nach dem Schlüsselwort `factory` folgt der Name der Fabrik. Danach folgt in runden Klammern eine Liste von Parametern. Alle Parameter müssen als Eingabeparameter (`in`) deklariert werden. Das folgende Beispiel zeigt die Definition eines *Valuetype*.

```
valuetype Fahrzeug {
  private string fabrikat;
  private short laufleistung;
  string beschreibung();
  factory init (in string fab, in short km_stand);
};
```

Beispiel für die Definition eines Valuetype in IDL

Dieser *Valuetype* besitzt zwei private Zustandsvariablen vom Typ `string` und `short`, die die Automarke und die aktuelle Laufleistung repräsentieren. Die Operation `beschreibung` kann benutzt werden, um diese beiden Informationen abzufragen. In diesem Fall kann beispielsweise ein kleiner Text mit der Automarke und der aktuellen Laufleistung zurückgegeben werden. Die Fabrik mit dem Namen `init` kann benutzt werden, um die Zustandsvariablen für diesen *Valuetype* zu setzen, ohne direkt auf die Zustandsvariablen zugreifen zu können, da diese ja private Zustandsvariablen sind.

8.1.3.2 UML

Die Definition eines *Valuetype* mit dem UML-Profil erfolgt unter Benutzung des Stereotyps `<<CORBAValue>>`. Wird durch einen *Valuetype* ein Interface unterstützt, so wird dies durch eine Generalisierung, die den Stereotyp `<<CORBAValueSupports>>` besitzt, ausgedrückt. Attribute und Operationen werden in gleicher Weise wie bei den Interfaces definiert. Die Zustandsvariablen werden ähnlich wie Attribute definiert. Sie unterscheiden sich allerdings dadurch, dass für sie eine Sichtbarkeit angegeben werden muss. Fabriken werden als Operationen der Klasse definiert, wobei der Stereotyp `<<CORBAValueFactory>>` verwendet wird. Im Folgenden wird der *Valuetype* `Fahrzeug` im UML-Profil dargestellt.

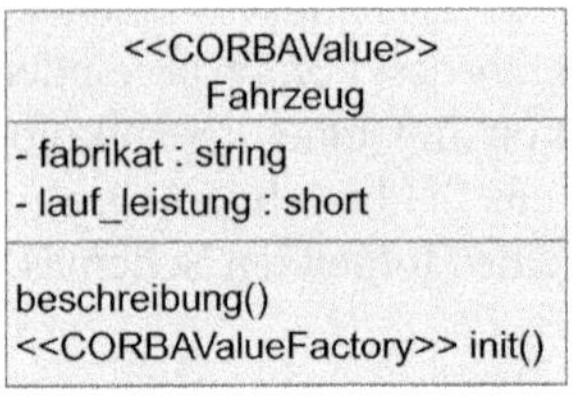

Abb. 8.6: Beispiel für die Definition eines Valuetype im UML-Profil

8.1.4 Komponenten

s. Einführung in CORBA-Komponenten in Kap. 2.2

Ein Komponententyp kann über *Facets*, *Receptacles*, Ereignisproduzenten und Ereigniskonsumenten verfügen. Darüber hinaus kann er Attribute zur Konfiguration besitzen. Ein Komponententyp kann von einem anderen Komponententyp abgeleitet werden (Einfachvererbung). Der abgeleitete Typ übernimmt alle Oberflächeneigenschaften des Basis-Komponententyps. Ein Komponententyp kann außerdem eine Menge von Interfaces unterstützen. Diese unterstützten Interfaces finden sich später über Vererbung im äquivalenten Komponenten-Interface wieder und sind nicht zu verwechseln mit dem *Facet*-Konzept. Das bietet zwei Vorteile. Der erste Vorteil liegt darin, dass man bei einer einfachen Komponente auf die Definition von *Facets* verzichten kann. Der zweite Vorteil ist die Tatsache, dass die Navigation zwischen Komponenteninterface und *Facet* entfällt. Dadurch können auch Klienten, die nichts von CORBA-Komponenten wissen, Operationen am äquivalenten Interface der Komponente rufen.

Komponenten, die außer dem äquivalenten Komponenteninterface keine weiteren Ports haben und auch nicht von einem anderen Komponententyp ableiten, nennt man einfache Komponenten (*basic components*). Alle anderen Komponenten werden erweiterte Komponenten (*extended components*) genannt.

8.1.4.1 IDL

Um einen Komponententyp zu definieren, wird das Schlüsselwort `component` benutzt. Es gilt folgendes Anwendungsschema.

Definition eines Komponententyps in IDL

```
component <komponententypname>
  supports <interfaceliste>
  : <basis-komponententyp>
{
  <weitere definitionen>
};
```

Nach dem Schlüsselwort `component` wird der Name für den Komponententyp festgelegt. Das Schlüsselwort `supports` ist optional. Wird es benutzt, folgt eine Liste mit Interfaces, die durch Kommas getrennt werden. Diese Liste gibt die unterstützten Interfaces an. Die Angabe einer optionalen Vererbungsregel wird durch einen Doppelpunkt eingeleitet. Die weiteren Definitionen erfolgen innerhalb geschweifter Klammern, nach denen ein Semikolon steht.

Das sieht für den Komponententyp `Philosopher` aus dem Philosophen-Beispiel folgendermaßen aus.

Beispiel der Definition der Philosophen-Komponente in IDL

```
module dinner {

  component Philosopher supports Named {
    ...
  };
};
```

Dieser Komponententyp hat den Namen `Philosopher` und wurde innerhalb des Moduls `dinner` definiert. Er wird von keinem anderen Komponententyp abgeleitet und unterstützt das Interface `Named`.

8.1.4.2 UML

Zur Modellierung eines Komponententyps im UML-Profil wird das UML-Konzept Klasse mit dem Stereotyp `<<CORBAComponent>>` benutzt. Klassen dieses Stereotyps dürfen keine Operationen besitzen. Die Relation zu unterstützten Interfaces wird über eine Generalisierung mit dem Stereotyp `<<CORBASupports>>` abgebildet, wobei die Einschränkung gilt, dass diese Generalisierung nur für Klassen mit dem Stereotyp `<<CORBAInterface>>` zugelassen ist. Die Vererbung wird ebenfalls durch eine Generalisierung realisiert. Hier gibt es keinen speziellen Stereotyp. Allerdings darf es nur maximal eine solche Beziehung zu einer anderen Klasse mit dem Stereotyp `<<CORBAComponent>>` geben.

Abb. 8.7: Beispiel der Definition der Philosophen-Komponente im UML-Profil

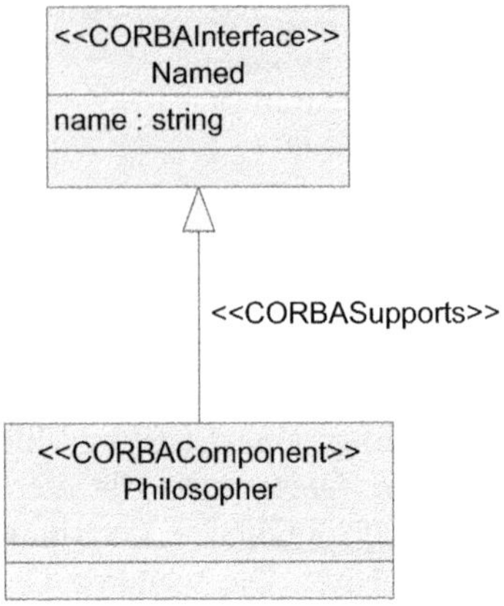

8.1.5 Facets

s. Einführung CORBA-Komponenten in Kap. 2.2

Für einen Komponententyp können *Facet* definiert werden, um weitere CORBA-Interfaces anzubieten. Ein *Facet* hat einen festen Typ, der durch die Angabe eines Interface bestimmt wird, und einen Namen, der innerhalb des Komponententyps eindeutig sein muss. Diese Eindeutigkeit bezieht sich auch schon auf die Portnamen einer eventuellen Basis-Komponente.

Bei der Definition von *Facet* muss darauf geachtet werden, dass die gesamte Funktionalität des Interface auch tatsächlich durch die Komponente implementiert wird. Alle Dienste, die eine Komponente über Operationen bereitstellt, müssen entweder über das Komponenteninterface oder aber über die *Facet* realisiert werden.

8.1.5.1 IDL

Die Definition eines *Facet* wird durch das Schlüsselwort `provides` eingeleitet. Durch Leerzeichen getrennt folgen das Interface und der Portname. Abgeschlossen wird die Definition durch ein Semikolon. Das generelle Schema für eine solche Definition sieht folgendermaßen aus.

```
provides <interface> <portname>;
```

Definition eines Facet an einem Komponententyp in IDL

Innerhalb des *Hello-World*-Beispiels bietet die *Callee*-Komponente ein *Facet* an. Dafür ist folgende Definition des Komponententyps erforderlich.

Definition eines Facet für das Hello-World-Beispiel in IDL

```
module HelloWorld {

  interface Hello {
    void say();
  };

  component Callee {
    provides Hello the_hello;
  };
};
```

Zu Beginn wird das Interface `Hello` definiert. Die *Callee*-Komponente definiert darauf aufbauend ein *Facet* mit dem Interface `Hello`. Der Name dieses Ports ist `the_hello`. Durch die im Namensraum einer Komponente eindeutige Bezeichnung der Facets kann eine Komponente auch mehrere Facets des gleichen Interface anbieten. Am Beispiel der *Callee*-Komponente wäre es also möglich, dass diese das Interface `Hello` mehrmals jeweils unter einem anderen Namen anbietet. Das könnte dann so aussehen.

Definition mehrerer Facets gleichen Typs in IDL

```
module HelloWorld {

  interface Hello {
    void say();
  };

  component Callee2 {
    provides Hello the_hello;
    provides Hello another_hello;
  };
};
```

8.1.5.2 UML

Im UML-Profil erfolgt die Definition eines *Facet* durch die Angabe einer Kompositionsrelation zwischen einem Komponententyp und einem Interface. Diese Komposition erhält den Stereotyp `<<CORBAProvides>>`. Der Rollenname auf der Seite des Interface bestimmt den Namen des *Facet*. Die Vielfachheit dieser Relation ist immer 1:1. Das folgende Beispiel zeigt den *Callee*-Komponententyp des *Hello-World*-Beispiels.

Abb. 8.8: Definition eines Facet für das Hello-World-Beispiel im UML-Profil

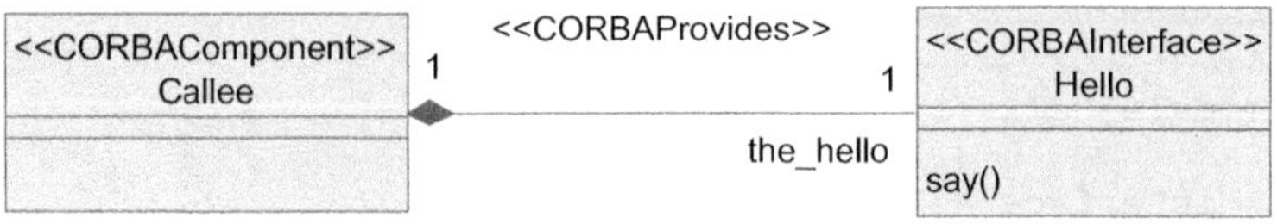

8.1.6 Receptacles

s. Einführung in CORBA-Komponenten in Kap. 2.2

Für Komponententypen können *Receptacles* definiert werden, die das Gegenstück zu einem *Facet* darstellen. Ein *Receptacle* besitzt ein fest assoziiertes Interface. Wie jeder andere Port hat auch er einen Namen, der innerhalb des Komponententyps eindeutig sein muss. Alle Abhängigkeiten eines Komponententyps von anderen Interfaces, die entweder von einfachen CORBA-Objekten oder anderen CORBA-Komponenten stammen, sollten explizit durch *Receptacles* beschrieben werden. Das Benutzen weiterer Interfaces bei der späteren Implementierung des Komponententyps ist zwar möglich, sollte aber vermieden werden, da solche Abhängigkeiten nur durch genaue Kenntnis der Komponentenimplementierung zu erkennen sind. *Receptacles* können einfach oder mehrfach sein. Die Verwendung mehrerer einzelner *Receptacles* oder eines mehrfachen *Receptacle*, falls ein Komponententyp ein Interface mehrfach benötigt, ist abhängig von der Anwendungssemantik und liegt in der Entscheidung des Komponentendesigners.

8.1.6.1 IDL

Die Definition eines *Receptacle* erfolgt nach dem folgenden Muster.

Definition eines Receptacle in IDL

```
uses multiple <interface> <portname>;
```

Die Definition wird durch das Schlüsselwort `uses` eingeleitet. Handelt es sich um ein mehrfaches *Receptacle* so folgt das optionale Schlüsselwort `multiple`. Anschließend wird das Interface angegeben. Dann folgt der Name des *Receptacle*. Die gesamte Definition wird durch ein Semikolon abgeschlossen. Für die *Caller*-Komponente des *Hello-World*-Beispiels sieht das folgendermaßen aus.

```
module HelloWorld {

  interface Hello {
    void say();
  };

  component Caller {
    uses Hello the_hello;
  };
};
```

Definition eines Receptacle für das Hello-World-Beispiel in IDL

Die Definition des Interface `HelloWorld` ist die gleiche, die auch schon bei der Definition des *Facet* der *Callee*-Komponente benutzt wurde. Für diesen Komponententyp wird ein einfaches *Receptacle* definiert. Das Interface dieses Ports ist `HelloWorld` und der Name `the_hello`.

8.1.6.2 UML

Die Definition eines *Receptacle* mit Hilfe des UML-Profils erfolgt ähnlich der Definition eines *Facet*. Es wird eine Kompositionsrelation zwischen dem Interface und dem Komponententyp benutzt. Diese Relation hat den Stereotyp `<<CORBAUses>>`. Der Rollenname auf der Seite des Interface bestimmt den Namen des *Receptacle*. Ist es ein einfacher Port, so ist die Vielfachheit dieser Relation 1:1. Handelt es sich aber um ein mehrfaches *Receptacle*, so wird die

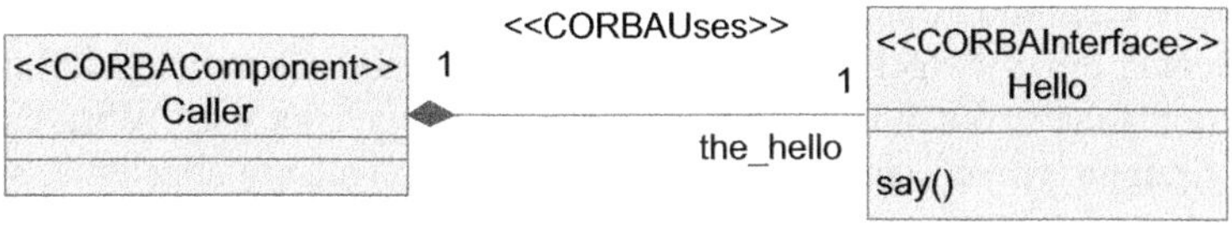

Abb. 8.9: Definition eines Receptacle für das Hello-World-Beispiel im UML-Profil

Vielfachheit mit 1:1..n angegeben. Zusätzlich wird die Art des *Receptacle* beim Stereotyp `<<CORBAUses>>` durch ein *Tagged Value* mit dem Namen `multiple` angegeben. Dieses nimmt bei einfachen *Receptacle* den Wert falsch an, ansonsten wahr. Für die *Caller*-Komponente aus dem *Hello-World*-Beispiel sieht das folgendermaßen aus.

8.1.7 Ereignistypen

s. Einführung in CORBA-Komponenten in Kap. 2.2

CORBA-Komponenten sind in der Lage, Nachrichten bzw. Ereignisse auszutauschen. Diese Ereignisse haben die besondere Eigenschaft, dass sie asynchron übertragen werden. Um Ereignisse zwischen zwei Komponenten austauschen zu können, muss ein entsprechender Ereignistyp definiert werden. Dafür gibt es im CORBA-Komponentenmodell ein neues Konzept, die so genannten *Eventtypes*. Ereignistypen sind speziell ausgezeichnete und eingeschränkte *Valuetypes*, die nur in Ereignisportsignaturen auftreten dürfen. Sie können von maximal einem konkreten Ereignistyp abgeleitet sein. Allerdings ist es erlaubt, sie von beliebig vielen abstrakten Ereignistypen oder *Valuetypes* abzuleiten. Als wesentliche Einschränkung zu herkömmlichen *Valuetypes*, dürfen Ereignistypen nur öffentliche Zustandvariablen besitzen.

Von besonderem Interesse sind hierbei die Zustandsvariablen, mit denen sich zusätzliche Informationen für das Ereignis beschreiben lassen. Das Empfangen eines Ereignistyps stellt an sich schon eine wichtige Information dar. Mit den Zustandvariablen kann diese Information dann weiter parametrisiert werden. Die Struktur eines Ereignistyps ergibt sich aus der angestrebten Verwendung der Komponente.

8.1.7.1 IDL

Die Definition eines Ereignistyps wird durch das Schlüsselwort `eventtype` eingeleitet. Anschließend kann eine Vererbungsdefinition folgen, die durch einen Doppelpunkt eingeleitet wird. Wird der Ereignistyp von einem anderen konkreten Ereignistyp abgeleitet, so muss dieser als erstes in der Liste der Typen stehen. Nachfolgend können weitere Ereignistypen oder *Valuetypes* folgen, die allerdings abstrakt sein müssen. Die Elemente der Liste werden durch Kommas getrennt. Das generelle Schema für die Definition eines Ereignistyps sieht folgendermaßen aus.

Definition eines Ereignistyps in IDL

```
eventtype <name>
  : <konkreter-ereignistyp>
  , <liste abstrakter ereignistypen und valuetypes>
{
  <weitere definitionen>
};
```

Die weiteren Definitionen, die innerhalb eines Ereignistyps vorgenommen werden können, entsprechen denen, die auch in einem *Valuetype* erlaubt sind und erfolgen innerhalb der geschweiften Klammern, denen ein Semikolon folgt (s. Kap. 8.1.3).

Im Philosophen-Beispiel wurde ein Ereignistyp benutzt, um den Status eines Philosophen an den Beobachter zu übertragen. In diesem Ereignistyp wird der Aufzählungstyp `PhilosopherStatus` benutzt, der vorher definiert wird.

Definition des Ereignistyps PhilosopherStatus des Philosophen-Beispiels in IDL

```
module dinner{

  enum PhilosopherStatus
    {EATING, THINKING, SLEEPING, HUNGRY, DEAD};

  eventtype PhilosopherState {
    public PhilosopherStatus status;
    public string name;
    public Philosiopher ref;
    factory create(
      in PhilosopherStatus status,
      in string name,
      in Philosopher ref);
  };
};
```

Die erste Zustandsvariable des Ereignistyps beschreibt den aktuellen Zustand eines Philosophen. Der Typ dieses Zustands ist der vorher definierte Aufzählungstyp `PhilosopherStatus`. Die zweite Zustandsvariable enthält den Namen des Philosophen, der das Ereignis verschickt. Als dritte Variable ist die Referenz auf das Komponenteninterface der sendenden Komponenteninstanz enthalten. Neben den Zustandsvariablen wurde auch noch die Fabrik `create` definiert. Dadurch können auf einfache Weise die Werte des Ereignistyps `PhilosopherState` in einem Schritt gesetzt werden.

8.1.7.2
UML

Zur Definition eines Ereignistyps mit dem UML-Profil wird eine Klasse mit dem Stereotyp `<<CORBAEvent>>` benutzt. Dieser Stereotyp wird vom Stereotyp `<<CORBAValue>>` abgeleitet und es werden entsprechende Einschränkungen definiert. Die Definition des Ereignistyps für das Philosophenbeispiel sieht dann folgendermaßen aus.

Abb. 8.10: Definition des Ereignistyps PhilosopherState für das Philosphen-Beispiel im UML-Profil

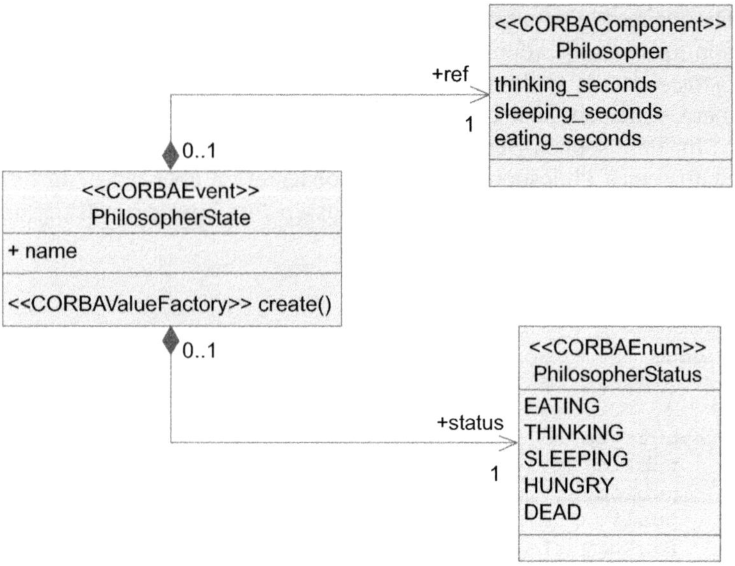

8.1.8 Ereignisproduzenten

s. Einführung in CORBA-Komponenten in Kap. 2.2

Durch die Definition von Ereignisproduzenten können Komponenten Ereignisse verschicken. Es gibt zwei unterschiedliche Arten von Ereignisproduzenten, *Emitter* und *Publisher*. Während *Emitter* eigentlich nur für Konfigurationszwecke eingesetzt werden sollten, können *Publisher* für sämtliche anwendungsspezifischen Ereignisproduktionen angewendet werden. Zu diesem Zweck werden sie mit Ereigniskonsumenten an anderen Komponenteninstanzen verbunden. Ob ein Ereignisproduzent aktuell verbunden ist oder nicht, ist für die Komponente nicht ersichtlich.

8.1.8.1 IDL

Die Definition eines *Emitter* erfolgt mit dem Schlüsselwort `emits`. Nach diesem Schlüsselwort wird ein konkreter Ereignistyp erwartet. Danach folgt der Name des Ports. Abgeschlossen wird diese Definition durch ein Semikolon. Die generelle Form der *Emitter*-Definition sieht folgendermaßen aus.

```
emits <ereignis-typ> <port-name>;
```

Definition eines Emitter in IDL

Die Definition eines *Publisher* unterscheidet sich von der *Emitter*-Definition nur durch die Benutzung des Schlüsselworts `publishes`.

```
publishes <ereignis-typ> <port-name>;
```

Definition eines Publisher in IDL

Die Definition eines *Publisher* sieht für das Philosophen-Beispiel folgendermaßen aus.

```
module dinner {

  component Philosopher supports Named {
    ...
    publishes PhilosopherState philosopher_state;
  };
};
```

Definition eines Publisher im Philosophen-Beispiel in IDL

In diesem Fall wird für den Komponententyp `Philosopher` ein *Publisher* mit dem Ereignistyp `PhilosopherState` definiert. Der Name des Ports ist `philosopher_state`.

8.1.8.2 UML

Die Definition von Ereignisproduzenten mit Hilfe des UML-Profils erfolgt durch eine Komposition zwischen Komponententyp und Ereignistyp. Die Komposition erhält den Stereotyp `<<CORBAEmits>>` bzw. `<<CORBAPublishes>>`. Die Vielfachheit der Assoziation ist immer 1:1. Das folgende Beispiel zeigt die Definition eines *Publisher* im Philosophen-Beispiel.

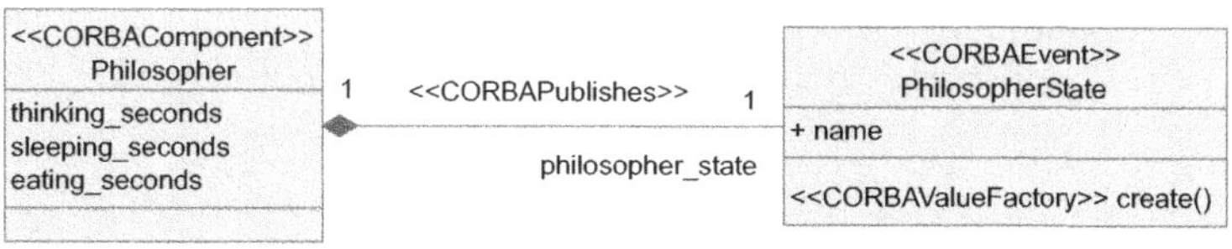

Abb. 8.11: Publisher im Philosophen-Beispiel im UML-Profil

8.1.9 Ereigniskonsumenten

s. Einführung in CORBA-Komponenten in Kap. 2.2

Über Ereigniskonsumenten (*Consumer*) können Komponenten Ereignisse eines bestimmten Ereignistyps empfangen. Durch die Definition eines Ereigniskonsumenten spezifizieren Komponenten die generelle Fähigkeit, Ereignisse des bezeichneten Ereignistyps empfangen zu können. Die Komponente kann nicht bestimmen, von welchen Ereignisproduzenten die Ereignisse kommen sollen. Die Identifikation des Ereignisproduzenten bleibt der Anwendung überlassen. So wurde beispielsweise im Philosophen-Beispiel der Name des Philosophen als Zustandsvariable in den Ereignistyp `PhilosopherState` aufgenommen, über den jetzt eine Identifikation des ereignisproduzierenden Philosophen möglich ist.

8.1.9.1 IDL

Für die Definition eines Ereigniskonsumenten wird in IDL das Schlüsselwort `consumes` benutzt. Ansonsten ist die Definition eines solchen Ports analog zur Definition eines Ereignisproduzenten. Dem Schlüsselwort folgt zuerst ein konkreter Ereignistyp und dann der Name des Ports. Die Definition wird wie immer durch ein Semikolon abgeschlossen. Das generelle Schema für die Definition eines Ereigniskonsumenten sieht folgendermaßen aus.

Definition eines Consumer in IDL

```
consumes <ereignistyp> <portname>;
```

Die Definition eines *Consumer* sieht im Philosophen-Beispiel folgendermaßen aus.

Definition eines Consumer im Philosophen-Beispiel in IDL

```
module dinner {

    component Observer {
       consumes PhilosopherState philosopher_state;
    };
};
```

Für den Komponententyp `Observer` wird ein *Consumer* mit dem Typ `PhilosopherState` definiert. Dieser Port hat den Namen `philospher_state`.

8.1.9.2 UML

Die Definition von Ereigniskonsumenten mit Hilfe des UML-Profils erfolgt durch die Definition einer Komposition zwischen Komponententyp und Ereignistyp. Diese Beziehung erhält den Stereotyp `<<CORBAConsumes>>`. Die Vielfachheit der Assoziation ist immer 1:1. Das folgende Bild zeigt die Definition eines Ereigniskonsumenten für die Zuschauer-Komponente im Philosophen-Beispiels.

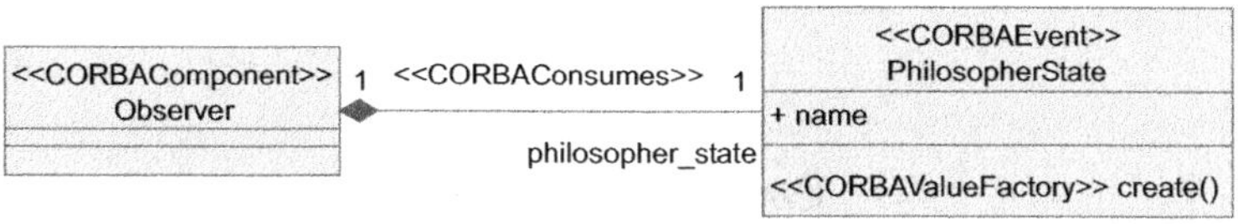

Abb. 8.12: Definition eines Consumer im Philosophen-Beispiel im UML-Profil.

8.1.10 Attribute

Die Attribute einer Komponente werden benutzt, um sie vor ihrer Ausführung zu konfigurieren oder Konfigurationsinformationen abzufragen. Durch die Definition von Attributen werden implizit Schreib- und Leseoperationen definiert. Attribute können als schreibgeschützt (*readonly*) definiert werden.

s. Einführung in CORBA-Komponenten in Kap. 2.2

8.1.10.1 IDL

Die Definition von Attributen für Komponententypen erfolgt analog zu der Definition von Attributen bei Interfaces und wird durch das Schlüsselwort `attribute` eingeleitet. Eine einfache Definition eines Attributs findet sich im Philosophen-Beispiel.

Definition von Attributen im Philosophen-Beispiel in IDL

```
module dinner {

  component Philosopher supports Named {
    attribute unsigned long thinking_seconds;
    attribute unsigned long sleeping_seconds;
    attribute unsigned long eating_seconds;
    ...
  };
};
```

Für den Komponententyp `Philosopher` wird unter anderem ein Attribut vom Typ `unsigend long` definiert. Der Name des Attributs ist `thinking_seconds`. Dieses Attribut ist veränderbar, und es wurden keine Ausnahmen definiert.

8.1.10.2 UML

Für die Definition eines Attributes mit dem UML Profil benutzt man Klassenattribute, falls es sich beim Attributtyp um einen einfachen Datentyp handelt. Betrifft es hingegen benutzerdefinierte Typen, so wird diese durch eine Assoziation dargestellt. Das entspricht dem Vorgehen zur Definition von Attributen für Interfaces.

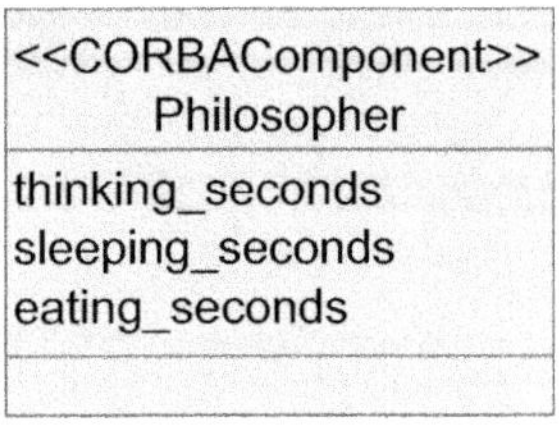

Abb. 8.13: Definition von Attributen im Philosophen-Beispiel im UML-Profil

8.1.11 Home

s. Einführung in CORBA-Komponenten in Kap. 2.2

Ein *Home* ist für die Erzeugung und Verwaltung von Komponenteninstanzen zur Laufzeit verantwortlich. Ein *Home*-Typ kann von einem anderen *Home*-Typ abgeleitet werden. Dabei ist es wichtig, dass der verwaltete Komponententyp entweder identisch zum verwalteten Komponententyp des Basis-*Home*-Typs ist oder ein von diesem Typ abgeleiteter Komponententyp. Aufgrund der Umwandlung von *Home*-Definitionen in Interfacedefinitionen, ist nur ein eingeschränkter Gebrauch der Vererbung möglich. Die Einzelheiten der Umwandlung und die Probleme, die sich daraus ergeben werden genauer im Kapitel 9 diskutiert. Aufgrund der eingeschränkten Nutzungsmöglichkeit sollte Vererbung zwischen *Home*-Typen nur mit besonderer Sorgfalt eingesetzt werden.

Ein *Home*-Typ kann eine Liste von Interfaces unterstützen, deren Attribute und Operationen sich dann am äquivalenten Interface des *Home* wiederfinden. An einem *Home* können so genannte *Factory*-

und *Finder*-Operationen definiert werden. Während *Factory*-Operationen neue Komponenteninstanzen erzeugen, müssen *Finder*-Operationen bereits existierende und durch das *Home* verwaltete Komponenteninstanzen zurückliefern. Der implizite Rückgabewert von *Factory*- und *Finder*-Operationen ist eine Referenz auf den Komponententyp.

Außerdem können in einem *Home* auch noch weitere Operationen definiert werden, die keine vorgegebene Semantik erfüllen müssen. Der Einsatz von *Factory*- und *Finder*-Operationen aber insbesondere der Einsatz von freien Operationen sollte mit Zurückhaltung erfolgen. Man muss bedenken, dass *Factory*- und *Finder*-Operationen ausschließlich innerhalb der Anwendungslogik benutzt werden können und nicht in der Phase der werkzeugbasierten Installation und Inbetriebnahme durch generische Werkzeuge nutzbar sind.

8.1.11.1 IDL

Für die Definition eines *Home*-Typs wird das Schlüsselwort `home` benutzt, gefolgt von einem Namen für diesen Typ. Danach kann optional ein Doppelpunkt gefolgt von einem weiteren *Home*-Typ angegeben werden, falls der zu definierende *Home*-Typ abgeleitet ist. Optional kann dann das Schlüsselwort `supports` benutzt werden, um eine Liste von Interfaces anzugeben. Diese sind die vom *Home* unterstützen Interfaces. Danach wird das Schlüsselwort `manages` angegeben, dem der verwaltete Komponententyp folgt.

Für die Verwaltung von Komponenten kann in einer *Home*-Definition auch ein Primärschlüssel definiert werden. Dieser Schlüssel wird ähnlich wie in Datenbanken benutzt, um einzelnen Komponenteninstanzen eine Identität zu geben. Der Primärschlüsseltyp muss ein *Valuetype* sein, der entweder direkt oder indirekt von `Components::PrimaryKeyBase` abgeleitet ist. Dieser Typ muss mindestens eine öffentliche Zustandsvariable haben. Private Zustandsvariablen und Zustandvariablen, die Objektreferenzen sind, dürfen nicht enthalten sein. Das generelle Schema einer *Home*-Typdefinition sieht folgendermaßen aus.

Definition eines Home-Typs in IDL

```
home <home-name> :<basis-home-typ>
  supports <interfaceliste>
  manages <komponententyp>
  primarykey <valuetype> {
  factory <factory-definition>;
  finder <finder-definition>;
  <weitere definitionen>
};
```

Nach dem Komponententyp folgen in geschweiften Klammern weitere Definitionen. Das können entweder *Factory*- oder *Finder*-Operationen sein. Erst danach dürfen Attribute und weitere freie Operationen benutzt werden. Eine *Factory*-Operation wird durch das Schlüsselwort `factory` eingeleitet. Danach folgt der Name der Operation. In Klammern folgt dann eine optionale Liste mit Parametern, die alle als Eingabeparameter (`in`) deklariert sein müssen. Anschließend kann dann eine Liste von Ausnahmen angegeben werden, die in Klammern nach dem Schlüsselwort `raises` folgen. Die Form einer *Factory*-Operation sieht folgendermaßen aus.

Definition einer Factory-Operation an einem Home-Typ in IDL

```
factory <name> (<eingabeparameterliste>)
  raises (<ausnahmenliste>);
```

Die Definition von *Finder*-Operationen ist fast identisch zur Definition von *Factory*-Operationen. Der einzige Unterschied liegt darin, dass das Schlüsselwort `finder` benutzt wird. Das folgende Beispiel zeigt eine einfache *Home*-Typdefinition aus dem Philosophen-Beispiel, wie sie häufig Verwendung findet.

Definition eines Home-Typs im Philosophen-Beispiel in IDL

```
home PhilosopherHome manages Philosopher {};
```

8.1.11.2 UML

Die Definition eines *Home*-Typs mit dem UML-Profil erfolgt unter Benutzung einer Klasse mit dem Stereotyp `<<CORBAHome>>`. Wird der *Home*-Typ von einem anderen abgeleitet, so wird das durch eine Generalisierung ausgedrückt. Eine solche Relation darf es nur zu maximal einem anderen *Home*-Typ geben. Interfaces, die durch den *Home*-Typ unterstützt werden, stehen ebenfalls in einer Generalisierungsrelation, die allerdings den Stereotyp `<<CORBASupports>>` besitzen muss.

Die Beziehung zum verwalteten Komponententyp wird durch eine gerichtete Assoziation mit dem Stereotyp `<<CORBAManages>>` beschrieben, deren Vielfachheit 1:n ist. Eine solche Assoziation muss es für einen *Home*-Typ genau einmal geben. *Factory*- und *Finder*-Operationen werden durch Klassenoperationen realisiert, die den Stereotyp `<<CORBAFactory>>` bzw. `<<CORBAFinder>>` besitzen. Weitere Operationen und Attribute werden wie bei der Definition von Interfaces und Komponententypen notiert.

Die Angabe eines Primärschlüssels erfolgt durch die Benutzung einer Assoziationsklasse an der Assoziation zwischen Komponententyp und *Home*-Typ. Die Assoziationsklasse hat den Stereotyp `<<CORBAPrimaryKey>>`. Das folgende Beispiel zeigt einen *Home*-Typ aus dem Philosophen-Beispiel.

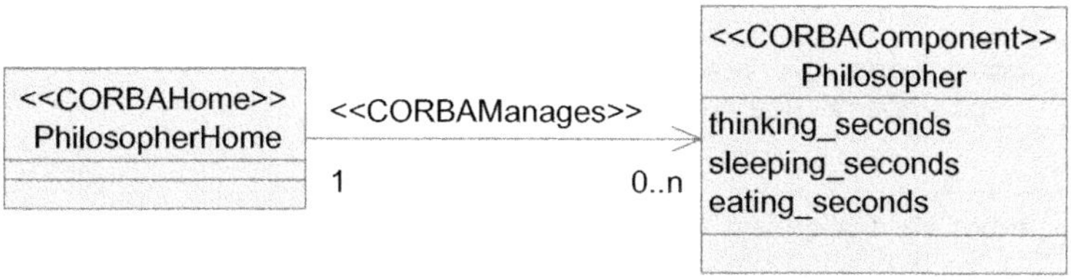

Abb. 8.14: Definition eines Home-Typs im Philosophen-Beispiel im UML-Profil

8.2 Beispielhafte Komponentendefinition

In den vorangegangen Abschnitten dieses Kapitels wurden die verschiedenen Sprachkonstrukten von IDL und UML für die Komponentendefinition beschrieben. An verschiedenen Stellen wurden Teile der beiden Beispielszenarien benutzt, um die Sprachkonstrukte zu veranschaulichen. In diesem Abschnitt werden die gesamten Typdefinitionen, die in den einzelnen Szenarien benötigt werden, noch einmal komplett vorgestellt. Das Design der einzelnen Typen richtet sich dabei nach den Beschreibungen des Szenarios in Kapitel 5 und nach dem groben Design der Komponententypen in Kapitel 7. Das grobe Design wird hier unter Berücksichtigung der konkreten Sprachkonstrukte konkretisiert. Außerdem werden hier auch die weiteren Typdefinitionen aufgeführt, die für die Definition der Komponententypen benötigt werden.

8.2.1 Hello World

Für das *Hello-World*-Beispiel ist die Definition eines Interface und zweier Komponententypen erforderlich. Der Komponententyp `Callee` bietet das Interface `Hello` an und der Komponententyp `Caller` benutzt dieses Interface. Alle Typen werden in dem Modul `HelloWorld` definiert.

8.2.1.1
IDL

Komplette Definition des Hello-World-Beispiels in IDL

```
module HelloWorld {

  interface Hello {
    void say();
  };

  component Callee {
    provides Hello the_hello;
  };

  home CalleeHome manages Callee {};

  component Caller
    uses Hello hi;
  };

  home CallerHome manages Caller {};
};
```

8.2.1.2
UML

Die Typdefinitionen des *Hello-World*-Beispiels lassen sich in dem folgenden Diagramm zusammenfassen.

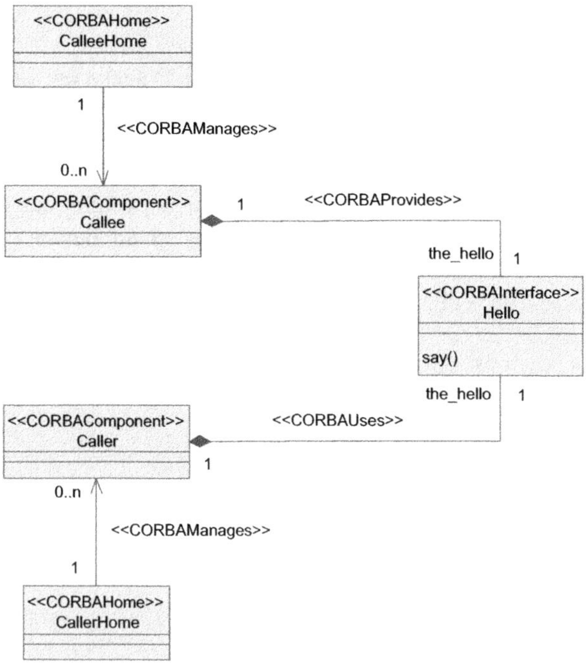

Abb. 8.15: Komplette Definition des Hello-World-Beispiels im UML-Profil

8.2.2 Speisende Philosophen

Für das Philosophen-Beispiel sind neben den drei verschiedenen Komponententypen weitere Typen notwendig. Der Aufzählungstyp `PhilospherStatus` enthält die möglichen Zustände eines Philosophen. Die beiden Ausnahmetypen `ForkNotAvailable` und `NotTheEater` signalisieren Ausnahmesituationen beim Benutzen der Gabeln. Der Ereignistyp `PhilosopherState` übermittelt den Zustand eines Philosophen an den Zuschauer. Das Interface `Fork` wird von der Besteck-Komponente angeboten und von einem Philosophen benutzt. Das Interface `Named` wird durch die Philosophen-Komponente unterstützt. Neben den eigentlichen Komponententypen `Philospher`, `Cutlery` und `Observer` erfolgt auch die Definition der entsprechenden *Home*-Typen `PhilospherHome`, `CutleryHome` und `ObserverHome`. Alle Definitionen erfolgen in dem Module `dinner`.

8.2.2.1 IDL

Die folgenden Definitionen beinhalten die Datentypen, die für die Definition der Komponententypen benötigt werden. Hierbei handelt es sich ausnahmslos um IDL2-Konstrukte. Da es bei der Sprache IDL darauf ankommt, in welcher Reihenfolgen die Definitionen stehen, ist es bei zyklischen Abhängigkeiten notwendig, so genannte Vorwärtsdeklarationen vorzunehmen. Dies ist im Beispiel bei dem Ereignistyp `PhilospherState` und dem Komponententyp `Philosopher` der Fall.

Definition der IDL2-Typen für das Philosophen-Beispiel

```
module dinner {

  component Philosopher; //Vorwärtsdefinition

  enum PhilosopherStatus {
    EATING, THINKING, SLEEPING, HUNGRY, DEAD};

  exception ForkNotAvailable {};
  exception NotTheEater {};

  eventtype PhilosopherState {
    public PhilosopherStatus status;
    public string name;
    public Philosopher ref;

    factory create (in PhilosopherStatus status,
                    in string name,
                    in Philosopher ref);
  };

  interface Fork {
    Components::Cookie obtain_fork()
      raises (ForkNotAvailable);
    void release_fork (in Components::Cookie ck)
      raises (NotTheEater);
  };

  interface Named {
    attribute string name;
  };
};
```

Es folgen nun die Definitionen der einzelnen Komponententypen zusammen mit den entsprechenden *Home*-Typen.

Definition der Komponententypen des Philosophen-Beispiels in IDL

```
module dinner {

  component Philosopher supports Named {
    attribute unsigned long thinking_seconds;
    attribute unsigned long eating_seconds;
    attribute unsigned long sleeping_seconds;

    uses Fork left_hand;
    uses Fork right_hand;
    publishes PhilospherState philospher_state;
  };

  home PhilosopherHome manages Philosopher {};

  component Cutlery supports Named {
    provides Fork the_fork;
  };

  home CutleryHome manages Cutlery {};

  component Observer {
    consumes PhilosopherState philosopher_state;
  };

  home ObserverHome manages Observer {};
};
```

8.2.2.2 UML

Die Definition des Philosophen-Beispiels wird in verschiedene Diagramme aufgeteilt. Diese Aufteilung dient einer besseren Übersichtlichkeit. Einige Typen erscheinen in mehr als einem Diagramm. Da alle Typen im Paket `dinner` definiert werden, bezeichnen gleiche Namen in unterschiedlichen Diagrammen die gleichen Modellelemente.

Die Abb. 8.16 zeigt die beiden Ausnahmetypen, die für die Operationen am Interface `Fork` benötigt werden, und die Definition des Ereignistyps `PhilosopherState`.

Abb. 8.16: Definition der Typen ForkNotAvailable, NotTheEater und PhilosopherState im Philosopher-Beispiel im UML-Profil

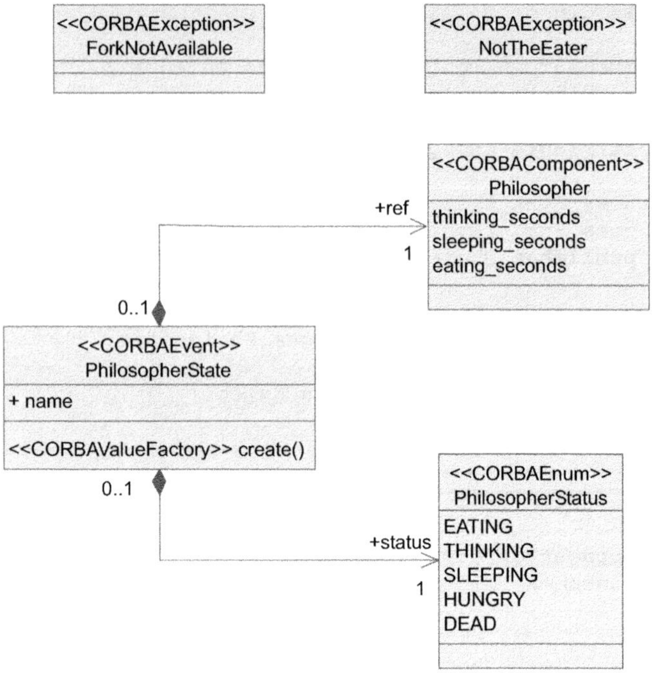

Die Abb. 8.17 zeigt den Komponententyp `Philosopher` mit seinen Beziehungen. In diesem Diagramm wird der Ereignistyp nicht mehr komplett dargestellt, da er für dieses Diagramm nicht im Mittelpunkt des Interesses steht.

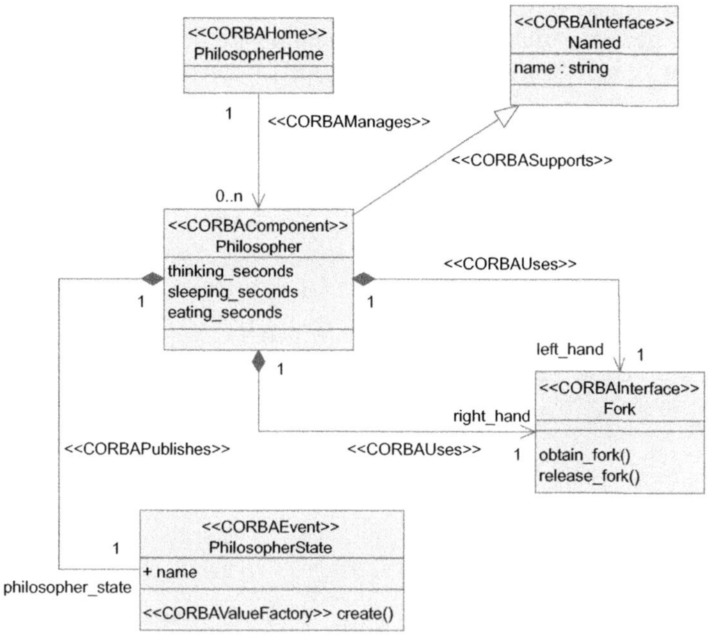

Abb. 8.17: Definition des Komponententyps Philosopher im Philosophen-Beispiel im UML-Profil

In Abb. 8.18 wird der Komponententyp `Cutlery` mit seinen Beziehungen gezeigt.

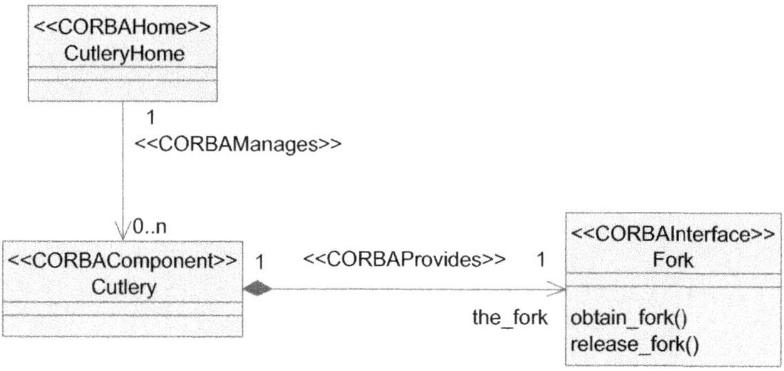

Abb. 8.18: Definition des Komponententyps Cutlery im Philosophen-Beispiel im UML-Profil

Zum Schluss wird in Abb. 8.19 noch der Komponententyp `Observer` gezeigt. Auch in diesem Diagramm wird der Ereignistyp nicht mehr komplett dargestellt.

Abb. 8.19: Definition des Komponententyps Observer im Philosophen-Beispiel im UML-Profil

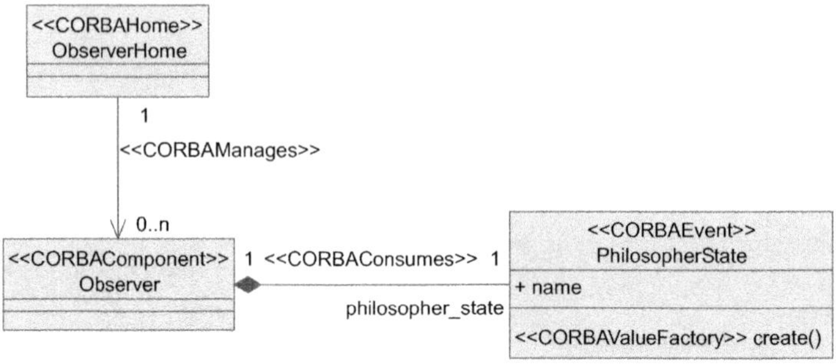

9 Äquivalente Typumwandlung

Das CORBA-Komponentenmodell ist gewissermaßen ein „Komponentenaufsatz“ für CORBA. Für die Realisierung der neuen Komponentenkonzepte wird eine Abbildung auf bisher existierende CORBA-Konzepte definiert. Die bei dieser Abbildung entstehenden äquivalenten Interfaces finden sowohl bei der Kommunikation zwischen CORBA-Komponenten als auch bei der Kommunikation zwischen normalen CORBA-Objekten und CORBA-Komponenten Anwendung. Dieses Kapitel beschreibt die Vorschriften, die bei der Umwandlung der Komponentenkonzepte eingesetzt werden.

9.1 Motivation

Mit der Definition des CORBA-Komponentensmodells wurde das Ziel verfolgt, einen Komponentenaufsatz für die bisherige CORBA-Welt zu definieren. Damit konnten vor allem zwei Dinge erreicht werden. Erstens konnte man sich auf die Stabilität der verfügbaren CORBA-Spezifikationen und der sie implementierenden CORBA-Produkte verlassen. Zweitens konnte man so auch die Kompatibilität zwischen CORBA-Komponenten und CORBA-Objekten auf natürliche Weise gewährleisten und damit Integrationsmöglichkeiten mit schon existierenden CORBA-Anwendungen anbieten.

s. Kap. 2.2.1.2

Die Komponentenkonzepte, beispielsweise die Definition eines Komponententyps, werden durch eine so genannte *äquivalente Typumwandlung* in herkömmliche CORBA-Konzepte, beispielsweise spezielle CORBA-Interfaces, umgewandelt. Für diese Umwandlung wurden im CORBA-Komponentenmodell Regeln festgelegt, auf deren Grundlage Werkzeuge eine automatische Transformation der Komponentenkonstrukte vornehmen können.

Als wesentliches Ergebnis entstehen aus dieser Umwandlung das *Home*-Interface und das Komponenten-Interface. Die beiden entstandenen Interfaces entsprechen der *Home*- bzw. Komponentenspezifikation und werden auch äquivalente Interfaces genannt. Sie enthalten neben den aus dem *Home*- bzw. Komponententyp hergeleiteten Attributen und Operationen auch generische Konstrukte, die vor allem der werkzeuggestützten Behandlung dieser Typen dient. Die wichtigsten generischen Bestandteile sind Operationen zur Navigation zwischen den einzelnen Strukturmerkmalen der Komponente und zur Introspektion. Des Weiteren finden sich dort auch generische Operationen zur Verbindung von Komponenten.

9.2 Komponenteninterface

s. Kap. 8.1.4

Das Komponenteninterface entsteht aus der Definition eines Komponententyps. Für einen Komponententyp wird genau ein äquivalentes Interface angelegt. Der Name des Interface entspricht dem Komponententyp. Wird der Komponententyp von einem anderen Komponententyp abgeleitet, so wird auch das entstehende äquivalente Interface dieser Komponente vom äquivalenten Interface des Basis-Komponententyps abgeleitet. Werden durch den Komponententyp Interfaces unterstützt (Schlüsselwort `supports`), dann wird das äquivalente Interface von diesen Interfaces abgeleitet. Das geschieht nach dem folgenden Schema.

äquivalente Umwandlung eines Komponententyps in ein äquivalentes CORBA-Interface

```
component <name> : <basis-komponententyp>
  supports <interfaceliste>
{
  <weitere definitionen>
};
```

wird umgewandelt nach:

```
interface <name> : <basis-komponententyp>,
  <interfaceliste>
{
  <äquivalente weitere definitionen>
};
```

Besteht keine Vererbungsbeziehung zu einem anderen Komponententyp, wird statt des äquivalenten Interface eines Basis-Komponententyps das Interface `Components::CCMObject` benutzt. Dieses Interface ist also letztendlich direktes oder indirektes Basis-Interface für das äquivalente Interface einer jeden Komponenten. Somit erhält dieses Interface für Komponenteninterfaces die gleich Bedeutung wie `CORBA::Object` für herkömmliche CORBA-Interfaces. Näheres zu diesem Typ wird im Anschluss in Kap. 9.2.6 beschrieben

Unabhängig von der Vererbungsrelation des äquivalenten Komponenteninterface werden aber auch die Definitionen, die innerhalb einer Komponentendefinition vorhanden sein können, in äquivalente Definitionen umgewandelt. Die Attribute, die in einem Komponententyp enthalten sind, werden einfach in das äquivalente Interface übernommen. Für alle anderen Definitionen eines Komponententyps gibt es besondere Umwandlungsregeln.

9.2.1 Umwandlung eines Facet

Die Definition eines *Facet* an einer Komponente resultiert in einer typspezifischen Navigationsoperation am Komponenteninterface. Weitere Einzelheiten zum Thema Navigation werden in Kap. 9.2.7 beschrieben. Für ein *Facet* gilt die folgende Unwandlungsregel.

s. Kap. 8.1.5

```
provides <interface> <portname>;
```

äquivalente Umwandlung eines Facet

wird in folgende Operation am äquivalenten Komponenteninterface umgewandelt:

```
<interface> provide_<portname>();
```

Diese Operation liefert als Ergebnis eine Objektreferenz auf das *Facet* mit dem Namen `portname`. Die Objektreferenz kann anschließend an ein *Receptacle* gebunden oder auch von normalen CORBA-Klienten benutzt werden.

9.2.2 Umwandlung eines Receptacle

Besitzt eine Komponente explizite Abhängigkeiten zu anderen Komponenten in Form von benutzten Interfaces, so wird das im Komponententyp durch die Definition von *Receptacles* deutlich gemacht. Für das Herstellen bzw. Trennen einer Verbindung zwischen einem *Facet* und einem *Receptacle* werden für jedes *Receptacle* typspezifische Operationen am äquivalenten Interface definiert. Die Form und Gestalt dieser Operationen richtet sich danach, ob es sich um ein einfaches oder ein mehrfaches *Receptacle* handelt. Die Umwandlungsregeln für ein einfaches *Receptacle* sind wie folgt.

s. Kap. 8.1.6

äquivalente Umwandlung eines einfachen Receptacle

```
uses <interface> <portname>;
```

wird in folgende Operationen am äquivalenten Komponenteninterface umgewandelt:

```
void connect_<portname> (in <interface> conx)
  raises (Components::AlreadyConnected,
          Components::InvalidConnection);

<interface> disconnet_<portname>()
  raises (Components::NoConnection);

<interface> get_connection_<portname>();
```

connect_*()

Die Operation connect_<portname> bekommt als Eingabeparameter eine Referenz auf ein CORBA-Interface interface. Sollte diese Operation aufgerufen werden, obwohl dieses *Receptacle* bereits gebunden ist, so wird die Ausnahme AlreadyConnected ausgelöst. Sollte es andere Gründe geben, warum das Binden einer Objektreferenz an dieses *Receptacle* nicht möglich ist, so wird die Ausnahme InvalidConnection ausgelöst.

diconnect_*()

Die Operation disconnect_<portname> stellt gewissermaßen das Gegenstück zur connect-Operation dar. Ist das *Receptacle* gebunden, so wird diese Verbindung aufgelöst und die Objektreferenz, die gebunden war, als Ergebnis der Operation zurückgegeben. Sollte an diesem *Receptacle* keine Verbindung bestehen, so wird die Ausnahme NoConnection ausgelöst.

get_ connection_*()

In einigen Fällen ist es wichtig, den aktuellen Zustand des *Receptacle* abzufragen. Das ist beispielweise hilfreich, wenn man sich mit Hilfe eines Administrationswerkzeugs einen Überblick über den derzeitigen Zustand einer Anwendung verschaffen will. Ein solches Werkzeug muss dann die Verbindungen zwischen den Komponenten ermitteln. Das kann beispielsweise durch den Aufruf der Operation get_connection_<portname> erreicht werden. Falls es eine aktuelle Verbindung an diesem *Receptacle* gibt, so wird die Objektreferenz des gebundenen Interface als Ergebnis des Operationsaufrufs zurückgegeben. Besteht aktuell keine Verbindung, so wird eine nil-Objektreferenz zurückgegeben.

Bei einem mehrfachen *Receptacle* sieht die Umwandlung für das äquivalente Interface ähnlich aus. Da bei einem mehrfachen *Receptacle* mehr als eine Objektreferenz gebunden werden kann, benötigt man in diesem Fall einen zusätzlichen Mechanismus, um diese Bindungen voneinander zu unterscheiden. Aufgrund der Natur von CORBA ist eine Unterscheidung anhand der gebundenen Objektreferenz nicht ausreichend, da man anhand des Vergleichs nicht immer eindeutig feststellen kann, ob es zwei Objektreferenzen auf dasselbe

Objekt verweisen. Um diese Probleme zu umgehen, definiert das CORBA-Komponentenmodell den speziellen *Valuetype* `Components::Cookie`, der generell zur Identifizierung eingesetzt wird.

der spezielle Valuetype Cookie zur Identifikation im CORBA-Komponentenmodell

```
module Components {

  valuetype Cookie {
    private CORBA::OctetSeq cookieValue;
  };
};
```

Anhand des Wertes von `cookieValue` können verschiedene Instanzen von `Cookie` unterschieden werden. Wichtig ist natürlich, dass die Instanz, die einen *Valuetype* `Cookie` erzeugt, dafür Sorge trägt, dass der Wert von cookieValue im betrachteten Kontext eindeutig ist. Diese Zustandsvariable ist privat und bleibt somit verborgen. Damit lassen sich nun die Umwandlungsregeln für ein mehrfaches *Receptacle* aufschreiben.

äquivalente Umwandlung eines mehrfachen Receptacle

```
uses multiple <interface> <portname>;
```

wird in folgende Definitionen und Operationen am äquivalenten Komponenteninterface umgewandelt:

```
struct <portname>Connection {
  <interface> objref;
  Components::Cookie ck;
};

sequence <<portname>Connection>
  <portname>Connections;

Components::Cookie connect_<portname> (
  in <interface> connection)
  raises (Componenents::ExceededConnectionlimit,
          Components::InvalidConnection);

<interface> diconnect_<portname> (
  in Components::Cookie ck)
  raises (Components::InvalidConnection);

<portname>Connections get_connections_<portname>();
```

Der Strukturtyp <portname> Connection

Der Strukturtyp `<portname>Connection` wird benutzt, um eine einzelne Verbindung zu beschreiben. Es wird jeweils ein *Cookie* mit einer Objektreferenz assoziiert.

connect_*()

Die Operation connect_<portname> bindet die Objektreferenz connection an das *Receptacle*. Gegenüber dem einfachen *Receptacle* ist der Unterschied, dass ein *Cookie* als Ergebnis dieser Operation zurückgegeben wird. Mit dem *Cookie* kann später die Bindung der Objektreferenz wieder aufgehoben werden.

Die Anzahl der möglichen Bindungen kann administrativ oder aufgrund von Implementierungseinschränkungen begrenzt sein. Wird diese Grenze erreicht und kann keine weitere Objektreferenz gebunden werden, so wird in diesem Fall die Ausnahme Components::ExceededConnectionLimit ausgelöst. Sollte es andere Gründe geben, eine Verbindung abzulehnen, so wird die Ausnahme Components::InvalidConnection geworfen.

disconnect_*()

Die Operation disconnect_<portname> löst die Bindung einer Objektreferenz an einem mehrfachen *Receptacle* auf. Um die Objektreferenz eindeutig zu identifizieren, muss als Eingabeparameter der *Cookie* übergeben werden, der beim Binden zurückgegeben wurde. Sollte der *Cookie* keine aktive Verbindung identifizieren, sei es, weil der *Cookie* nicht von diesem *Receptacle* erzeugt wurde oder weil die Verbindung bereits aufgelöst wurde, so wird die Ausnahme Components::InvalidConnection ausgelöst.

get_ connections_*()

Die Operation get_connections_<portname> kann benutzt werden, um den aktuellen Zustand eines *Receptacle* abzufragen. Als Ergebnis dieser Operation wird eine Sequenz von Strukturen des Typs <portname>Connection geliefert, bei der jedes Element eine aktive Verbindung bezeichnet.

9.2.3 Umwandlung eines Ereignistyps

s. Kap. 8.1.7

Bevor Ereignisproduzenten und Ereigniskonsumenten an einer CORBA-Komponente definiert werden können, muss ein entsprechender Ereignistyp definiert werden, der die auszutauschende Information enthält. Die Definition eines Ereignistyps wird nur dann äquivalent umgewandet, wenn dieser Typ tatsächlich für einen Ereignisproduzenten oder Ereigniskonsumenten benutzt wird.

Aus der Definition eines Ereignistyps wird ein äquivalenter *Valuetype* abgeleitet. Die Vererbungsrelation, in der der Ereignistyp steht, wird für den *Valuetype* übernommen. Zusätzlich muss der äquivalente *Valuetype* für den Ereignistyp immer direkt oder indirekt von dem vordefinierten *Valuetype* Components::EventBase abgeleitet werden. Die folgenden Unwandlungsregeln werden für einen Ereignistyp angewendet.

```
module Components {
  abstract valuetype EventBase {};
};
```

der Basis-Valuetype EventBase für Ereignistypen

Wird ein Ereignistyp nicht von einem anderen Ereignistyp abgeleitet, so leitet der entsprechende äquivalente *Valuetype* von `Components::EventBase` ab. Anderenfalls wird der entstehende äquivalente *Valuetype* vom äquivalenten Valuetype des Basis-Ereignistyps abgeleitet. Alle Definitionen, die im Ereignistyp enthalten sind, werden in den neu entstandenen äquivalenten *Valuetype* übernommen. Die Umwandlung erfolgt folgendermaßen.

äquivalente Umwandlung eines Ereignistyps in einen Valuetype

```
valuetype <value-name>
  { <weiter definitionen> };

eventtype <ereignisname> : <value-name> {
  <weitere definitionen>
};
```

wird in den folgenden Value-Typ ungewandelt:

```
valuetype <ereignisname> :
  <value-name>,
  Components::EventBase
{
  <weitere definitionen>
};
```

Aus der Definition eines Ereignistyps entsteht neben einem äquivalenten *Valuetype* auch ein äquivalentes Ereigniskonsumenteninterface. Dieses muss von einem Ereigniskonsumenten implementiert werden. Wird ein Ereignistyp von einem anderen abgeleitet, so wird auch das äquivalente Ereigniskonsumenteninterface des entstehenden Ereignistyps vom äquivalenten Ereigniskonsumenteninterface des Basis-Ereignistypen abgeleitet. Falls es keinen Basis-Ereignistypen gibt, wird der entstehende äquivalente Ereignistyp von `Components::EventConsumerBase` abgeleitet. Dieses Interface ist wie folgt definiert.

das Basis-Interface EventConsumerBase für alle Ereigniskonsumenten

```
module Components {

  interface EventConsumerBase {
    void push_event (in EventBase evt)
    raises (BadEventType);
  };
};
```

push_event() Die Operation push_event wird vom Ereignisproduzenten benutzt, um ein Ereignis evt an einen Ereigniskonsumenten zu übertragen. Da in dieser Operation der Basistyp EventBase benutzt wird, kann das gesendete Ereignis von einem falschen Typ sein. Das kann auf der Empfängerseite erst nach dem Erhalt des Ereignisses festgestellt werden. In einem solchen Fall wird die Ausnahme Components::BadEventType ausgelöst. Das äquivalente Konsumenteninterface für einen Ereignistypen entsteht folgendermaßen.

äquivalente Umwandlung eines Ereignistyps in ein Konsumenteninterface

```
eventtype <ereignisname> {
  <weitere defintionen>
};
```

wird in das folgende Konsumenteninterface umgewandelt:

```
interface <ereignisname> :
  Components::EventConsumerBase {
  void push_<ereignisname> (
    in <ereignisname> the_<ereignisname>);
};
```

push() Die Operation push_<ereignisname> ist analog zu der Operation push aus dem Interface EventConsumerBase, allerdings ist diese Operation typspezifisch. Das bedeutet, dass bereits durch die Signatur der Operation sichergestellt wird, dass ein Ereignis vom richtigen Typ übertragen wird.

9.2.4 Umwandlung von Ereignisproduzenten

s. Kap. 8.1.8 Die Definition von Ereignisproduzenten an einem Komponententyp führt durch die äquivalente Umwandlung zu Operationen am äquivalenten Interface der Komponente. Mit diesen Operationen kann man die Verbindungen zu Ereignisproduzenten verwalten. Die beiden Arten von Ereignisproduzenten, die es im CORBA-Komponentenmodell gibt, unterscheiden sich in erster Linie durch die Anzahl der möglichen Verbindungen zu Ereigniskonsumenten. Daraus ergeben sich unterschiedliche Anforderungen an die Umwandlung einer solchen Definition. Ein *Publisher* kann an viele verschiedene Ereigniskonsumenten Ereignisse verschicken. Für ihn gelten folgende Regeln.

```
publishes <ereignistyp> <portname>;
```

äquivalente Umwandlung eines Publisher

wird umgewandelt in die folgenden Operationen am äquivalenten Komponenteninterface:

```
Components::Cookie subscribe_<portname> (
  in <ereignistyp>Consumer consumer)
  raises (Components::ExceededConnectionLimit);

<ereignistyp>Consumer unsubscribe_<portname> (
  in Components::Cookie)
  raises (Components::InvalidConnection);
```

subscribe_*()

Die Operation `subscribe_<portname>` erhält als Eingabeparameter eine Objektreferenz vom Typ `<ereignistyp>Consumer`, der das äquivalente Konsumenteninterface spezifiziert, das sich aus der Umwandlung des Ereignistyps `ereignistyp` ergibt. Da an einen *Publisher* mehr als ein *Consumer* gebunden werden kann, ist es für das spätere Lösen solcher Verbindungen notwendig, sie genau identifizieren zu können. Dazu wird, wie bei einem mehrfachen *Receptacle* (s. Kap. 9.2.2), ein Wert vom Typ `Components::Cookie` durch die Operation zurückgegeben. Falls mit der neuen Verbindung die Anzahl der maximal möglichen Verbindungen überschritten werden sollte, wird die Ausnahme `Components::ExceededConnectionLimit` geworfen. Die genaue Anzahl lässt sich nicht spezifizieren und ist implementierungsabhängig.

unsubscribe_*()

Mit der Operation `unsubscribe_<portname>` kann man die Verbindung eines Ereigniskonsumenten an einem *Publisher* wieder aufheben. Dazu muss als Eingabeparameter der *Cookie* übergeben werden, der im Prozess der vorangegangenen Bindung zurückgeliefert wurde. Kann der *Cookie* nicht mit einer aktuellen Verbindung assoziiert werden, so wird stattdessen die Ausnahme `Components::InvalidConnection` ausgelöst. Im Fall einer erfolgreichen Verbindungsauflösung wird die Objektreferenz auf den vormals gebundenen Ereigniskonsumenten zurückgegeben.

Ein *Emitter* kann an genau einen Ereigniskonsumenten Ereignisse verschicken. Dadurch kann die Benutzung eines *Cookie* entfallen. Bei einem *Emitter* gelten folgende Umwandlungsregeln.

```
emits <ereignistyp> <portname>;
```

äquivalente Umwandlung eines Emitter

werden die folgenden Operationen am äquivalenten Komponenteninterface erzeugt:

```
void connect_<portname> (
```

```
    in <ereignistyp>Consumer consumer)
    raises (Components::AlreadyConnected);

  <ereignistyp>Consumer disconnect_<portname>()
    raises (Components::NoConnection);
```

connect_*()

Die Operation connect_<portname> bindet den im Parameter consumer übergebenen Ereigniskonsumenten an den *Emitter*. Sollte an diesem Port bereits eine Bindung existieren, dann wird die Ausnahme Components::AlreadyConnected ausgelöst.

disconnect_*()

Die Operation disconnect_<portname> hebt die Bindung zu einem Ereigniskonsumenten wieder auf. Als Ergebnis dieser Operation wird die Objektreferenz des vorher gebundene Ereigniskonsumenten zurückgeliefert. Sollte beim Aufruf der Operation keine Bindung bestehen, so wird in diesem Fall die Ausnahme Components::NoConnection ausgelöst.

9.2.5 Umwandlung von Ereigniskonsumenten

s. Kap. 8.1.9

Aus der Definition eines *Consumer* ergibt sich, dass die Komponente ein Interface zum Konsumieren eines Ereignisses anbietet, das sich aus dem Ereignistyp ableitet (s. Kap. 9.2.3). Dieses Interface ähnelt konzeptionell einem *Facet* und bietet Operationen zur Übergabe eines Ereignisses an. Ähnlich wie bei einem *Facet* wird auch für einen *Consumer* eine Navigationsoperation am äquivalenten Komponenteninterface erzeugt, um die Objektreferenzen der Ereigniskonsumenten zu erfragen, die dann an Ereignisproduzenten gebunden werden können. Die Umwandlungsregeln für einen *Consumer* sind wie folgt.

äquivalente Umwandlung eines Consumer

```
consumes <ereignistyp> <portname>;
```

wird abgebildet auf die folgende Operation am äquivalenten Interface der Komponente:

```
<ereignistyp>Consumer
get_consumer_<portname> ();
```

get_consumer_*()

Die Operation get_consumer_<portname> liefert als Ergebnis eine Objektreferenz auf den Ereigniskonsumenten mit dem Namen portname.

9.2.6
Das Interface CCMObject

Das Interface CCMObject stellt generische Operationen zur Verwaltung der Strukturmerkmale einer Komponente bereit.

Die Umwandlung der Komponententypdefinition in ein äquivalentes Interface erfolgt typspezifisch. Das heißt, für jeden Komponententyp entsteht ein eigenes spezifisches Interface. Aufgrund der Typinformationen können bestimmte Fehler bereits zur Kompilierungszeit erkannt werden. Diesem Vorteil steht aber speziell im CORBA-Komponentenmodell der Nachteil gegenüber, dass diese Interfaces von generischen Werkzeugen nicht benutzt werden können. Aus diesem Grund verfügt das äquivalente Komponenteninterface zusätzlich zu den typspezifischen äquivalenten Operationen stets über eine feste Menge generischer Operationen, über die sich dieselbe Funktionalität, wie über die typspezifischen Operationen, erreichen lässt.

Diese generischen Operationen wurden in dem CORBA-Interface `Components::CCMObject` vereinigt, welches Basisinterface für jedes äquivalente Komponenteninterface ist. Dieses Interface kann beispielsweise von Softwarewerkzeugen benutzt werden, um im Rahmen der Installation und Inbetriebnahme von Anwendungen Verbindungen zwischen den Komponenten zu erzeugen. Für eine bessere Strukturierung wurden zusammen gehörende Aufgaben in separaten Interfaces definiert.

das Interface CCMObject

```
module Components {

  interface CCMObject :
      Navigation, Receptacles, Events {

    CORBA::IRObject get_component_def();

    CCMHome get_ccm_home();

    PrimaryKeyBase get_primary_key()
      raises (NoKeyAvailable);

    void configuration_complete()
      raises (InvalidConfiguration);

    void remove()
      raises (RemoveFailure);

    ComponentPortDescription get_all_ports();
  };
};
```

Das Interface CCMObject erbt von den Interfaces Navigation, Receptacles und Events. Eine nähere Betrachtung dieser Interfaces folgt im Anschluss. Darüber hinaus stellt es Operationen zur Verwaltung einer Komponente bereit, die sich nicht einem der drei eben genannten Interfaces zuordnen lassen.

get_compnent_def()

Die Operation get_component_def liefert eine Objektreferenz auf ein Objekt in einem *Interface Repository* zurück. Dieses Objekt kann benutzt werden, um Informationen über den Komponententyp zu erfragen.

get_ccm_home ()

Die Operation get_ccm_home kann benutzt werden, um eine Objektreferenz auf das *Home*, das diese Komponente verwaltet, zu erhalten. Als Rückgabewert erhält man eine Objektreferenz auf das generische *Home*-Interface Components::CCMHome. Dieser Typ wird in Kap. 9.3.2 beschrieben.

get_primary_key()

Die Operation get_primary_key liefert den aktuellen Schlüssel der Komponente zurück. Falls diese Komponenteninstanz von einem *Home* verwaltet wird, für das kein Primärschlüssel definiert wurde, wird die Ausnahme NoKeyAvailable ausgelöst.

configuration_complete()

Die Operation configuration_complete wird aufgerufen, um der Komponente den Übergang von der Konfigurations- in die Arbeitsphase zu signalisieren. Eine Komponente kann und sollte zu diesem Zeitpunkt überprüfen, ob sie richtig konfiguriert ist. Wird eine unzureichende oder fehlerhafte Konfiguration festgestellt, kann die Ausnahme InvalidConfiguration ausgelöst werden.

remove()

Der Aufruf der Operation remove führt zur Zerstörung der Komponente. Damit werden alle Referenzen auf diese Komponente ungültig. Sollte im Verlauf der Zerstörung der Komponente in der Komponentenimplementierung ein Fehler auftreten, so kann das durch die Ausnahme RemoveFailure signalisiert werden.

get_all_ports()

Die Operation get_all_ports liefert als Ergebnis die Beschreibungen aller Ports der Komponente zurück. Mit diesen Beschreibungen erlangt man auch Informationen über den aktuellen Zustand der Verbindungen der Komponente.

9.2.7 Das Interface Navigation

Das Interface Navigation enthält facetbezogene Operationen.

Unter dem Begriff Navigation versteht man im CORBA-Komponentenmodell die Fähigkeit, vom Komponenteninterface ausgehend zu den *Facets* zu gelangen und umgekehrt von einem *Facet* einer Komponente zum Komponenteninterface. Zu diesem Zweck existieren am Komponenteninterface Navigationsoperationen, die sich zum Teil aus der äquivalenten Typumwandlung ergeben und zum Teil im Interface `Navigation` definiert sind. Um die Navigation von einem *Facet* zum Komponenteninterface zu ermöglichen, wurde der Basistyp `CORBA::Object` um die Pseudo-Operation `_get_component` erweitert. Dies ist auch die einzige Stelle, an der der CORBA-Standard speziell für das CORBA-Komponentenmodell erweitert werden musste. Diese Operation liefert als Ergebnis die Objektreferenz des Komponenteninterface, falls das Interface, an der diese Operation gerufen wurde, ein *Facet* einer Komponente oder das Komponenteninterface selbst ist. Ansonsten wird eine *nil*-Objektreferenz zurückgegeben.

Das Interface `Components::Navigation` ist Basistyp von `Components::CCMObject` und somit Basistyp für jedes äquivalente Komponenteninterface. Einige der dort zu findenden Operationen sind generische Varianten der typspezifischen Operationen, die sich aus der Typumwandlung für das äquivalente Komponenteninterface ergeben. Das Interface `Navigation` ist folgendermaßen definiert.

das Interface Navigation

```
module Components {

  valuetype FacetDescription : PortDescription {
    public Object ref;
  };
  typedef sequence <FacetDescription>
    FacetDescriptions;

  interface Navigation {

    Object provide_facet (in FeatureName name)
      raises (InvalidName);

    FacetDescriptions get_all_facets();

    FacetDescriptsions get_named_factes (
      in NameList names)
      raises (InvalidName);

    boolean same_component (in Object obj_ref);
  };
};
```

Der *Valuetype* `FacetDescription` ist eine Spezialisierung des *Valuetype* `PortDescription`. Er enthält zusätzlich zu einer allgemeinen Beschreibung eines Ports durch eine *Repository Id* und einen Portnamen, die jeweils aus dem *Valuetype* `PortDescription` eingeerbt werden, eine Objektreferenz des entsprechenden *Facet*. Der Typ `FacetDescriptions` ist eine Sequenz von `FacetDescription`-*Valuetypes*.

provide_facet() Die Operation `provide_facet` erhält als Eingabeparameter einen `string`, der den Namen eines *Facet* einer Komponente spezifiziert. Kann der Name erfolgreich einem Port zugeordnet werden, erfolgt als Ergebnis dieser Operation die Rückgabe einer Objektreferenz des bezeichneten *Facet*. Kann der Name nicht zugeordnet werden, so wird die Ausnahme `Components::InvalidName` ausgelöst.

get_all_facets() Die Operation `get_all_facets` kann benutzt werden, um eine Beschreibung aller *Facets* einer Komponente zu erhalten. Enthalten in der Beschreibung ist die Zuordnung von *Facet*-Portnamen zu Objektreferenzen.

get_named_facets() Die Operation `get_named_facets` ist analog der Operation `get_all_facets` mit der Einschränkung, dass nur für die im Parameter `names` bezeichneten *Facets* Beschreibungen zurückgeliefert werden..

same_component() Die Operation `same_component` kann benutzt werden, um zu ermitteln, ob eine Objektreferenz zu einer bestimmten Komponenteninstanz gehört oder nicht. Falls die als Eingabeparameter übergebene Objektreferenz zu einem der *Facets* gehört oder das Komponenteninterface selbst referenziert, so liefert diese Operation das Ergebnis `true`. Anderenfalls wird `false` zurückgegeben.

9.2.8 Das Interface Receptacles

Das Interface Receptacles enthält receptacle-bezogene Operationen.

Das Interface `Components::Receptacles` ist Basisinterface von `Components::CCMObject` und dadurch Basisinterface für jedes äquivalente Komponenteninterface. In diesem Interface vereinen sich Operationen, die dem Verbindungsmanagement der *Receptacles* von Komponenten dienen. In dem Interface `Recptacle` werden die folgenden Typen aus dem Modul `Components` benutzt.

Typdefinitionen aus dem Modul Components für das Interface Receptacles

```
module Components {

  valuetype ConnectionDescription {
    public Cookie ck;
    public Object objref;
  };
  typedef sequence <ConnectionDescription>
    ConnectionDescriptions;

  valuetype ReceptacelDescription :
    PortDescription {
    public boolean is_multiple;
```

```
    public ConnectionDescriptions connections;
  };

  typedef sequence <ReceptacleDescription>
    ReceptacleDescriptions;
};
```

Die definierten Typen dienen vor allem der Beschreibung der *Receptacles*. Der *Valuetype* `ConnectionDescription` assoziiert einen *Valuetype* vom Typ `Cookie` mit einer Objektreferenz. Dadurch lässt sich eine Bindung an einem *Receptacle* beschreiben. Es gibt außerdem den Typ `ConnectionDescriptions`, der eine Sequenz von `ConnectionDescription`-*Valuetypes* ist. Der *Valuetype* `ReceptacleDescription` wird benutzt, um ein *Receptacle* zu beschreiben. Er erweitert den *Valuetype* `PortDescription` um eine zusätzliche Variable `is_multiple`, die bei einem Wert von `true` ein mehrfaches *Receptacle* anzeigt. Schließlich ist eine Sequenz von `ReceptacleDescription`-*Valuetypes* in Form des Typs `ReceptacleDescriptions` enthalten. Das Interface `Components::Receptacles` hat die folgende Form.

das Interface Receptacles

```
module Components {

  interface Receptacles {

    Cookie connect (in FeatureName name,
                    in Object connection)
      raises (InvalidName, InvalidConnection,
              AlreadyConnected,
              ExceededConnectionLimit);

    Object disconnect (in FeatureName name,
                       in Cookie ck)
      raises (InvalidName,
              InvalidConnection,
              CookieRequired,
              NoConnection);

    ConnectionDescriptions get_connection (
      in FeatureName name)
      raises (InvalidName);

    ReceptacelDescription get_all_receptacles();

    ReceptacleDescriptions get_named_receptacles (
      in NameList names)
      raises (InvalidName);
  };
};
```

connect() Die Operation `connect` wird benutzt, um eine Objektreferenz an ein *Receptacle* mit dem Namen `name` zu binden. Die zu bindende Objektreferenz wird über den Parameter `connection` identifiziert. Als Ergebnis dieser Operation wird ein *Valuetype* vom Typ `Cookie` zurückgegeben. Falls es sich beim Port, der durch den Parameter `name` identifiziert wird, um ein einfaches *Receptacle* handelt, so wird ein Nullwert zurückgegeben. Ist es jedoch ein mehrfaches *Receptacle*, so ist der Rückgabewert ein *Valuetype* vom Typ `Cookie`, der in einer späteren `disconnect`-Operation benutzt werden muss.

Da diese Operation generisch ist und gleichzeitig sowohl für einfache als auch für mehrfache *Receptacles* benutzt wird, verfügt sie über vier mögliche Ausnahmen. Gibt es für diesen Komponententyp kein *Receptacle* mit dem Namen `name`, dann wird die Ausnahme `InvalidName` ausgelöst. Falls der Typ der Objektreferenz `connection` nicht dem Interface des *Receptacle* genügt, dann wird die Ausnahme `InvalidConnection` ausgelöst. Handelt es sich bei dem betroffenen Port um ein einfaches *Receptacle* und besteht bereits eine Verbindung, dann wird die Ausnahme `AlreadyConnected` ausgelöst. Handelt es sich um ein mehrfaches *Receptacle*, kann bei Überschreitung einer gewissen Anzahl an Verbindungen die Ausnahme `ExceededConnectionLimit` ausgelöst werden. Die Anzahl der maximalen Verbindungen lässt sich nicht spezifizieren und ist implementierungsabhängig.

disconnect() Die Operation `disconnect` wird benutzt, um die Bindung einer Objektreferenz an dem *Receptacle* `name` aufzulösen. Handelt es sich bei diesem um einen mehrfaches *Receptacle*, so muss als zweiter Parameter ein von Null verschiedener *Valuetype* `ck` vom Typ `Cookie` übergeben werden, der als Ergebnis einer vorangegangen `connect`-Operation geliefert wurde. Handelt es sich hingegen um ein einfaches *Receptacle*, so kann dieser Parameter Null sein.

Wird die `disconnect`-Operation erfolgreich beendet, wird sowohl für einfache als auch für mehrfache *Receptacles* die Objektreferenz zurückgegeben, deren Bindung aufgehoben wurde. Auch bei dieser `disconnect` kann es zu Fehlersituationen kommen. Sollte es kein *Receptacle* mit dem Namen `name` geben, wird die Ausnahme `InvalidName` ausgelöst. Sollte es sich um einen einfachen Port handeln, an dem keine Verbindung besteht, wird die Ausnahme `NoConnection` ausgelöst. Handelt es sich um einen mehrfachen Port und identifiziert der Parameter `ck` keine der vorhandenen Verbindungen, wird die Ausnahme `InvalidConnection` ausgelöst. Ist der Parameter `ck` bei einem mehrfachen *Receptacle* `Null`, so wird die Ausnahme `CookieRequired` ausgelöst.

Die Operation `get_connections` kann benutzt werden, um Informationen über die existierenden Verbindungen am *Receptacle* mit dem Namen `name` zu erfragen. Verfügt die Komponente über kein *Receptacle* dieses Namens, wird die Ausnahme `InvalidName` geworfen. Als Ergebnis der Operation wird eine Sequenz von *Valuetypes* des Typs `ConnectionDescription` geliefert.

get_connections()

Die Operation `get_all_receptacles` liefert eine Beschreibung aller *Receptacles* der Komponente. Der Rückgabewert der Operation ist eine Sequenz von *Valuetypes* des Typs `ReceptacleDescription`. Falls die Komponente keine *Receptacles* besitzt, wird eine Sequenz der Länge Null zurückgegeben.

get_all_receptacles()

Die Operation `get_named_receptacles` ist eine Spezialisierung der Operation `get_all_receptacles`, bei der lediglich Beschreibungen der im Parameter `names` aufgeführten *Receptacles* zurückgeliefert werden. Sollte einer der Namen kein an der Komponente verfügbares *Receptacle* bezeichnen, so wird die Ausnahme `InvalidName` ausgelöst.

get_named_receptacles()

9.2.9 Das Interface Events

Wie die Interfaces `Navigation` und `Receptacles` ist auch das Interface `Events` im Modul `Components` definiert und ein Basisinterface von `Components::CCMObject`. In diesem Interface werden Operationen definiert, die dem Verwalten der Ereignis-Ports und ihrer Verbindungen dienen. Die Operationen entsprechen in ihrer Funktionalität den typspezifischen Operationen am äquivalenten Komponenteninterface, die sich aus der Umwandeln von Ereignis-Port-Definitionen ergeben haben. Als Parameter in diesen Operationen werden unter anderem die folgenden Typen verwendet.

Typdefinitionen aus dem Modul Components für das Interface Events

```
module Components {

  valuetype ConsumerDescription : PortDescription {
    public EventConsumerBase consumer;
  };
  typedef sequence <ConsumerDescription>
    ConsumerDescriptions;

  valuetype EmitterDescription : PortDescription {
    public EventConsumerBase consumer;
  };
  typedef sequence <EmitterDescription>
    EmitterDescriptions;

  valuetype SubscriberDescription {
```

```
    public Cookie ck;
    public EventConsumerBase consumer;
  };
  typedef sequence <SubscriberDescription>
    SubscriberDescriptions;

  valuetype PublisherDescription : PortDescription {
    public SubscriberDescriptions consumers;
  };
  typedef sequence <PublisherDescription>
    PublisherDescriptions;
};
```

Zur Beschreibung der Ereignisports dienen die Datentypen `ConsumerDescription`, `EmitterDescription` und `PublisherDescription`, die jeweils vom *Valuetype* `PortDescription` ableiten. Der *Valuetype* `ConsumerDescription` beschreibt einen *Consumer* und enthält zu diesem Zweck zusätzlich zu den Informationen aus `PortDescription` die Objektreferenz des angebotenen Ereigniskonsumenten. `EmitterDescription` beschreibt einen *Emitter* und enthält zusätzlich die Objektreferenz des verbundenen Ereigniskonsumenten. Falls der *Emitter* nicht gebunden ist, wird eine *nil*-Objektreferenz zurückgegeben. `PublisherDescription` beschreibt einen *Publischer*. Da an diesem Port mehrere Ereigniskonsumenten gebunden sein können, enthält er zusätzlich eine Sequenz von *Valuetypes* des Typs `SubscriberDescriptions`. Falls keine Bindungen an dem betreffendem *Publisher* bestehen, hat die Sequenz die Länge Null. Das Interface `Components::Events` ist folgendermaßen definiert.

das Interface Events

```
module Components {

  interface Events {

    EventConsumerBase get_consumer (
      in FeatureName sink_name)
      raises (InvalidName);

    Cookie subscribe (
      in FeatureName publisher_name,
      in EventConsumerBase subscriber)
      raises (InvalidName,
              InvalidConnection,
              ExceededConnectionLimit);

    EventConsumerBase unsubscribe (
      in FeatureName publisher_name,
      in Cookie ck)
```

```
      raises (InvalidName,
              InvalidConnection);

    void connect_consumer (
      in FeatureName emitter_name,
      in EventConsumerBase consumer)
      raises (InvalidName,
              AlreadyConnected,
              InvalidConnection);

    EventConsumerBase disconnect_consumer (
      in FeatureName source_name)
      raises (InvalidName,
              NoConnection);

    ConsumerDescriptions get_all_consumers();

    ConsumerDescriptions get_named_consumers (
      in NameList names)
      raises (InvalidName);

    EmitterDescriptions get_all_emitters();

    EmitterDescriptions get_named_emitters (
      in NameList names)
      raises (InvalidName);

    PublisherDescriptionsget_all_publishers();

    PublisherDescriptions get_named_publishers (
      in NameList names)
      raises (InvalidName);
  };
};
```

get_consumer()

Die Operation `get_consumer` gibt die Objektreferenz des *Consumer* mit dem Namen `sink_name` zurück. Verfügt die Komponente über keinen *Consumer* des übergebenen Namens, so wird die Ausnahme `InvalidName` ausgelöst.

subscribe()

Die Operation `subscribe` wird benutzt, um einen Ereigniskonsumenten an einen *Publisher* mit dem Namen `publisher_name` zu binden. Im Parameter `subscriber` wird die Objektreferenz des zu bindenden Ereigniskonsumenten übergeben. Nach erfolgreicher Bindung wird als Ergebnis der Operation ein *Valuetype* vom Typ `Cookie` zurückgegeben, der für eine spätere `unsubscribe`-Operation benutzt werden muss. Sollte der übergebene Name nicht einen der *Publisher* der Komponente bezeichnen, wird die Ausnahme `InvalidName` ausgelöst. Da es sich bei der an diese Operation übergebenen Objektreferenz um das generischen Interface `Compo-`

nents::EventConsumerBase handelt, kann erst beim Aufruf festgestellt werden, ob der Ereigniskonsument dem vom *Publisher* spezifizierten Ereignistyp genügt. Sollte das nicht der Fall sein, wird die Ausnahme InvalidConnection ausgelöst. Sollte die maximale Anzahl der möglichen Verbindungen überschritten werden, wird die Ausnahme ExceededConnectionLimit ausgelöst. Die maximale Anzahl der Verbindungen lässt sich nicht spezifizieren und ist implementierungsabhängig.

unsubscribe()

Zum Abmelden eines Ereigniskonsumenten von einem *Publisher* mit dem Namen publisher_name wird die Operation unsubscribe benutzt. Im Parameter ck wird ein *Cookie* übergeben, der bei einer vorangegangenen subscribe-Operation zurückgegeben wurde. Bei einem erfolgreichen Auflösen der Verbindung wird die dazugehörige Objektreferenz auf den bisher gebundenen Ereigniskonsumenten zurückgegeben. Verfügt die Komponente jedoch nicht über einen *Publisher* des übergegeben Namens, wird die Ausnahme InvalidName ausgelöst. Kann durch den übergegeben *Valuetype* ck keine passende Verbindung identifiziert werden, wird die Ausnahme InvalidConnection ausgelöst.

connect_consumer()

Um einen Ereigniskonsumenten an einen *Emitter* zu binden, wird die Operation connect_consumer benutzt. Ähnlich zu der Operation subscribe werden der Name des betroffenen *Emitter* im Parameter emitter_name und die Objektreferenz auf den zu bindenden Ereigniskonsumenten im Parameter consumer übergeben. Im Gegensatz zur subscribe-Operation wird kein *Cookie* zurückgegeben, da es immer nur eine Verbindung an einem *Emitter* geben kann. Falls der übergebene Name keinen an der Komponente verfügbaren *Emitter* bezeichnet, wird die Ausnahme InvalidName ausgelöst. Sollte es bereits eine Verbindung an diesem *Emitter* geben, wird die Ausnahme AlreadyConnected ausgelöst. Genügt der Ereigniskonsument nicht dem durch den *Emitter* spezifizierten Ereignistyp, wird die Ausnahme InvalidConnection ausgelöst.

disconnect_consumer()

Zum Auflösen einer Verbindung eines Ereigniskonsumenten an einem *Emitter* wird die Operation disconnect_consumer benutzt. Der Eingabeparameter emitter_name spezifiziert den Namen des *Emitter*. Sollte die Operation erfolgreich beendet werden, wird die Objektreferenz des bisher gebundenen Ereigniskonsumenten zurückgegeben. Verfügt die Komponente nicht über einen *Emitter* des übergegebenen Namens, so wird die Ausnahme InvalidName ausgelöst. Existiert beim Aufruf dieser Operation keine Verbindung an dem bezeichneten *Emitter*, wird die Ausnahme NoConnection ausgelöst.

Mit der Operation `get_all_consumers` erhält man eine Beschreibung aller *Consumers* einer Komponente. Die Beschreibung wird durch eine Sequenz von *Valuetypes* des Typs `ConsumerDescription` zurückgegeben. Sollte die Komponente über keine *Consumers* verfügen, wird eine Sequenz der Länge Null zurückgegeben.

get_all_consumers()

Die Operation `get_named_consumers` ist eine Spezialisierung der Operation `get_all_consumers`, bei der lediglich Beschreibungen der im Parameter `names` aufgeführten *Consumers* zurückgeliefert werden. Sollte einer der Namen keinen an der Komponente verfügbaren *Consumer* bezeichnen, so wird die Ausnahme `InvalidName` ausgelöst.

get_named_consumer()

Mit der Operation `get_all_emitters` erhält man eine Beschreibung aller *Emitters* einer Komponente. Die Beschreibung wird durch eine Sequenz von *Valuetypes* des Typs `EmitterDescription` zurückgegeben. Sollte die Komponente über keine *Emitters* verfügen, hat die Sequenz die Länge Null.

get_all_emitters()

Die Operation `get_named_emitters` ist eine Spezialisierung der Operation `get_all_emitters`, bei der lediglich Beschreibungen der im Parameter `names` aufgeführten *Emitters* zurückgeliefert werden. Sollte einer der Namen keinen an der Komponente verfügbaren *Emitter* bezeichnen, wird die Ausnahme `InvalidName` ausgelöst.

get_named_emitters()

Mit der Operation `get_all_publishers` erhält man eine Beschreibung aller *Publishers* einer Komponente. Die Beschreibung wird durch eine Sequenz von *Valuetypes* des Typs `PublisherDescription` zurückgegeben. Sollte die Komponente über keine *Publishers* verfügen, wird eine Sequenz der Länge Null zurückgegeben.

get_all_publishers()

Die Operation `get_named_publishers` ist eine Spezialisierung der Operation `get_all_publishers`, bei der lediglich Beschreibungen der im Parameter `names` aufgeführten *Publishers* zurückgeliefert werden. Sollte einer der Namen keinen an der Komponente verfügbaren *Publisher* bezeichnen, wird die Ausnahme `InvalidName` ausgelöst.

get_named_publishers()

9.3 Home-Interface

Ähnlich zur Umwandlung einer Komponententypdefinition entsteht aus einer *Home*-Typdefinition ebenfalls ein äquivalentes Interface. Die genaue Form dieses Interface hängt neben dem durch das *Home* verwalteten Komponententyp davon ab, ob für den *Home*-Typ ein

Primärschlüssel definiert wurde oder nicht. Einige der Operationen des äquivalenten *Home*-Interface tragen denselben Namen in allen äquivalenten *Home*-Interfaces, haben jedoch für jedes äquivalente *Home*-Interface eine komponententypspezifische Signatur. Andere Operationen ergeben sich aus zusätzlichen Operationsdefinitionen am *Home*-Typ. Der Preis dieser Typsicherheit ist ein schwer zu durchschauender Ansatz für die Umwandlung der *Home*-Typdefinition in ein äquivalentes *Home*-Interface, da aufgrund der gleich lautenden Operationsnamen diese nicht zur Vererbung zwischen *Homes* benutzt werden können.

Beim CORBA-Komponentenmodell resultiert eine *Home*-Definition in der Definition von drei Interfaces, dem impliziten *Home*-Interface, dem expliziten *Home*-Interface und schließlich dem äquivalenten *Home*-Interface.

die bei der äquivalenten Umwandlung eines Home entstehenden Interfaces

```
home <home-typ> manages <komponententyp> {
  <weitere definitionen>
};
```

wird abgebildet auf ein äquivalentes *Home*-Interface der folgenden Form:

```
interface <home-typ> :
  <home-typ>Explicit, <home-type>Implicit {

  <weitere definitionen>
};
```

Die drei aus einer *Home*-Definition abgeleiteten Interfaces werden in den nächsten Kapiteln diskutiert.

9.3.1 Das implizite Home-Interface

Das implizite *Home*-Interface ist davon abhängig, ob für den *Home*-Typ ein Primärschlüssel definiert wurde oder nicht. Das Vorhandensein eines Primärschlüssels in der *Home*-Typdefinition drückt sich im Vorhandensein eines entsprechenden Parameters für einen Primärschlüssel in der `create`-Operation eines *Home* aus. Bei einem *Home*, das keinen Primärschlüssel benutzt, ist ein solcher Parameter überflüssig.

9.3.1.1
Umwandlung für Homes ohne Primärschlüssel

Wenn in der *Home*-Typdefinition kein Primärschlüssel angegeben wurde, wird das implizite *Home*-Interface vom Interface `Components::KeylessCCMHome` abgeleitet. Dieses Interface wird im Anschluss erläutert. Zusätzlich erhält das implizite *Home*-Interface eine komponententypspezifische Operation zur Erzeugung einer Komponente.

Umwandlung für das implizite Home-Interface bei schlüssellosen Homes

```
home <home-typ> manages <komponententyp> {
  <weitere definitionen>
};
```

wird in das folgende implizite *Home*-Interface ungewandelt:

```
interface <home-typ>Implicit
  : Components::KeylessHome {

  <komponenttyp> create()
    raises (Components::CreateFailure);
};
```

create()

Für jedes implizite *Home*-Interface wird eine `create`-Operation generiert, die eine Komponenteninstanz erzeugt. Als Ergebnis dieser Operation wird die typspezifische Objektreferenz auf das äquivalente Komponenteninterface der neu erzeugten Komponenteninstanz zurückgegeben. Sollte beim Versuch der Erzeugung der Komponente ein Fehler auftreten, wird in diesem Fall die Ausnahme `Components::CreateFailure` ausgelöst.

das Interface KeylessCC Home

Das Interface `KeylessCCMHome` ist das Basisinterface für die impliziten Interfaces aller schlüssellosen *Homes* und ist im Modul `Components` definiert.

```
module Components {

  interface KeylessCCMHome {

    CCMObject create_component()
      raises (CreateFailure);
  };
};
```

create_ component()

Die Operation `create_component` ist eine generische Variante der typspezifischen `create`-Operation am impliziten *Home*-Interface. Egal, ob zur Erzeugung einer Komponenteninstanz die generische Variante oder die typspezifische Variante der Operation benutzt wird, der entstandenen Komponenteninstanz sieht es man es später nicht an, über welche Operation sie erzeugt worden ist.

9.3.1.2 Umwandlung für Homes mit Primärschlüssel

Wird für einen *Home*-Typ ein Primärschlüssel definiert, so unterscheidet sich das entstehende implizite *Home*-Interface von dem eines schlüssellosen *Home*, da die Verwaltung des Primärschlüssels berücksichtig werden muss.

Umwandlung für das implizite Home-Interface bei schlüsselbasierten Homes

```
home <home-typ> manages <komponententyp>
    primarykey <schlüsseltyp> {
  <weitere definitionen>
};
```

wird umgewandelt in:

```
interface <home-typ>Implicit {

  <komponententyp> create (in <schlüsseltyp> key)
    raises (Components::CreateFailure,
            Components::DuplicateKeyValue,
            Components::InvalidKey);

  <komponententyp> find_by_primary_key (
    in <schlüsseltyp> key)
    raises (Components::FinderFailure,
            Components::UnknownKeyValue,
            Components::InvalidKey);

  void remove (in <schlüsseltyp> key)
    raises (Components::RemoveFailure,
            Components::UnknownKeyValue,
            Components::InvalidKey);

  <schlüsseltyp> get_primary_key (
    in <komponententyp> comp);
};
```

create()

Im Gegensatz zu der schlüssellosen Variante der Operation wird bei dieser `create`-Operation die erzeugte Komponenteninstanz zusätzlich mit dem im Parameter `key` übergebenen Primärschlüssel assoziiert. Schlägt die Erzeugung einer neuen Komponenteninstanz fehl, wird die Ausnahme `Components::CreateFailure` ausgelöst. Sollte der übergeben Schlüsselwert bereits im *Home* verwendet werden, wird die Ausnahme `Components::DuplicateKey` ausgelöst. Ist der übergebene Schlüsselwert aus anderen Gründen, wie beispielsweise einer nicht erlaubten Belegung einer Zustandsvariablen, nicht gültig, so wird in diesem Fall die Ausnahme `Components::InvalidKey` ausgelöst.

find_by_ primary_key()

Mit der Operation `find_by_primary_key` lässt sich anhand des im Parameter `key` übergebenen Schlüsselwertes die Objektreferenz einer bereits existierenden Komponenteninstanz erfragen. Sollte mit diesem Schlüsselwert keine Komponenteninstanz assoziiert sein, so wird die Ausnahme `Components::UnknownKeyValue` ausgelöst. Sollte der Schlüsselwert unerlaubt sein, wird die Ausnahme `Components::InvalidKey` ausgelöst. Bei anderen nicht näher spezifizierten Fehlersituationen wird die Ausnahme `Components::FinderFailure` ausgelöst.

remove()

Die Operation `remove` zerstört eine Komponenteninstanz, die durch den übergebenen Schlüsselwert im Parameter `key` identifiziert wird. Falls zu dem übergebenen Schlüsselwert keine Komponenteninstanz identifiziert werden kann, wird die Ausnahme `Components::UnknownKeyValue` ausgelöst. Sollte der Schlüsselwert nicht gültig sein, weil beispielweise einer der enthaltenen Zustandvariablen einen unerlaubten Wert aufweist, wird die Ausnahme `Components::InvalidKey` ausgelöst. Schlägt das Löschen der Komponenteninstanz aus anderen Gründen fehl, wird die `Components::RemoveFailure` Ausnahme ausgelöst.

get_primary_ key()

Mit der Operation `get_primary_key` lässt sich zu der im Parameter `comp` übergegebenen Komponenteninstanz der zugehörige Schlüsselwert ermitteln.

9.3.2 Das explizite Home-Interface

Das explizite *Home*-Interface leitet sich aus den Definitionen, die im *Home*-Typ selbst enthalten sind, ab. Dazu werden alle *Factory*- und *Finder*-Operationen sowie die weiteren Operationen in der *Home*-Definition auf äquivalente Operationen im expliziten *Home*-Interface abgebildet. Ob für den betreffenden *Home*-Typ ein Primärschlüssel definiert wurde, spielt hierbei keine Rolle.

Falls ein *Home*-Typ ein Interface unterstützt (`supports`), erbt das entstehende explizite *Home*-Interface von diesem. Wird der betreffende *Home*-Typ von einem anderen *Home*-Typ abgeleitet, so leitet das entstehende explizite *Home*-Interface vom expliziten *Home*-Interface des Basis-*Home* ab.

Umwandlung bei Home-Vererbung für das explizite Home-Interface

```
home <home-typ> : <basis-home-typ>
  supports <interfaceliste>
  manages <komponententyp> {

    <explizite operationen>
};
```

wird abgebildet auf:

```
interface <home-typ>Explicit :
  <basis-home-typ>Explicit,
  <interfaceliste> {

  <äquivalente explizite operationen>
};
```

Die Vererbung von Home-Typen kann nur eingeschränkt benutzt werden.

Aufgrund der Tatsache, dass die Vererbung von *Home*-Typen sich bei der Umwandlung ausschließlich in der Vererbung der entsprechenden expliziten *Home*-Interfaces widerspiegelt, ist das Vererbungskonzept nur eingeschränkt benutzbar. Betrachtet werden soll der Fall, dass ein Klient an einem *Home* Komponenteninstanzen erzeugen möchte, wobei dieses *Home* von einem anderen *Home* abgeleitet wurde. Würde dieser Klient jetzt nur den Basis-*Home*-Typ kennen, so würde man erwarten, dass er das äquivalente Interface des abgeleiteten *Home* in das äquivalente Interface des Basis-*Home* konvertiert und dann die `create`-Operation des Basis-*Home* ruft. Diese ist jedoch nicht möglich, da nicht die äquivalenten *Home*-Interfaces voneinander erben, sondern nur die expliziten *Home*-Interfaces. Somit kann der Klient nach dem Fehlschlagen der Konvertierung nur versuchen, das äquivalente Interface des *Home* in das explizite Interface des Basis-*Home* zu konvertieren. Das ist jedoch ein äußerst unnatürliches und nicht intuitives Vorgehen. Deshalb sollte auf die Vererbung von *Homes* weitestgehend verzichtet werden.

Besteht für einen *Home*-Typ keine Vererbungsrelation zu einem anderen *Home*-Typ, wird das explizite Hoome-Interface von dem Interface `Components::CCMHome` abgeleitet.

Umwandlung bei Homes ohne Home-Vererbung für das explizite Home-Interface

```
home <home-typ>
  supports <interfaceliste>
  manages <komponententyp> {

    <explizite operationen>
};
```

wird umgewandelt in:

```
interface <home-typ>Explicit : Components::CCMHome,
                                <interfaceliste> {

  <äquivalente explizite operationen>
};
```

Das Interface `Components::CCMHome` ist somit über das explizite *Home*-Interface Basis-Interface aller äquivalenten *Home*-Interfaces. Dieses Interface bietet drei Operationen an.

das Interface CCMHome

```
module Components {

  interface CCMHome {

    CORBA::IRObject get_component_def();

    CORBA::IRObject get_home_def();

    void remove_component (in CCMObject comp)
      raises (RemoveFailure);
  };
};
```

get_component_def()

Die Operation `get_component_def` ist analog zur gleichlautenden Operation am Interface `CCMObject`. (s. Kap. 9.2.6). Sie liefert ein Objekt aus dem *Interface Repository*, das dazu benutzt werden kann, Typinformationen für den durch das *Home* verwalteten Komponententyp zu erfragen.

get_home_def()

Die Operation `get_home_def` ähnelt semantisch der Operation `get_component_def` und liefert ein Objekt aus dem *Interface Repository*, das dazu benutzt werden kann, Typinformationen über diesen *Home*-Typ zu erfragen.

remove()

Die Operation `remove` kann benutzt werden, um eine existierende Komponenteninstanz zu löschen. Dabei muss die Objektreferenz des Komponenteninterface (also die Objektreferenz des äquivalenten Komponenteninterface) der zu löschenden Komponenteninstanz im Eingabeparameter `comp` übergeben werden. Falls das *Home* zu der übergebenen Objektreferenz keine existierende Komponenteninstanz verwaltet, wird die CORBA-Systemausnahme `CORBA::BAD_PARAM` ausgelöst. Sollte es andere Fehlersituationen beim Löschen der Komponenteninstanz geben, so wird die Ausnahme `Components::RemoveFailure` ausgelöst.

Die Umwandlung von *Factory*-Operationen und *Finder*-Operationen erfolgt nach einem gemeinsamen Muster.

Umwandlung von Factory-Operationen und Finder-Operationen

```
home <home-typ> manages <komponententyp> {

  factory <factory-name> (<factory-parameterliste>)
    raises (<factory-ausnahmentypliste>);
  finder <finder-name> (<finder-parameterliste>)
    raises (<finder-ausnahmentypliste>);
};
```

wird umgewandelt in:

```
<komponententyp> <factory-name>
  (<factory-parameterliste>)
  raises (Components::CreateFailure,
          <factory-ausnahmetypliste>);

<komponententyp> <finder-name>
  (<finder-parameterliste>)
  raises (Components::CreateFailure,
    <finder-ausnahmetypliste>);
```

Alle weiteren im *Home*-Typ zu findenden regulären Operationen, werden ohne Veränderung in das explizite *Home*-Interface übernommen.

9.4 Typumwandlung für die Beispielszenarien

In diesem Kapitel soll die äquivalente Typumwandlung anhand der eingeführten Beispiele *Hello-World* und *Speisende Philosophen* diskutiert werden. Aus Gründen der Übersichtlichkeit sind in den hier aufgeführten Definitionen ausschließlich die durch Umwandlung entstandenen Typen enthalten, und beispielsweise keine normalen CORBA-Interfaces, die ja bei der Typumwandlung unverändert übernommen werden. Die darüber hinaus benutzten Typen sind bereits aus Kapitel 8 bekannt.

Bei der tatsächlichen Implementierung der Beispiele, wird ein entsprechendes Softwarewerkzeug nicht nur die hier aufgeführten äquivalenten Typdefinitionen erstellen, sondern eine komplette Datei erzeugen, in der sämtliche benötigte Definition, beispielsweise alle unveränderten CORBA-Interfaces aus der Komponentenspezifikation, enthalten sind. Auf die Darstellung eventueller `#include`-Direktiven und notwendiger Vorwärtsdeklarationen wird an dieser Stelle verzichtet.

9.4.1
Hello-World

Im Folgenden werden alle äquivalenten Typdefinitionen vorgestellt, die sich aus der Definition der *Home*-Typen und Komponententypen für das *Hello-World*-Beispiel ergeben.

die Definition des Hello-World-Beispiels ist in Kap. 8.2.1 zu finden.

äquivalentes Home-Interface für CalleeHome

äquivalentes Komponenteninterface für Callee

äquivalentes Home-Interface für CallerHome

äquivalentes Komponenteninterface für Caller

```
module HelloWorld {

  interface CalleeHomeImplicit
    : Components::KeylessCCMHome {

    HelloWorld::Callee create()
      raises (Components::CreateFailure);
  };

  interface CalleeHomeExplicit
    : Components::CCMHome {
  };

  interface CalleeHome
    : CalleeHomeImplicit, CalleeHomeExplicit {
  };

  interface Callee : Components::CCMObject {

    HelloWorld::Hello provide_the_hello();
  };

  interface CallerHomeImplicit
    : Components::KeylessCCMHome {

    HelloWorld::Caller create()
      raises (Components::CreateFailure);
  };

  interface CallerHomeExplicit
    : Components::CCMHome {
  };

  interface CallerHome
    : CallerHomeImplicit, CallerHomeExplicit {
  };

  interface Caller : Components::CCMObject {

    HelloWorld::Hello get_connection_hi();

    HelloWorld::Hello disconnect_hi()
      raises (Components::NoConnection);
```

```
    void connect_hi (in HelloWorld::Hello conxn)
      raises (Components::AlreadyConnected,
              Components::InvalidConnection);
  };
};
```

9.4.2 Philosophen

Die Definition des Philosophen-Beispiels ist in Kap. 8.2.2 zu finden.

Nachfolgend werden alle äquivalenten Typdefinitionen vorgestellt, die sich aus der Definition der *Home*-Typen und Komponententypen für das Philosophen-Beispiel ergeben.

äquivalente Umwandlung des Ereignistyps PhilosopherState in einen Valuetype

äquivalente Umwandlung des Ereignistyps PhilosopherState in einen Ereigniskonsumenten

äquivalentes Home-Interface für PhilosopherHome

```
module dinner {

  valuetype PhilosopherState
    : Components::EventBase {
    public dinner::PhilosopherStatus status;
    public string name;
    public dinner::Philosopher ref;

    factory create(
      in dinner::PhilosopherStatus status,
      in string name,
      in dinner::Philosopher ref);
  };

  interface PhilosopherStateConsumer
    : Components::EventConsumerBase {
    void push_PhilosopherState (
      in PhilosopherState ev);
  };

  interface PhilosopherHomeImplicit
    : Components::KeylessCCMHome {
    dinner::Philosopher create()
      raises (Components::CreateFailure);
  };

  interface PhilosopherHomeExplicit
    : Components::CCMHome {
  };

  interface PhilosopherHome
    : PhilosopherHomeImplicit,
      PhilosopherHomeExplicit {
  };
```

```
interface Philosopher
  : Components::CCMObject,
    dinner::Named {
  attribute unsigned long thinking_seconds;
  attribute unsigned long eating_seconds;
  attribute unsigned long sleeping_seconds;

  dinner::Fork get_connection_left_hand();

  dinner::Fork disconnect_left_hand()
    raises (Components::NoConnection);

  void connect_left_hand (in dinner::Fork conxn)
    raises (Components::AlreadyConnected,
            Components::InvalidConnection);

  dinner::Fork get_connection_right_hand();

  dinner::Fork disconnect_right_hand()
    raises (Components::NoConnection);

  void connect_right_hand (in dinner::Fork conxn)
    raises (Components::AlreadyConnected,
            Components::InvalidConnection);

  Components::Cookie subscribe_philosopher_state(
    in dinner::PhilosopherStateConsumer consumer)
    raises (Components::ExceededConnectionLimit);

  dinner::PhilosopherStateConsumer
  unsubscribe_philosopher_state (
    in Components::Cookie ck)
    raises (Components::InvalidConnection);
};

interface CutleryHomeImplicit
  : Components::KeylessCCMHome {

  dinner::Cutlery create()
    raises (Components::CreateFailure);
};

interface CutleryHomeExplicit
  : Components::CCMHome {
};

interface CutleryHome
  : CutleryHomeImplicit,
    CutleryHomeExplicit {
};
```

äquivalentes Komponenteninterface für Philosopher

äquivalentes Home-Interface für CutleryHome

äquivalentes Komponenteninterface für Cutlery

```
interface Cutlery
  : Components::CCMObject {

  dinner::Fork provide_the_fork();
};

interface ObserverHomeImplicit
  : Components::KeylessCCMHome {

  dinner::Observer create()
    raises (Components::CreateFailure);
};

interface ObserverHomeExplicit
  : Components::CCMHome {
};
```

äquivalentes Home-Interface für ObserverHome

```
interface ObserverHome
  : ObserverHomeImplicit,
    ObserverHomeExplicit {
};
```

äquivalentes Komponenteninterface für Observer

```
interface Observer
  : Components::CCMObject {

  dinner::PhilosopherStateConsumer
  get_consumer_philosopher_state();
};
};
```

10 Design der Implementierung

In Kapitel 8 wurde das Design von Komponententypen mit ihren äußeren Strukturmerkmalen erklärt. Nachdem ein Komponententyp spezifiziert wurde, kann er auf unterschiedliche Art und Weise implementiert werden. Bevor jedoch die eigentliche Implementierungsarbeit beginnt, muss ein Implementierungsdesign erstellt werden. Freiheiten beim Implementierungsdesign ergeben sich vor allem aus der Aufteilung der Implementierungen für die verschiedenen strukturellen Merkmale der Komponente auf programmiersprachliche Artefakte. Durch den Einsatz entsprechender Softwarewerkzeuge kann aus dem Implementierungsdesign ein großer Teil des für die Komponentenimplementierung benötigten Programmcodes generiert werden.

10.1 Entwurf der Komposition

s. Kap. 4.1

Beim Implementierungsdesign bezeichnet die Komposition die Zusammenstellung von Softwareartefakten, die benutzt werden, um eine Komponente zu implementieren. In einer Komposition werden die wichtigen Aspekte einer Komponentenimplementierung beschrieben. Dazu gehören die *Home-Executors*, die Komponenten-*Executors* und die Komponentenkategorie. Durch die Komposition ergeben sich die endgültig zu implementierenden *Callback*-Interfaces der Komponente. Für die Definition der Komposition steht entweder die Sprache *Component Implementation Definition Language* (CIDL) oder das UML-Profil für das CORBA-Komponentenmodell zur Verfügung.

Innerhalb einer Komposition können Angaben über den persistenten Zustand der Komponentenimplementierung gemacht werden. Dafür wird die Sprache *Persistent State Definition Language* (PSDL) benutzt, die Teil der Sprache CIDL ist. Mit PSDL lassen sich Speicherfabriktypen und Speicherobjekttypen und die Schnittstellen zu diesen beschreiben. Eine Entsprechung für PSDL gibt es im UML-Profil für das CORBA-Komponentenmodell bisher nicht, so dass man für die Definition von PSDL-Typen keine standardisierte graphische Notation besitzt. Bei den nun folgenden Diskussionen des Implementierungsdesigns werden CIDL und das UML-Profil für das CORBA-Komponentenmodell wieder gegenüber gestellt.

10.2 Speichertypen

s. Kap. 3.2.3 und Kap.4.4

Speichertypen des Persistenzdienstes können im CORBA-Komponentenmodell benutzt werden, um den expliziten Zustand von Komponentenimplementierungen und Schnittstellen zum Speichern und Auslesen dieses Zustands zu beschreiben. Den Segmenten einer Komponentenimplementierung können innerhalb einer Komposition Speicherschnittstellen zugeordnet werden. Implementierungen eines *Home* können mit Speicherfabrikschnittstellen assoziiert werden. Auf diese Weise werden dem Komponenten-*Executor* und dem Home-*Executor* Schnittstellen zur Verwaltung des dauerhaften Zustands von Komponenteninstanzen bereitgestellt. Der Komponenten-*Executor* nutzt eine assoziierte Speicherschnittstelle, über die er mit einem Speicherobjekt kommuniziert, um seinen Zustand beispielsweise aus einer Datenbank zu laden oder abzuspeichern. Der *Home-Executor* nutzt eine assoziierte Speicherfabrikschnittstelle, über der er mit einer Speicherfabrik kommuniziert, um neue Speicherobjekte zur Nutzung durch die Komponenten-*Executors* anzulegen.

Die eigentliche Kommunikation mit einem Persistenzanbieter, beispielsweise einem Datenbankmanagementsystem, wird durch die Implementierungen der Speicherschnittstellen in Form der Speicherobjekte bzw. Speicherfabriken übernommen. Der Zusammenhang zwischen Speicherfabriken und Speicherobjekten lässt sich besonders gut erkennen, wenn man die Abbildung dieser beiden Konzepte auf ein relationales Datenbankmanagementsystem betrachtet. In einem solchen Fall entspricht eine Speicherfabrik einer Tabelle, eine Speicherschnittstelle legt die Spalten der Tabelle fest und die Speicherobjekte selbst entsprechen den Tabelleneinträgen. Speicherobjekte und Speicherfabriken sind konkrete programmiersprachliche Konstrukte, deren Typ durch Speicherobjekttypen bzw. Speicherfabriktypen beschrieben wird.

Benutzt eine Komponente containerverwaltete Persistenz, so kann unter Umständen der komplette Programmcode zur Verwaltung des persistenten Zustands der Komponente generiert werden. Leider lässt das CORBA-Komponentenmodell in dieser Frage großen Interpretationsspielraum, so dass eine generelle, von einer konkreten Implementierung unabhängige Betrachtungsweise, nicht möglich ist.

Der Persistenzdienst definiert für Speicherschnittstellen und Speicherfabrikschnittstellen Sprachabbildungen, die auf den standardisierten Sprachabbildungen für IDL basieren. Aus der Definition einer Speicherschnittstelle bzw. einer Speicherfabrikschnittstelle resultieren typspezifische programmiersprachliche Schnittstellen, über die beispielsweise bei einer Speicherschnittstelle Zustandsvariablen abgefragt oder gespeichert werden können.

10.2.1 Speicherschnittstellen

Die Definition einer Speicherschnittstelle (*abstract storage type*), also einer Schnittstelle zu einem Speicherobjekttyp (*storage type*), wird mit den Schlüsselwörtern `abstract storagetype` eingeleitet nach dem folgenden Schema.

Definition einer Speicherschnittstelle in PSDL

```
abstract storagetype <name> :
  <basis-typliste> {
  <weitere definitionen>
};
```

Eine Speicherschnittstelle kann von anderen Speicherschnittstellen abgleitet werden. In diesem Fall folgen dem Namen der Speicherschnittstelle ein Doppelpunkt und die Liste der Basistypen. Zwischen den geschweiften Klammern können dann weitere Definitionen für diese Speicherschnittstelle erfolgen.

Die wichtigste Form von weiteren Definitionen, die hier erfolgen können, sind die Zustandsvariablen. Durch die Definition der Zustandsvariablen wird festgelegt, welche Daten den persistenten Zustand darstellen sollen. Es gibt zwei generelle Formen der Definition einer Zustandsvariablen.

die zwei Varianten der Definition einer Zustandsvariablen an einer Speicherschnittstelle in PSDL

```
readonly state <typ> name;
state <typ> name;
```

Das optionale Schlüsselwort `readonly` kann verwendet werden, um zu kennzeichnen, dass auf diese Zustandsvariable nur lesend zugegriffen werden kann. Der Typ einer Zustandsvariablen kann einer der IDL-Basistypen beispielsweise `integer`, `char`, oder `boolean` sein, aber auch die Typen `string` oder `wstring`. Außerdem sind ebenfalls vorher definierte Typen, insbesondere andere Speicherschnittstellen, zulässig.

Neben den Zustandsvariablen können an einer Speicherschnittstelle auch lokale Operationen definiert werden. Die Definition einer solchen Operation ist dabei ähnlich zur Definition von Operationen an CORBA-Interfaces. Der Unterschied ist, dass als Parameter auch Speicherschnittstellen verwendet werden können. Optional kann das Schlüsselwort `const` am Ende der Operationsdefinition stehen, um zu kennzeichnen, dass der Aufruf dieser Operation keine Veränderung an einer der Zustandsvariablen vornimmt.

10.2.2 Speicherfabrikschnittstellen

Speicherfabrikschnittstellen (*abstract storage homes*) beschreiben die Schnittstelle zu einem Speicherfabriktyp. Laufzeitinstanzen eines Speicherfabriktyps erzeugen die Speicherobjekte. Eine Definition einer Speicherfabrikschnittstelle wird durch die zwei Schlüsselwörter `abstract storagehome` eingeleitet und erfolgt unter Benutzung des folgenden Schemas.

Definition einer Speicherfabrikschnittstelle in PSDL

```
abstract storagehome <name>
  of <speicherschnittstelle>
  : <speicher-fabrik-typ-liste>
{
  <weitere definitionen>
};
```

Der Typ der Speicherschnittstelle der Speicherobjekttypen wird nach dem Schlüsselwort `of` angegeben. Eine Speicherfabrikschnittstelle kann von anderen Speicherfabrikschnittstellen abgeleitet werden. In diesem Fall werden die Basistypen nach dem Doppelpunkt und durch Kommas getrennt angegeben. Zwischen den geschweiften Klammern können weitere Definitionen vorgenommen werden. Ähnlich wie bei den Speicherschnittstellen, ist es auch bei den Speicherfabrikschnittstellen möglich, lokale Operationen zu definieren. Es gelten hier die gleichen Vorschriften wie bei den Speicherschnittstellen.

Für eine Speicherfabrikschnittstelle lassen sich im Definitionskörper auch Schlüssel zur Identifizierung von Speicherobjekten zur Laufzeit definieren. Die Definition von Schlüsselwerten erfolgt nach dem folgenden Muster.

```
key <schlüsselname> (<zustandsvariablenliste>);
```

Definition eines Schlüssels an einer Speicherfabrikschnittstelle in PSDL

Durch eine solche Definition werden eine oder mehrere Zustandsvariablen der Speicherschnittstelle, die der Speicherfabrikschnittstelle zugeordnet ist, als besondere Schlüsselwerte definiert. Die Anzahl der definierten Schlüssel ist nicht beschränkt. Es gilt dabei allerdings besondere Anforderungen an die Typen der benutzbaren Zustandsvariablen zu beachten, denn es muss möglich sein, die verschiedenen Schlüsselwerte auf Gleichheit prüfen zu können. Diese Typen werden auch *vergleichbare* Typen genannt. Zu den vergleichbaren Typen gehören:

- Integrale Datentypen wie `octet`, `short`, `unsigned long` usw.,
- `char`, `wchar`, `string`, `wstring`,
- Fixierte Typen mit fester Vor- und Nachkommastelle,
- Sequenzen vom Typ `octet`,
- Strukturen, deren Elemente nur vergleichbare Typen sind,
- *Valuetypes*, deren Elemente alle öffentlich, nicht vom Type *Valuetype* und selbst ein vergleichbarer Typ sind.

Die Definition eines Schlüssels ist eine äquivalente Kurzform der folgenden Operationen.

äquivalente Operationen für eine Schlüsseldefinition in PSDL

```
<speicherschnittstelle> find_by_<schlüsselname> (
  <parameterlist>)
  raises (CosPersistentState::NotFound);

ref<<speicherschnittstelle>>
find_ref_by_<schlüsselname> (<parameterlist>);
```

Durch das Konstrukt `ref<<speicherschnittstelle>>` werden in PSDL Referenzen auf Speicherobjekttypen definiert. Für eine Speicherschnittstelle mit dem Namen `Person`, würde dieses Konstrukt also `ref<Person>` heißen.

Neben der Definition von Schlüsselwerten können auch Fabrikoperationen im Definitionskörper einer Speicherfabrikschnittstelle definiert werden. Das generelle Schema einer solchen Operation ist folgendermaßen.

Definition einer Fabrikoperation an einer Speicherfabrikschnittstelle

```
factory <fabrikname> (<zustandsvariablenliste>);
```

In der Liste der Zustandsvariablen dürfen ausschließlich Zustandsvariablen der verwalteten Speicherschnittstelle aufgeführt sein. Die Definition einer Fabrikoperation ist eine äquivalente Kurzform der folgenden Operation.

äquivalente Operation für eine Fabrikoperation in PSDL

```
<speicherschnittstelle> <fabrikname> (
  <zustandsvariablenliste>);
```

10.2.3 Speicherobjekttypen

Speicherobjekttypen beschreiben die Implementierung von Speicherschnittstellen

Durch die Definition der Speicherschnittstellen wurden die Schnittstellen von Speicherobjekttypen festgelegt. Ein Speicherobjekttyp beschreibt den programmiersprachlichen Typ, der eine Speicherschnittstelle implementiert. Instanzen dieses Typs (Speicherobjekte) kommunizieren direkt mit einem Persistenzanbieter, wie einem Datenbankmanagementsystem, und werden zur Laufzeit benutzt, um Zustandsvariablen auszulesen oder zu speichern.

Mit PSDL ist es möglich, Speicherobjekttypen in einer programmiersprachenunabhängigen Form zu beschreiben. Aus diesen Definitionen können Softwarewerkzeuge die Implementierung der Speicherfabriktypen und Speicherobjekttypen für eine spezifische Speicherungstechnologie, beispielsweise ein bestimmtes Datenbankmanagementsystem, generieren. Die Generierung der Implementierung hat den Vorteil, dass die Entwicklungszeit verkürzt werden kann.

Die Definition von Speicherobjekttypen ist der Definition der Speicherschnittstelle ähnlich. Sie beginnt mit dem Schlüsselwort `storagetype` und erfolgt nach dem folgenden Muster.

Definition eines Speicherobjekttyps in PSDL

```
storagetype <speicherobjekttypname>
  : <basis-speicherobjekttypname>
  implements <speicherschnittstellenliste>
{
  <weiter definitionen>
};
```

Ein Speicherobjekttyp kann von genau einem anderen Speicherobjekttyp abgeleitet werden. Damit wird eine Implementierungsvererbung ermöglicht. Ein Speicherobjekttyp kann eine oder mehrere Speicherschnittstellen implementieren. Die Liste der Speicherschnittstellen folgt nach dem Schlüsselwort `implements`. Zwischen den geschweiften Klammern können dann weitere Definitionen erfolgen. Diese Definitionen unterliegen den gleichen Vorschriften wie die Definitionen innerhalb von Speicherschnittstellen. Es können also Zustandsvariablen und lokale Operationen definiert werden. Während das Abspeichern der Zustandsvariablen in einer Datenbank durch automatisch generierten Programmcode umgesetzt werden kann, benötigen die lokalen Operationen hier eine Implementierung, die durch einen Entwickler erstellt werden muss.

10.2.4 Speicherfabriktypen

Speicherfabriktypen beschreiben die Implementierung von Speicherfabrikschnittstellen.

Ein Speicherfabriktyp beschreibt den programmiersprachlichen Typ, der eine Speicherfabrikschnittstelle implementiert. Instanzen dieses Typs (Speicherfabrik) können benutzt werden, um Speicherobjekte zu erzeugen. Die Definition von Speicherfabriktypen ist der Definition von Speicherfabrikschnittstellen ebenfalls ähnlich. Sie beginnt mit dem Schlüsselwort `storagehome` und erfolgt nach dem folgenden Muster.

Definition eines Speicherfabriktyps in PSDL

```
storagehome <speicherfabriktypname>
  of <speicherobjekttyp>
  : <basis-speicherfabriktypname>
  implements <speicherfabriktypliste>
{
  <weitere definitionen>
};
```

Ein Speicherfabriktyp kann von einem anderen Speicherfabriktypen abgeleitet werden. Dieser Typ wird nach einem Doppelpunkt angegeben. Ein Speicherfabriktyp kann ein oder mehrere Speicherfabrikschnittstellen implementieren. Das wird durch das Schlüsselwort `implements`, gefolgt von der Liste der Speicherfabrikschnittstellen, ausgedrückt. Die weiteren Definitionen, die in der Definition eines Speicherfabriktyps enthalten sein können, folgen zwischen geschweiften Klammern und entsprechen ebenfalls weitestgehend denen, die auch bei Speicherfabrikschnittstellen möglich sind. Allerdings gibt es eine Besonderheit für Speicherfabriktypen, die nicht von einem anderen Speicherfabriktypen abgeleitet sind. In diesem Fall kann man einen der Schlüssel, die in einer der Speicherfabrikschnittstellen definiert wurden und von diesem Speicherfabriktyp implementiert werden, als Primärschlüssel kennzeichnen. Das erfolgt durch folgendes Konstrukt.

Definition eines Primärschlüssels in PSDL

```
primary key <schlüsselname>;
```

Der Bezeichner `schlüsselname` bezeichnet hierbei einen Schlüssel aus einer der Speicherfabrikschnittstellen.

10.3 Komposition

s. Kap. 5.1

Für die Beschreibung der Implementierungsstruktur einer Komponente wird das Konzept Komposition benutzt. Durch eine Komposition werden die einzelnen Softwareartefakte, die gemeinsam die Implementierung eines Komponententyps bilden, in Beziehung zueinander gesetzt. Dazu gehören der *Home-Executor*, der Komponenten-*Executor*, eine mögliche *Proxy-Home*-Definition und auch die Referenzen zu Speichertypen, die den dauerhaften Zustand der Komponentenimplementierung beschreiben.

Der Komponenten-*Executor* besitzt zusätzlich die Besonderheit, dass er entweder in einem programmiersprachlichen Artefakt oder in mehreren, so genannten Segmenten, implementiert werden kann. Bei der Definition einer Komposition wird obendrein die Kategorie der Komponentenimplementierung festgelegt. Im CORBA-Komponentenmodell stehen die Kategorien *Service*, *Session*, *Process* und *Entity* zur Verfügung (s. Kap. 3.3). Zentrales Element einer Komposition ist der *Home*-Typ, über den sich eindeutig der Komponententyp identifizieren lässt.

10.3.1 CIDL

Die Definition einer Komposition wird mit dem Schlüsselwort `composition` nach folgendem Schema eingeleitet.

Definition einer Komposition in CIDL

```
composition <kategorie> <kompositionsname>
{
  home executor <home-executor-name> {
    <weitere definitionen>
  };
  proxy home <proxy-home-executor-name> {
    <weitere definitionen>
  };
};
```

Nach dem Schlüsselwort `composition` folgt die Komponentenkategorie (vgl. Kap. 4.6). Gültige Werte für diese Kategorie sind service, session, process und entity. Anschließend folgt der Name der Komposition. In geschweiften Klammern muss dann die Definition des *Home-Executor* erfolgen. Optional kann danach die Definition eines *Proxy-Home-Executor* enthalten sein (s. Kap. 4.5). Nach der schließenden Klammer folgt ein Semikolon.

Die Definition der Komposition für die Implementierung des Komponententyps Cutlery aus dem Philosophen-Beispiel sieht folgendermaßen aus.

Komposition aus dem Philosophen-Beispiel in CIDL

```
module dinner {

  composition session CutleryImpl {

    home executor CutleryHomeImpl {
      <weitere definitionen>
    };
  };
};
```

Der Name der Komposition ist CutleryImpl. Die Kategorie der zu implementierenden Komponente ist session. Der Name des *Home-Executor* ist CutleryHomeImpl. Es wurde kein *Proxy-Home-Executor* definiert.

10.3.2 UML

Die Definition einer Komposition kann auch mit Hilfe des UML-Profils erfolgen. Das UML-Profil wurde unter Berücksichtigung des Metamodells des CORBA-Komponentenmodells und nicht nach dem Sprachumfang von CIDL entwickelt. Im Metamodell gibt es kein explizites Konzept zur Beschreibung einer Komposition. Vielmehr ergibt sich eine Komposition durch die Definition eines *Home*-Executor und eines *Komponenten*-Executor in Verbindung mit einer Reihe von Assoziationen, zum Beispiel zwischen *Home-Executor* und *Home-Typ*.

Da das Konzept des *Proxy-Home-Executor* nicht in der derzeitigen, offiziellen Version des Metamodells enthalten ist, gibt es hierfür momentan keine Entsprechung im UML-Profil. An einer Erweiterung des Metamodells und des UML-Profils wird gerade gearbeitet.

Um eine Komposition, die nur einen *Home-Executor* und keinen *Proxy-Home-Executor* enthält, mit Hilfe des UML-Profils für das CORBA-Komponentenmodell beschreiben zu können, benutzt man als zentrales Element eine Klasse mit dem Stereotyp <<CORBA-

`HomeImpl>>`. Dieser Stereotyp entspricht dem *Home-Executor* aus CIDL. Für diesen Stereotyp wurden angehängte Werte (*Tagged Values*) definiert, mit denen man beispielsweise die Kategorie der Komponentenimplementierung festlegen kann. Die Abb. 10.1 zeigt die Definition des *Home-Executor* für den Komponententyp `Cutlery`.

Abb. 10.1: Definition des Home-Executor für die Besteck-Komponente im Philosophen-Beispiel im UML-Profil

10.4 Home Executor

feste Bestandteile der Home-Executor-Definition

Durch die Definition eines *Home-Executor* wird das wichtigste Element einer Komposition bestimmt. Bei dieser Definition werden Beziehungen zu einem *Home*-Typ und zu einem Komponenten-*Executor* hergestellt (vgl. Abb. 4.1). Hier stellt sich jetzt die Frage, wie der betroffene Komponententyp referenziert wird, da er nicht direkt in der Komposition spezifiziert wird. Da ein *Home*-Typ stets genau einen Komponententyp verwaltet, kann man ausgehend von dem in der Komposition definierten *Home*-Typ immer den Komponententyp ermitteln. Durch diese Regelung erspart man sich also Redundanzen bei der Kompositionsdefinition. Man spezifiziert einfach den *Home-Executor*, assoziiert ihn mit dem zu implementierenden *Home*-Typ und erhält damit implizit auch den Komponententyp, um dessen Implementierung es bei dieser Komposition geht. Damit können die ebenfalls in der Komposition zu findenden Angaben zum Komponenten-*Executor* eindeutig einem Komponententyp zugeordnet werden.

optionale Bestandteile der Home-Executor-Definition

Bei der Definition eines *Home-Executor* erfolgt optional durch die Angabe einer Speicherfabrikschnittstelle die Definition eines dauerhaften Zustands für den Komponenten-*Executor* selbst. Der *Home-Executor* wird dabei eine, der angegebenen Speicherfabrikschnittstelle genügende, Speicherfabrik (diese kann unter Umständen automatisch generiert sein) nutzen, um Speicherobjekte für den Komponenten-*Executor* zu erzeugen. Zusätzlich können auch für einzelne Segmente der Komponentenimplementierung Bindungen an weitere Speicherfabrikschnittstellen angegeben werden, um die dauerhafte Speicherung des Zustands eines Segments von der dauerhaften Speicherung des Zustands des verbleibenden Teils des Komponenten-*Executor* zu entkoppeln (s. Kap. 4.3). Die Speicherfabriktypen und Speicherobjekttypen, die die durch die Komposition identifizierten Speicherfabrikschnittsellen und Speicherschnittstellen implementieren, werden nicht in der Kompositionsbeschreibung festgelegt, sondern erst zum Installationszeitpunkt durch Informationen im *Component Descriptor* bestimmt.

Ein weiteres optionales Konzept ist die Delegation von expliziten Operationen, die im *Home*-Typ definiert worden sind. Da dies vom Komponentendesigner spezifizierte Operationen sind, deren Semantik für Code-Generierungswerkzeuge nicht erfassbar ist, müssen auch diese Operationen selbst implementiert werden. Dazu können sie entweder an eine Speicherfabrik oder an einen Komponenten-*Executor* delegiert werden.

10.4.1 CIDL

Die Definition eines *Home*-Executor kann nur innerhalb der Definition einer Komposition erfolgen. Sie beginnt mit den Schlüsselwörtern `home executor`. Das folgende Schema verdeutlicht, wie die festen Bestandteile der Definition eines *Home-Executor* mit Hilfe von CIDL aufgeschrieben werden.

Definition eines einfachen Home-Executor in CIDL

```
home executor <home-executor-name> {
  implements <home-typ>;
  manages <komponenten-executor>;
};
```

Hierbei bezeichnet `home-executor-name` den Namen des programmiersprachlichen Artefakts, das das *Home* implementieren soll. In C++ beispielsweise würde die Implementierungsklasse für das Home dann `home-executor-name` heißen. Der Bezeichner `komponenten-executor` beschreibt den Namen des programmiersprachlichen Artefakts, das das Hauptsegment der Komponente implementieren soll. Ist die Komponentenimplementierung nicht segmentiert, findet sich beispielsweise in C++ dann die gesamte Funktionalität der Komponente in einer Klasse `komponenten-executor` wieder.

In den Fällen, in den eine Komponentenimplementierung einen dauerhaften Zustand besitzt und für die Speicherung ihres Zustands auf den CORBA-Persistenzdienst zurückgegriffen werden soll, kann die Definition einer Bindung an eine Speicherfabrikschnittstelle erfolgen. Dazu wird das Schlüsselwort `bindsTo` benutzt nach dem folgenden Schema.

Definition eines Home-Executor mit dauerhaftem Zustand in CIDL

```
home executor <home-executor-name> {
  implements <home-typ>;
  bindsTo <speicherfabrikschnittstelle>;
  manages <komponenten-executor>;
};
```

Die Definition eines *Home-Executor* für das Philosophen-Beispiel sieht dann folgendermaßen aus.

Definition des Home-Executor für die Zuschauer-Komponente im Philosophen-Beispiel in CIDL

```
home executor ObserverHomeImpl {
  implements dinner::ObserverHome;
  manages ObserverSessionImpl;
};
```

In diesem Beispiel wird ein *Home-Executor* mit dem Namen `ObserverHomeImpl` definiert. Dieser *Home-Executor* implementiert den *Home*-Typ `dinner::ObserverHome`. Implizit aus der Angabe des *Home*-Typs ergibt sich der betreffenden Komponententyp. Für diesen Fall ist das der Typ `dinner::Observer`. Dieser Komponententyp wird durch den Komponenten-*Executor* `ObserverSessionImpl` implementiert.

10.4.2 UML

Mit Hilfe des UML-Profils lässt sich lediglich die einfache Form des *Home-Executor* beschreiben, da es momentan noch keine Unterstützung für die Modellierung von Speichertypen gibt. Die beiden Beziehungen des *Home-Executor* zum *Home*-Typ und zum Komponenten-*Executor* werden durch Assoziationen mit entsprechendem Stereotyp ausgedrückt.

Für die Assoziation zum *Home*-Typ wird der Stereotyp `<<CORBAImplements>>` benutzt. Die Vielfachheit der Assoziationsenden ist auf beiden Seiten der Assoziation 1. Für die Assoziation zu dem Komponenten-*Executor* wird der Stereotyp `<<CORBAManages>>` benutzt. Auch hier ist die Vielfachheit der beiden Assoziationsenden auf beiden Seiten immer genau 1. Die Definition des *Home*-Executor für die Implementierung des Komponententyps `Observer` mit Hilfe des UML-Profils wird in der Abb. 10.2 dargestellt.

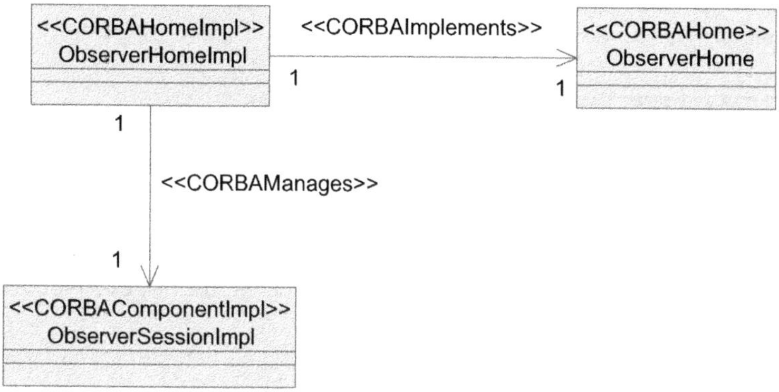

Abb. 10.2: Definition des Home-Executor für die Zuschauer-Komponente im Philosophen-Beispiel im UML-Profil

10.5 Proxy Home Executor

Ein *Proxy-Home* kann benutzt werden, um die Leistungsfähigkeit eines Systems zu erhöhen. Es stellt gewissermaßen einen Stellvertreter für das richtige *Home* dar und implementiert eine Teilmenge von dessen Operationen. Die Operationen, bei denen die Bearbeitung im *Proxy-Home* nicht möglich ist, werden dann direkt an das eigentliche *Home* weitergeleitet, um dort bearbeitet zu werden.

Die Implementierung eines *Proxy-Home* wird durch die Definition eines *Proxy-Home-Executor* beschrieben. Der *Proxy-Home-Executor* besitzt prinzipiell die gleichen Eigenschaften wie der eigentliche *Home-Executor*. Falls für diesen Speicherfabriken definiert wurden, so werden diese implizit auch für den *Proxy-Home-Executor* übernommen. Die Besonderheit bei der Definition eines *Proxy-Home-Executor* liegt darin, dass die Operationen, die nicht im

Proxy-Home implementiert werden können, aufgezählt werden müssen.

10.5.1 CIDL

Die Definition eines *Proxy-Home-Executor* erfolgt innerhalb der Definition einer Komposition und wird mit den Schlüsselwörtern `proxy home` eingeleitet. Die Definition eines *Proxy-Home-Executor* muss nach der Definition des eigentlichen *Home-Executor* erfolgen. Das generelle Schema zu Definition eines *Proxy-Home-Executor* ist wie folgt.

Definition eines Proxy Home in einer Komposition in CIDL

```
proxy home <proxy-home-executor-name> {
  delegatesTo home (<operationenliste>);
};
```

Die Liste der Operationen, die nicht durch das *Proxy-Home* implementiert, sondern an das eigentlich *Home* delegiert werden, wird nach den Schlüsselwörtern `delegatesTo home` in geschweiften Klammern angegeben.

10.6 Komponenten-Executor

s. Kap. 4.2

Mit dem Design des Komponenten-*Executor* werden die Softwareartefakte beschrieben, die speziell die Implementierung der Instanzen der Komponente betreffen. Der Komponenten-*Executor* kann in einem monolithischen Ansatz oder in einem segmentierten Ansatz realisiert werden. Da jedes Segment Oberflächenmerkmale des Komponententyps komplett implementiert, ist die maximale Anzahl der möglichen Segmente durch den benutzten Komponententyp limitiert.

Jedes einzelne Segment besitzt einen eigenen Zustand. Dieser Zustand kann mit Hilfe eines Speicherobjekts dauerhaft in einer Datenbank abgespeichert werden. Zu diesem Zweck kann für die Segmente eine Speicherfabrikschnittstelle angegeben. Das *Home* nutzt zur Laufzeit eine Speicherfabrik, die dieser Speicherschnittstelle genügt, um Speicherobjekte zur Speicherung des Zustands dieses Segments anzulegen.

10.6.1 CIDL

In CIDL erfolgt die Definition eines Komponenten-*Executor* innerhalb der Definition des *Home*-Executor. Eingeleitet wird das durch das Schlüsselwort `manages`. Handelt es sich um einen monolithischen Komponenten-*Executor*, erfolgt die Definition nach dem folgenden Muster.

Definition eines monolithischen Komponenten-Executor in CIDL

```
manages <komponenten-executor-name>;
```

Nach dem Schlüsselwort `manages` folgt der Name des Komponenten-*Executor*. Die Definition wird durch ein Semikolon abgeschlossen.

Falls der Komponenten-*Executor* in verschiedene Segmente aufgeteilt werden soll, folgen nach dem Namen des Komponenten-*Executor* geschweifte Klammern, in denen die Segmentdefinitionen erfolgen. Die Definition der Segmente in einem Komponenten-*Executor* beginnt mit dem Schlüsselwort `segment` und erfolgt nach dem folgenden Muster.

Definition eines segmentierten Komponenten-Executor in CIDL

```
manages <komponenten-executor-name>;
  segment <segment-name> {
    provides facet <facet-namen-liste>;
    storedOn <speicherfabrikschnittstelle>;
}
```

Die Liste der *Facets*, die durch ein Segment implementiert werden, folgt nach den Schlüsselwörtern `provide facet`. Die Namen sind durch Kommas getrennt und die Liste wird durch ein Semikolon abgeschlossen. Der Name eines *Facet* darf natürlich nur einmal in allen Segmentdefinitionen eines *Home-Executor* enthalten sein. Mit dem Schlüsselwort `storedOn` erfolgt die Angabe der Speicherfabrikschnittstelle für den dauerhaften Zustand einer Segmentimplementierung. Durch diese Segmentierung wird der dauerhafte Zustand der Komponentenimplementierung also partitioniert und setzt sich aus den Zuständen aller Segmente und des Hauptsegments zusammen. Das folgende Beispiel zeigt die Definition eines einfachen Komponenten-*Executor* aus dem Philosophen-Beispiel.

Definition des Komponenten-Executor für die Besteck-Komponente im Philosophen-Beispiel in CIDL

```
manages CutlerySessionImpl {
  segment Seg ( provides facet the_fork; )
};
```

Der Komponenten-Executor `CutlerySessionImpl` definiert ein Segment mit dem Namen `Seg`. Dieses Segment implementiert das *Facet* `the_fork`. Der CORBA-Komponentenstandard sieht momentan die Definition von Segmenten nur für Kompositionen der Kategorie `entity` und `process` vor. Da die Segmentierung des Komponenten-*Executor* aber ein generelles Hilfsmittel zur Strukturierung einer Komponentenimplementierung ist, sollte dieses Konzept auch für Kompositionen der Kategorie `service` und `session` anwendbar sein. Eine Modifikation des CORBA-Komponentenstandards wird momentan vorbereitet.

10.6.2 UML

Die Definition eines Komponenten-*Executor* erfolgt durch die Benutzung einer Klasse mit dem Stereotyp `<<CORBAComponentImpl>>`. Falls es sich um einen monolithischen Komponenten-*Executor* handelt, gibt es außer der Assoziation zum *Home-Executor* keine weiteren Assoziationen. Handelt es sich um einen segmentierten Komponenten-*Executor*, so wird für die Modellierung der Segmente eine Klasse mit dem Stereotyp `<<CORBASegment>>` benutzt. Für diesen Stereotyp wurde ein *Tagged Value* definiert, in dem die Liste der *Facets* enthalten ist, die durch dieses Segment implementiert werden. Die Segmente werden mit Hilfe einer einfachen Komposition mit dem Komponenten-*Executor* verbunden, wobei die Vielfachheit auf der Seite eines Segments immer genau 1 ist. Das folgende Beispiel zeigt die Definition eines segmentierten Komponenten-*Executor* aus dem Philosophen-Beispiel.

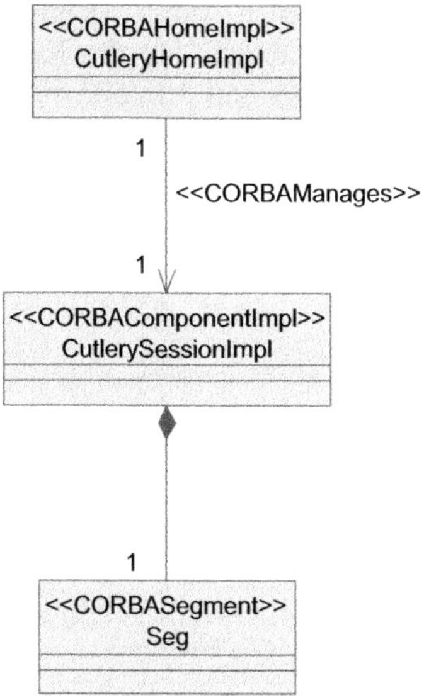

Abb. 10.3: Definition des Home-Executor für die Besteck-Komponente im Philosophen-Beispiel im UML-Profil

10.7 Definition der Implementierungsstruktur der Beispiele

Zusammenfassend wird in diesem Abschnitt die gesamte Definition der Implementierungsstruktur der beiden Beispielszenarien gegeben. In beiden Beispielszenarien ist die Implementierungsstruktur so, dass sie sich sowohl mit der Sprache CIDL als auch mit dem UML-Profil für das CORBA-Komponentenmodell ausdrücken lässt. Die Grundlage der Spezifikation der hier diskutierten Kompositionen sind die spezifizierten Komponententypen in Kap. 8.

10.7.1 Hello World

Bei der Definition des *Hello-World*-Beispiels geht es um eine möglichst einfache Implementierungsstruktur. Es gibt in diesem Beispiel genau ein *Facet*. Dieses wird von einer der Komponenten angeboten und von der anderen benutzt. Es liegt nahe, beide Komponentenimplementierungen mit nicht-segmentierten *Executors* zu implementieren. Für beide Implementierungen wird die Kategorie `session` definiert. Da es sich lediglich um einen einzigen Aufruf handelt, der durch keinen vorangegangenen Aufruf beeinflusst wird, wäre auch die Kategorie `service` möglich. Für den Komponententyp `Callee` wird ein *Home-Executor* mit dem Namen `CalleeHomeImpl` und ein Komponenten-*Executor* mit dem Namen `CalleeSessionImpl` definiert. Für den Komponententyp `Caller` wird ein *Home-Executor* mit dem Namen `CallerHomeImpl` und ein Komponenten-*Executor* mit dem Namen `CallerSessionImpl` definiert.

10.7.1.1 CIDL

Die Definition der beiden Kompositionen mit Hilfe der Sprache CIDL sieht folgendermaßen aus:

Definition der Implementierungen der Callee-Komponente und der Caller-Komponente des Hello-World-Beispiels in CIDL

```
module HelloWorld {

  composition session CalleeImpl {

    home executor CalleeHomeImpl {

      implements HelloWorld::CalleeHome;
      manages CalleeSessionImpl;
    };
  };

  composition session CallerImpl {

    home executor CallerHomeImpl {

      implements HelloWorld::CallerHome;
      manages CallerSessionImpl;
    };
  };
};
```

10.7.1.2 UML

Die Definition der beiden Kompositionen kann auch unter Benutzung des UML-Profils erfolgen. Aus Gründen der Anschaulichkeit werden in den Nachfolgenden Diagrammen auch noch jeweils die Home- und Komponententypen dargestellt.

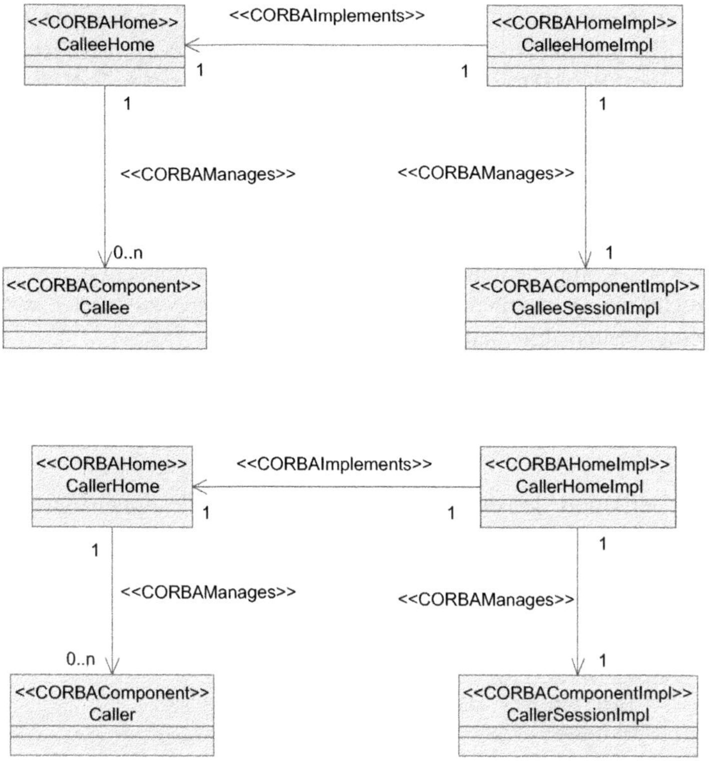

Abb. 10.4: Definition der Implementierungen der Callee-Komponente und der Caller-Komponente des Hello-World-Beispiels im UML-Profil

10.7.2 Philosophen

Für die Implementierung der Komponenten des Philosophen-Beispiels müssen drei Kompositionen definiert werden. Für alle drei Kompositionen wird die Kategorie `session` benutzt. Die Komposition, die den Komponententyp `Philosopher` implementiert, heißt `PhilosopherImpl`. In ihr wird eine *Home-Executor* mit dem Namen `PhilosopherHomeImpl` und ein Komponenten-*Executor* mit dem Namen `PhilosopherSessionImpl` definiert.

Die Komposition, die für die Implementierung des Komponententyps `Observer` definiert wird, hat den Namen `ObserverImpl`. Darin werden der *Home-Executor* `ObserverHomeImpl` und der Komponenten-*Executor* `ObserverSessionImpl` definiert.

Die Komposition für die Implementierung des Komponententyps `Cutlery` heißt `CutleryImpl`. Darin werden der *Home-Executor* `CutleryHomeImpl` und der Komponenten-*Executor* `Cutlery-SessionImpl` definiert. Für den Komponenten-*Executor* wird ein Segment mit dem Namen `Seg` definiert, durch das das *Facet* `the_fork` implementiert wird. Hierbei ist zu beachten, dass die Besteck-Komponente zwar eine *Session*-Komponente ist, ihr *Executor* aber trotzdem segmentiert wird. Künftige Revisionen des CORBA-Komponentenmodells werden höchstwahrscheinlich die Beschränkung segmentierter Executor auf *Process*- und *Entity*-Komponenten aufheben.

10.7.2.1 CIDL

Die Definition der drei Kompositionen des Philosophen-Beispiels mit Hilfe der Sprache CIDL sieht folgendermaßen aus.

Definition der Implementierungen der drei Komponenten im Philosophen-Beispiel in CIDL

```
module dinner {

  composition session PhilosopherImpl {
    home executor PhilosopherHomeImpl {
      implements dinner::PhilosopherHome;
      manages PhilosopherSessionImpl;
    };
  };

  composition session CutleryImpl {
    home executor CutleryHomeImpl {
      implements dinner::CutleryHome;
      manages CutlerySessionImpl {
        segment Seg { provides facet the_fork; }
      };
    };
  };

  composition session ObserverImpl {
    home executor ObserverHomeImpl {
      implements dinner::ObserverHome;
      manages ObserverSessionImpl;
    };
  };
};
```

10.7.2.2
UML

Die Definition der drei Kompositionen wird aus Gründen der Übersichtlichkeit in drei verschiedenen Diagrammen dargestellt. Die Definition der Implementierungsstruktur für die Philosophen-Komponente ist in der Abb. 10.5 darstellt.

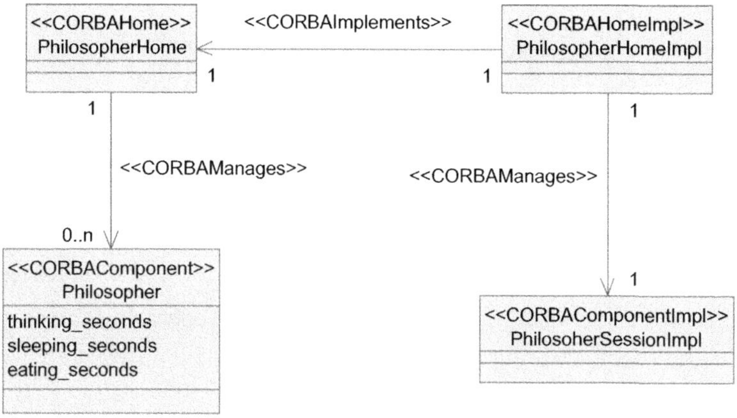

Abb. 10.5 : Definition der Implementierung der Philosophen-Komponente im Philosophen-Beispiel im UML-Profil

Die Struktur der Implementierung für die Zuschauer-Komponente ist in der Abb. 10.6 dargestellt.

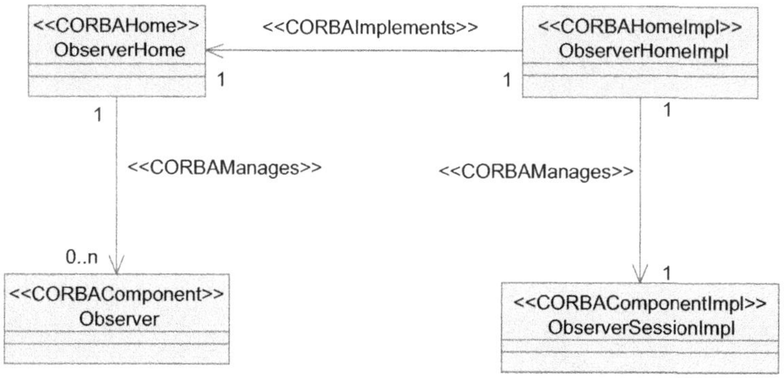

Abb. 10.6: Definition der Implementierung der Zuschauer-Komponente im Philosophen-Beispiel im UML-Profil

Die Struktur der Implementierung für den Komponententyp `Cutlery` ist in der Abb. 10.7 dargestellt. Der Komponenten-*Executor* hat zusätzlich eine Relation zum Segment `Seg`.

Abb. 10.7: Definition der Implementierung der Besteck-Komponente im Philosophen-Beispiel im UML-Profil

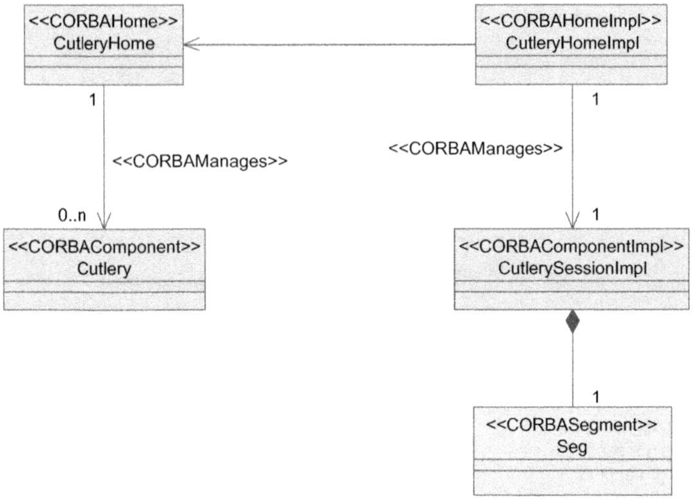

11 Implementierung

Im vorigen Kapitel wurde der erste Schritt zur Implementierung einer CORBA-Komponente erläutert, die Beschreibung der angestrebten Implementierung. In einer solchen Beschreibung legt der Komponentenentwickler fest, welche Komponentenkategorie die Implementierung unterstützen soll, wie die Komponentenimplementierung partitioniert sein soll und wie die Anbindung an persistenten Speicher zu erfolgen hat. Diese Spezifikation wird häufig, aber nicht zwingend, in der Sprache CIDL aufgeschrieben. Eine Alternative stellt das UML-Profil für das CORBA-Komponentenmodell dar. Das folgende Kapitel erläutert, wie aus der Spezifikation der Komponente und der Spezifikation der Komponentenimplementierung durch die geeignete Abbildung auf das Konzept der lokalen Interfaces Implementierungsskelette gewonnen werden können, und welche Vorgaben das CORBA-Komponentenmodell hierbei macht.

11.1 Der Sinn der Sprachabbildung

Die Implementierung einer CORBA-Komponente implementiert lokale CORBA-Interfaces.

Unter Nutzung der CIDL-Spezifikation oder des UML-Profils kann ein Werkzeug Implementierungsskelette für die Komponentenimplementierung generieren. Hierbei werden verschiedene lokale Interfaces implementiert, die die Schnittstelle zwischen dem Container und der Komponentenimplementierung bilden. Diese Interfaces sind auch unter dem Oberbegriff *Callback*-Interfaces bekannt. Diese *Callback*-Interfaces bilden demnach den zentralen Vertrag zwischen Container und Komponentenimplementierung zum Zweck der Delegierung von Operationsrufen an die Geschäftslogik der Komponente und für Verwaltungsaufgaben. Die Gesamtheit der fertig implementierten programmiersprachlichen Artefakte einer Komponente nennt man den *Executor* der Komponente.

Die Ausprägung dieser von der Komponente zu implementierenden Interfaces ist insofern unabhängig von CIDL bzw. dem UML-Profil, dass beide Notationen nur eine Möglichkeit darstellen, um durch automatische Codegenerierung zu Implementierungsskeletten für diese Interfaces zu kommen. Es ist durchaus vorstellbar, dass andere Werkzeuge auch eine andere Sprache zur Beschreibung der Implementierung bevorzugen, und dann aus dieser Sprache die entsprechenden lokalen Interfaces und Implementierungsskelette generieren. Auch eine vollständig manuelle Implementierung ist denkbar, bei der die Implementierung ohne weitere Werkzeugunterstützung erfolgt. Die von der Komponente zu implementierenden lokalen Interfaces lassen sich direkt aus der Spezifikation der Komponente herleiten. Dadurch sind neben der Spezifikation der Komponente keine weiteren Informationen für den Container erforderlich, um Operationsrufe an die Komponente zu delegieren.

Das Kontextinterface der Komponente wird bestimmt durch die Spezifikation der Komponente und durch die gewählte Komponentenkategorie.

Ein weiterer wichtiger Aspekt der Implementierung ist das Kontextinterface der Komponente, das durch den Container implementiert wird (und damit im Sprachgebrauch des CORBA-Komponentenmodells ein internes Interface ist). Die Ausprägung dieses Interface ergibt sich aus der Spezifikation der Komponente (in diesem Fall ihrer *Receptacles* und Ereignisproduzenten) und dem benutzten Containertyp, der implizit durch die gewählte Komponentenkategorie bestimmt wird. Der *Session*-Container stellt der Komponente ein so genanntes *Session*-Kontextinterface bereit, während ein *Entity*-Container der Komponente ein *Entity*-Kontextinterface bereitstellt. Das Kontextinterface wird also bei der Benutzung von CIDL für die Beschreibung der Implementierung auch durch diese Implementierungsbeschreibung bestimmt. Die Kontextinterfaces sind wiederum lokale Interfaces, deren konkrete programmiersprachliche Ausprägung durch die Sprachabbildung für die gewählte Zielsprache bestimmt wird.

Da das CORBA-Komponentenmodell die Benutzung der Sprache CIDL als Ausgangspunkt für die werkzeugunterstützte Generierung von Implementierungsskeletten empfiehlt, soll an dieser Stelle der Weg von der CIDL-Spezifikation zu konkret zu implementierenden Klassen in Programmiersprachen wie C++ diskutiert werden. Letztendlich wird durch die CIDL-Abbildung in Verbindung mit der herkömmlichen Sprachabbildung für normale und lokale CORBA-Interfaces die genaue Ausprägung der zu implementierenden *Callback*-Interfaces in der entsprechenden Programmiersprache festgelegt. Demzufolge ist bei der Implementierung keine eigenständige Abbildung der neuen CIDL-Konstrukte auf die Konstrukte der verschiedenen Implementierungssprachen notwendig, sondern es reicht, die Abbildung auf die *Callback*-Interfaces zu standardisieren.

11.2 Grundlegende Strategie

Bei der Implementierung einer CORBA-Komponente kann sich der Komponentenentwickler für zwei grundsätzlich verschiedene Strategien entscheiden. Bei der ersten Strategie implementiert er die gesamte Komponente, das bedeutet sämtliche zu implementierende *Callback*-Interfaces, in einem einzelnen Implementierungsartefakt. Dies umfasst auch alle Attribute, unterstützten Interfaces und Ereigniskonsumenten. Diese Strategie wird auch *monolithisch* genannt, weil der entstehende *Executor* monolithisch ist und nur aus einem einzigen Implementierungsartefakt besteht. Aufgrund ihrer Natur kann diese Strategie nicht benutzt werden, um segmentierte Komponenten zu implementieren.

Bei der monolithischen Implementierung wird die Komponente in einem Implementierungsartefakt implementiert.

Die zweite Strategie besteht darin, die Komponente durch verschiedene programmiersprachliche Artefakte implementieren zu lassen. Um dem Container die Möglichkeit zu geben, für ein bestimmtes Komponentenmerkmal zum entsprechenden Artefakt, das dieses Merkmal implementiert, zu navigieren, wird bei dieser Strategie ein so genannter *Executor Locator* eingeführt. Diese Strategie wird *locator*-basiert genannt. Alternativ spricht man häufig auch vom segmentierten Ansatz, weil es mit dieser Strategie einfach möglich wird, dass der entstehende *Executor* der Komponente segmentiert ist, das heißt, die Geschäftslogik der Komponente in unterschiedlichen unabhängigen Segmenten implementiert ist. Der *Executor Locator* ist der zentrale Zugriffspunkt für den Container für eine Komponente, die mit dem *locator*-basierten Ansatz implementiert ist. Über ihn erfährt der Container beispielsweise, welches programmiersprachliche Artefakt die Operationen eines bestimmten *Facet* der Komponente implementiert und kann entsprechend auf dieses Artefakt delegieren.

Bei der locatorbasierten Strategie implementiert der Entwickler zusätzlich einen Executor Locator, der die Navigation zu den Implementierungsartefakten gestattet.

Die Definition der beiden Strategien im CORBA-Komponentenmodell ist nicht ganz konsequent. Historisch war der monolithische Ansatz tatsächlich nur für nicht-segmentierte Komponentenimplementierungen vorgesehen. Letztendlich definiert jedoch in der heutigen Version des Standards des CORBA-Komponentenmodells auch die monolithische Strategie spezielle Operationen am monolithischen *Executor*, um zu einem bestimmten *Facet* zu navigieren. Die Grenze zwischen diesen beiden Implementierungsstrategien verschwimmt damit. Für den echten monolithischen Fall wird der *monolithische Executor* als Ergebnis einer solchen Navigationsoperation stets die Referenz auf sich selbst zurückgeben. Somit sollte bei der Wahl einer der beiden Strategien die Entscheidung die Rolle spielen, ob man die Komponente in einem Segment oder in mehreren Segmenten implementieren möchte. Für die erstere Wahl sollte der monolithische Ansatz genommen, und bei den entsprechenden Navigationsoperationen (siehe Kap. 11.6.4) stets die Objektreferenz des eigenen Hauptsegments zurückgegeben werden. Wird stattdessen eine segmentierte Implementierung angestrebt, sollte man den *locator*-basierten Ansatz wählen. Die Wahl einer der beiden Strategien ist zudem häufig abhängig von der benutzten Implementierung des CORBA-Komponentenmodells. Unter Umständen werden die Werkzeuge dieser Implementierung genau einer der beiden Implementierungsvarianten den Vorzug geben. Weiterhin muss auch darauf geachtet werden, welche Implementierungsvariante die einzusetzende Laufzeitumgebung handhaben kann.

Die Implementierungsstrategie kann leider nicht in CIDL spezifiziert werden.

Für die Wahl einer der beiden Implementierungsvarianten finden sich in CIDL leider keine Spezifikationskonstrukte. Vielmehr ist es eine reine Eigenschaft des eingesetzten Werkzeugs, Implementierungsskelette für die eine oder die andere Variante zu generieren. Da der *locator*-basierte Ansatz ein flexibler und universell einzusetzender Ansatz ist, soll er hier bei der Betrachtung der Generierung von Implementierungsskeletten im Vordergrund stehen.

11.3 Basis einer Komponentenimplementierung

Jedes Segment implementiert das IDL-Interface EnterpriseComponent.

Der *Executor* einer CORBA-Komponente besteht aus einer Anzahl von Segmenten. Jedes dieser Segmente wird realisiert durch ein programmiersprachliches Artefakt, das ein *Callback*-Interface implementiert. Die lokalen Interfaces, die im Rahmen eines der *Callback*-Interfaces der Komponente implementiert werden müssen, ergeben sich aus der Komponentenspezifikation und der CIDL-Spezifikation. Somit kann ein solches Artefakt also durch sein *Callback*-Interface eins oder mehrere der benötigten lokalen Interfaces implementieren. Das Basis-Interface für alle *Callback*-Interface ist das IDL-Interface `EnterpriseComponent`.

Definition des Interface EnterpriseComponent

```
module Components {

  local interface EnterpriseComponent {};

};
```

Jedes *Callback*-Interface einer Komponentenimplementierung ist abgeleitet von diesem Interface. Damit implementiert also jedes Segment einer Komponentenimplementierung dieses Interface.

11.3.1 Der Executor Locator

Beim *locator*-basierten Implementierungsansatz benutzt der Container ein spezielles von der Implementierung bereitgestelltes Interface, um zu den einzelnen Implementierungsartefakten der Komponente zu navigieren. Dieses zweite grundlegende Interface für Komponentenimlementierungen ist folgendermaßen definiert.

Definition des Interface ExecutorLocator

```
module Components {

  local interface ExecutorLocator :
    EnterpriseComponent {

    Object obtain_executor (in string name)
      raises (CCMException);

    void release_executor (in Object exc)
      raises (CCMException);

    void confoguration_complete()
      raises (InvalidConfiguration);
  };
};
```

Jede Komponentenimplementierung nach dem *locator*-basierten Ansatz stellt ein programmiersprachliches Artefakt bereit, das dieses Interface implementiert. Für den Container ist die eigentliche Struktur der Implementierung der Komponente verborgen. Er benutzt lediglich die durch das IDL-Interface `ExecutorLocator` bereitgestellten Operationen, um Zugriff auf ein programmiersprachliches Artefakt zum Zwecke des Delegierens von Operationsrufen zu erlangen. Die Bedeutung der einzelnen Operationen wird im Folgenden erläutert.

obtain_ executor()

Mit der Operation `obtain_executor` kann der Container das Artefakt erhalten, das das Komponentenmerkmal mit dem Namen `name` implementiert. Der Parameter `name` kann dabei der Name eines *Facet*, eines Ereigniskonsumenten oder der ausgezeichnete Name „component" sein, der das Hauptsegment bezeichnet.

release_ executor()

Mit der Operation `release_executor` kann der Container dem *Executor Locator* mitteilen, dass ein Artefakt nicht mehr benötigt wird.

configuration_ complete()

Die Operation `configuration_complete` wird vom Container gerufen, wenn die korrespondierende Operation `configuration_complete` am IDL-Interface `CCMObject` durch einen Klient gerufen wurde.

11.3.2 Fehlerzustände im Executor

Bei der Abarbeitung der Geschäftslogik einer Komponente kann es zu Fehlerzuständen kommen, die einen geordneten Abbruch der aktuellen Operationsbearbeitung verlangen. Da solche Abbrüche in CORBA durch spezielle Ausnahmen behandelt werden, definiert das CORBA-Komponentenmodell hierfür ebenfalls eine zu verwendende Ausnahme.

Definition der Ausnahme CCMException

```
module Components {

  enum CCMExceptionReason {

    SYSTEM_ERROR,
    CREATE_ERROR,
    REMOVE_ERROR,
    DUPLICATE_KEY,
    FIND_ERROR,
    OBJECT_NOT_FOUND,
    NO_SUCH_ENTITY
  };

  exception CCMException {
    CCMExceptionReason reason;
  };
};
```

Die einzelnen Fehlergründe haben folgende Bedeutung.

- `SYSTEM_ERROR`
  zeigt einen allgemeinen Fehler hervorgerufen durch einen Fehler im unterliegenden Softwaresystem an.
- `CREATE_ERROR`
  zeigt einen Fehler beim Erzeugen einer Komponente an.
- `REMOVE_ERROR`
  zeigt einen Fehler beim Entfernen einer Komponente an.
- `DUPLICATE_KEY`
  zeigt an, dass bei der Benutzung eines Primärschlüssels bei der Erzeugung einer *Entity*-Komponente der übergebene Schlüssel schon von einer anderen Komponenteninstanz benutzt wird.
- `FIND_ERROR`
  zeigt einen Fehler beim Auffinden einer *Entity*-Komponente unter Benutzung eines Primärschlüssels an.

- `OBJECT_NOT_FOUND`
  zeigt an, dass eine *Entity*-Komponente mit dem übergebenen Primärschlüssel nicht existiert.
- `NO_SUCH_ENTITY`
  zeigt an, dass der Zustand einer *Entity*-Komponente aus der unterliegenden Datenbank gelöscht worden ist.

11.4 Interfaces für den Session-Containertyp

Das CORBA-Komponentenmodell definiert zwei Arten von Containern, den *Session*-Container und den *Entity*-Container. Beide Container verlangen jeweils ein spezifisches *Callback*-Interface, das von der Komponente zu implementieren ist. Beim monolithischen Ansatz wird dieses Interface durch das Hauptsegment der Komponente implementiert und beim *locator*-basierten Ansatz durch den *Executor Locator*. Für den *Session*-Container sieht das zugehörige *Callback*-Interface `SessionComponent` folgendermaßen aus.

Definition des Interface SessionComponent

```
module Components {

  local interface SessionComponent {

    void set_session_context (in SessionContext ctx)
      raises (CCMException);

    void ccm_activate()
      raises (CCMException);

    void ccm_passivate()
      raises (CCMException);

    void ccm_remove()
      raises (CCMException);
  };
};
```

set_session_context()

Die Operation `set_session_context` wird von Container gerufen, um der Komponenteninstanz initial ihren Kontext mitzuteilen. Der Container ruft diese Operation sofort, nachdem die Komponenteninstanz erzeugt worden ist. Die Komponente kann hier die Ausnahme `CCMException` mit dem Fehlergrund `SYSTEM_ERROR` auslösen.

ccm_activate()

Die Operation `ccm_activate` wird vom Container gerufen, um der Komponente mitzuteilen, dass sie aktiviert wurde. Hier kann die Komponenteninstanz die Initialisierungen durchführen, die im Vorfeld der Bearbeitung von Operationsrufen durchzuführen sind. Die Komponente kann die Ausnahme `CCMException` mit dem Fehlergrund `SYSTEM_ERROR` auslösen.

ccm_passivate()

Die Operation `ccm_passivate` wird vom Container gerufen, um der Komponente mitzuteilen, dass sie deaktiviert wurde. Hier kann die Komponente alle Ressourcen wieder freigeben, die sie in `ccm_activate` belegt hat. Die Komponente kann die Ausnahme `CCMException` mit dem Fehlergrund `SYSTEM_ERROR` auslösen.

ccm_remove()

Die Operation `ccm_remove` wird vom Container gerufen, wenn die Lebenszeit des *Servants* abgelaufen ist und der *Servant* kurz vor der Zerstörung steht. Diese Operation informiert die Komponente darüber, dass sie gleich zerstört wird. Die Komponente kann wiederum die Ausnahme `CCMException` mit dem allgemeinen Fehlergrund `SYSTEM_ERROR` auslösen.

Neben dem IDL-Interface `SessionComponent`, das eine *Service-* oder *Session*-Komponente implementieren muss, gibt es ein weiteres Interface, das optional von einer *Session*-Komponente implementiert werden kann. Dieses Interface wird dann vom Container genutzt, um die Komponente über Transaktionsgrenzen zu informieren. Das Interface heißt `SessionSynchronization` und sieht folgendermaßen aus.

Definition des Interface Session-Synchronization

```
module Components {

  local interface SessionSynchronization {

    void after_begin()
      raises (CCMException);

    void before_completion()
      raises (CCMException);

    void after_completion (in boolean committed)
      raises (CCMException);
  };
};
```

after_begin()

Die Operation `after_begin` informiert die Komponente darüber, dass eine neue Transaktion gestartet wurde, und dass nachfolgende Operationen im Kontext dieser Transaktion gerufen werden. Die Komponente kann die Ausnahme `CCMException` mit dem Fehlergrund `SYSTEM_ERROR` auslösen.

Die Operation `before_completion` wird vom Container kurz vor dem Start des *2-Phase-Commit*-Protokolls gerufen. Die Komponente kann die Ausnahme `CCMException` mit dem Fehlergrund `SYSTEM_ERROR` werden.

before_ completion()

Die Operation `after_completion` wird vom Container nach der Beendigung des *2-Phase-Commit*-Protocols gerufen. Wenn die Transaktion erfolgreich abgeschlossen wurde, ist der Wert des Parameters `committed` `TRUE`. Falls die Transaktion zurückgerollt wurde, ist dieser Wert `FALSE`. Die Komponente kann die Ausnahme `CCMException` mit dem Fehlergrund `SYSTEM_ERROR` auslösen.

after_ completion()

Als nächstes sollen die Basis-Interfaces für das Kontextinterface von *Session*-Komponenten besprochen werden. Das grundlegende Basis-Interface für alle Kontextinterfaces ist das IDL-Interface `CCMContext`.

Definition des Interface CCMContext

```
module Components {

  local interface CCMContext {

    Principal get_caller_principal();

    CCMHome get_CCM_home();

    boolean get_rollback_only()
      raises (IllegalState);

    Transaction::UserTransaction
      get_user_transaction()
      raises (IllegalState);

    booelan is_caller_in_role (in string role);

    void set_rollback_only()
      raises (IllegalState);
  };
};
```

Die Operation *get_rollback_only* testet, ob die aktuelle Transaktion für ein späteres Zurückrollen markiert worden ist. Die Operation gibt `TRUE` zurück, wenn die Transaktion für ein Zurückrollen markiert ist, anderenfalls `FALSE`. Für den Fall, dass es keine aktive Transaktion gibt, wird die Ausnahme `IllegalState` ausgelöst.

get_rollback_ only()

Die Operation `get_user_transaction` gibt eine Objektreferenz auf ein Objekt mit dem IDL-Interface `Transaction::UserTransaction` zurück. Dieses Interface kann von der Komponente benutzt werden, um selbstverwaltete Transaktionen zu

get_user_ transaction()

implementieren. Die Ausnahme `IllegalState` wird ausgelöst, wenn die Komponente container-verwaltete Transaktionen benutzt.

set_rollback_only()

Die Operation `set_rollback_only` markiert die aktuelle Transaktion, so dass nur noch ein Zurückrollen möglich ist. Falls es keine aktive Transaktion gibt, wird die Ausnahme `IllegalState` ausgelöst.

get_CCM_home()

Die Operation `get_CCM_home` gibt eine Referenz auf das *Home*-Interface zurück.

Die verbliebenen Operationen `get_caller_principal` und `is_caller_in_role` sind eng mit der Benutzung der Sicherheitsaspekte im CORBA-Komponentenmodell verbunden. Da dieses Sicherheitsmodell gegenwärtig eine umfangreiche Überarbeitung erfährt, bleibt abzuwarten, ob sich diese Operationen in dieser Form dann immer noch in diesem Interface wieder finden. Aus diesem Grund soll hier nicht weiter auf sie eingegangen werden.

Durch die Operation `get_user_transaction` wird ein Interface zum Transaktiondienst zurückgegebenen. Die genaue Definition dieses Interface lässt sich im Standard zum CORBA-Komponentenmodell nachschlagen. Hier soll zum Überblick eine vereinfachte Version dieses Interface gezeigt werden.

Definition des Interface UserTransaction

```
module Components {

  typedef sequence<octet> TranToken;
  exception NoTransaction {};
  exception NotSupported {};
  exception SystemError {};
  exception RollbackError {};
  exception HeuristicMixed {};
  exception HeuristicRollback {};
  exception Security {};
  exception InvalidToken {};

  local interface UserTransaction {

    void begin()
      raises (...);

    void commit()
      raises (...);

    void rollback()
      raises (...)

    void set_rollback_only()
      raises (...);

    Status get_status()
```

```
      raises (...);

   void set_timeout (in long to)
      raises (...);

   TranToken suspend()
      raises (...);

   void resume (in TranToken txtoken)
      raises (...);
  };
};
```

begin()

Die Operation `begin` startet eine neue Transaktion und assoziiert sie mit dem aktuellen *Thread.* So genannte verschachtelte Transaktionen (*nested transactions*) sind im CORBA-Komponentenmodell nicht erlaubt und resultieren in der Ausnahme `NotSupported`.

commit()

Die Operation `commit` wird verwendet, um eine Transaktion erfolgreich zu beenden. Eine solche Transaktion muss vorher durch die Operation `begin` gestartet worden sein.

rollback()

Die Operation `rollback` beendet eine existierende Transaktion nicht erfolgreich. Diese Operation resultiert in einem Zurückrollen der aktuellen Transaktion.

get_status()

Die Operation `get_status` gibt den Status der aktuellen Transaktion zurück. Unter anderem lässt sich durch diese Operation der Zustand der Transaktion in Bezug auf das *2-Phase-Commit*-Protokoll erfragen.

Das CORBA-Komponentenmodell führt die etwas künstliche Unterscheidung zwischen einfachen Komponenten (*basic components*), die ausschließlich Interfaces unterstützen dürfen und Attribute haben können und erweiterten Komponenten (*extended components*), die von sämtlichen Strukturmerkmalen Gebrauch machen können, ein. In den meisten Komponentenanwendungen werden daher die wesentlich leistungsfähigeren erweiterten Komponenten Verwendung finden. Diese Unterscheidung findet sich auch in der Ableitungshierarchie der Kontexte wieder. Während Basis-Komponenten nur ein Kontextinterface vom Typ `CCMContext` bereitgestellt wird, erhalten erweiterte Komponenten eine Spezialisierung dieses Kontextinterface mit dem Namen `CCM2Context`.

Definition des Interface CCM2Context

```
module Components {

  typedef CosPersistentState::CatalogBase
    CatalogBase;

  typedef CosPersistentState::TypeId TypeId;
```

```
  exception PolicyMismatch {};

  exception PersistenceNotAvailable {};

  local interface CCM2Context : CCMContext {

    HomeRegistration get_home_registration();

    void req_passivate()
      raises (PolicyMismatch);

    CatalogBase get_persistence (
      in TypeId catalog_type_id)
      raises (PersistenceNotAvailable);
  };
};
```

get_home_registration()

Die Operation `get_home_registration` wird benutzt, um eine Objektreferenz auf ein Interface vom Typ `HomeRegistration` zu erhalten. Dieses Interface kann von der Komponenteninstanz dann benutzt werden, um ihr *Home* beim *Home Finder* anzumelden. Das IDL-Interface `HomeRegistration` soll an dieser Stelle nicht näher erläutert werden, da Anwendungsfälle für dieses Vorgehen rar sind. Eine Beschreibung dieses Interface findet sich im Standard.

req_passivate()

Die Operation `req_pasivate` wird benutzt, um dem Container mitzuteilen, dass die Komponenteninstanz abgeschaltet werden möchte. Dies ist nur möglich, wenn die Komponente die Lebenszeitregel *Container* oder *Component* für die *Servants* verwendet.

get_persistence()

Die Operation `get_persistence` stellt der Komponenteninstanz Zugriff auf einen Persistenzanbieter eines Persistenzdienstes bereit. Der Parameter `catalog_type_id` bestimmt den Katalog, der ein Index für die verfügbaren Speicherfabriken ist. Falls dieser Katalog nicht im Container verfügbar ist, wird die Ausnahme `PersistenceNotAvailable` ausgelöst.

Die IDL-Interfaces `CCMContext` und `CCM2Context` sind unabhängig von der gewählten Komponentenkategorie und dem damit verbundenen Containertyp. Das CORBA-Komponentenmodell definiert jedoch Spezialisierungen dieser Interfaces, die jeweils Komponenten in einem *Session*-Container (*Service*- und *Session*-Komponenten) und in einem *Entity*-Container (*Process*- und *Entity*-Komponenten) angeboten werden. Diese Spezialisierungen sollen jetzt diskutiert werden.

Das IDL-Interface `SessionContext` ist eine Spezialisierung des IDL-Interface `CCMContext` für die Belange von einfachen Komponenten der Kategorien *Service* und *Session*. Es ist folgendermaßen definiert.

Definition des Interface SessionContext

```
module Components {

  local interface SessionContext : CCMContext {

    Object get_CCM_object()
      raises (IllegalState);
  };
};
```

get_CCM_object()

Die einzige dort zu findende Operation ist `get_CCM_object`. Diese gibt die Objektreferenz zurück, die benutzt wurde, um eine Operation an der Komponente zu rufen. Diese Operation darf nur während eines Operationsrufs an der Komponente gerufen werden, anderenfalls wird die Ausnahme `IllegalState` ausgelöst.

Für erweiterte *Session*-Komponenten existiert das IDL-Interface `Session2Context`, das folgendermaßen definiert ist.

Definition des Interface Session2-Context

```
module Components {

  enum BadComponentReferenceReason {
    NON_LOCAL_REFERENCE,
    NON_COMPONENT_REFERENCE,
    WRONG_CONTAINER
  };

  exception BadComponentReference {
    BadComponentReferenceReason reason;
  };

  exception IllegalState {};

  local interface Session2Context :
    SessionContext, CCM2Context {

    Object create_ref (
      in CORBA::RepositoryId repid);

    Object create_ref_from_oid (
      in CORBA::OctetSeq oid,
      in CORBA::RepositoryId repid);

    CORBA::OctetSeq get_oid_from_ref (
      in Object objref)
      raises (IllegalState,
              BadComponentReference);
    };
};
```

create_ref()

Die Operation `create_ref` wird benutzt, um eine Objektreferenz zu generieren, die an Klienten exportiert werden kann. Der Parameter `repid` identifiziert das Interface, für das die Referenz generiert wird. Operationsrufe an dieser neuen Objektreferenz werden an das Segment weitergeleitet, das diese Objektreferenz generiert hat.

create_ref_from_oid()

Die Operation `create_ref_from_oid` wird analog zu create_ref benutzt, wobei hier der Parameter `oid` eine *Octet*-Sequenz spezifiziert, die in die generierte Objektreferenz mit einzuschließen ist. Die Komponente kann diese Information bei später ankommenden Operationsrufen über dieses Interface auswerten.

get_oid_from_ref()

Die Operation `get_oid_from_ref` wird benutzt, um die Octet-Sequenz aus der Objektreferenz `objref` zu erhalten. Falls diese Operation außerhalb einer aktuellen Operationsbearbeitung gerufen wird, wird die Ausnahme `IllegalState` ausgelöst. Falls die Objektreferenz nicht von diesem Container erzeugt worden ist, wird die Ausnahme `BadComponentReference` mit dem Fehlergrund `WRONG_CONTAINER` ausgelöst.

Die meisten Implementierungen des CORBA-Komponentenmodells verwalten Objektreferenzen für Komponenten-Interfaces selbstständig und automatisch.

An dieser Stelle muss gesagt werden, dass der Standard des CORBA-Komponentenmodells nicht klar ausdrückt, aus welchem Grund diese Operationen genutzt werden sollen. Sicherlich war in einer frühen Phase des Standards die Idee, dass Komponenten selbst dafür sorgen müssen, Operationen, wie `provide_facet` aus dem IDL-Interface `CCMObject`, die ja eine Objektreferenz zurückgeben, in der eigenen Geschäftslogik zu implementieren. Es hat sich jedoch herausgestellt, dass die Operationen zur Navigation an der Komponente (zu der auch die `provide_facet`-Operation gehört) durchaus durch automatisch generierten Code implementiert werden können. Da für die Generierung ohnehin ein container-eigenes Werkzeug benutzt werden muss, muss ein Interface zur Erzeugung von Objektreferenzen nicht zwangsläufig standardisiert werden. Das IDL-Interface `Session2Context` wird im weiteren Verlauf des Buches keine Rolle spielen, da die bisher bekannten Implementierungen des CORBA-Komponentenmodells den Weg gehen, die Navigation- und Introspektionsoperationen in generiertem Code zu implementieren, und nicht die Geschäftslogik damit zu belasten. Es ist wahrscheinlich, dass in späteren Revisionen des Standards dieses Interface verschwinden wird.

11.5 Interfaces für den Entity-Containertyp

Nachdem nun die Kontextinterfaces und *Callback*-Interfaces für den *Session*-Containertyp dargestellt wurden, soll dies jetzt auch für den

Entity-Containertyp erfolgen. *Process*- und *Entity*-Komponenten, die durch diesen Container verwaltet werden, wird ein anderes Kontextinterface angeboten. Auch die zu implementierenden *Callback*-Interfaces unterscheiden sich von den Interfaces, die von *Session*-Komponenten implementiert werden.

Jede *Process*-Komponente und jede *Entity*-Komponente muss das IDL-Interface `EntityComponent` implementieren. Dieses Interface ist wie folgt definiert.

Definition des Interface EntityCom ponent

```
module Components {

  local interface EntityComponent :
    EnterpriseComponent {

    void set_entity_context (in EntityContext ctx)
      raises (CCMException);

    void unset_entity_context()
      raises (CCMException);

    void ccm_activate()
      raises (CCMException);

    void ccm_passivate();
      raises (CCMException);

    void ccm_load()
      raises (CCMException);

    void ccm_store()
      raises (CCMException);

    void ccm_passivate()
      raises (CCMException);

    void ccm_remove()
      raises (CCMException);
  };
};
```

set_entity_context()

Die Operation `set_entity_context` wird vom Container gerufen, um der Komponenteninstanz initial ihren Kontext mitzuteilen. Der Container ruft diese Operation sofort, nachdem die Komponenteninstanz erzeugt worden ist. Die Komponente kann die Ausnahme `CCMException` mit dem Fehlergrund `SYSTEM_ERROR` auslösen.

unset_entity_context()

Die Operation `unset_entity_context` wird vom Container gerufen, um den Kontext der Komponente wieder zu entfernen. Dieser Operationsruf erfolgt kurz vor der Zerstörung einer Komponenteninstanz. Die Komponente kann die Ausnahme `CCMException` mit dem Fehlergrund `SYSTEM_ERROR` auslösen.

ccm_activate() Die Operation `ccm_activate` wird vom Container gerufen, um der Komponente mitzuteilen, dass sie aktiviert wurde. Hier kann die Komponenteninstanz die Initialisierungen durchführen, die im Vorfeld der Bearbeitung von Operationsrufen durchzuführen sind. Die Komponente kann die Ausnahme `CCMException` mit dem Fehlergrund `SYSTEM_ERROR` auslösen.

ccm_load() Die Operation `ccm_load` wird vom Container gerufen, um die Komponenteninstanz anzuweisen, ihren Zustand aus dem unterliegenden Persistenzanbieter zu laden. Die Komponente kann die Ausnahme `CCMException` mit dem Fehlergrund `SYSTEM_ERROR` auslösen.

ccm_store() Die Operation `ccm_store` wird vom Container gerufen, um die Komponenteninstanz anzuweisen, ihren Zustand in den unterliegenden Persistenzanbieter zu speichern. Die Komponente kann wiederum die entsprechende Ausnahme `CCMException` mit dem Fehlergrund `SYSTEM_ERROR` auslösen.

ccm_passivate() Die Operation `ccm_passivate` wird vom Container gerufen, um der Komponente mitzuteilen, dass sie deaktiviert wurde. Hier kann die Komponente all die Ressource wieder freigeben, die sie in `ccm_activate` belegt hat. Die Komponente kann die Ausnahme `CCMException` mit dem Fehlergrund `SYSTEM_ERROR` auslösen.

ccm_remove() Die Operation `ccm_remove` wird vom Container gerufen, wenn die Lebenszeit des *Servants* abgelaufen ist und der *Servant* kurz vor der Zerstörung steht. Diese Operation informiert die Komponente darüber, dass sie gleich zerstört wird. Die Komponente kann hier zum einen die Ausnahme `CCMException` mit dem Fehlergrund `REMOVE_ERROR` auslösen für den Fall, dass die Zerstörung der Komponente nicht erlaubt ist. Die Komponente kann außerdem zur Dokumentation eines Fehlers die Ausnahme `CCMException` unter Nutzung des Fehlergrunds `SYSTEM_ERROR` auslösen.

Die Betrachtung der Kontext-Interfaces, die ein *Entity*-Container bereitstellt, offenbart wieder die Unterscheidung nach einfachen Komponenten und erweiterten Komponenten. Für einfache Komponenten der Kategorien *Process* und *Entity* stellt der Container das IDL-Interface `EntityContext` bereit.

Definition des Interface EntityContext

```
module Components {

  local interface EntityContext : CCMContext {

    Object get_CCM_object()
      raises (IllegalState);
```

```
    PrimaryKeyBase get_primary_key()
      raises (IllegalState);
  };
};
```

Die Operation get_CCM_object gibt die Objektreferenz zurück, die benutzt wurde, um die aktuelle Operation an der Komponenteninstanz zu rufen. Diese Operation darf nur während eines Operationsrufs an der Komponente gerufen werden, anderenfalls wird die Ausnahme IllegalState ausgelöst.

get_CCM_object()

Die Operation get_primary_key erlaubt einer *Entity*-Komponente ihren eigenen Primärschlüssel zu erfragen. Diese Operation darf nur während eines Operationsrufs an der Komponente gerufen werden, anderenfalls wird die Ausnahme IllegalState ausgelöst.

get_primary_key()

Da auch bei *Process*- und *Entity*-Komponenten gilt, leistungsfähige Anwendungen mit einem aussagekräftigen Design lassen sich nur mit erweiterten Komponenten realisieren, soll als nächstes das Kontextinterface diskutiert werden, das diesen Komponenten bereitgestellt wird. Dieses Interface ist eine Erweiterung des IDL-Interface EntityContext.

Definition des Interface Entity2Context

```
module Components {

  typedef short SegmentId;
  const SegmentId COMPONENT_SEGMENT = 0;

  typedef short FacetId;
  const FacetId COMPONENT_FACET = 0;

  abstract valuetype StateIdValue {
    ...
  };

  valuetype SegmentDescr {
    ...
  };

  local interface ComponentId {
    ...
  };

  typedef sequence<SegmentDescr> SegmentDescrSeq;

  local interface Entity2Context :
    EntityContext,
    CCM2Context {
```

```
    ComponentId get_component_id()
      raises (IllegalState);

    ComponentId create_component_id (
      in FacetId target_facet,
      in SegmentId target_segment,
      in SegmentDescrSeq seq_descrs);

    ComponentId create_monolithic_component_id(
      in FacetId target_facet,
      in StateIdValue sid);

    Object create_ref_from_cid (
      in CORBA::RepositoryId repid,
      in ComponentId cid);

    ComponentId get_cid_from_ref (
      in Object objref)
      raises (BadComponentReference);
  };
};
```

get_component_id()

Die Operation `get_component_id` wird benutzt, um eine Objektreferenz auf ein Interface `ComponentId` zu erhalten. Dieses Interface kapselt einen persistenten Bezeichner, mittels dem die Komponente auf ihren persistenten Zustand zugreifen kann.

create_component_id()

Die Operation `create_component_id` wird benutzt, um ein Objekt für das lokale IDL-Interface `ComponentID` zu erzeugen. Dieses Objekt kann verwendet werden, um optional verschiedene Segmente der Implementierung zu identifizieren.

create_monolithic_component_id()

Die Operation `create_monolithic_component_id` wird als vereinfachte Variante von `create_component_id` angeboten. Sie wird im monolithischen Implementierungsansatz genutzt, um ein Objekt für das lokale IDL-Interface `ComponentID` zu erhalten.

create_ref_from_cid()

Die Operation `create_ref_from_cid` wird zur Erzeugung einer Objektreferenz benutzt, die Klienten zugänglich gemacht werden kann. Der Parameter `rep_id` spezifiziert die *Repository Id* der zu erzeugenden Objektreferenz, während mit dem Parameter `comp_id` die in die Objektreferenz zu kodierenden Informationen übergeben werden.

get_cid_from_ref()

Die Operation `get_cid_from_ref` wird von einer persistenten Komponente benutzt, um die aus einer Objektreferenz erhaltene Referenz auf ein Interface `ComponentId` zu erhalten.

Bei diesem Interface bleibt, wie auch beim IDL-Interface `Session2Context`, festzustellen, dass seine Anwendung durch die Geschäftslogik einer Komponente im Standard nicht ausreichend dokumentiert ist. Aktuelle und auch künftige Implementierungen des Standards sehen sich der Aufgabe gegenüber, Sinn und Anwendbarkeit dieser Interfaces in ihren Implementierungen zu verifizieren. Da zum jetzigen Zeitpunkt nicht klar ist, ob die IDL-Interfaces `Session2Context` und `Entity2Context` in späteren Revisionen des Standards sich so, wie sie hier dokumentiert werden, wieder finden, soll im weiteren Verlauf des Buches bei der Diskussion der Entwicklung der Geschäftslogik von Komponenten auf die Nutzung der Operationen dieser Interfaces verzichtet werden. Vielmehr soll gezeigt werden, dass der Container die Verwaltung der Objektreferenzen für eine Komponente übernehmen kann, und die Geschäftslogik der Komponente nicht mit dieser Art administrativer Arbeit belastet wird.

11.6 Typspezifische Implementierungsregeln

Typspezifische Regeln reichern die generischen Callback-Interfaces und Kontextinterfaces mit Operationen an, die abhängig sind von der Komponentenspezifikation.

Im ersten Teil des Kapitels wurde auf die generischen Interfaces eingegangen, die von Komponenten zu implementieren sind, oder die vom Kontextinterface der Komponente durch den Container implementiert werden. Diese Interfaces bilden jedoch nur die Grundlage für die endgültigen *Callback*-Interfaces und Kontextinterfaces mittels denen zur Laufzeit der Komponente operiert wird. Die spezifischen Merkmale eines jeden Komponententyps spiegeln sich in spezifischen zusätzlichen Operationen an den *Callback*-Interfaces der Komponente und an ihrem Kontextinterface wider. Beispielsweise wird gezeigt werden, dass die mit einem *Receptacle* verbundenen CORBA-Objekte über einen spezielle zusätzliche typsichere Operation am Kontext der Komponente zugänglich sind. An dieser Stelle soll zuerst auf die typspezifischen *Callback*-Interfaces eingegangen werden, die nun endlich die Grundlage für die Implementierung bilden werden.

Die nun folgenden Regeln werden an den schon bekannten Beispielen der speisenden Philosophen nachvollzogen. Hierbei wird unter Umständen von Fall zu Fall auf einige Merkmale der Komponente verzichtet, wenn sie für die Betrachtung einer bestimmten Regel nicht relevant sind.

11.6.1 Regeln für Interfaces

Jedes in einer Komponentenspezifikation verwendete Interface resultiert in der Definition eines lokalen Interface.

CORBA-Komponenten implementieren Interfaces. In der Komponentenspezifikation direkt sichtbare Interfaces sind dabei die unterstützten Interfaces und die durch *Facets* bereitgestellten Interfaces Für diese Interfaces können *Servants* automatisch generiert werden. Der Container nutzt diese *Servants*, um Operationsrufe für die Komponente anzunehmen. Aus den *Servants* heraus muss der Operationsruf an die Geschäftslogik der Komponente weitervermittelt werden. Das verlangt nach wohl definierten Interfaces zur Geschäftslogik, schließlich sind Containerhersteller und Komponentenentwickler in den meisten Fällen verschiedene Personen.

Diese Interfaces können aus der Spezifikation der Komponente hergeleitet werden. Sie sind deshalb wichtig, weil eine Komponente auf verschiedene Weise, beispielsweise durch Änderung der Segmentierung, implementiert werden kann und aus der reinen Spezifikation der Komponente noch nicht klar ist, welches Segment welches Merkmal der Komponente implementiert. Bekommt der Container ein *Callback*-Interface der Komponente in die Hand, so kann er prüfen, ob dieses *Callback*-Interface tatsächlich das vom Container augenblicklich benötigte Interface an der Komponente implementiert.

Für jedes nicht-abstrakte und nicht-lokale Interface, das in der Komponente verwendet wird, sei es als unterstütztes Interface oder als *Facet*, wird ein lokales Interface zur Benutzung bei der Definition der endgültigen *Callback*-Interfaces abgeleitet. Der Name des abgeleiteten lokalen Interface ergibt sich aus dem Präfix `CCM_` und dem ursprünglichen Namen des betrachteten Interface. Ein Beispiel für diese Regel folgt. Ausgangspunkt soll wieder die Philosophen-Komponente sein.

das unterstützte Interface Named am Beispiel der Philosophen-Komponente

```
module dinner {

  component Philosopher supports Named {
    ...
  };
};
```

Diese Spezifikation bestimmt ein neues lokales IDL-Interface `CCM_Named`, das später vom Hauptsegment der Komponente implementiert werden muss.

```
module dinner {

  local interface CCM_Named :
    dinner::Named,
    Componenst::EnterpriseComponent
  {};
};
```

das lokale Interface CCM_Named

Ähnlich sieht es bei *Facets* aus. Als Beispiels sei hier die Besteck-Komponente herangezogen, die ein *Facet* vom Typ `Fork` besitzt.

```
module dinner {

  component Cutlery {
    provides Fork the_fork;
  };
};
```

das Facet the_fork an der Besteck-Komponente

Hier erzwingt die Definition des *Facet* `the_fork` an der Komponente `Cutlery` die Herleitung eines lokalen IDL-Interface `CCM_Fork`, das später zu implementieren ist.

```
module dinner {

  local interface CCM_Fork :
    dinner::Fork,
    Components::EnterpriseComponent
  {};
};
```

das lokale Interface CCM_Fork

11.6.2 Regeln für den Komponententyp

Die Spezifikation einer Komponente resultiert in einem herkömmlichen CORBA-Interface, dem äquivalenten Interface der Komponente. Am äquivalenten Interface der Komponente sind die Attribute der Komponente und alle Operationen der unterstützten Interfaces der Komponente verfügbar. Da die Geschäftslogik der Komponente sowohl die Attributzugriffsoperationen als auch die Operationen der unterstützten Interfaces implementieren muss, ist die Definition eines zugeordneten lokalen Interface erforderlich. Hierbei unterscheidet man zwischen dem monolithischen Ansatz und dem *locator*-basierten Ansatz. Als Beispiel dient die Philosophen-Komponente.

Der Komponententyp beeinflusst das lokale Interface von dem später das endgültige Callback-Interface für das Hauptsegment der Komponente abgeleitet wird.

Attribut an der Philosophen-Komponente

```
module dinner {

  component Philosopher supports Named {
    attribut unsigned long thinking_seconds;
    ...
  };
};
```

Für den *locator*-basierten Ansatz resultiert diese Komponentenspezifikation in der Definition eines lokalen IDL-Interface, das vom Hauptsegment der Komponente implementiert wird. Der Name dieses Interface bildet sich aus dem Präfix `CCM_`, gefolgt vom Namen der Komponente, gefolgt von der Zeichenkette `_Executor`.

Attribut am lokalen Interface CCM_Philosopher_Executor

```
module dinner {

  local interface CCM_Philosopher_Executor :
    dinner::Named,
    Components::EnterpriseComponent
  {
    attribute unsigned long thinking seconds;
    ...
  };
};
```

Falls die Komponente eine Basis-Komponente besitzt, so leitet das entstehende IDL-Interface obendrein vom entsprechenden IDL-Interface `CCM_<Basis-Komponentenname>_Executor` der Basis-Komponente ab.

Beim monolithischen Ansatz bildet sich der Name des resultierenden IDL-Interface aus dem Präfix `CCM_`, gefolgt vom Namen der Komponente.

Attribut am lokalen Interface CCM_ Philosopher

```
module dinner {

  local interface CCM_Philosopher :
    dinner::Named,
    Components::EnterpriseComponent {

    attribute unsigned long thinking_seconds;
    ...
  };
};
```

Neben den eben diskutierten Interfaces beeinflusst die Komponentenspezifikation auch das endgültige Kontextinterface der Komponente. Der Name dieses Interface wird gebildet aus dem Präfix `CCM_`, gefolgt von dem Komponentennamen, gefolgt von der Zeichenkette _Context. Für die Philosophen-Komponente sieht das daraus abgeleitete Kontextinterface vorerst (es wird später durch typspezifische Operationen erweitert) so aus.

das lokale Interface CCM_ Philosopher_ Context

```
module dinner {

  local interface CCM_Philosopher_Context {
    ...
  };
};
```

Falls die betrachtete Komponente eine Basis-Komponente hat, so leitet das entstandene Kontextinterface von dem aus der Spezifikation der Basis-Komponente hergeleiteten Kontextinterface mit dem Namen CCM_<Basis-Komponentenname>_Context ab.

11.6.3 Regeln für Ereignistypen

Ereignisse erfordern lokale Interfaces für das Übergeben des Ereignisses an die Komponente.

Definiert eine Komponentenspezifikation einen Ereigniskonsumenten, so impliziert dies sowohl ein gewisses CORBA-Interface, über das ein solches Ereignis entfernt ausgetauscht werden kann, als auch lokale Interfaces, über die der Container ein empfangenes Ereignis für die Komponente an diese zustellen kann. Das Vorgehen beim monolithischen Implementierungsansatz unterscheidet sich von dem beim *locator*-basierten Ansatz.

Beim *locator*-basierten Ansatz wird aus der Definition des Ereigniskonsumenten der Komponente ein lokales Konsumenten-Interface hergeleitet. Der Namen des Interface setzt sich zusammen aus dem Präfix CCM_, gefolgt von dem Namen des Ereignistypen, gefolgt von der Zeichenkette Consumer. Als Beispiel soll die Zuschauer-Komponente dienen.

Definition der Zuschauer-Komponente

```
module dinner {

  component Observer {

    consumes PhilosopherState philosopher_state;
  };
};
```

Die Definition des Ereigniskonsumenten philosopher_state vom Typ PhilosopherState in dieser Komponente resultiert in der Ableitung eines lokalen Interface zum Senden des Ereignisses an die Geschäftslogik der Philosophen-Komponente.

das lokale Interface CCM_ PhilosopherStateConsumer

```
module dinner {

  local interface CCM_PhilosopherStateConsumer {

    void push (in dinner::PhilosopherState ev);
  };
};
```

Beim monolithischen Ansatz resultiert die Definition eines Ereigniskonsumenten an einer Komponente einfach in einer zusätzlichen Operation am Hauptsegment. Der Name der Operation setzt sich zusammen aus dem Präfix `push_`, gefolgt von dem Namen des Ereigniskonsumenten. Als Beispiel dient hier wieder die Zuschauer-Komponente, die über einen Ereigniskonsumenten verfügt. Im lokalen Interface für das Hauptsegment der Zuschauer-Komponente findet sich dann folgende Operation wieder.

das lokale Interface CCM_Observer

```
module dinner {

  local interface CCM_Observer :
    Components::EnterpriseComponent {

    void push_philosopher_state (
      in PhilosopherState ev);
  };
};
```

11.6.4 Facets

Ein Facet führt nur beim monolithischen Ansatz zu einer zusätzlichen Navigationsoperation am Executor.

Die Definition eines *Facet* an einer Komponente wird für den monolithischen und den *locator*-basierten Ansatz unterschiedlich behandelt. Beim monolithischen Ansatz resultiert die Definition eines *Facet* in einer speziellen Navigationsoperation am monolithischen *Executor*-Interface. Der Name der Operation setzt sich zusammen aus dem Präfix `get_`, gefolgt vom Namen des *Facet*. Der Rückgabetyp dieser Operation ist das abgeleitete lokale Interface, dessen Name sich aus dem Präfix `CCM_`, gefolgt von dem Typnamen zusammensetzt. Nachfolgend wird die Abbildung einer *Facet*-Definition am Beispiel der Besteck-Komponente aufgezeigt. Das *Facet* ist innerhalb der IDL-Definition dieser Komponente definiert.

```
module dinner {

  component Cutlery {

    provides Fork the_fork;
  };
};
```

Facet an der Besteck-Komponente

Aus der Definition des *Facet* `the_fork`, das ein Interface vom Typ `dinner::Fork` bereitstellt, resultiert die folgende Operation am monolithischen *Executor*.

```
module dinner {

  local interface CCM_Cutlery {

    dinner::CCM_Fork get_the_fork();
  };
};
```

Facet-Operation am lokalen Interface CCM_Cutlery

Da man den monolithischen *Executor* auch für monolithische Implementierungsartefakte einsetzen sollte und damit die *Facets* auch am Hauptsegment implementiert werden, müsste das Hauptsegment sowohl das Interface `dinner::CCM_Cutlery` als auch das Interface `dinner::CCM_Fork` implementieren. Das wird durch die Definition eines weiteren lokalen IDL-Interface erreicht.

```
module dinner {

  local interface CCM_CutlerySessionImpl :
    CCM_Cutlery, CCM_Fork, CCM_Named
  {};
};
```

das lokale Interface CCM_CutlerySessionImpl

Das IDL-Interface `CCM_CutlerySessionImpl` wäre damit das endgültige Interface, das vom Hauptsegment der Komponente zu implementieren ist. Die Herleitung der endgültigen lokalen Interfaces wird noch einmal ausführlich in Kap. 11.7 besprochen.

Bei der *locator*-basierten Strategie wird keine zusätzliche Operation generiert. Hier ruft der Container einfach am *Executor Locator* der Komponente die Operation `obtain_executor` mit dem Namen `name` des *Facet* als Parameter. Als Ergebnis bekommt er eine Objektreferenz auf das Segment zurück, das dieses *Facet* implementiert.

11.6.5 Receptacles

Ein Receptacle resultiert in einer zusätzlichen Operation am Kontext der Komponente.

Wird bei einer Komponente ein *Receptacle* spezifiziert, so ergibt sich für die Geschäftslogik der Komponente die Möglichkeit, Operationen an einem mit dem *Receptacle* der Komponente verbundenen Interface zu rufen. Der Zugriff auf die verbundenen Interfaces für jedes *Receptacle* erfolgt typspezifisch über das Kontextinterface der Komponente. Hierbei ist keine Unterscheidung zwischen dem monolithischen und dem *locator*-basierten Ansatz notwendig, da nur das Kontextinterface der Komponente betroffen ist.

Allerdings muss unterschieden werden, ob das betrachtete *Receptacle* einfach oder mehrfach ist. Bei einem mehrfachen *Receptacle* ist es schließlich möglich, dass mehrere verschiedene CORBA-Objekte an dieses *Receptacle* gebunden sind, während bei einem einfachen *Receptacle* maximal ein CORBA-Objekt gebunden sein kann. Bei einem einfachen *Receptacle* setzt sich der Name der Operation zusammen aus dem Präfix `get_connection_`, gefolgt von dem Namen des *Receptacle*. Der Rückgabewert dieser Operation ist eine Objektreferenz des vom *Receptacle* benutzen Interface.

Bei einem mehrfachen *Receptacle* setzt sich der Operationsnamen aus dem Präfix `get_connections_`, gefolgt von dem Namen des *Receptacle* zusammen. Der Rückgabewert der Operation ist eine Sequenz, deren Typnamen sich aus dem Namen des *Receptacle*, gefolgt von der Zeichenkette `Connections` ergibt. Dieser Rückgabetyp ist schon durch die äquivalente IDL-Abbildung definiert. Als Beispiel dient hier die Philosophen-Komponente.

Receptacles am Beispiel der Philosophen-Komponente

```
module dinner {

  component Philosopher supports Named {
        ...
    uses Fork left_hand;
    uses Fork right_hand;
        ...
  };
};
```

Die Philosophen-Komponente hat zwei einfache *Receptacles* vom Typ `Fork`. Für jedes dieser *Receptacle* wird eine eigene typespezifische Operation am Kontextinterface der Komponente generiert.

```
module dinner {

  local interface CCM_Philosopher_Context {

    Fork get_connection_left_hand();
    Fork get_connection_right_hand();
    ...
  };
};
```

Receptacle-Operationen am lokalen Interface CCM_Philosopher_Context

Zur Laufzeit stehen der Philosophen-Komponente dann am vom Container bereitgestellten Kontextinterface diese beiden Operationen bereit, und sie kann beispielsweise das mit dem *Receptacle* `left_hand` verbundene Objekt durch einen Ruf der Operation `get_connection_left_hand` erfragen und für spätere Operationsrufe nutzen. Angenommen, das *Receptacle* `left_hand` an der Philosophen-Komponente wäre ein mehrfaches *Receptacle*, so würde die daraus abgeleitete Operation am Kontext so aussehen:

```
module dinner {

  local interface CCM_Philosopher_Context {

    left_handConnections
      get_connections_left_hand();
    Fork get_connection_right_hand();
    ...
  };
};
```

Receptacle-Operationen am lokalen Interface CCM_Philosopher_Context bei einem mehrfachen Receptacle

Der Typ `left_handConnections` ist dabei schon während der Generierung des äquivalanten IDL-Interfaces aus der IDL3-Spezifikation der Komponente `Philosopher` entstanden.

11.6.6 Ereignisproduzenten

Ein Publisher oder Emitter resultiert in einer zusätzlichen Operation am Kontext einer Komponente.

Publisher und *Emitter* sind Ereignisproduzenten. Eine Komponente, die ein solches Merkmal definiert, ist in der Lage Ereignisse eines bestimmten Typs auszusenden. Da der Container das Versenden des Ereignisses übernimmt, muss im Kontextinterface der Komponente für jeden Ereignisproduzenten eine Operation zur Übergabe des Ereignisses an den Container vorhanden sein. Der Name dieser Operation ergibt sich aus dem Präfix `push_`, gefolgt von dem Namen des *Publisher* bzw. *Emitter*. Der einzige Parameter dieser Operation ist ein Eingabeparameter des entsprechenden Ereignistyps. Eine Unterscheidung zwischen *Publisher* und *Emitter* findet nicht statt. Am Beispiel der Philosophen-Komponenten soll das veranschaulicht werden.

Publisher an der Philosophen-Komponente

```
module dinner {

  component Philosopher supports Named {
        ...
    publishes PhilosopherState philosopher_state;
  };
};
```

Die daraus resultierende Operation am Kontext der Philosophen-Komponente sieht folgendermaßen aus.

Publisher-Operation am lokalen Interface CCM_Philosopher_Context

```
module dinner {

  local interface CCM_Philosopher_Context {
    ...
    void push_philosopher_state (
      in PhilosopherState ev);
  };
};
```

11.6.7 Ereigniskonsument

Ein Consumer resultiert nur beim monolithischen Ansatz in einer zusätzlichen Operation am Executor der Komponente.

Ein *Consumer* ist ein Ereigniskonsument. In komponentenbasierten CORBA-Anwendungen wird er häufig Ereignisse konsumieren, die von einem *Publisher* oder *Emitter* einer anderen Komponente produziert wurden. Ereignisse werden vom Container empfangen und an die Komponente weitergeleitet. Dazu muss die Komponente eine geeignete Operation bereitstellen. Die Herangehensweise für den monolithischen und den *locator*-basierten Ansatz ist verschieden. Beim monolithischen Ansatz wird eine spezielle Operation zur Übergabe des Ereignisses am monolithischen *Executor*-Interface definiert. Der Name der Operation setzt sich zusammen aus dem Präfix `push_`, gefolgt vom Namen des *Consumer*. Die Operation erhält einen einzelnen Eingabeparameter des entsprechenden Ereignistyps. Als Beispiel dient hier die Zuschauer-Komponente.

Consumer an der Zuschauer-Komponente

```
module dinner {

  component Observer {
```

```
    consumes PhilosopherState philosopher_state;
  };
};
```

Die entsprechende Operation am Kontextinterface der Komponente ist wie folgt definiert.

Consumer-Operation am lokalen Interface CCM_Observer

```
module dinner {

  local interface CCM_Observer {

    void push_philosopher_state (
      in PhilosopherState ev);
  };
};
```

Beim *locator*-basierten Ansatz wird keine zusätzliche Operation generiert. Durch die Verwendung eines Ereignistypen in einer Komponentenspezifikation wird bei der Generierung des äquivalenten Interface einer Komponente auch ein spezielles lokales Konsumenten-Interface generiert (vgl. Kap. 11.6.3). Will der Container ein Ereignis an eine Komponente ausliefern, die den *locator*-basierten Ansatz unterstützt, so fragt er am *Executor Locator* der Komponente mittels der Operation `obtain_executor` nach einem Segment, das diesen Ereigniskonsumenten implementiert. Der *Executor Locator* gibt dann eine Referenz auf ein lokales Interface zurück, dass dieses Ereigniskonsumenten-Interface implementiert. Im Fall der Philosophen-Komponente hieß dieses Interface `CCM_Philosopher-StateConsumer`. Dieses Vorgehen ist also vergleichbar mit dem Vorgehen bei *Facets*, bei denen auch der Container den *Executor Locator* nach der Implementierung eines *Facet* fragt.

11.6.8 Homes

Die kompletten Herleitungsregeln für das Home-Executor-Interface sollen an dieser Stelle nicht aufgeführt werden.

Eine *Home* ist in der Lage, Komponentenimplementierungen zu erzeugen. Das Erzeugen der programmiersprachlichen Implementierung erfolgt natürlich in einem entsprechenden Implementierungsartefakt des *Home*, das *Home-Executor* genannt wird. Der *Executor* eines *Home* ist grundsätzlich nicht segmentiert. Die Ableitung des *Home-Executor*-Interface erfolgt ähnlich wie die Generierung des CORBA-Interface eines *Home* aus der *Home*-Spezifikation in IDL3. Die komplette Diskussion der Herleitung des endgültigen *Home-Executor*-Interface würde den Rahmen dieses Buches sprengen.

Aus diesem Grund soll vielmehr exemplarisch anhand der schon mehrmals verwendeten Beispiele gezeigt werden, wie das endgültig zu implementierende *Executor*-Interface für einen *Home*-Executor aussieht. Der interessierte Leser kann die kompletten Regeln, deren Umfang sich vor allem aus der Unterstützung der Vererbung zwischen zwei *Homes* und der Unterscheidung zwischen schlüssellosen und schlüsselbehafteten *Homes* ergibt, im Standard zum CORBA-Komponentenmodell nachlesen. Als Beispiel eines schlüssellosen *Home* wird das *Home* der Philosophen-Komponente betrachtet.

das Home der Philosophen-Komponente

```
module dinner {

  component Philosopher {
    ...
  };

  home PhilosopherHome manages Philosopher
  {};
};
```

Wie auch beim normalen CORBA-Interface des *Home*, werden bei der Herleitung der lokalen Interfaces jeweils ein implizites und ein explizites Interface abgeleitet. Diese Interfaces spielen nur bei der Vererbung von *Homes* eine Rolle. Die aus der oben aufgeführten *Home*-Spezifikation abgeleiten lokalen Interfaces lauten wie folgt.

die drei hergeleiteten lokalen Interfaces für das Home der Philosophen-Komponente

```
module dinner {

  local interface CCM_PhilosopherHomeExplicit :
    Components::HomeExecutorBase {
  {};

  local interface CCM_PhilosopherHomeImplicit {

    Components::EnterpriseComponent create()
      raises (Components::CCMException);
  };

  local interface CCM_PhilosopherHome :
    CCM_PhilosopherHomeExplicit,
    CCM_PhilosopherHomeImplicit
  {};
};
```

Hier stellt sich sofort die Frage, warum, anders als im impliziten CORBA-Interface des *Home*, im impliziten lokalen Interface des *Home-Executor* die `create`-Operation nicht komponententypspezifisch ist. Der Grund liegt darin, dass ja der *Home-Executor* auch den *locator*-basierten Ansatz unterstützen kann. In diesem Fall ist das Ergebnis des Erzeugens einer neuen Komponenteninstanz jedoch eine Referenz auf ein generisches Interface vom Typ `ExecutorLocator`, über das der Container zu den Segmenten navigieren kann. Dieses Interface ist nicht komponentenspezifisch, erbt allerdings vom lokalen Interface `EnterpriseComponent`.

11.7 Abbildung der CIDL-Konstrukte

Aus der CIDL-Spezifikation ergeben sich die endgültig zu implementierenden lokalen Interfaces für jedes Segment der Komponente.

Die eben diskutierten Abbildungsregeln und Ableitungsregeln lassen sich vollständig aus der Komponentenspezifikation herleiten. In den meisten Fällen wird das automatisch durch ein geeignetes Werkzeug geschehen. Allerdings genügen die eben diskutierten Interfaces noch nicht für eine Komponentenimplementierung. Bei einem segmentierten *Executor* werden die einzelnen oberflächlichen Merkmale der Komponente durch verschiedene programmiersprachliche Artefakte implementiert. Diese Artefakte implementieren jeweils ein lokales Interface, welches entsprechend der implementierten Merkmale von verschiedenen lokalen Interfaces, die eben diskutiert wurden, abgeleitet ist. Mit diesem abgeleiteten lokalen Interface ergibt sich ein endgültiges lokales Interface, dass durch ein Segment zu implementieren ist. Mit der Definition der endgültigen lokalen Interfaces können dann die Implementierungsskelette für den *Executor* der Komponente generiert werden.

11.7.1 Abbildung der Modulnamen

Module werden auf Namensräume der Zielsprache abgebildet.

CIDL-Kompositionen können wie andere IDL-Konstrukte auch in Modulen organisiert werden. Obwohl es nicht explizit im Standard des CORBA-Komponentenmodell ausgeführt ist, so hat es sich jedoch als zweckmäßig erwiesen, die Modulnamen, unter denen eine Komposition zu finden ist, auf geeignete Namensräume der Implementierungssprache abzubilden.

In C++ würde das bedeuten, dass für jedes geöffnete Modul ein entsprechender C++-Namensraum geöffnet wird. In dem Namensraum, der dem Modul entspricht, in dem die Komposition definiert ist, würden dann auch sämtliche aus der CIDL-Abbildung der Komposition hergeleiteten programmiersprachlichen Konstrukte zu finden sein.

11.7.2
Abbildung des Kompositionsnamens

Als erstes soll die Philosophen-Komponente betrachtet werden. Die CIDL-Komposition für diese Komponente sieht folgendermaßen aus.

Kompositionsbeschreibung der Philosophen-Komponente

```
module dinner {

  composition session PhilosopherImpl {

    home executor PhilosopherHomeImpl {

      implements PhilosopherHome;
      manages PhilosopherSessionImpl;
    };
  };
};
```

Die Implementierung der Philosophen-Komponente soll als *Session*-Komponente erfolgen, und da die Komponente weder *Facets* noch Ereigniskonsumenten anbietet, soll der *Executor* auch nicht segmentiert sein.

Der Name der Komposition kann beim locator-basierten Ansatz als Name des Implementierungsartefakts des Executor Locator benutzt werden.

Die Implementierungsbeschreibung startet mit dem Namen der Komposition `PhilosopherImpl`. Während für alle anderen Bezeichner genaue Abbildungsregeln auf Konzepte der Implementierung definiert wurden, vermisst man im Standard des CORBA-Komponentenmodells eine klare Positionierung zu diesem Bezeichner. Eine häufig angewandte Interpretation ist, dass im monolithischen Implementierungsfall dieser Bezeichner ignoriert wird, während er im *locator*-basierten Anwendungsfall den Namen des Implementierungsartefakts für den *Executor Locator* angibt. Als erstes muss das endgültig zu implementierende lokale Interface für den *Executor Locator* hergeleitet werden.

Dieses Interface muss im Fall der Philosophen-Komponente von dem Interface `Components::ExecutorLocator` und `Components::SessionComponent` ableiten, da eine *Session*-Komponente implementiert werden soll. Ein entsprechendes Generierungswerkzeug könnte für den *locator*-basierten Implementierungsansatz die folgende IDL-Definition eines lokalen Interface generieren.

```
module dinner {

  local interface PhilosopherImpl_ExecutorLocator :
    Components::ExecutorLocator,
    Components::SessionComponent
  {};
};
```

das lokale Interface Philosopher Impl_Executor Locator

Der Name des Interface des *Executor Locator* muss nicht standardisiert werden. Dieses Interface müsste nicht einmal generiert werden. Vielmehr würde es reichen, wenn es für alle *Service*- und *Session*-Komponenten ein lokales Interface (beispielsweise `SessionExecutorLocator`) geben würde, das von den Interfaces `SessionComponent` und `ExecutorLocator` ableitet. Ein solches Interface kann dann für *locator*-basierte Komponenten universell angewendet werden. Letztendlich bleibt es dem Containerhersteller überlassen, sich in seinen Werkzeugen für den einen oder anderen Weg zu entscheiden.

In der Implementierungssprache C++ würde nun eine Klasse `PhilosopherImpl` generiert werden, die das Interface `PhilosopherImpl_ExecutorLocator` implementiert (alternativ könnte sie aber auch ein schon vorhandenes Interface `SessionExecutorLocator` implementieren).

```
namespace dinner {

  class PhilosopherImpl : public virtual
      dinner::PhilosopherImpl_ExecutorLocator,
                          public virtual
      CORBA::LocalObject
  {
    ...
    CORBA::Object_ptr obtain_executor (const char*)
      throw (CORBA::SystemException);
    ...
  };
}
```

die C++-Klasse PhilosopherImpl

Die Implementierung dieser Klasse kann vollständig generiert werden, da aus der CIDL-Beschreibung die Namen der anderen Implementierungsartefakte (Hauptsegment und eventuell weitere Segmente) bekannt sind.

11.7.3 Abbildung des Hauptsegments

Das Hauptsegment muss zusätzlich all die lokalen Interfaces implementieren, die nicht in einem eigenen Segment implementiert werden.

In der hier diskutierten Komposition `PhilosopherImpl` der Philosophen-Komponente auf Seite 256 findet sich in der Definition des *Home-Executor* ein Hinweis auf den zu verwendenden Namen für das Implementierungsartefakt des Hauptsegments der Philosophen-Komponente. Dieser lautet `PhilosopherSessionImpl`. Das Hauptsegment der Komponente muss all die Komponentenmerkmale implementieren, die nicht in einem anderen Segment implementiert werden. Dazu muss das endgültige lokale Interface definiert werden, dass vom Hauptsegment zu implementieren ist. Diese Interface erbt sowohl das vorläufige lokale Interface für das Hauptsegment, dass ich aus der IDL3-Spezifikation der Komponente ergibt ein, als auch sämtliche lokalen Interfaces von *Facets* und Ereigniskonsumenten, die nicht in einem anderen Segment implementiert werden sollen. Für die aufgeführte Beispielkomposition der Philosophen-Komponente beim *locator*-basierten Ansatz bedeutet das.

das lokale Interface CCM_ PhilosopherSessionImpl für den locator-basierten Fall

```
module dinner {

  local interface CCM_PhilosopherSessionImpl :
    dinner::CCM_Philosopher_Executor
  {};
};
```

Der Name des entstehenden endgültigen lokalen Interface für das Hauptsegment der Philosophen-Komponente muss nicht standardisiert werden, da der Container von dieser Spezialisierung nichts weiß, sondern nur darauf vertraut, dass er das bereitgestellte Interface beispielsweise in das lokale Interface eines *Facet* der Komponente konvertieren kann, um eine Operation darauf zu delegieren. Beim monolithischen Ansatz würde statt des Interface `dinner::CCM_PhilosopherExecutor` das Interface `dinner::CCM_Philosopher` auftauchen.

das lokale Interface CCM_ Philosopher-SessionImpl für den monolithischen Fall

```
module dinner {

  local interface CCM_PhilosopherSessionImpl :
    dinner::CCM_Philosopher
  {};
};
```

Der Name `PhilosopherSessionImpl` führt bei einer C++-Implementierung zu einer Klasse `PhilosopherSessionImpl`, die das endgültige lokale Interface `dinner::CCM_PhilosopherSessionImpl` des Hauptsegments der Philosophen-Komponente implementiert.

die C++-Klasse PhilosopherSessionImpl

```
namespace dinner {

  class PhilosopherSessionImpl : public virtual
    dinner::CCM_PhilosopherSessionImpl,
                                    public virtual
    CORBA::LocalObject
  {
    ...
    void thinking_seconds (CORBA::ULong)
      throw (CORBA::SystemException);

    CORBA::ULong thinking_seconds()
      throw (CORBA::SystemException);
    ...
  };
}
```

Die Definition dieser Klasse kann fast vollständig generiert werden. Dem Komponentenentwickler bleibt es überlassen, diese Klasse im Anschluss an die Generierung noch mit zusätzlichen Member-Variablen und Methoden anzureichern. Die Implementierung der Klasse kann bis auf die Methoden-Körper generiert werden. Der Komponentenentwickler muss nur noch die Methoden der lokalen Interfaces und gegebenenfalls die von ihm selbst hinzugefügten Methoden implementieren.

Das Beispiel zeigt exemplarisch die generierten und zu implementierenden Methoden für das Attribut `thinking_seconds` der Philosophen-Komponente. Ein Komponentenentwickler kann zur Verwaltung dieses Attributs beispielsweise eine zusätzliche private Member-Variable `tsec_` in die Klassendefinition einführen, und mit dieser Variable die Zugriffsoperationen auf das Attribut `thinking_seconds` implementieren.

Implementierung der Geschäftslogik für das Attribut thinking_seconds der Philosophen-Komponente

```
namespace dinner {

  void
  PhilosopherSessionImpl::thinking_seconds (
    CORBA:ULong param)
  {
    tsec_ = param;
  }
```

```
  CORBA::ULong
  PhilosopherSessionImpl::thinking_seconds()
  {
    return tsec_;
  }
}
```

11.7.4 Abbildung für weitere Segmente

Etwas anders sieht es aus bei einem segmentierten *Executor* aus. Im Philosophen-Beispiel tritt in der Komposition für die Besteck-Komponente ein segmentierter *Executor* auf.

Kompositionsbeschreibung für die Besteck-Komponente

```
module dinner {

  composition session CutleryImpl {

    home executor CutleryHomeImpl {

      implements CutleryHome;
      manages CutlerySessionImpl {

        segment Seg {

          provides facet the_fork;
        };
      };
    };
  };
};
```

Hier müssen jetzt sowohl für das Hauptsegment der Komponente als auch für das Segment Seg die endgültigen Interfaces aus der Kompositionsbeschreibung hergeleitet werden. Sie sehen im *locator*-basierten Ansatz folgendermaßen aus.

die lokalen Interfaces CCM_CutlerySessionImpl und CCM_Seg

```
module dinner {

  local interface CCM_CutlerySessionImpl :
    dinner::CCM_CutleryExecutor
  {};

  local interface CCM_Seg :
    dinner::CCM_Fork
  {};
};
```

Angenommen, die Komposition der Besteck-Komponente würde kein Segment Seg definieren, dann würde das *Facet* the_fork ebenfalls am Hauptsegment implementiert werden müssen.

das lokale Interface CCM_Cutlery SessionImpl im nicht-segmentierten Fall

```
module dinner {

  local interface CCM_CutlerySessionImpl :
    dinner::CCM_Cutlery_Executor,
    dinner::CCM_Fork
  {};
};
```

Abschließend soll noch die Zuschauer-Komponente betrachtet werden, die einen Ereigniskonsumenten anbietet. Ihre Kompositionsbeschreibung sieht folgendermaßen aus.

Kompositionsbeschreibung der Zuschauer-Komponente

```
module dinner {

  composition session ObserverImpl {

    home executor ObserverHomeImpl {

      implements dinner::ObserverHome;
      manages ObserverSessionImpl;
    };
  };
};
```

Hier muss das endgültige lokale Interface des Hauptsegments zusätzlich das lokale Ereigniskonsumenten-Interface für den Ereignistypen dinner::PhilosopherState implementieren, da die Zuschauer-Komponente einen entsprechenden Ereigniskonsumenten mit dem Namen philosopher_state besitzt.

das lokale Interface CCM_Observer SessionImpl

```
module dinner {

  local interface CCM_ObserverSessionImpl :
    dinner::CCM_Observer_Executor,
    dinner::CCM_PhilosopherStateConsumer
  {};
};
```

Die CIDL-Sprache unterstützt nicht die Implementierung eines Ereigniskonsumenten in einem eigenen Segment.

Gegenwärtig unterstützt die CIDL-Sprache des CORBA-Komponentenmodells nicht, dass Ereigniskonsumenten ähnlich *Facets* in einem anderen Segment als dem Hauptsegment implementiert werden. Allerdings ist beim *locator*-basierten Ansatz durchaus vorgesehen, dass der *Executor Locator* der Komponente durch den Container nach der Implementierung eines bestimmten Ereigniskonsumenten-Interface der Komponente gefragt wird. Würde man eine Komponente von Hand implementieren, so wäre es in dem betrachteten Fall der Zuschauer-Komponente ohne Schwierigkeit möglich, die Implementierung des Konsumenten-Interface für den Ereigniskonsumenten `philosopher_state` in einem eigenen Implementierungsartefakt zu realisieren. Dann würde das endgültige Interface des Hauptsegments nicht mehr vom Konsumenten-Interface erben.

das lokale Interface CCM_ObserverSessionImpl mit eigenem Segment für den Ereigniskonsumenten

```
module dinner {

  local interface CCM_ObserverSessionImpl :
    dinner::CCM_Observer_Executor
  {};
};
```

Stattdessen würde beispielsweise in der C++-Programmiersprache eine zusätzliche Klasse das hier betrachtete Interface `dinner::CCM_PhilosopherStateConsumer` implementieren. Der *Executor Locator* müsste in diesem Fall so implementiert werden (ebenfalls von Hand), dass als Antwort auf den Operationsruf `obtain_executor` mit dem Parameter „`philosopher_state`" eine Referenz auf ein Objekt dieser Klasse zurückgegeben wird.

Implementierung des Ereigniskonsumenten in einem eigenen Segment am Beispiel einer C++-Klasse

```
namespace dinner {

  class ObserverPhilosopherStateConsumerImpl :
    public virtual
      dinner::CCM_PhilosopherStateConsumer,
    public virtual
      CORBA::LocalObject
  {
    ...
    void push (dinner::PhilosopherState* ev);
    ...
  };
};
```

11.7.5
Abbildung für den Home-Executor

In der *Home-Executor*-Definition der Komposition der Philosophen-Komponente auf Seite 256 wird auch der Name des zu generierenden Implementierungsartefakts, das den *Home-Executor* der Komposition implementiert, spezifiziert. In diesem Fall lautet dieser Name `PhilosopherHomeImpl`. In einer C++-Implementierung würde dann eine C++-Klasse `PhilosopherHomeImpl` generiert werden.

Der Home-Executor für schlüssellose Homes lässt sich meist vollständig automatisch generieren.

die C++-Klasse PhilosopherHomeImpl

```
namespace dinner {

  class PhilosopherHomeImpl :
    public virtual dinner::CCM_PhilosopherHome,
    public virtual CORBA::LocalObject
  {
    ...
    Components::EnterpriseComponent_ptr create()
      throw (Components::CCMException);
    ...
  };
};
```

Für schlüssellose *Homes*, wie sie in der hier diskutierten Philosophen-Komponente benutzt werden, ist es im Allgemeinen möglich, den *Home-Executor* komplett automatisch erzeugen zu lassen.

Es soll noch kurz auf schlüsselbehaftete *Homes* eingegangen werden, die in ihrer *Home*-Defintion einen Primärschlüssel enthalten. Angenommen, es würde ein zweites *Home* für die Philosophen-Komponente existieren, das einen Primärschlüssel definiert.

Beispiel für ein Home mit einem Primärschlüssel

```
module dinner {

  component Philosopher {
    ...
  };

  valuetype PhilosopherKey :
    Components::PrimaryKeyBase {

    public long philosopher_key;
  };

  home PhilosopherHome2
    manages Philosopher primarykey PhilosopherKey
  {};
};
```

Dann könnte man eine zweite Komposition definieren, die allerdings eine *Entity*-Komponente spezifizieren muss. Dieses Beispiel zeigt auch, dass für die Definition der Komposition auch ein anderer Modulname als der der Komponentenspezifikation genommen werden kann.

Kompositionsbeschreibung für die Philosophen-Komponente als Entity-Komponente

```
module dinner_two {

  composition entity PhilosopherImpl {

    home executor PhilosopherHome2Impl {

      implements PhilosopherHome2;
      manages PhilosopherEntityImpl;
    };
  };
};
```

Nun würden sich am lokalen Interface `PhilosopherHomeImpl` schlüsselspezifische Operationen zur Erzeugung, zur Auffindung und zum Entfernen einer Komponenteninstanz finden. In C++ würde die entstehende Implementierungsklasse dann die folgenden Operationen implementieren müssen.

die C++-Klasse Philosopher HomeImpl bei schlüsselbehaftetem Home

```
namespace dinner_two {

  class PhilosopherHomeImpl :
    public virtual dinner::CCM_PhilosopherHome2,
    public virtual CORBA::LocalObject
  {
    ...
    Components::EnterpriseComponent_ptr create (
      dinner::PhilosopherKey* key)
      throw (Components::CCMException);

    Components::EnterpriseComponent_ptr
      find_by_primary_key (
      dinner::PhilosopherKey* key)
      throw (Components::CCMException);

    void remove (
      dinner::PhilosopherKey* key)
      throw (Components::CCMException);
    ...
  };
};
```

Die Implementierung dieser Klasse kann unter gewissen Umständen automatisch erfolgen, wenn containerverwaltete Persistenz verwendet wird und der Container geeignet mit einem Persistenzanbieter integriert ist.

11.8 Implementierungsaspekte beim locator-basierten Ansatz

Beim locator-basierten Ansatz müssen gewisse Operationen unter Umständen selbst an die eigenen Segmente delegiert werden.

Im Gegensatz zum monolithischen Implementierungsansatz, wird beim *locator*-basierten Ansatz der *Executor* der Komponente unter Umständen durch mehrere Segmente implementiert. Bei einer *Session*-Komponente implementiert der *Executor Locator* beispielsweise das Interface `Components::SessionComponent`, an dem der Container Operationen wie `set_context` und `configuration_complete()` ruft.

Für diese Operationen wird es in vielen Fällen erforderlich sein, sie an die einzelnen Segmente zu delegieren. Dazu kann ein Komponentenwickler zusätzliche implementierungsspezifische Operationen an den Implementierungsartefakten der Segmente definieren. In C++ könnte das für die Philosophen-Komponente beispielsweise auf zwei weitere Methoden in der Klasse `PhilosopherSessionImpl` hinauslaufen. Da der *Executor Locator* der Philosophen-Komponente in Form eines Objekts der Klasse `PhilosopherImpl` Objekte der Klasse `PhilosopherSessionImpl` verwaltet, so ist die Delegierung auf solche zusätzlichen C++-Methoden nicht schwer.

11.9 Bemerkungen

Bei der in diesem Kapitel durchgeführten Diskussion der entstehenden lokalen Interfaces und Implementierungsartefakte wird an vielen Stellen deutlich, dass der Standard des CORBA-Komponentenmodells noch verbesserungswürdig ist. Beispiele lassen sich schon aus dem relativ eingeschränkten Blick des behandelten Beispiels der *Speisenden Philosophen* auf das Regelwerk finden.

Einige dieser Kritikpunkte sind offensichtlich. So wird die Verwendung der Ausnahme `Components::CCMException` nicht konsequent durchgeführt. Manche Operationen am *Executor* einer Komponente bzw. eines *Home* lösen diese Ausnahme aus, andere nicht.

Die unterschiedliche Herleitung des Namens der `push`-Operation für einen Ereigniskonsumenten beim monolithischen und *locator*-basierten Ansatz verwirrt. Genau genommen wird der Grund für zwei verschiedene Implementierungsstrategien überhaupt nicht motiviert, und der Sinn von Navigationsoperationen an einem monolithischen *Executor* bleibt mit Blick auf das Vorgehen beim *locator*-basierten Ansatz unklar.

Der gesamte Komplex der CIDL-Konstrukte, die die persistente Speicherung von Segmenten betrifft, kann in diesem Buch gegenwärtig nicht diskutiert werden, da die endgültige Integration des Persistenzdienstes in den Container noch nicht stabil ist, und es keine Diskussion dieser Konstrukte in der CIDL-Abbildung im Standard gibt.

Zukünftige Revisionen dieses Standards werden hoffentlich die betrachteten Kritikpunkte aufgreifen und bessere Lösungen anbieten. Bis dahin sind Implementierungen des CORBA-Komponentenmodells gezwungen, an unstimmigen Punkten eigene proprietäre Lösungen anzubieten.

12 Bereitstellung von Komponenten

Der Grundgedanke bei der Verwendung von Komponenten im Allgemeinen ist die Abbildung komplexer Systeme auf eine Komposition wohl definierter Bausteine. Komponenten können aufgrund der ihnen eigenen Schnittstellen zwar unabhängig vom Gesamtsystem betrachtet und entwickelt werden, ihr Einsatz erfolgt jedoch nie isoliert und ohne den Kontext einer Anwendung. Die Implementierung einer Komponente ist daher einerseits stets Teil der Implementierung ihrer jeweiligen Anwendung, andererseits muss ihre Bereitstellung davon völlig unabhängig erfolgen. Die Bereitstellung der Komponente erfolgt durch ein Komponentenarchiv. Die Struktur dieses Archivs und die enthaltenen Metainformationen werden in diesem Kapitel erläutert.

12.1 Komponentenbeschreibung

Während es für einen Komponententyp immer nur eine Spezifikation gibt, ist die Abbildung dieser Spezifikation in die Implementierungsebene nicht mehr eindeutig. Für ein und dieselbe Komponente kann es beliebig viele unterschiedliche Implementierungen geben, die sich etwa in ihrer Zielumgebung oder Implementierungssprache unterscheiden. Aus Sicht der Spezifikation muss diese Menge von Implementierungen als eine Einheit betrachtet werden. Die Bereitstellung einer Komponente für die Verwendung in komponentenbasierten Anwendungen erfordert daher die Zusammenfassung aller dieser Implementierungsvarianten.

Insbesondere hat dies zur Folge, dass eine Menge von Metainformationen bezüglich der verschiedenen Implementierungsvarianten erforderlich ist, die im Rahmen der Inbetriebnahme der Anwendung ausgewertet wird. Die Bereitstellung der Komponente erfolgt durch die Verwendung eines Archivs, das alle Implementierungsdateien und Metainformationen enthält. Für die Notation der Metainformationen wird die Sprache XML verwendet. Die Metainformationen bestehen zum einen aus der Komponentenbeschreibung und zum anderen aus der Implementierungsbeschreibung.

Eine Komponentenbeschreibung enthält Informationen für den Container der Komponente.

Die Komponentenbeschreibung dient der Bereitstellung von Informationen über die Spezifikation der Komponente und Besonderheiten ihrer Benutzung, die insbesondere bei der Einbettung einer Implementierung in einen Container berücksichtigt werden müssen. Wie für alle Metainformationen wird auch hier für die Notation die Sprache XML eingesetzt. Der Standard definiert eine eigene DTD zur Spezifikation dieser Notation. Die XML-Datei einer Komponentenbeschreibung wird auch als *CORBA Component Descriptor* bezeichnet und trägt die Endung `.ccd`. Auf die vollständige Abhandlung aller in der XML-DTD definierten einzelnen Beschreibungselemente soll an dieser Stelle verzichtet werden. Zur Vertiefung und für eine vollständige Erläuterung der Details muss auf den Standard des CORBA-Komponentenmodells verwiesen werden. Für die Einführung, und um ein Bild davon zu vermitteln, wie die Beschreibung einer Implementierung aussehen kann, wird nachfolgend das Beispiel der Philosophen-Komponente betrachtet.

12.1.1 Dateikopf

Da es sich bei der Komponentenbeschreibung um eine gewöhnliche XML-Datei handelt, beginnt sie mit einem für XML üblichen, allgemeinen Kopf. Darin wird die Version der verwendeten Sprache benannt und der Dokumententyp spezifiziert, der dieser Datei zugrunde liegt. Der Dokumententyp kann bei der Verarbeitung dazu verwendet werden, um die Korrektheit der Syntax der Datei zu prüfen und die verwendeten Beschreibungselemente sowie die Art ihrer Verwendung auf ihre Zulässigkeit zu testen. Im vorliegenden Fall wird sowohl ein `PUBLIC`-*Identifier* als auch ein `SYSTEM`-*Identifier* angegeben. Damit ist es für den Fall, dass der Dokumententyp lokal nicht zur Verfügung steht, möglich, ihn über die externe Referenz zu erhalten.

Dateikopf des CORBA Component Descriptor

```
<?xml version = '1.0' ?>
<!DOCTYPE corbacomponent PUBLIC "-//OMG//DTD CORBA
Component Descriptor"
"http://omg.org/.../corbacomponent.dtd">
```

Der Dokumententyp für eine Komponentenbeschreibung ist unter dem Namen `corbacomponent.dtd` standardisiert.

12.1.2 Allgemeine Informationen

Der Körper der Datei besteht aus dem Wurzelelement der Beschreibung, das alle weiteren Beschreibungselemente enthält. Das Wurzelelement der Komponentenbeschreibung hat den Namen `corbacomponent`. Es verfügt über keinerlei Attribute. Die folgenden Kindelemente sind zwingend erforderlich.

Notwendige Elemente im CORBA Component Descriptor

```
<corbacomponent>
  <corbaversion>3.0</corbaversion>
  <componentrepid
    repid="IDL:dinner/Philosopher:1.0"/>
  <homerepid
    repid="IDL:dinner/PhilosopherHome:1.0"/>
  <componentkind>
    <session>
      <servant lifetime="container"/>
    </session>
  </componentkind>
  <threading policy="multithread"/>
  <configurationcomplete set="true"/>
```

Bei diesen Elementen handelt es sich zunächst um `corbaversion` zur Angabe der verwendeten CORBA-Version. Die gegenwärtig aktuelle Version ist 3.0. Danach folgen die Elemente `componentrepid` und `homerepid` zur Spezifikation der *Interface Repository Id* der Komponente bzw. des *Home*. Mit dem Beschreibungselement `componentkind` wird die Kategorie der Komponente spezifiziert. In diesem Fall handelt es sich um eine *Session*-Komponente, deren *Servant*-Lebenszeit den Wert `container` haben soll. Das Beschreibungselement `threading` bestimmt die *Threading*-Richtlinie für den Container, in den die Komponente eingebettet werden soll. Die möglichen Werte sind `serialize` für einen serialisierten Aufruf von Operationen an der Komponente und `multithread` für Aufrufe aus mehreren Threads heraus. Schließlich muss für eine Komponente noch bestimmt werden, ob nach abgeschlossener Konfiguration die Operation `configuration_complete` an ihrem Komponenteninterface gerufen werden soll. Dazu steht das Beschreibungselement `configurationcomplete` zur Verfügung, dessen Attribut `set` die Werte `true` und `false` erlaubt. Im vorliegenden Fall ist der Ruf der Operation also gefordert.

12.1.3 Transaktionen, Sicherheit und Persistenz

Generell ist es möglich, spezielle Richtlinien für die Verwendung der Operationen einer Komponente oder eines *Home* festzulegen. Darunter fallen die Spezifikation von Informationen bezüglich des transaktionalen Verhaltens oder auch die Vergabe von Zugriffsrechten. Insbesondere ist es möglich, die im Falle einer vom Container gesteuerten Persistenzsicherung der Daten erforderlichen Informationen anzugeben. Dies gilt auch für die Verwendung von Segmentierung bei der Komponentenimplementierung. Für die Diskussion dieser Elemente soll an dieser Stelle auf den Standard des CORBA-Komponentenmodells verwiesen werden.

12.1.4 Eigenschaften des Home

Die über ein *Home* verfügbaren Informationen im *CORBA Component Descriptor* betreffen die Vererbungshierarchie des *Home* sowie die Spezifikation besonderer Transaktions- oder Sicherheitsrichtlinien für bestimmte ausgewiesene Operationen.

Angaben zum Home im CORBA Component Descriptor

```
<homefeatures
  name="PhilosopherHome"
  repid="IDL:dinner/PhilosopherHome:1.0">
</homefeatures>
```

Im konkreten Fall des *Home* der Philosophen-Komponente gibt es weder eine Vererbung noch besondere Operationen, die die Angabe von speziellen Richtlinien erforderlich machen würden.

12.1.5 Eigenschaften der Komponente

Um die für die Einbettung einer Komponentenimplementierung in einen Container benötigten Eigenschaften beschreiben zu können, wird das Element `componentfeatures` verwendet. Hiermit kann die Vererbungshierarchie der Komponente angegeben werden sowie die verschiedenen Schnittstellen der Komponente in Form ihrer Ports. Für jeden Port-Typ gibt es wiederum eigene Beschreibungselemente, die sich jedoch alle ähneln. Sie enthalten den Namen des Port und die Spezifikation des jeweiligen Interface. Darüber hinaus können Richtlinien für die Verwendung einzelner Operationen bezüglich Transaktionen und Sicherheit angegeben werden.

Angaben zu den Ports einer Komponente im CORBA Component Descriptor

```
  <componentfeatures
    name="Philosopher"
    repid="IDL:dinner/Philosopher:1.0">
    <supportsinterface
      repid="IDL:dinner/Named:1.0"/>
    <ports>
      <uses
        usesname="left_hand"
        repid="IDL:dinner/Fork:1.0"/>
      <uses
        usesname="right_hand"
        repid="IDL:dinner/Fork:1.0"/>
      <publishes
       publishesname="philosopher_state"
       eventtype="IDL:dinner/PhilosopherState:1.0"/>
    </ports>
  </componentfeatures>
</corbacomponent>
```

Im konkreten Fall ist zu sehen, dass die Philosphen-Komponente in keiner Vererbungsrelation zu einer anderen Komponente steht. Sie implementiert das IDL-Interface `Named` und verfügt über drei Ports. Ein *Receptacle* trägt den Namen `left_hand` und verlangt das IDL-Interface `Fork`. Ein weiteres *Receptacle* trägt den Namen `right_hand` und verlangt das gleiche Interface. Der dritte Port ist ein *Publisher* mit dem Namen `philosopher_state`, der den Ereignistyp `PhilosopherState` produziert.

Die Beschreibung der Komponente in Form des *CORBA Component Descriptor* ist an dieser Stelle abgeschlossen. Mit dieser Datei erhält der Container alle Informationen, die er für die Gewährleistung der ordnungsgemäßen Funktion der Komponente benötigt. Bei der Installation muss jedoch entsprechend des Zielsystems eine passende Implementierung der Komponente ausgewählt werden. Das erfolgt anhand der Implementierungsbeschreibung.

12.2 Implementierungsbeschreibung

Eine Implementierungsbeschreibung enthält Informationen über alle Implementierungsvarianten einer Komponente.

Die verschiedenen Implementierungen einer Komponente werden in einem Komponentenarchiv bereitgestellt. Die Implementierungsbeschreibung einer Komponente ist dazu da, sämtliche Metainformationen über dieses Archiv, und damit die verfügbaren Implementierungsvarianten einer Komponente, bereitzustellen. Die Betrachtung aller Implementierungsvarianten als eine Einheit in Form des Komponentenarchivs ermöglicht die Abstraktion von den einzelnen Implementierungen. Die im Archiv enthaltenen Metainformationen sind im Rahmen der Inbetriebnahme von komponentenbasierten Anwendungen der Schlüssel zu einer automatischen Installation und Instantiierung von Komponenten. Die Beschreibung wurde inspiriert von der *Open Software Description* (OSD), einem Vorschlag einer Gruppe, der unter anderem die Firma Microsoft angehört, zur Beschreibung beliebiger Softwarepakete und deren Abhängigkeiten. Um diese Beschreibung den Bedürfnissen des CORBA-Komponentenmodells anzupassen, wurden einige größere Veränderungen vorgenommen.

Wie auch bei OSD findet für die Notation der Beschreibung die Sprache XML Anwendung. Der Standard definiert eine eigene DTD zur Spezifikation dieser Notation. Die XML-Datei einer Implementierungsbeschreibung wird auch als *Software Package Descriptor* bezeichnet und trägt die Endung `.csd`, was allerdings für *CORBA Software Descriptor* steht. Auf die vollständige Abhandlung der in der XML-DTD definierten einzelnen Beschreibungselemente soll an dieser Stelle verzichtet werden. Zur Vertiefung und für eine vollständige Erläuterung der Details muss wiederum auf den Standard verwiesen werden. Auch hier soll wieder das Beispiel der Philosophen-Komponente aufgegriffen werden, um ein Bild davon zu vermitteln, wie die Beschreibung einer Implementierung aussehen kann.

12.2.1 Dateikopf

Wie für eine XML-Datei üblich, beginnt die Beschreibungsdatei auch hier mit einem allgemeinen Kopf, in dem die Version der verwendeten Sprache benannt und der der Datei zugrunde liegende Dokumententyp spezifiziert wird.

```
<?xml version = '1.0' ?>
<!DOCTYPE softpackage PUBLIC "-//OMG//DTD Software
Package Descriptor" "http://omg.org/…/softpkg.dtd">
```

Dateikopf des Software Package Descriptor

Der Dokumententyp für eine Implementierungsbeschreibung ist unter dem Namen `softpkg.dtd` standardisiert.

12.2.2 Allgemeine Informationen

Nach dem Dateikopf folgt der Körper der Datei, der aus dem Wurzelelement der Beschreibung besteht. Alle weiteren Beschreibungselemente befinden sich innerhalb dieses Elementes.

```
<softpkg
  name="PhilosopherImpl_softpkg"
  version="1,0">
```

Das Wurzelelement im Software Package Descriptor

Das Wurzelelement ist das Element `softpkg`. Es hat zwei Attribute. Das Attribut `name` enthält einen Namen zur Identifizierung der Beschreibung und muss immer angegeben werden. Das optionale Attribut `version` spezifiziert die Version der Komponente.

Die Informationen, die in einer Implementierungsbeschreibung enthalten sein können, beziehen sich auf die unterschiedlichsten Aspekte von Implementierungen und unterscheiden sich daher in ihrer Bedeutung. Neben für die Installation und Inbetriebnahme von Implementierungen unbedingt erforderlichen Informationen, können optional allgemeine ergänzende Angaben beigefügt werden. Derartige Informationen können mittels der Beschreibungselemente `title`, `author`, `description` und `license` formuliert werden. Die Verwendung dieser Elemente kann bei Bedarf erfolgen und ist nicht unbedingt erforderlich.

```
  <pkgtype>CORBA Component</pkgtype>
  <title>Philosoph</title>
  <author>Qedo-Team</author>
  <description>
    Implementierung der Komponente Philosoph
  </description>
  <license href="www://…/license.htm"/>
```

Das Beschreibungselement `pkgtype` beschreibt den Typ des Archivs. Erlaubte Werte sind `CORBA Component` und `CORBA Interface Impl`. Das Beschreibungselement `title` erlaubt die Angabe eines Titels für das Archiv. Mit dem Element `author` können der oder die Autoren des Archivs genannt werden. Eine allgemeine Beschreibung des Archivs oder die Angabe von Lizenzinformationen ist bei Verwendung der Elemente `description` bzw. `license` möglich. Bei all diesen Informationen handelt es sich um informale Beschreibungen. Mit dem darin enthaltenen Text ist es z.B. möglich, bei der Inbetriebnahme der Anwendung mit Hilfe eines Werkzeuges zusätzliche Informationen anzuzeigen.

12.2.2.1 Typinformationen und Komponentenbeschreibung

Alle bisher betrachteten Informationen gaben keine formale Auskunft darüber, um welche Komponente es sich bei der Implementierung handelt. Dies ist jedoch für die Installation bzw. Instantiierung von großem Interesse, da unter Umständen spezifischer Code generiert werden muss, um eine Implementierung in ihrer Laufzeitumgebung einzubetten. Werden die nötigen Implementierungen der *Servants* einer Komponente nicht mitgeliefert, müssen diese auf der Grundlage der IDL-Spezifikation zum Zeitpunkt der Installation automatisch erzeugt werden. Dazu sind Angaben über den Typ der implementierten Komponente, also deren Spezifikation, erforderlich, die in dem Beschreibungselement `idl` hinterlegt werden können. Das Attribut `id` enthält die Angabe der *Interface Repository Id* der Komponente. Unter der Vorraussetzung, dass ein entsprechend gefülltes *Interface Repository* zur Verfügung steht, wäre es bereits mit dieser Information möglich, auf die Spezifikation der Komponente zuzugreifen. In der Regel kann man davon aber nicht ausgehen. Daher besteht die Möglichkeit, die entsprechende IDL-Spezifikation direkt mitzuliefern oder einen Verweis darauf anzugeben. Im konkreten Beispiel ist die IDL-Spezifikation der Komponente in der Datei `philosophers.idl` enthalten, die dem Komponentenarchiv beiliegt.

Angaben über die IDL-Datei mit der Spezifikation der Komponente im Software Package Descriptor

```
<idl id="IDL:dinner/Philosopher:1.0">
  <fileinarchive name="philosophers.idl"/>
</idl>
```

Eine weitere Möglichkeit, Informationen über die implementierte Komponente bzw. Besonderheiten ihrer Implementierung bereitzustellen, besteht in der Verwendung des Beschreibungselementes `descriptor`.

```
<descriptor type="CORBA-Component">
  <fileinarchive
    name="meta-inf/dinner_PhilosopherImpl.ccd" />
</descriptor>
```

Angaben zum CORBA Component Descriptor der Komponente im Software Package Descriptor

Mit Hilfe dieses Elements wird die XML-Datei, die die Komponentenbeschreibung enthält, identifiziert. Im vorliegenden Beispiel trägt diese Datei den Namen `dinner_PhilosopherImpl.ccd` und befindet sich im Unterverzeichnis `meta-inf` im Komponentenarchiv.

12.2.3 Implementierungsvarianten

Der eigentliche Kern der Implementierungsbeschreibung ist die Beschreibung mehrerer alternativer Implementierungsvarianten einer Komponente. Dafür gibt es das Beschreibungselement `implementation`, das innerhalb der Datei beliebig oft verwendet werden kann. Um alle mit einer solchen Implementierungsvariante verbundenen Informationen widerspiegeln zu können, gibt es eine ganze Reihe von Kindelementen und Attributen. Das Attribut `id` spielt eine sehr wichtige Rolle. Es enthält die eindeutige Kennung der Implementierungsvariante. Diese Kennung wird später innerhalb einer komponentenbasierten Anwendung benutzt, um die zu verwendende Implementierungsvariante zu identifizieren. Zur Vermeidung von Konflikten handelt es sich bei dieser Kennung um eine weltweit eindeutige DCE-UUID, eine Zeichenkette, die unter anderem auf der Grundlage der MAC-Adresse eines Rechners und der Zeit gebildet werden kann. Das Format dieser Kennung ist aufgrund seiner Länge und Unleserlichkeit jedoch sehr unhandlich. Daher wird im Beispiel keine UUID verwendet, sondern ein Bezeichner, der eine Interpretation und Wiedererkennung durch den Nutzer zulässt. Im konkreten Fall deutet der Name `PhilosopherImpl-win` darauf hin, dass eine Windows-Implementierung vorliegt.

```
<implementation id="dinner_PhilosopherImpl-win">
  <os name="WinNT" />
  <processor name="x86" />
  <compiler name="VC++" version="7,0" />
  <programminglanguage name="C++" />
```

Einleitung einer Implementierungsvariante im Software Package Descriptor

Am Anfang der Beschreibung einer Implementierungsvariante können allgemeine Eigenschaften angegeben werden. Dazu zählen das verwendete Betriebssystem, der Prozessortyp, der benutzte Compiler und die Programmiersprache, die für die Implementierung verwendet wurde. Die möglichen Werte für das Attribut `name` der Beschreibungselemente `os` und `processor` sind katalogisiert. Es existiert also eine Basis, die die Auswertung der Beschreibungen des Betriebssystems und der Prozessorarchitektur erlaubt. Im Gegendsatz dazu gibt es für die Attribute der Beschreibungselemente `compiler` und `programminglanguage` keine standardisierten Werte. Ihre Auswertung durch die Komponentenplattform ist damit schwierig und gegenwärtig ohne Fehler eigentlich nur möglich, wenn bereits bei der Formulierung der Werte die Implementierung der Zielplattform bekannt ist.

12.2.3.1 Abhängigkeiten

Im Allgemeinen kann für die Ausführung von Implementierungsdateien die Verfügbarkeit zusätzlicher Bibliotheken oder anderer Ressourcen notwendig sein. Diese Abhängigkeiten müssen jedoch bei der Installation berücksichtigt werden und deshalb in der Beschreibungsdatei enthalten sein. Die Angabe einer beliebigen Abhängigkeit ist durch die Verwendung des Beschreibungselements `dependency` möglich. Dieses Element verfügt über zwei Attribute. Das Attribut `type` enthält eine Zeichenkette, für die die Werte `DLL`, `Exceutable` und `Java Class` vordefiniert sind. Ausgedrückt wird damit, dass es sich entweder um eine dynamisch ladbare Bibliothek, eine ausführbare Datei oder um eine Java-Datei handelt. Das zweite Attribut hat den Namen `action` und soll dazu dienen, das Verhalten im Falle des Nichtvorhandenseins der benötigten Ressource zu spezifizieren. Die Wahl besteht zwischen den alternativen Werten `assert` und `install`. Während ersteres den Installationsvorgang im Fehlerfall abbricht, wird die Plattform durch den zweiten Wert angewiesen, eine Installation der Abhängigkeit zu versuchen. Wird das Attribut nicht angegeben, gilt die Regel `assert`.

Formulierung von Abhängigkeiten im Software Package Descriptor

```
<dependency type="DLL">
  <localfile name="mico2311.dll"/>
</dependency>
<dependency type="DLL">
  <valuetypefactory
    repid="IDL:dinner/PhilosopherState:1.0">
    <fileinarchive
      name="win/dinner_PhilosopherImpl.dll"/>
  </valuetypefactory>
</dependency>
```

Im konkreten Beispiel werden zwei Varianten von Abhängigkeiten gezeigt. Zum einen ist die Verfügbarkeit der dynamischen Bibliothek `mico2311.dll` auf dem Zielrechner erforderlich. Zum anderen benötigt die vorliegende Implementierungsvariante zur Laufzeit die Implementierung eines bestimmten Datentyps. Die Philosophen-Komponente generiert zur Laufzeit Ereignisse, die an den Zuschauer versendet werden sollen. Dazu müssen die für die Repräsentation dieser Ereignisse verwendeten Datentypen vom Typ `PhilosopherState` erzeugt werden können. Da es sich dabei um einen *Valuetype* handelt, wird die Implementierung einer *Valuetype*-Fabrik benötigt. Ist eine Implementierung dieses Typs zur Laufzeit nicht vorhanden, kann sie als dynamische Bibliothek nachgeladen werden. Name und Ort dieser Bibliothek sind im Beispiel angegeben.

12.2.3.2 Implementierungsdateien

Die Angabe der eigentlichen Implementierungsdatei bzw. -dateien geschieht mittels einmaliger bzw. mehrmaliger Verwendung des Beschreibungselements `code`. Dieses Element besitzt ein Attribut `type`, für das analog zu `dependency` die Werte `DLL`, `Executable` und `Java Class` vordefiniert sind. Der Verweis auf die tatsächliche Datei kann in mehreren Varianten erfolgen. Außerdem lassen sich über die Elemente `entrypoint` und `usage` wichtige Informationen zur Verwendung der Datei zur Laufzeit angeben. Ist der Typ beispielsweise eine dynamische Bibliothek, also `DLL`, enthält das Element `entrypoint` das Symbol der Bibliothek, das zur Erzeugung einer Laufzeitrepräsentation der entsprechenden *Home*-Instanz verwendet werden muss. Das Element `usage` enthält Text, der zur näheren Beschreibung der Implementierungsdatei benutzt werden kann.

Angaben über die Implementierungsdatei im Software Package Descriptor

```
    <code type="DLL">
      <fileinarchive
        name="win/dinner_PhilosopherImpl.dll"/>
      <entrypoint>
        create_PhilosopherHomeE
      </entrypoint>
      <usage>executor</usage>
    </code>
  </implementation>
```

Im vorangehenden Ausschnitt ist der *Executor* einer Komponente in der dynamischen Bibliothek `dinner_PhilosopherImpl.dll` implementiert, die sich im Unterverzeichnis `win` des Komponentenarchivs befindet. Der Einsprungpunkt dieser Bibliothek lautet `create_PhilosopherHome`. Da es sich um eine C++-Implementierung für Windows handelt, enthält die Bibliothek also die folgende Funktion.

Beispiel einer Einsprungpunktfunktion unter Windows

```
extern "C"
{
__declspec(dllexport)
::Components::HomeExecutorBase_ptr
create_PhilosopherHomeE (void);
}
```

Damit ist die Beschreibung dieser Implementierungsvariante abgeschlossen.

12.2.3.3 Vervollständigung des Beispiels

Wie angedeutet, kann die Implementierungsbeschreibung Informationen über mehrere alternative Implementierungsvarianten enthalten. Dies soll durch die Vervollständigung des Beispiels der Philosophen-Komponente gezeigt werden, die neben der Implementierung für Windows noch eine weitere Variante für Linux enthält.

Vervollständigung des Software Package Descriptor mit einer weiteren Implementierungsvariante

```
  <implementation id="dinner_PhilosopherImpl-linux">
    <os name="Linux" />
    <processor name="x86" />
    <compiler name="gcc" version="3,3,3" />
    <programminglanguage name="C++" />
    <dependency type="DLL">
      <valuetypefactory
        repid="IDL:dinner/PhilosopherState:1.0">
        <fileinarchive
         name="linux/libdinner_PhilosopherImpl.so"/>
      </valuetypefactory>
    </dependency>
    <code type="DLL">
      <fileinarchive
        name="linux/libdinner_PhilosopherImpl.so"/>
      <entrypoint>
        create_PhilosopherHomeE
      </entrypoint>
      <usage>executor</usage>
    </code>
  </implementation>
</softpkg>
```

12.3 Komponentenarchive

Ein Komponentenarchiv enthält die Implementierungsbeschreibung einer Komponente und Implementierungsdateien.

Um einerseits die Betrachtung mehrerer verschiedener Implementierungsvarianten einer Komponente als Einheit zu gestatten und um andererseits die mögliche Vielzahl von damit verbundenen Implementierungsdateien zusammenzufassen, werden zur Bereitstellung von Komponentenimplementierungen Archive erzeugt. Komponentenarchive sind eine abstrakte Repräsentation der Implementierung und bilden die Bausteine für die Implementierung komponentenbasierter Anwendungen.

Ein Komponentenarchiv ist eine zip-Datei, in der die Beschreibung der Komponente, die Beschreibung der Komponentenimplementierung und mögliche Implementierungsdateien enthalten sind. Tatsächlich müssen die Implementierungsdateien nicht unbedingt mit im Archiv enthalten sein. Sie können sich auch außerhalb von diesem befinden, da die Implementierungsbeschreibung Informationen bereithalten kann, wie diese Dateien zu erhalten sind. In der Regel sollten sich diese Dateien aber im Archiv befinden und die Verweise in der Implementierungsbeschreibung darauf zeigen. Um einen standardisierten Einstieg in ein Archiv zu ermöglichen, befinden sich die Beschreibungsdateien in einem eigenen Verzeichnis namens `meta-inf`. Installationswerkzeuge sind damit in der Lage, unabhängig von der konkreten Gestalt eines Komponentenarchivs, die enthaltenen Metainformationen zu extrahieren und zu verarbeiten.

12.3.1 Beispiel

Zur näheren Erläuterung der Bereitstellung einer Komponente in Form eines Komponentenarchivs soll an dieser Stelle wieder auf das Philosophen-Beispiel, und zwar genauer auf die Philosophen-Komponente eingegangen werden. Nachdem alle für die verschiedenen Implementierungsvarianten dieser Komponente benötigten Dateien vorhanden sind, einschließlich der Implementierungsbeschreibung und der Komponentenbeschreibung, kann beispielsweise das Werkzeug WinZip dazu verwendet werden, das entsprechende zip-Archiv zu erzeugen. Die entstehende Datei trägt den Namen `philosopher.zip` (s. Abb. 12.1).

Auf oberster Ebene sind die IDL-Spezifikation des Beispiels und drei Verzeichnisse zu sehen. Das Verzeichnis `meta-inf` bildet den Einstiegspunkt in das Archiv. Hier befindet sich die Implementierungsbeschreibung in einer Datei mit dem Namen `dinner_Phi-`

losopherImpl.csd und die Komponentenbeschreibung in einer Datei mit dem Namen dinner_PhilosopherImpl.ccd. Des Weiteren gibt es je ein Verzeichnis, das die Implementierungsvarianten der Komponente für Linux bzw. Windows enthält.

Abb. 12.1: Das Komponentenarchiv philosopher.zip

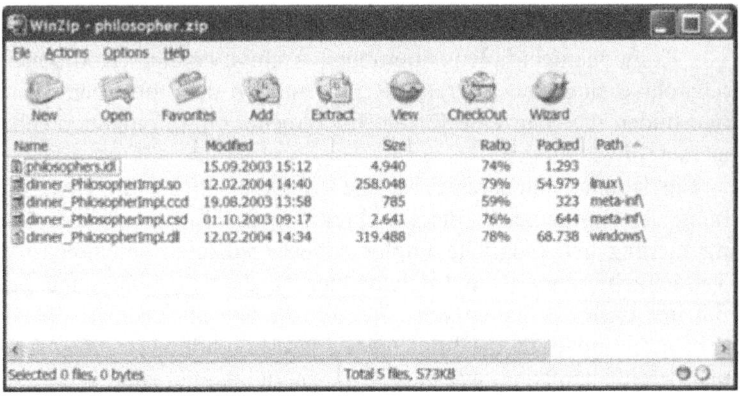

In Form der zip-Datei liegt jetzt ein fertiges Komponentenarchiv vor, das für die Komposition von Anwendungen verwendet werden kann.

Teil III

Entwicklung von Anwendungen

13 Entwurf und Spezifikation von Anwendungen

In Kapitel 5 wurde gesagt, dass komplette Anwendungen mithilfe von Komponenten erstellt werden können und dass man diese Anwendungen intuitiv als komponentenbasierte Anwendungen bezeichnet. Im folgenden Kapitel wird dieser Gedanke wieder aufgegriffen und unter dem Gesichtspunkt von Entwurf und Spezifikation dieser Anwendungen betrachtet. Im Prinzip unterliegt die Entwicklung komponentenbasierter Anwendungen den allgemeinen Grundsätzen der Softwareentwicklung. Es gibt jedoch einige Besonderheiten, die durch die Verwendung von Komponenten hervorgerufen werden.

In der Regel kommt es bei Entwurf und Spezifikation von Anwendungen darauf an, für eine zuvor analysierte Aufgabenstellung ein System zu entwerfen, dass gewisse aus der Aufgabenstellung abgeleitete Anforderungen erfüllt. Umfang und Grad der Detailliertheit bei der Formulierung dieser Anforderungen sind beliebig und hier nicht weiter von Interesse. Wichtig ist, dass aus Sicht der Komponentenorientierung sich die Anforderungen an Entwurf und Spezifikation einer Anwendung dahingehend verschärfen, dass ihre wesentlichen Teile als Komponenten identifiziert und voneinander getrennt betrachtet werden müssen. Diese zusätzliche Vorschrift kann auf den ersten Blick als einengend und nachteilig aufgefasst werden. Sie ermöglicht jedoch im Gegenteil die strukturelle Dekomposition und die Wiederverwendung von existierenden Spezifikationen.

13.1 Entwurf von Anwendungen

Zu Beginn steht die Frage, ob der Einsatz von Komponenten sinnvoll und möglich ist.

Die Entwicklung einer Anwendung als Antwort auf eine gegebene Aufgabenstellung beginnt im Allgemeinen mit der Entwicklung einer abstrakten Vorstellung dieser Anwendung. Aus verschiedenen Blickwinkeln betrachtet zählen dazu das Zusammenspiel eventuell beteiligter Kommunikationspartner, der Fluss von Informationen oder die grobe Struktur der Anwendung. In einem ersten Entwurf werden Phänomene und Strukturen identifiziert und verbal beschrieben, die anschließend mithilfe technologieabhängiger Notationen genauer spezifiziert werden können. Erlauben die bei der Analyse der Aufgabenstellung gewonnenen Anforderungen an die zu entwickelnde Anwendung den Einsatz einer Komponententechnologie, kann der Entwurf als komponentenbasierte Anwendung erfolgen. Das bedeutet, eine der wesentlichen Voraussetzungen für diese Entscheidung ist die Verfügbarkeit einer entsprechenden Komponentenplattform in der Domäne des potentiellen Nutzers. Darüber hinaus gibt es eine ganze Reihe weiterer wichtiger Aspekte, die bei der Entscheidungsfindung Berücksichtigung finden sollten. Dazu zählen Laufzeitaspekte wie Performanz und Verteilung der späteren Anwendung, als auch Entwicklungsaspekte wie die Möglichkeit der Wiederverwendung von Code. Vor dem Hintergrund des CORBA-Komponentenmodells ist davon auszugehen, dass eine komponentenbasierte Anwendung zusätzlichen Aufwand gegenüber einer monolithischen Implementierungen haben wird. Demgegenüber stehen jedoch z.B. die hohe Flexibilität bei der Verteilung der Anwendung, die Wiederverwendbarkeit und Austauschbarkeit von Komponenten oder die Unterstützung für die automatische Inbetriebnahme. Es ist die Aufgabe eines Anwendungsentwicklers, die Vor- und Nachteile für jeden konkreten Fall gegeneinander abzuwägen.

Entworfen werden müssen die Bestandteile und die Struktur der Anwendung.

Soll eine Anwendung auf der Basis von Komponenten entworfen werden, muss die Struktur dieser Anwendung durch miteinander verbundene Komponenteninstanzen beschrieben werden. Diese Aufgabe lässt sich in zwei Teilaufgaben gliedern. Zum einen ist das die Identifizierung der Bestandteile der Anwendung als Komponenten bzw. Instanzen von Komponenten, zum anderen die Bestimmung der Verbindungen zwischen Komponenteninstanzen und damit die Festlegung der Topologie der Anwendung. Beide Aufgaben sind natürlich nicht unabhängig voneinander, da die Identifizierung einer Komponente unter Berücksichtigung der notwendigen Interaktionen mit anderen erfolgen muss, wodurch Verbindungen zwischen Komponenteninstanzen quasi impliziert werden. Die Entscheidung, in welche Komponenten eine Anwendung zerlegt wird, ist eine Designentscheidung. Sie ist bestimmend für das Maß, in signentscheidung. Sie ist bestimmend für das Maß, in dem bereits existierende Komponenten wiederverwendet werden können bzw. neue Komponenten sich für eine spätere Wiederverwendung eignen. Tatsächlich ist die Menge der zu beachtenden Aspekte bei der Bestimmung der Komponenten einer Anwendung weit vielschichtiger. Aus der Perspektive der Wiederverwendbarkeit betrachtet, ist davon auszugehen, dass Anwendungen in der Regel nicht ausschließlich durch Zurückgreifen auf bestehende Komponenten und deren Konfiguration entwickelt werden können. Wenigstens die Umsetzung der konkreten Geschäftslogik sollte eine spezielle Komponente erfordern. Die konkrete Dekomposition ist also eine Entscheidung des Anwendungsentwicklers. Er bestimmt, inwiefern existierende Komponenten Berücksichtigung finden und wiederverwendet werden.

13.1.1 Beispiel

Betrachtet man das Beispiel der Philosophen, das in Teil I vorgestellt wurde, existiert ein grober Entwurf, der sich intuitiv von der Problembeschreibung ableiten lässt. Dabei werden alle in der Beschreibung auftretenden Objekte als Komponenten betrachtet, es lassen sich also drei Typen von Komponenten erkennen, Philosoph, Gabel und Zuschauer. Alle diese Komponenten haben eine sehr spezifische Funktionalität und müssen infolge dessen neu entwickelt werden. Die Entwicklung der einzelnen Komponenten wurde bereits in Teil II beispielhaft behandelt.

Nachdem die benötigten Komponenten identifiziert sind, kann die Struktur der Anwendung mithilfe von Komponenteninstanzen beschrieben werden, die miteinander in Interaktionen stehen. Für das Beispiel der Philosophen bedeutet das, dass bei einer konkreten Anwendung mit drei Philosophen, zwei Gabeln und einem Zuschauer jeweils drei Instanzen der Komponente Philosoph, zwei Instanzen der Komponente Gabel und eine Instanz der Komponente Zuschauer beteiligt sind. Jede Philosopheninstanz steht in direkter Verbindung mit den beiden Gabelinstanzen, um die Verwendung der Gabeln durch den Philosophen zu reflektieren. Weiterhin stehen alle Philosopheninstanzen mit der Zuschauerinstanz in Verbindung, wodurch die Beobachtung durch den Zuschauer abgebildet wird.

13.2 Spezifikation von Anwendungen

Die Spezifikation konkretisiert den Entwurf durch die Verwendung spezieller Notationen.

Die im Entwurfsschritt der Anwendung gewonnene Beschreibung ihrer Struktur als Zusammenspiel von Komponenteninstanzen ist nur sehr grob und verbal formuliert. Sie ermöglicht zwar die Entwicklung einer Vorstellung von der Struktur der Anwendung, besitzt jedoch keine konkrete Semantik. Das ist ausreichend für den Gedankenaustausch auf einer abstrakten Ebene, etwa für die Besprechung einer Designentscheidung zu Beginn der Spezifikation einer Anwendung. Es steht jedoch außer Frage, dass diese Beschreibung verfeinert werden muss, um Interpretationsspielräume auszuräumen und eine konkrete Semantik einzuführen. Dies geschieht im Rahmen der Spezifikation, indem spezielle Notationen eingesetzt werden, die über eine eigene Semantik verfügen. Für ein und dieselbe Anwendung kann es durchaus verschiedene Repräsentationen durch die Verwendung verschiedener Notationen geben. Im Teil II wurde gezeigt, dass für die Spezifikation von Komponenten sowohl die Darstellung in UML-Diagrammen als auch die Darstellung mittels IDL-Dateien möglich ist. Beide Darstellungen sind äquivalent und lassen sich ineinander überführen, da sie auf einem gemeinsamen Metamodell basieren. Der Grund für unterschiedliche Notationen liegt hauptsächlich in ihrer unterschiedlichen Verwendung. UML-Diagramme sind für die graphische Darstellung sehr gut geeignet und damit für Menschen gut zu verarbeiten. Die Verwendung von IDL-Dateien zielt dagegen eher auf die Verarbeitung durch Werkzeuge, wie etwa einen IDL-Compiler.

Für die Spezifikation von Anwendungen werden spezielle XML-Notationen verwendet.

Wie bei der Spezifikation von Komponenten sind für die Spezifikation von Anwendungen ebenfalls verschiedene Notationen denkbar. Allerdings ist gegenwärtig nur eine konkrete Variante standardisiert, nämlich die Verwendung von speziellen XML-Dateien. Mit Hinblick auf mögliche weitere Notationen muss erwähnt werden, dass es für die Spezifikation von Anwendungen kein zugrundeliegendes Metamodell gibt, das die grundlegenden Konzepte definiert und die einfache Abbildung dieser Konzepte auf Konstrukte verschiedener Notationen ermöglichen würde, wie es beispielsweise mit dem Metamodell für Komponenten möglich ist. Demzufolge gibt es keine von der konkreten XML-Notation unabhängige Definition der für die Spezifikation einer komponentenbasierten Anwendung benötigten Konzepte. Neben XML würde sich jedoch auch UML an dieser Stelle für eine graphische Darstellung eignen. Tatsächlich gibt es bereits Bemühungen, Arbeiten in Richtung eines entsprechenden UML-Profils voranzutreiben. Insgesamt definiert der Standard des CORBA-Komponentenmodelles vier separate XML-Notationen, die

die jeweilige Beschreibung von bestimmten Aspekten bei der Spezifikation von Komponenten und komponentenbasierten Anwendungen abdecken. Die Definition einer solchen Teilsprache erfolgt durch die Angabe eines XML-Dokumententyps (XML-DTD – *Document Type Definition*). Neben der Spezifikation der Implementierung von Komponenten und der Spezifikation des Komponententyps, die schon im Rahmen der Komponentenentwicklung in Teil II vorgestellt wurden, gibt es zwei weitere XML-DTDs, die die Beschreibung der Anwendungsstruktur sowie die Angabe von Konfigurationswerten erlauben.

13.2.1 Umfang der Spezifikation

Die Spezifikation einer Anwendung umfasst die Komponenteninstanzen, die Verbindungen, die Konfiguration und die Zielumgebung.

Was genau ist nun die Menge der Informationen, die für die Spezifikation einer komponentenbasierten Anwendung von Interesse ist? Um diese Frage zu beantworten, ist es sinnvoll, zu überlegen, welche Informationen benötigt werden, um die Anwendung letztendlich in Betrieb zu nehmen. Schließlich dient die Repräsentation in Form der XML-Dateien genau dazu. Es ergeben sich die folgenden Punkte, die eine Spezifikation enthalten muss:

- Zuerst wären da die Komponenteninstanzen, aus denen die Anwendung zusammengesetzt ist. Jede Komponenteninstanz hat innerhalb der Spezifikation eine eigene Identität und wird relativ zu einem *Home* betrachtet, das für seine Erzeugung zuständig ist. Ein *Home* besitzt ebenfalls eine eigene Identität und Informationen über die Spezifikation der Komponente und ihre Implementierung. Die Informationen und Metainformationen bezüglich einer Komponente wurden bereits in Teil II besprochen. Auch für ihre Notation wurde XML verwendet. Man kann sich hier einen Verweis auf die entsprechenden Dateien vorstellen.
- Wichtig sind auch die Verbindungen zwischen den Komponenteninstanzen. Genauer gesagt fallen hierunter auch Verbindungen von Komponenteninstanzen mit der Umgebung. Die Anschlusspunkte für eine Verbindung an einer Komponenteninstanz sind die Ports der Komponente, die aufgrund eindeutiger Namen innerhalb der Komponentenspezifikation identifizierbar sind. Natürlich dürfen Ports nicht beliebig miteinander verbunden werden. Ein *Facet* einer Komponente, das ein bestimmtes Interface unterstützt, muss mit einem *Receptacle*, das ein solches Interface oder eine spezialisiertes erwartet, verbunden wer-

den. Das gleiche gilt für Ereignisports. Verbindungsendpunkte der Umgebung können auf verschiedene Weise spezifiziert sein.

- Weiterhin notwendig ist die Konfiguration der Anwendung bzw. der Komponenteninstanzen. Wie bereits eingeführt beruht die Konfiguration einer Anwendung auf der Konfiguration ihrer Bestandteile, also der Komponenteninstanzen. Vorrangig handelt es sich dabei um das Setzen bestimmter Werte der Attribute einer Komponente. Diese Werte und die Namen der zugehörigen Attribute können für jede Komponenteninstanz angegeben werden.
- Zum Schluss bleibt noch die Zielumgebung für die Inbetriebnahme der Anwendung bzw. der Komponenteninstanzen. Tatsächlich ist diese Information erst sehr spät, nämlich zu Beginn der Inbetriebnahme auf einer konkreten Plattform, verfügbar. Dennoch kann sie in gewisser Weise zur Spezifikation einer Anwendung gezählt werden. Diese Informationen geben Aufschluss darüber, auf welchen Rechnern einer konkreten Zielplattform welche *Home*-Instanzen erzeugt werden müssen. Implizit bedeutet das, welche Komponentenimplementierungen wo installiert und welche Komponenteninstanzen wo erzeugt werden müssen.

13.2.2 Spezifikation mit XML

XML bietet einen guten Kompromiss zwischen Maschinenlesbarkeit und Editierbarkeit in herkömmlichen Editoren.

Die standardisierte Notation für die Spezifikation von Anwendungen mithilfe von CORBA-Komponenten ist also XML (*Extended Markup Language*). Für die Auswahl dieser Sprache gibt es eine Reihe von Gründen, die bei der Betrachtung der Verarbeitung einer Anwendungsspezifikation deutlich werden. Die in einer Spezifikation enthaltenen Informationen werden nämlich benötigt, um eine Anwendung in Betrieb zu nehmen. Da dies durch automatische Verarbeitung unter Mitwirkung der Komponentenplattform erfolgt, muss die Darstellung der Informationen leicht maschinenlesbar sein. Dieses Kriterium ist durch XML erfüllt. Schließlich hat diese Sprache eine weite Verbreitung gefunden, und es sind eine ganze Reihe von Implementierungen in Form von Werkzeugen oder Bibliotheken verfügbar, auf die bei der Verarbeitung von XML-Dateien leicht zurückgegriffen werden kann. Zum anderen, und aus der Sicht des Entwicklers betrachtet, ist es möglich, eine XML-Datei unter Verwendung normaler Editoren zu bearbeiten und somit wiederum mithilfe existierender Werkzeuge schnell eine Anwendung zu spezifizieren. Allerdings wird die Lesbarkeit von XML-Dateien in der Regel überschätzt. Während kleinere Dateien durchaus leicht verständlich und gut lesbar sein können, gilt dies im Allgemeinen nicht mehr für komplexe Problemstellungen, insbesondere wenn häufig Querverweise vorkommen, wie es beispielsweise beim Verweis auf Komponenteninstanzen im Rahmen der Spezifikation einer Verbindung der Fall ist. Aus der Sicht des Entwicklers der Anwendungsspezifikation wäre also eine alternative Darstellung, vielleicht mit UML-Diagrammen, begrüßenswert. Im Prinzip steht es jedem frei, beliebige proprietäre Werkzeuge zu verwenden, solange die entsprechenden XML-Dateien erzeugt werden.

13.2.3 Anwendungsbeschreibung

Eine Anwendung wird durch den Component Assembly Descriptor beschrieben.

Die Beschreibung einer Anwendung erfolgt in einer XML-Datei, die als *Component Assembly Descriptor* bezeichnet wird. Diese Datei ist durch die Endung `.cad` gekennzeichnet und basiert auf einem speziellen XML-DTD. Sie ist der Ausgangspunkt bei der Inbetriebnahme einer konkreten Anwendung. Die dafür benötigten Informationen sind auf verschiedene Weisen repräsentiert, als konkrete Werte oder Verweise auf weitere XML-Dateien. Auf die Abhandlung der in der XML-DTD definierten einzelnen Beschreibungselemente soll an dieser Stelle verzichtet werden. Zur Vertiefung und für eine vollständige Erläuterung der Details muss auf den Standard verwiesen werden. Für die Einführung, und um ein Bild davon zu vermitteln, wie die Beschreibung einer Anwendung aussehen kann, wird nachfolgend erneut das Beispiel der Philosophen herangezogen.

13.2.3.1 Dateikopf

Die Beschreibungsdatei ist eine gewöhnliche XML-Datei.

Wie für eine XML-Datei üblich beginnt die Beschreibungsdatei mit einem allgemeinen Kopf, in dem die Version der verwendeten Sprache benannt und der der Datei zugrunde liegende Dokumententyp spezifiziert wird.

Dateikopf des Component Assembly Descriptor

```
<?xml version = '1.0' ?>
<!DOCTYPE componentassembly PUBLIC "-//OMG//DTD
Component Assembly Descriptor"
"http://omg.org/…/componentassembly.dtd">
```

Der Dokumententyp für eine Anwendungsbeschreibung ist unter dem Namen `componentassembly.dtd` standardisiert.

13.2.3.2
Allgemeine Informationen

Zu Beginn können allgemeine Informationen angegeben werden.

Nach dem Kopf folgt der Körper der Datei, der aus dem Wurzelelement der Beschreibung besteht. Alle weiteren Beschreibungselemente befinden sich innerhalb dieses Elementes.

```
<componentassembly
  id="g25187c5-9ac5-4e2b-82e8-932c7bb533d5">
```

Das Wurzelelement der Beschreibungsdatei einer Anwendung ist das Element `componentassembly`. Das Attribut `id` enthält einen Namen in Form einer DCE-UUID (DCE – *Distributed Computing Environment*, UUID – *Universal Unique Identifier*), der die eindeutige Identifizierung der Anwendungsbeschreibung gestattet. Die Spezifikation der Anwendung ist grob in drei Teile untergliedert, die in den Kindelementen `componentfiles`, `partitioning` und `connections`, in dieser Reihenfolge, enthalten sind. Das Element `componentfiles` stellt Informationen über Implementierungsdateien bereit. Das Element `partitioning` enthält die Angabe der Komponenteninstanzen, und das Element `connections` beschreibt die Verbindungen von Komponenteninstanzen.

Der mehr oder weniger formalen Spezifikation einer Anwendung kann optional eine gänzlich informale Beschreibung beigelegt werden. Mit dem darin enthaltenen Text ist es z.B. möglich, bei der Inbetriebnahme der Anwendung mithilfe eines Werkzeuges zusätzliche Informationen anzuzeigen. Das für die Aufnahme eines solchen Textes zu verwendende Beschreibungselement ist `description`. Seine Verwendung ist optional.

das optionale Beschreibungselement description

```
  <description>
    Das einfache Beispiel der speisenden Philoso-
phen.
  </description>
```

13.2.3.3
Komponentenimplementierungen

Referenzen auf Implementierungen erlauben die nachträgliche Angabe von Implementierungsdateien.

Um die für die spätere Inbetriebnahme der Anwendung bereitstehenden Implementierungsdateien der Komponenten bekannt zu machen, wird das Beschreibungselement `componentfiles` verwendet. Es enthält ein oder mehrere `componentfile`-Elemente, mit deren Hilfe für jede im Rahmen der Anwendung verwendete Komponente die Beschreibung der verfügbaren Implementierung unter einem eindeutigen Namen bekannt gemacht wird. Wie bereits in Teil II vorgestellt, gibt es für jede Komponente ein Implementierungsarchiv, das unter anderem die Beschreibung der möglicherweise verschiedenen Implementierungen im sogenannten *Software Package Descriptor*, einer XML-Datei mit der charakteristischen Endung `.csd`, enthält. Der mit dem Attribut `id` angegebene Name ist innerhalb der gesamten Anwendungsbeschreibung eindeutig referenzierbar. Er wird im Rahmen der Spezifikation von *Home*-Instanzen verwendet, um einen Verweis auf ihre Implementierung und damit auch indirekt auf den zugehörigen Komponententyp anzugeben.

Die Verbindung zwischen Komponenten und ihren Implementierungen

An dieser Stelle wurde angenommen, dass der Name der Beschreibungsdatei der Komponentenimplementierung und das Komponentenarchiv bereits bekannt sind. Im Allgemeinen gilt dies jedoch erst nach erfolgter Implementierung der Komponenten für die Anwendung, und die hier vorgestellten Beschreibungselemente würden zum Zeitpunkt der Spezifikation lediglich als Platzhalter dienen.

Notation der Komponentenimplementierungen im Component Assembly Descriptor

```
<componentfiles>
  <componentfile id="philosopher">
    <fileinarchive
      name="meta-inf/philosopher.csd">
      <link href="philosopher.zip"/>
    </fileinarchive>
  </componentfile>

  <componentfile id="cutlery">
    <fileinarchive
      name="meta-inf/cutlery.csd">
      <link href="cutlery.zip"/>
    </fileinarchive>
  </componentfile>

  <componentfile id="observer">
    <fileinarchive
      name="meta-inf/observer.csd">
      <link href="observer.zip"/>
    </fileinarchive>
  </componentfile>
</componentfiles>
```

Im konkreten Philosophen-Beispiel werden drei Komponenten verwendet und für jede Komponentenimplementierung gibt es ein Implementierungsarchiv. Die Implementierung der Komponente Philosoph befindet sich beispielsweise in der Archivdatei `philosopher.zip`. Die dazugehörige Beschreibungsdatei hat den Namen `philosopher.csd` und ist in diesem Archiv im Unterordner `meta-inf` enthalten. Soll in der Folge auf die darin enthaltenen Informationen verwiesen werden, muss der Name `philosopher` benutzt werden.

13.2.3.4
Home- und Komponenteninstanzen

Komponenteninstanzen werden relativ zu Home-Instanzen erzeugt.

Wie erfolgt nun die Spezifikation von Komponenteninstanzen? Bei der Inbetriebnahme der Anwendung können die Laufzeitkonstrukte zur Repräsentation dieser Instanzen nur mithilfe entsprechender *Home*-Instanzen erzeugt werden. Daher geschieht auch die Spezifikation von Komponenteninstanzen relativ zur Spezifikation von *Home*-Instanzen. Das heißt, es entsteht eine genaue Zuordnung von Komponenteninstanzen zu *Home*-Instanzen.

Es gibt verschiedene Varianten der Platzierung einer Home-Instanz.

Um eine *Home*-Instanz zu spezifizieren, wird das Beschreibungselement `homeplacement` benutzt. Für die Platzierung dieses Elementes bieten sich insgesamt drei Varianten an, die jeweils eine unterschiedliche Bedeutung für die Erzeugung von Laufzeitkonstrukten haben. Die einfachste Variante ist im konkreten Beispiel abgebildet. Bei dieser Variante ist das Element `homeplacement` ein direktes Kindelement von `partition`. Es werden keine Aussagen hinsichtlich der Beziehungen von laufenden *Home*-Instanzen und damit letztlich auch von Komponenteninstanzen untereinander gemacht. Bei der Inbetriebnahme der Anwendung steht frei zur Wahl, welcher Rechner der Komponentenplattform als Installationsort bestimmt und in welchem Container die Laufzeitrepräsentation der *Home*-Instanz erzeugt wird. Alternativen dazu bieten sich durch die Beschreibungselemente `hostcollocation` und `processcollocation`. Das Element `hostcollocation` ist ebenfalls ein Kindelement von `partition` und kann wiederum `processcollocation` und `homeplacement` Elemente enthalten. Mit seiner Hilfe wird sichergestellt, dass sich alle zu erzeugenden Laufzeitkonstrukte auf dem gleichen Zielrechner befinden. Das heißt, bei der Bestimmung der Verteilung der Anwendung zu Beginn ihrer Inbetriebnahme wird für alle enthaltenen *Home*-Instanzen ein gemeinsamer Zielrechner gewählt. Das Beschreibungselement `processcollocation` drückt die Koexistenz verschiedener *Home*-Instanzen in einem Prozess aus. Es kann entweder direkt als Kind von `partition` oder von `hostcollocation` auftreten. Unter dem Begriff Prozess darf man an dieser Stelle einen Betriebssystemprozess verstehen. Die Motivation für derartige Beschränkungen kann in einer verbesserten Performance von Teilen der Anwendung liegen, die zu erwarten ist, wenn der zusätzliche Aufwand für die Kommunikation über Rechner- oder Prozessgrenzen hinweg entfällt.

Eine Home-Instanz besitzt einen eindeutigen Namen zur Referenzierung.

Zu den Informationen, die zur Spezifikation einer *Home*-Instanz gehören, zählt zunächst ein innerhalb der Anwendungsbeschreibung eindeutiger Name, auf den z.B. verwiesen werden kann, wenn Verbindungen erzeugt werden sollen. Der Name ist im Attribut `id` enthalten. Des Weiteren muss ein Bezug auf die zugrundeliegende Implementierung der Komponente bzw. des *Home* hergestellt werden, um bei Inbetriebnahme der Anwendung die Laufzeitrepräsentationen für *Home*- und Komponenteninstanzen erzeugen zu können. Dafür sind die Beschreibungselemente `componentfileref` und `componentimplref` vorgesehen. Mit ersterem wird auf eine in `componentfiles` bekannt gemachte Implementierungsbeschreibung verwiesen werden. Der Verweis ist dabei im Attribut `idref` enthalten. Sind in der verwiesenen Beschreibung mehrere konkrete Implementierungen enthalten, muss zusätzlich über das Attribut `idref` des Elements `componentimplref` eine bestimmte Implementierungsvariante spezifiziert werden. Allerdings kann dies erst erfolgen, wenn die Implementierung der Anwendung bzw. ihrer Komponenten wirklich vorliegen.

Neben diesen unbedingt notwendigen Informationen kann die Spezifikation einer *Home*-Instanz optional eine ganze Reihe weiterer Informationen enthalten. So ist die Angabe einer Konfiguration sowohl für die *Home*-Instanz selbst als auch für die zu erzeugenden Komponenteninstanzen möglich. Auch die Registrierung von *Home*-Instanzen kann spezifiziert werden. Für die Inbetriebnahme wichtig ist insbesondere die Spezifikation des Zielrechners über das Element `destination`. Da der eigentliche Zweck von *Homes* ja die Erzeugung von Komponenteninstanzen ist, erfolgt natürlich auch deren Spezifikation im Kontext der entsprechenden *Home*-Instanz.

Auch eine Komponenteninstanz hat innerhalb der Beschreibung eine eindeutige Identität.

Die Spezifikation einer Komponenteninstanz als Bestandteil der Anwendung erfolgt mithilfe des Beschreibungselementes `componentinstantiation`. Jede Komponenteninstanz verfügt über eine eindeutige Identität. Der dieser Identität zugrundeliegende Name ist innerhalb der Anwendung eindeutig und im Attribut `id` enthalten. Instanzen können optional weitere Dinge spezifizieren. So ist die Angabe einer speziellen Bezeichnung möglich, die zur Repräsentation der Instanz während der Inbetriebnahme verwendet werden kann. Von größerer Bedeutung ist die Spezifikation der Instanzkonfiguration mittels des Beschreibungselementes `componentproperties` oder die Möglichkeit der Registrierung von Instanzen. Im weiteren Beispieltext werden diese Varianten deutlich.

Notation der Komponenteninstanzen der Philosophen-Komponente im Component Assembly Descriptor

```
<partitioning>
  <homeplacement id="pHome">
    <componentfileref idref="philosopher"/>

    <componentinstantiation id="Kant">
      <componentproperties>
        <fileinarchive name="kant.cpf"/>
      </componentproperties>
    </componentinstantiation>
```

```
  <componentinstantiation id="Hegel">
    <componentproperties>
      <fileinarchive name="hegel.cpf"/>
    </componentproperties>
  </componentinstantiation>

  <componentinstantiation id="Marx">
    <componentproperties>
      <fileinarchive name="marx.cpf"/>
    </componentproperties>
  </componentinstantiation>

  <destination></destination>
</homeplacement>
```

Beim konkreten Szenario des Philosophen-Beispiels sind drei Philosophen beteiligt. Die entsprechende Anwendung zur Umsetzung dieses Beispiels benötigt also drei Instanzen der Komponente Philosoph. Um dies zu spezifizieren wird zuerst eine *Home*-Instanz namens „`pHome`" erzeugt, die im Weiteren die Komponenteninstanzen verwaltet. Die zu verwendende Implementierung ist zu diesem Zeitpunkt noch nicht bekannt, wird später aber im Beschreibungselement `componentimplref` angegeben. Alle nötigen Informationen zu dieser Implementierung können der Beschreibungsdatei `philosopher.csd` entnommen werden, die sich hinter dem Verweis auf `philosopher` verbirgt. Zur Identifizierung der Instanzen werden die Namen `Kant`, `Hegel` und `Marx` verwendet. Jede Instanz verfügt über eine eigene Konfiguration. Das Beschreibungselement `componentproperties` verweist auf die entsprechenden Dateien, die die Konfigurationswerte enthalten. Auf das Aussehen dieser Dateien wird an späterer Stelle genauer eingegangen. Zu sehen ist, dass der Zielrechner für die Installation der Komponente noch nicht bestimmt ist. Dies erfolgt erst unmittelbar vor oder bei der Inbetriebnahme der Anwendung, da die konkret verfügbare Zielplattform bekannt sein muss.

Notation der Komponenteninstanzen der Besteck-Komponente im Component Assembly Descriptor

```
<homeplacement id="cHome">
  <componentfileref idref="cutlery"/>

  <componentinstantiation id="Gabel1">
    <registercomponent>
      <registerwithnaming
        name="CCM/Components/Gabel1"/>
      </registercomponent>
  </componentinstantiation>

  <componentinstantiation id="Gabel2">
    <registercomponent>
```

```
        <registerwithnaming
          name="CCM/Components/Gabel2"/>
      </registercomponent>
    </componentinstantiation>

    <destination></destination>
  </homeplacement>
```

Die Repräsentation der beiden Gabeln im Philosophen-Beispiel erfolgt durch die Erzeugung von zwei Instanzen der Besteck-Komponente. Auch für diese Instanzen muss zunächst eine *Home*-Instanz spezifiziert werden. Das abgebildete Beispiel stellt diesen Teil der Spezifikation dar. Im Gegenteil zu den Philosopheninstanzen findet für die Instanzen der Besteck-Komponenten keine Konfiguration statt. Stattdessen wird hier von der Möglichkeit Gebrauch gemacht, Instanzen über eine Registrierung nach außen hin sichtbar zu machen. Im konkreten Fall findet der Namensdienst Verwendung. Das Beschreibungselement `registerwithnaming` beschreibt mit dem Attribut `name` den Eintrag, unter dem die Laufzeitrepräsentation der Komponenteninstanz im Namensdienst gebunden werden soll.

Notation der Komponenteninstanz der Zuschauer-Komponente im Component Assembly Descriptor

```
  <homeplacement id="oHome">
    <componentfileref idref="observer"/>

    <componentinstantiation id="observe">
      <registercomponent>
        <registerwithnaming
          name="CCM/Components/Observer"/>
        </registercomponent>
    </componentinstantiation>

    <destination></destination>
  </homeplacement>
</partitioning>
```

Die Spezifikation des Zuschauers erfolgt analog zu den vorhergehenden Komponenten. Er wird ebenfalls durch eine Komponenteninstanz repräsentiert. Auch hierfür wird wieder eine eigene *Home*-Instanz benötigt. Ebenso wie die Instanzen der Besteck-Komponente wird auch diese Instanz im Namensdienst registriert.

13.2.3.5 Verbindungen

Es gibt eine Unterscheidung zwischen operationalen und ereignisbasierten Verbindungen.

Nachdem die strukturellen Bestandteile der Anwendung in der Gestalt von Komponenteninstanzen mitsamt ihrer Konfiguration spezifiziert sind, fehlen nur noch die benötigten Verbindungen zwischen diesen Instanzen, um die Anwendung aufbauen zu können. Die Spezifikation der Verbindungen geschieht mit dem Beschreibungselement `connections`. Abhängig von der Natur der zu spezifizierenden Verbindung kann dieses Element verschiedene Kindelemente enthalten. Unterschieden wird zwischen einer operationalen und einer ereignisorientierten Verbindung. Es gibt auch noch eine dritte Art von Verbindungen, die die Verknüpfung eines *Proxy Home* mit einem *Home* erlaubt. Diese Variante findet jedoch nur in sehr speziellen Situationen Anwendung und wird daher nicht weiter betrachtet.

Operationale Verbindungen

Operationale Verbindungen können zwischen einem Receptacle einer Komponenteninstanz und beliebigen CORBA-Objekten erzeugt werden.

Für die Spezifikation einer operationalen Verbindung gibt es das Element `connectinterface`. Damit kann die Verbindung zwischen einem *Facet* einer Komponenteninstanz und einem *Receptacle* einer anderen Komponenteninstanz beschrieben werden. Es ist eine konzeptuelle Eigenschaft der *Receptacles*, Verbindungen der zugehörigen Komponenteninstanz zu erlauben. Da die Erzeugung einer solchen Verbindung auf das einfache Bekanntmachen der Objektreferenz, in diesem Fall die der *Facet*-Implementierung, abgebildet wird, können tatsächlich beliebige CORBA-Objekte mit einem *Receptacle* verbunden werden. Es muss lediglich gewährleistet sein, dass das von diesem Objekt implementierte IDL-Interface dem durch das *Receptacle* definierten IDL-Interface genügt. Die Varianten der Spezifikation des zu verbindenden Objektes reichen demnach von der Angabe der *Facets* einer im Kontext der Anwendung erzeugten Komponenteninstanz bis zu Verweisen auf im Namensdienst registrierte externe Objekte oder sogar Objektreferenzen.

Notation von Facet-Receptacle-Verbindungen für die erste Philosophen-Komponente im Component Assembly Descriptor

```
<connections>
  <connectinterface>
    <usesport>
      <usesidentifier>
        left_hand
      </usesidentifier>
      <componentinstantiationref
        idref="Kant"/>
    </usesport>
    <providesport>
      <providesidentifier>
        the_fork
```

```
      </providesidentifier>
      <componentinstantiationref
        idref="Gabel1"/>
    </providesport>
  </connectinterface>

  <connectinterface>
    <usesport>
      <usesidentifier>
        right_hand
      </usesidentifier>
      <componentinstantiationref
        idref="Kant"/>
    </usesport>
    <providesport>
      <providesidentifier>
        the_fork
      </providesidentifier>
      <componentinstantiationref
        idref="Gabel2"/>
    </providesport>
  </connectinterface>
```

Der vorangehende Ausschnitt zeigt die Spezifikation der Verbindungen des Philosophen Kant mit den Gabeln. Um essen zu können muss der Philosoph wie beschrieben in jeder Hand eine Gabel halten. Dazu ist die Zuordnung entsprechender Gabeln zu den Händen des Philosophen nötig. Es wird jeweils eine Verbindung für jede Gabel erzeugt, die erste mit der linken und die zweite mit der rechten Hand. Das Beschreibungselement `usesport` gibt den Namen des *Receptacle* der mittels `componentinstantiationref` identifizierten Komponenteninstanz an. Im vorliegenden Fall sind das `left_hand` bzw. `right_hand` von `Kant`. Das Beschreibungselement `providesport` gibt seinerseits den Namen des *Facet* der wiederum mittels `componentinstantiationref` identifizierten Komponenteninstanz an, hier `the_fork` von `Gabel1` und `Gabel2`.

Notation von Facet-Receptacle-Verbindungen für die zweite Philosophen-Komponente im Component Assembly Descriptor

```
  <connectinterface>
    <usesport>
      <usesidentifier>
        left_hand
      </usesidentifier>
      <componentinstantiationref
        idref="Hegel"/>
    </usesport>
    <providesport>
      <providesidentifier>
        the_fork
```

```
        </providesidentifier>
        <componentinstantiationref
          idref="Gabel1"/>
      </providesport>
    </connectinterface>

    <connectinterface>
      <usesport>
        <usesidentifier>
          right_hand
        </usesidentifier>
        <componentinstantiationref
          idref="Hegel"/>
      </usesport>
      <providesport>
        <providesidentifier>
          the_fork
        </providesidentifier>
        <componentinstantiationref
          idref="Gabel2"/>
      </providesport>
    </connectinterface>
```

Analog zum Philosophen Kant werden auch für den Philosophen Hegel die entsprechenden Komponenteninstanzen miteinander verbunden.

Notation von Facet-Receptacle-Verbindungen für die dritte Philosophen-Komponente im Component Assembly Descriptor

```
    <connectinterface>
      <usesport>
        <usesidentifier>
          left_hand
        </usesidentifier>
        <componentinstantiationref
          idref="Marx"/>
      </usesport>
      <providesport>
        <providesidentifier>
          the_fork
        </providesidentifier>
        <componentinstantiationref
          idref="Gabel1"/>
      </providesport>
    </connectinterface>

    <connectinterface>
      <usesport>
        <usesidentifier>
          right_hand
        </usesidentifier>
        <componentinstantiationref
          idref="Marx"/>
```

```
    </usesport>
    <providesport>
      <providesidentifier>
        the_fork
      </providesidentifier>
      <componentinstantiationref
        idref="Gabel2"/>
    </providesport>
  </connectinterface>
```

Als dritter und letzter Philosoph erhält noch Marx die entsprechenden Gabeln für seine linke bzw. rechte Hand.

Ereignisbasierte Verbindungen

Ereignisbasierte Verbindungen bestehen nur zwischen Ereignisproduzenten und Ereigniskonsumenten.

Nachdem jeder der Philosophen mit den benötigten Gabeln verbunden ist, sind alle funktionalen Verbindungen hergestellt. Zur Fertigstellung der Anwendungsstruktur fehlen nun nur noch die ereignisbasierten Verbindungen zwischen den Philosophen und dem Zuschauer, mit denen die Beobachtung nachgebildet wird.

Für die Spezifikation einer ereignisbasierten Verbindung gibt es das Element `connectevent`. Mit diesem Element kann die Verbindung zwischen einem Ereignisproduzenten auf der einen Seite und einem Ereigniskonsumenten auf der anderen beschrieben werden. Sowohl Ereignisproduzent als auch Ereigniskonsument sind Ports von Komponenteninstanzen. Die Verbindungsbeschreibung beginnt mit dem Konsumenten, der mithilfe des Beschreibungselementes `consumesport` spezifiziert wird. Wie der Name andeutet, handelt es sich dabei um einen bestimmten Port einer Komponente, der einen Ereignistyp konsumiert. Innerhalb einer Komponenteninstanz ist dieser Port durch seinen Namen eindeutig identifizierbar. Dieser Name ist im Element `consumesidentifier`, einem Kindelement von `consumesport`, enthalten. Die zugehörige Komponenteninstanz wird entweder anhand des Instanznamens identifiziert, der ihr bei der Erzeugung im Rahmen der Anwendung verliehen wurde, oder durch Angabe eines Verweises auf ein extern erzeugtes Objekt. Ein Verweis wäre beispielsweise ein Namensdiensteintrag oder die Objektreferenz der Komponenteninstanz selbst.

Es gibt eine Unterscheidung nach dem Typ des Ereignisproduzenten.

Für die Angabe der zugehörigen Ereignisproduzenten wird nach dem Typ des Produzenten unterschieden. Für jeden der beiden möglichen Quelltypen gibt es ein Beschreibungselement, `emitsport` und `publishesport`. Im Prinzip haben diese Elemente die gleiche Struktur und entsprechen strukturell sogar dem Element `consumesport`. Auch hier wird der jeweilige Port der Komponenteninstanz anhand seines Namens identifiziert, während die Instanz selbst durch ihren Namen oder einen Verweis auf ein extern erzeugtes Objekt beschrieben wird. Tatsächlich werden für die Beschreibung der Portnamen bei ereignisbasierten Verbindungen drei verschiedene Elemente, nämlich `consumesidentifier` auf der einen Seite und `emitsidentifier` bzw. `publishesidentifier` auf der anderen Seite benutzt. Im Grunde ist diese Unterscheidung unnötig, da jedes der Elemente im Kontext von `consumesport`, `emitsport` oder `publishesport` auftritt. Damit ist bereits klar, um welche Art von Port es sich handelt. Ein generisches Werkzeug kann die entsprechenden Operationen rufen und die Verbindungen erstellen. Ebenso wie bei den operationellen Verbindungen muss bei der Spezifikation von ereignisbasierten Verbindungen darauf geachtet werden, dass die miteinander verbundenen Ports vom gleichen Typ sind, das heißt den gleichen Ereignistyp unterstützen. Anderenfalls kommt es bei der Inbetriebnahme der Anwendung zu einem Laufzeitfehler.

Notation der Verbindungen zwischen dem Publisher einer Philosophen-Komponenteninstanz und dem Consumer der Zuschauer-Komponenteninstanz

```
<connectevent>
  <consumesport>
    <consumesidentifier>
      philosopher_state
    </consumesidentifier>
    <componentinstantiationref
      idref="theObserver"/>
  </consumesport>
  <publishesport>
    <publishesidentifier>
      philosopher_state
    </publishesidentifier>
    <componentinstantiationref
      idref="Kant"/>
  </publishesport>
</connectevent>

<connectevent>
  <consumesport>
    <consumesidentifier>
      philosopher_state
    </consumesidentifier>
    <componentinstantiationref
      idref="theObserver"/>
  </consumesport>
  <publishesport>
    <publishesidentifier>
      philosopher_state
    </publishesidentifier>
    <componentinstantiationref
      idref="Hegel"/>
  </publishesport>
</connectevent>
```

```
<connectevent>
  <consumesport>
    <consumesidentifier>
      philosopher_state
    </consumesidentifier>
    <componentinstantiationref
      idref="theObserver"/>
  </consumesport>
  <publishesport>
    <publishesidentifier>
      philosopher_state
    </publishesidentifier>
    <componentinstantiationref
      idref="Marx"/>
  </publishesport>
</connectevent>
```

Beim konkreten Beispiel der Philosophen soll jeder Philosoph vom Zuschauer beobachtet werden, um Veränderungen seines Zustandes zu erfahren. In der Übertragung auf die komponentenbasierte Anwendung bedeutet dies, jede Instanz der Komponente Philosoph wird mit der Instanz der Komponente Zuschauer verbunden. Genauer genommen wird der Port `philosopher_state` eines Philosophen mit dem gleichnamigen Port des Zuschauers verbunden. Alle beteiligten Komponenteninstanzen werden in diesem Beispiel von der Anwendung selbst erzeugt. Die Namen der Philosophen sind `Kant`, `Hegel` und `Marx`. Der Name des Zuschauers ist `theObserver`.

```
</connections>
```

Nachdem alle Verbindungen von Komponenteninstanzen innerhalb der Anwendung beschrieben sind, muss das Beschreibungselement `connections` wieder geschlossen werden.

```
</componentassembly>
```

Ist die Spezifikation der gesamten Anwendung abgeschlossen, wird auch das Wurzelelement `componentassembly` wieder beendet. Die Beschreibungsdatei für die konkrete Beispielanwendung der Philosophen ist damit vollständig.

13.2.4 Konfigurationsbeschreibung

Komponenteninstanzen können zu Beginn der Anwendung konfiguriert werden.

Neben der Beschreibung der Struktur einer Anwendung mithilfe von Komponenteninstanzen und deren Verbindungen untereinander, ist auch die Beschreibung der initialen Konfiguration von großer Bedeutung. Die Konfiguration kann als wesentlicher Bestandteil des inneren Zustands der Anwendung unmittelbar nach Inbetriebnahme betrachtet werden. Da Komponenten aus Sicht der Wiederverwendung möglichst allgemein gehalten sind, erlaubt erst die Konfiguration entsprechender Eigenschaften eine Anpassung an die speziellen Anforderungen, die im Rahmen einer Anwendung auftreten können. Wie bereits ausgeführt beruht die Konfiguration einer Anwendung ausschließlich auf der Konfiguration ihrer beteiligten Instanzen.

Konfigurationen sind Name-Wert-Paare.

Betrachtet man den Kern der Konfiguration einer Komponenteninstanz wird deutlich, dass dabei ausgewählte Eigenschaften der Instanz mit bestimmten Werten belegt werden. Bei der Beschreibung von Konfigurationen handelt es sich daher um eine Menge von Name-Wert-Paaren. Der Name bezeichnet dabei die Eigenschaften einer Komponente. Der Wert enthält den zugewiesenen Wert der Eigenschaft in Form einer Beschreibung, für deren Angabe zusätzlich auch die Beschreibung des Typs enthalten sein muss. Um eine automatische Konfiguration von Komponenteninstanzen zu ermöglichen, muss für jede Eigenschaft ein Attribut gleichen Namens an der Komponente vereinbart werden. Der Typ des zugehörigen Wertes muss natürlich mit dem Typ des Attributes übereinstimmen. Konfigurationen können entweder für ausgewählte Komponenteninstanzen oder für alle an einer *Home*-Instanz zu erzeugenden Komponenteninstanzen gelten. Der allgemeine Charakter der Beschreibung von Name-Wert-Paaren gestattet sogar die Konfiguration von *Home*-Instanzen.

Beim vorangehenden Beispiel war zu sehen, wie Informationen, die die Konfiguration von Komponenteninstanzen betreffen, in die Anwendungsbeschreibung eingebunden werden. Dies geschieht im Rahmen der Beschreibung einer Komponenteninstanz, indem über das Element `componentproperties` auf die Beschreibungsdatei für die Konfiguration verwiesen wird. Auch diese Beschreibung liegt in form einer XML-Datei vor, die als *Component Property File Descriptor* bezeichnet wird. Analog zum *Component Assembly Descriptor* basiert sie auf einer speziellen XML-DTD. Auch hier soll auf die Abhandlung der einzelnen Beschreibungselemente verzichtet und auf den Standard verwiesen werden. Anstelle dessen wird exemplarisch anhand der Konfiguration einer Komponenteninstanz für das Beispiel der Philosophen gezeigt, was unter der Beschreibung von Konfigurationswerten zu verstehen ist. Konkret soll die weiter oben referenzierte Datei `kant.cpf` betrachtet werden, mit der die Repräsentation des Philosophen Kant konfiguriert wird.

13.2.4.1 Dateikopf

Die Konfigurationsbeschreibung ist eine gewöhnliche XML-Datei.

Die XML-Datei beginnt mit einem allgemeinen Kopf, in dem die Version der verwendeten Sprache benannt und der der Datei zugrunde liegende Dokumententyp spezifiziert wird. Der Dokumententyp für eine Konfigurationsbeschreibung ist unter dem Namen `properties.dtd` standardisiert.

Dateikopf des Component Property File Descriptor

```
<?xml version = '1.0' ?>
<!DOCTYPE properties PUBLIC "-//OMG//DTD Property
File Descriptor" "http://omg.org/…/properties.dtd">
```

13.2.4.2 Konfigurationswerte

Anschließend folgt das Beschreibungselement `properties` als Wurzelelement der Konfigurationsbeschreibung.

```
<properties>
```

Wie schon bei der Beschreibung der Anwendungsstruktur gestattet auch die Beschreibung einer Konfiguration an mehreren Stellen optional die Angabe von informalem Text zu Dokumentationszwecken. Das entsprechende Beschreibungselement ist wiederum `description`.

Das Beschreibungselement description im Component Property File Descriptor

```
  <description>
  Die Konfiguration von Kant.
  </description>
```

Im Weiteren findet die Beschreibung der genannten Name-Wert-Paare statt. Dabei werden für jedes Paar in Abhängigkeit vom Typ des Konfigurationswertes verschiedene Beschreibungselemente verwendet. Die Menge der zulässigen Typen entspricht den in CORBA gültigen Typen. Prinzipiell unterschieden wird nach primitiven Typen, Sequenztypen, Strukturtypen und *Valuetypes*. Die Übersichtlichkeit derartiger Beschreibungen ist in Abhängigkeit des Typs sehr unterschiedlich. Während primitive Datentypen einfach zu beschreiben sind, erfordern komplexe strukturierte Typen eine starke Verschachtelung von Beschreibungen. Das konkrete Beispiel der Konfiguration des Philosophen Kant verwendet ausschließlich primitive Datentypen. Für sie muss das Beschreibungselement `simple` benutzt werden. Dieses Element hat zwei Attribute mit denen der Name der Eigenschaft und der Typ des Wertes in Form einer Zeichenkette beschrieben werden. Die für die Beschreibung des Typs zulässigen Bezeichnungen sind standardisiert. Der eigentliche Wert folgt durch das Beschreibungselement `value`.

Konfiguration des Attributs name einer Philosophen-Komponenteninstanz im Component Property File Descriptor

```
<simple
  name="name"
  type="string">
  <value>Kant</value>
</simple>
```

Im vorangehenden Beispiel wird für den Wert der Eigenschaft `name`, dessen Typ der primitive Typ `string` ist, die Zeichenkette `Kant` spezifiziert. Wird, wie geschehen, diese Konfigurationsdatei der innerhalb der Anwendungsbeschreibung unter der Bezeichnung `Kant` geführten Komponenteninstanz zugeordnet, erhält das Attribut `name` dieser Instanz den Wert `Kant`. Auf diese Weise kann jede Instanz Auskunft darüber geben, um welchen Philosophen es sich handelt und das Verhalten aller Philosophen innerhalb der Anwendung kann von außerhalb beobachtet werden.

Konfiguration weiterer Attribute einer Philosophen-Komponenteninstanz im Component Property File Descriptor

```
  <simple
    name="thinking_seconds"
    type="ulong">
    <value>10</value>
  </simple>

  <simple
    name="eating_seconds"
    type="ulong">
    <value>5</value>
  </simple>

  <simple
    name="sleeping_seconds"
    type="ulong">
    <value>5</value>
  </simple>

</properties>
```

Neben dem Namen eines Philosophen müssen auch alle weiteren Attribute konfiguriert werden. Dazu zählen die Attribute `thinking_seconds`, `eating_seconds` und `sleeping_seconds`. Sie bestimmen die Dauer, die der Philosoph im jeweiligen

Zustand verweilt. Alle hier betrachteten Attribute sind vom Typ `CORBA::ULong`, einem weiteren primitiven Typ.

13.3 Ergebnis

Im Ergebnis der Spezifikation einer Anwendung entstehen die Beschreibungsdatei der Anwendung und die Beschreibungen für eventuelle Konfigurationen bestimmter Komponenteninstanzen. Um dies anhand eines Beispiels zu verdeutlichen, wird die Anwendung der speisenden Philosophen nochmals betrachtet. Angenommen, alle zur Spezifikation gehörenden Dateien befinden sich in einem Verzeichnis, würde sich in einer Windows-Entwicklungsumgebung folgendes Bild ergeben.

Eine Spezifikation besteht aus der Beschreibungsdatei und optionalen Konfigurationsbeschreibungen.

```
C:\Development> dir Dinner /b
hegel.cpf
kant.cpf
marx.cpf
philosophers.cad
```

Die fertigen Beschreibungsdateien für die Beispielsanwendung

Zu sehen sind die Konfigurationsdateien mit der Endung `.cpf` und die eigentliche Anwendungsbeschreibung in der Datei mit dem Namen `philosophers.cad`.

14 Implementierung und Bereitstellung von Anwendungen

Bei der Betrachtung von Entwicklungszyklen in allgemeinen Methoden der Softwareentwicklung ist zu sehen, dass sich der Spezifikation einer Anwendung in der Regel deren Implementierung anschließt. Im Gegensatz zur Spezifikation steht die Implementierung einer Anwendung immer im näheren Zusammenhang zu einer mehr oder weniger konkreten Ausführungsumgebung, die die Inbetriebnahme und Ausführung der Anwendung gestattet. Zur Ausführungsumgebung zählt alles, was für die tatsächliche Ausführung der Anwendung zusätzlich zu ihrer Implementierung benötigt wird. In Abhängigkeit der verwendeten Implementierungssprache und der damit verbundenen Compilerwerkzeuge gehören dazu bestimmte Laufzeitbibliotheken, die auch direkte Abhängigkeiten zum Betriebssystem einführen können. Da es sich bei komponentenbasierten Anwendungen natürlich ebenfalls um Softwareanwendungen handelt, muss auch hier eine Spezifikation implementiert werden, um eine lauffähige Anwendung zu erhalten. Allerdings hat die Implementierung von Anwendungen in diesem Zusammenhang eine eigene Gestalt, die auf die Besonderheiten von Komponenten zurückzuführen ist. Im folgenden Kapitel soll diese Gestalt näher untersucht werden. Ziel ist, zu erläutern, was die Implementierung einer komponentenbasierten Anwendung bedeutet, woraus sie besteht und wie sie sich darstellt. Ebenso wie die Implementierung einzelner Komponenten eine besondere Form ihrer Bereitstellung erfordert, werden auch für Implementierungen kompletter Anwendungen eigene Formate benötigt, die die Verwendung von Komponenten berücksichtigen und die Automatisierung der Inbetriebnahme unterstützen.

14.1 Implementierung von Anwendungen

Im klassischen Sinne besteht die Implementierung einer herkömmlichen nicht komponentenbasierten Anwendung aus einem ausführbaren monolithischen Programm. Dieses ausführbare Programm hat durch die Verwendung einer konkreten Programmiersprache und die Benutzung spezieller Schnittstellen technologische Abhängigkeiten eingeführt, die in der Spezifikationsebene noch nicht vorhanden waren. Implementierungen in diesem Sinne sind daher auf den Betrieb in einer vorgesehenen konkreten Zielumgebung zugeschnitten. Sie können nicht in beliebigen Umgebungen eingesetzt werden, da sie beispielsweise auf die Verfügbarkeit einer speziellen Sprachumgebung wie im Falle von Java-Anwendungen oder eines bestimmten Betriebssystems angewiesen sind.

Die Implementierung einer komponentenbasierten Anwendung besteht aus der Anwendungsbeschreibung und den Implementierungen der Komponenten.

Im Gegensatz zu Implementierungen herkömmlicher monolithischer Anwendungen stellt die Implementierung einer komponentenbasierten Anwendung kein monolithisches Programm dar, sondern besteht vielmehr aus zwei Ebenen, einerseits aus der Anwendungsbeschreibung und andererseits aus den Implementierungen der teilhabenden Komponenten. Über die Implementierung der Komponenten hinaus ist kein weiterer spezieller Implementierungscode nötig. Alle anwendungsspezifischen Informationen einschließlich der Struktur und Konfiguration der Anwendung sind in der Anwendungsbeschreibung enthalten. Diese Trennung von Beschreibung und Komponentenimplementierungen gewährleistet, dass existierende Implementierungen unabhängig von der konkreten Anwendung leicht wieder verwendet werden können. So können mehrere Implementierungen ein und derselben Komponente für verschiedene Zielumgebungen Berücksichtigung finden, ohne dass dies tatsächliche Anpassungen der Anwendungsbeschreibung erfordern würde. Damit besteht eine große Flexibilität bezüglich möglicher Zielumgebungen der Anwendung. Eventuell nachträglich verfügbare zusätzliche Implementierungen eingesetzter Komponenten können einfach zu den verwendeten Komponentenarchiven hinzugefügt werden.

Da die gesamte Anwendung ausschließlich auf der Implementierung der verwendeten Komponenten beruht, erfolgt der Aufbau der Anwendungsstruktur und ihre Konfiguration auf der Grundlage der Spezifikation, also mithilfe der Anwendungsbeschreibung in den entsprechenden XML-Dateien. Das heißt, die Spezifikation der Anwendung wird direkt und ohne Eingreifen eines Implementierers erst zum Zeitpunkt der Inbetriebnahme der Anwendung umgesetzt. Durch diese Automatisierung wird eine Fehlerquelle bei der Implementierung von Anwendungen, nämlich die mögliche Abweichung bei der Überführung der Spezifikation in eine Implementierung, beseitigt. Natürlich zieht die Implementierung der Anwendung aber auch eine Erweiterung der Anwendungsbeschreibung nach sich. Es kommen neue Informationen bezüglich der Komponentenimplementierungen in Form von Komponentenarchiven hinzu, die in der Beschreibung reflektiert werden müssen.

14.1.1 Vorgehensweise

Vorhandene Implementierungen von Komponenten stehen zur Verwendung bereit.

Zu Beginn der Implementierung einer komponentenbasierten Anwendung sollte zunächst im ersten Schritt geprüft werden, ob und inwiefern bereits Implementierungen der verwendeten Komponenten zur Verfügung stehen. Wurden bei der Spezifikation der Anwendung bereits existierende Komponentenspezifikationen eingesetzt, so kann man davon ausgehen, dass für diese Komponenten auch schon Implementierungen existieren, deren Wiederverwendung erwünscht ist. Die Dekomposition der Anwendung ist, wie an früherer Stelle beschrieben, einerseits von der konkreten Problemstellung abhängig und unterliegt andererseits den Designentscheidungen des Anwendungsdesigners. Da jedoch die Wiederverwendung von Code bei der Entscheidung für den Einsatz von Komponenten eine zentrale Rolle spielt, sollte der Entwurf einer Anwendung nach Möglichkeit vorhandene Komponenten verwenden. Dass dies nicht immer möglich ist, ist klar, da in der Regel für die Wiederverwendung geeignete Komponenten nur eine allgemeine Funktionalität besitzen. Im günstigsten Fall erlaubt die Konfiguration von Parameterwerten einen breiteren Einsatz.

Es ist davon auszugehen, dass abgesehen von trivialen Anwendungen bei der Implementierung nicht ausschließlich auf bereits existierende Komponenten zurückgegriffen werden kann. Vielmehr ist zu erwarten, dass wenigstens die Umsetzung der spezifischen Funktionalität einer Anwendung stets die Einführung einer oder mehrerer neuer Komponenten erforderlich macht, die anschließend im Rahmen der Anwendung implementiert werden müssen.

Anforderungen der Anwendung an die Zielumgebung entscheiden über Neuimplementierungen.

Die Entscheidung, ob und wie Komponenten neu implementiert werden müssen, hängt entscheidend von den Anforderungen der gewünschten Anwendung an ihre spätere Zielumgebung ab. Inwiefern diese Anforderungen für eine konkrete Anwendung vorhanden sind, ist nicht allgemein zu sagen. Es ist möglich, dass sehr wohl exakte Vorstellungen bezüglich des letztendlichen Betriebs der Anwendung beim Nutzer bestehen. Beispielsweise würde die Kenntnis über das ausschließliche Vorhandensein eines bestimmten Betriebssystems die dazu passende Implementierung aller Komponenten erfordern. In diesem Fall wäre sogar die Existenz bereits verfügbarer Implementierungen einer Komponente, die sich nicht für die Verwendung unter diesem Betriebssystem eignen, bedeutungslos. Folglich wäre also trotz der Wiederverwendung der Komponentenspezifikation beim Entwurf der Anwendung eine eigene Implementierung nötig. Ebenso wäre es aber auch denkbar, dass bezüglich der möglichen Zielumgebungen gar keine konkreten Vorstellungen bestehen. Dies könnte der Fall sein, wenn die Anwendung nicht auf den Einsatz bei einem bestimmten Nutzer zugeschnitten ist. Damit lassen sich keine konkreten Abhängigkeiten für Komponentenimplementierungen ableiten und es ist nicht explizit vorgeschrieben, für welche Umgebungen Implementierungen bereitgestellt werden sollen. Allerdings sollte bedacht werden, dass der Nutzen einer Anwendung mit ihrer Einsetzbarkeit in verschiedenen Umgebungen steigt. Daraus folgt, dass in diesem Fall die Implementierung der Komponenten für möglichst viele Umgebungen erwünscht ist.

Die Anwendungsbeschreibung muss erweitert werden.

Nachdem für jede Komponente der Anwendung potentiell mehrere Implementierungsvarianten in ihrem jeweiligen Komponentenarchiv enthalten sind, muss noch die Anwendungsbeschreibung angepasst werden. Mit den Beschreibungselementen `componentfile` bzw. `componentfileref` wird in der XML-Datei für jede Spezifikation einer *Home*-Instanz der Bezug zu ihrem Komponentenarchiv bzw. der Implementierungsbeschreibung hergestellt.

14.1.2 Beispiel

Um die Implementierung einer Anwendung anhand eines Beispiels zu betrachten, werden an dieser Stelle wieder die speisenden Philosophen herangezogen. Wie bereits gezeigt, kann in diesem konkreten Fall beim Entwurf der Anwendung nicht auf existierende Komponenten zurückgegriffen werden. Die spezifische Funktionalität des Beispiels verlangt die Entwicklung eigener Komponenten. Daraus folgt natürlich, dass auch keine Implementierungen zur Verfügung stehen. Vielmehr müssen alle Komponenten neu implementiert werden.

Das Philosophenbeispiel ist keine auf einen speziellen Nutzer zugeschnittene Anwendung, sondern einem allgemeinen Problem gewidmet. Damit bestehen auch keine bestimmten Anforderungen an die Laufzeitumgebung der Implementierung. Tatsächlich wird mit diesem Beispiel jene Klasse von Anwendungen demonstriert, deren

Implementierung nicht von vornherein festgelegt ist, sondern die eine möglichst große Unabhängigkeit bezüglich möglicher Zielumgebungen haben sollen. Je größer die Vielfalt der Implementierungen der beteiligten Komponenten, desto größer der Nutzen der Anwendung, da sie in sehr vielen unterschiedlichen Umgebungen eingesetzt werden kann. Mit dieser Überlegung im Hinterkopf sollten also die Komponenten für Philosophen, Gabeln und Zuschauer jeweils mindestens für den Betrieb auf den gängigsten Betriebssystemen implementiert sein.

Um die Vielfalt möglicher Implementierungen hier etwas einzuschränken, wird C++ als Implementierungssprache gewählt und zwei Betriebssystemvarianten verfolgt, eine Variante für Windows und eine für Linux. Die tatsächliche Implementierung der Komponenten soll an dieser Stelle nicht weiter beschrieben werden. Tatsächlich wurde diese Thematik schon in vorangegangenen Kapiteln behandelt und wird noch einmal in Teil IV exemplarisch untersucht. Das letztendliche Ergebnis der Implementierung ist die Existenz von drei Komponentenarchiven, die jeweils beide Implementierungsvarianten enthalten. Im Folgenden wird diese Situation in einer Windows-Entwicklungsumgebung gezeigt. Für jede der beteiligten Komponenten und für die Anwendung selbst wurde ein eigenes Verzeichnis angelegt.

Beispiel für die Bestandteile der Implementierung einer Anwendung

```
C:\Development> dir Philosopher /b
philosopher.zip

C:\Development> dir Cutlery /b
cutlery.zip

C:\Development> dir Observer /b
observer.zip

C:\Development> dir Dinner /b
hegel.cpf
kant.cpf
marx.cpf
philosophers.cad
```

Zu sehen sind die Komponentenarchive und die XML-Dateien für die Anwendungsbeschreibung bzw. die Konfiguration. Während die Konfigurationsdateien unverändert sind, musste die Beschreibungsdatei der Anwendung nach der Implementierung angepasst werden.

14.2 Bereitstellung von Anwendungen

Nachdem die Implementierung einer Anwendung abgeschlossen ist, sollten alle Voraussetzungen erfüllt sein, um sie in einer passenden Zielumgebung in Betrieb zu nehmen. Die Tatsache, dass wie gesehen für diese Implementierung eine ganze Reihe von verschiedenen Dateien benötigt wird, erschwert den Umgang mit und die Verwaltung von derartigen Implementierungen. Es soll noch einmal daran erinnert werden, dass der Ort der Entwicklung einer komponentenbasierten Anwendung aller Wahrscheinlichkeit nach verschieden vom Ort ihres Einsatzes ist. Demnach sollte nicht zuletzt die Auslieferung an einen Nutzer möglichst komfortabel und unkompliziert sein. Gesucht wird also eine Art der Bereitstellung, die die tatsächliche Komplexität verbirgt und die Behandlung aller benötigten Einzelteile als eine Einheit gestattet.

14.2.1 Anwendungsarchive

Ein Anwendungsarchiv enthält die Anwendungsbeschreibung und Komponentenarchive.

Wie gezeigt wurde, erfolgt die Bereitstellung von Komponentenimplementierungen in Form von Komponentenarchiven. Diese Form ermöglicht die Zusammenfassung mehrerer verschiedener Implementierungsvarianten und erleichtert die automatische Installation. In völliger Analogie dazu erfolgt auch die Bereitstellung von Anwendungen in Form von Archiven, in diesem Fall um die Beschreibung der Anwendung mit den Implementierungen der verwendeten Komponenten in Zusammenhang zu stellen. Ein Anwendungsarchiv enthält die um Implementierungsinformationen angereicherte Spezifikation der Anwendung in Form der Anwendungsbeschreibung und eventueller Konfigurationsdateien, sowie eine Reihe von Komponentenarchiven. Alle Komponentenarchive können sich entweder direkt im Anwendungsarchiv befinden oder werden über Referenzen identifiziert, die in der Anwendungsbeschreibung enthalten sind. Die Beschreibungsdateien befinden sich in einem eigenen Verzeichnis namens `meta-inf`. Gemäß dem Standard handelt es sich bei einem Anwendungsarchiv um eine zip-Datei mit der speziellen Endung `.aar`.

14.2.2 Beispiel

Zur näheren Erläuterung der Bereitstellung einer Anwendung in Form eines Anwendungsarchivs soll an dieser Stelle wieder auf das Philosophen-Beispiel eingegangen werden. Nachdem, wie gezeigt, alle für die Implementierung benötigten Dateien vorhanden sind, wird das Werkzeug WinZip® dazu verwendet, das entsprechende zip-Archiv zu erzeugen. Die entstehende Datei erhält den Namen `Philosophen.aar` und sieht folgendermaßen aus.

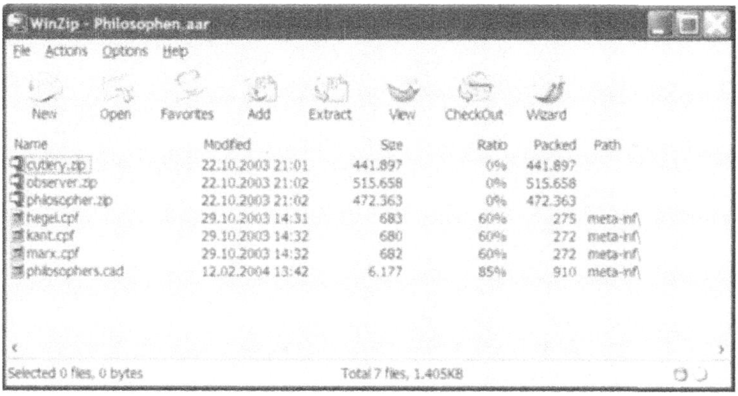

Abb. 14.1: Das fertige Anwendungsarchiv für das Beispiel Speisende Philosophen

Zu sehen ist, dass sich die Komponentenarchive in diesem Packet auf oberster Ebene befinden. Das ist nahe liegend, wenn auch nicht zwingend, da es lediglich darauf ankommt, dass die Verweise auf diese Dateien in der Beschreibungsdatei der Anwendung korrekt sind. Neben den Archiven befindet sich auf oberster Ebene weiterhin das Verzeichnis `meta-inf`, das den Einstiegspunkt in das Archiv bildet. Hier befinden sich alle Beschreibungsdateien, sowohl für die gesamte Anwendung als auch für die Konfiguration.

15 Infrastruktur für die Inbetriebnahme

Komponentenbasierte Anwendungen liegen wie gezeigt in Form von Komponentenarchiven vor, die potentiell in verschiedensten Umgebungen eingesetzt werden können und auf deren Grundlage die Inbetriebnahme der Anwendung erfolgt. Diese Inbetriebnahme und der anschließende Einsatz erfordern die Verfügbarkeit einer standardisierten Infrastruktur seitens der Komponentenplattform. Ohne entsprechende Interfaces ist es unmöglich, die in den Archiven enthaltenen Implementierungen auf ihren Zielrechnern zu installieren und die Struktur der Anwendung durch die Erzeugung und Verbindung von Komponenteninstanzen nachzubilden. Nur über die Interfaces der Komponentenplattform kann auf die Funktionalität der Plattform zugegriffen werden, die die Installation, die Instantiierung und die Verwaltung von Komponenten beziehungsweise komponentenbasierten Anwendungen umfasst. Diese Interfaces werden im folgenden Abschnitt vorgestellt und näher betrachtet.

15.1 Installation von Komponenten

Die Erzeugung von Komponenteninstanzen erfordert die vorhergehende Installation einer Implementierung.

Um im Rahmen der Inbetriebnahme einer komponentenbasierten Anwendung eine Komponenteninstanz erzeugen zu können, ist es notwendig, dass auf dem für diese Instanz bestimmten Rechner der Zielplattform eine Implementierung der Komponente vorhanden ist. Die zu der Implementierung gehörenden Dateien müssen also zuvor auf diesem Rechner installiert werden. Konkret bedeutet Installation hierbei nicht nur die bloße Verfügbarmachung der Implementierungsdateien, sondern gleichzeitig deren Verwaltung und die Bereitstellung der nötigen Informationen für eine Instantiierung über ein bestimmtes Interface nach außen. Ferner ist es möglich, die tatsächliche physische Installation nicht sofort auszuführen, sondern zu verzögern und erst zum Zeitpunkt der Instantiierung die erforderlichen Dateien lokal bereitzustellen. Dieses Vorgehen würde es erlauben, die Belegung von lokalem Speicherplatz zu reduzieren, woraus sich unter bestimmten Umständen ein Vorteil ergeben kann. Allerdings werden in diesem Fall besondere Anforderungen an die Plattformimplementierung gestellt. Um Komponentenimplementierungen plattformweit zu verwalten, sind Einrichtungen, wie etwa so genannte *Repositories*, für Implementierungen oder die Einbindung von Namensdiensten vonnöten. Zudem folgt aus einer verzögerten lokalen Installation ein erhöhter Zeitaufwand bei der ersten Instantiierung der Komponente, der sich nachteilig auf das Leistungsverhalten auswirken kann.

Es gibt ein eigenes Interface für die Installation.

Für Installation, Deinstallation und Abfrage von Informationen über Komponentenimplementierungen wurde das Interface `ComponentInstallation` definiert. Auf jedem Rechner der Komponentenplattform läuft genau ein CORBA-Objekt, das dieses Interface implementiert. Die IDL-Spezifikation dieses Interface wird im Folgenden beschrieben. Sie befindet sich wie alle Spezifikationen in diesem Kapitel im IDL-Modul `Deployment`. Dieses Modul ist innerhalb des IDL-Moduls `Components` definiert, welches die komplette IDL-Spezifikation des CORBA-Komponentenmodells enthält und damit auch einige grundlegende Definitionen.

Definition der Typen UUID und Location in IDL

```
typedef string UUID;
typedef string Location;
```

Zunächst wird eine Reihe von Typen definiert, die bei nachfolgenden Definitionen Verwendung finden. Es handelt sich um `UUID` und `Location`, die beide vom CORBA-Typ `string` sind, wodurch syntaktisch die Angabe beliebiger Zeichenketten erlaubt ist. Die Einführung dieser Verweise auf einen bereits bestehenden Typ beruht einzig auf dem Wunsch nach besserer Lesbarkeit der Spezifikation. Der Rückgriff auf einen so allgemeinen Typ wie eine Zeichenkette anstelle eines eigens definierten IDL-Typs erlaubt ein sehr hohes Maß an Unabhängigkeit für den Standard. Wie sich zeigt, kann das allerdings auch Nachteile haben, wenn fehlende Formate dazu führen, dass Zeichenketten nicht eindeutig interpretiert werden können.

Der Typ UUID dient der eindeutigen Identifizierung.

Der Typ `UUID` dient zur Identifizierung einer bestimmten Implementierung einer Komponente, um sie etwa aus der Menge aller Implementierungen in einem Komponentenarchiv herauszufinden. Obgleich theoretisch jede beliebige Zeichenkette als Kennung für eine Implementierung dienen kann, gibt es genauere Vorschriften für das zu verwendende Format. Festgelegt ist die Darstellung als ein von DCE (*Distributed Computing Environment*) bekannten *Universal Unique Identifier* (UUID).

Der Typ Location wird allgemein zur Lokalisierung von Dateien wie kompletten Komponentenarchiven oder einzelnen Implementierungsdateien benutzt. So wird dieser Typ bei der Installation einer Komponente zur Identifikation des Komponentenarchivs verwendet. Des Weiteren dient er auch dazu, Informationen über die konkreten Dateien einer bereits installierten Implementierung zu übertragen. Leider gibt es keinerlei Richtlinien für das zu verwendende Format, sodass die Interoperabilität zwischen Implementierungen verschiedener Hersteller an dieser Stelle durch den Standard nicht gewährleistet werden kann. Es ist zum Beispiel also nicht klar, wie die Archivdatei beschrieben werden kann. Vorstellbar ist die einfache Angabe eines Dateipfades für den Fall, dass das Archiv bereits lokal zur Verfügung steht. Anderenfalls, wenn zum Beispiel die Implementierungsdateien auf einem Webserver liegen, könnte auch ein *Uniform Ressource Identifier* (URI) auf das Archiv verweisen. Das würde allerdings bedeuten, dass die entsprechende Implementierung der Plattform auch das URI-Format unterstützen und somit höchstwahrscheinlich seine gängigsten Protokolle wie HTTP oder FTP implementieren müsste. Der Punkt ist, dass in keinem der Fälle Sicherheit bestehen kann, dass die aktuelle Implementierung der Plattform das verwendete Format versteht. Tatsächlich heißt das, dass jede Implementierung dieses Interface für die Installation von Komponenten nur durch Werkzeuge oder Implementierungen des gleichen Herstellers benutzt werden sollte. Dieser Aussage liegt die berechtigte Annahme zugrunde, dass die Produkte eines Herstellers miteinander kompatibel sind.

Der Typ Location dient der Lokalisierung von Dateien.

Neben speziellen Typdefinitionen werden im Folgenden auch noch bestimmte Ausnahmen benötigt, die im Zusammenhang mit den Operationen des Interface genauere Bedeutungen haben.

```
exception UnknownImplId {};
exception InvalidLocation {};
exception InstallationFailure {
  FailureReason reason;
};
```

Definition von Ausnahmen zur Nutzung im Interface ComponentInstallation in IDL

Hinter dem Typ FailureReason verbirgt sich folgende Definition aus dem IDL-Modul Components.

```
typedef unsigned long FailureReason;
```

Definition des Typs Failure Reason in IDL

Die Spezifikation des Interface ComponentInstallation sieht folgendermaßen aus.

Definition des Interface Component Installation in IDL

```
interface ComponentInstallation
{
    void install (in UUID implUUID,
                  in Location component_loc)
      raises (InvalidLocation,
              InstallationFailure);

    void replace (in UUID implUUID,
                  in Location component_loc)
      raises (InvalidLocation,
              InstallationFailure);

    void remove (in UUID implUUID)
      raises (UnknownImplId,
              RemoveFailure);

    Location get_implementation (in UUID implUUID)
      raises (UnknownImplId,
              InstallationFailure);
};
```

install()

Die Operation `install` sorgt für die Installation der Komponentenimplementierung auf dem lokalen Rechner, also dort wo das gerufene `ComponentInstallation`-Objekt residiert. Der Parameter `component_loc` verweist auf das Archiv, das die Implementierungen der Komponente enthält. Der Parameter `implUUID` identifiziert eine bestimmte in diesem Archiv enthaltene Implementierung. Im Fehlerfall erzeugt die Operation verschiedene Ausnahmen. Die Ausnahme `InvalidLocation` zeigt an, dass das Komponentenarchiv nicht mit dem in `component_loc` enthaltenen Wert identifiziert werden konnte. Die Ausnahme `InstallationFailure` wird erzeugt, wenn die Installation der Implementierung nicht erfolgreich abgeschlossen werden konnte.

replace()

Die Operation `replace` wird gerufen, wenn eine zuvor installierte Implementierung ersetzt werden soll. Der Parameter `component_loc` verweist auf das Archiv für die Implementierungen der Komponente. Der Parameter `implUUID` bezeichnet eine bestimmte in diesem Archiv enthaltene Implementierung. Im Fehlerfall werden die gleichen Ausnahmen wie bei `install` erzeugt. Über die Angabe der Signatur dieser Operation und die vorangehende kurze Beschreibung hinaus enthält der Standard keine weiteren Informationen zur Semantik des Ersetzens von Implementierungen. Im Allgemeinen ist dies keine triviale Aufgabe. Im Gegenteil stellt sich hier eine Reihe von Fragen, die unbeantwortet bleiben müssen. Wurde noch keine Komponenteninstanz erzeugt, was geschieht dann zum Beispiel mit bereits laufenden Komponenteninstanzen? Im Zweifelsfall kann sich eine Implementierung ja immer auf das Auslösen der Aus-

Ausnahme `InstallationFailure` zurückziehen. Allerdings definiert der Standard auch dann nicht sicher, welcher Zustand erreicht ist, sodass der Wert dieser Operation im Ganzen allgemein in Frage gestellt werden muss. Um die Funktionalität der Aktualisierung von Implementierungen wirklich abzudecken bedarf es an dieser Stelle wohl einer gründlichen Überarbeitung. In der gegenwärtigen Fassung gibt es große Schwächen.

remove()

Die Operation `remove` wird verwendet, um eine bereits installierte Implementierung zu deinstallieren. Der Parameter `implUUID` bezeichnet die Komponentenimplementierung, die vom lokalen Rechner entfernt werden soll. Im Fehlerfall erzeugt die Operation verschiedene Ausnahmen. Die Ausnahme `UnknownImplId` wird erzeugt, wenn keine Implementierung mit der angegebenen Kennung installiert ist. Für den Fall, dass die Implementierung zwar installiert ist, aber aus irgendwelchen Gründen nicht entfernt werden kann, gibt es die `RemoveFailure` Ausnahme.

get_ implementation()

Mit der Operation `get_implementation` können die für die Instantiierung benötigten Informationen über eine installierte Komponentenimplementierung gewonnen werden. Dies ist nötig, da im Zuge der Installation eine Reihe von spezifischen Informationen für die ausgewählte Implementierung anfallen, wie etwa die Namen der Implementierungsdateien oder für die Implementierung benötigte *Valuetypes*. Wird eine Komponente beispielweise durch eine dynamische Bibliothek implementiert, muss diese Bibliothek bei der Instantiierung geladen werden. Dazu ist es notwendig, den genauen Pfad zu kennen. Darüber hinaus ist in diesem konkreten Fall neben der Bibliothek auch noch der Einsprungspunkt für die Erzeugung des *Home* der Komponente von Interesse. Alle diese Informationen werden gemeinsam als Rückgabewert der Operation übertragen. Dieser Rückgabewert ist vom Typ `Location`, hinter dem sich wiederum der CORBA-Typ `string` verbirgt. Verschiedene Informationen müssen also in einer Zeichenkette untergebracht werden, was ein spezielles Format mit Trennzeichen erfordert. Leider macht der Standard des CORBA-Komponentenmodells keinerlei Aussagen über das zu verwendende Format oder den konkreten Umfang der Informationsmenge. Daraus folgt, wie bereits an anderer Stelle weiter oben angedeutet, dass Implementierungen dieses Interface große Freiheiten bei ihrer Realisierung besitzen und somit nicht ohne weiteres die Werkzeugimplementierung eines Herstellers mit der Implementierung des oben aufgeführten Interfaces durch einen anderen Hersteller miteinander harmonieren.

15.1.1 Bemerkungen

Es gibt große Spielräume bei der Interpretation von Parameterwerten bei der Installation.

Um einer Implementierung des Interface zur Installation möglichst wenig Einschränkungen aufzuerlegen und eine große Vielfalt zu erlauben, wurde bei dessen Spezifikation starker Gebrauch von Zeichenkettentypen (`string`) für die Parameter von Operationen gemacht. Dies betrifft alle Operationen, jedoch hauptsächlich die Verwendung des Typs `Location` bereitet Probleme, wobei einerseits zwischen den Operationen `install`, `replace` und `remove` und andererseits der Operation `get_implementation` unterschieden werden muss. Bei den ersten dreien dient der entsprechende Parameter zur Identifizierung des Komponentenarchivs, bei der vierten Operation zur Übertragung installationsspezifischer Informationen.

Die Identifizierung des Komponentenarchivs kann auf höchstverschiedene Art erfolgen, beispielsweise durch die Angabe des lokalen Dateipfades, oder über eine URL bis hin zu einem spezifischen Schlüssel zur Verwendung in einem *Repository*. Durch die Verwendung einer Zeichenkette gibt es hier keine Beschränkungen.

Bei der Übergabe installationsspezifischer Informationen verhält es sich ähnlich. Die Ursache für die Designentscheidung, an dieser Stelle eine unformatierte Zeichenkette zu verwenden, liegt in der Tatsache, dass die bei der Installation von Software relevanten Informationen von einer ganzen Reihe von Faktoren abhängen, die im Vorfeld schwer einzugrenzen sind und Veränderungen unterliegen. So ist die Installation von Software abhängig vom Betriebssystem, von der verwendeten Programmiersprache, von bereits vorhandener Software, etc. Mit der Verwendung des CORBA-Typs `string` anstelle von festdefinierten spezifischen IDL-Typen ist es nun zwar möglich, flexibel die verschiedensten Werte als Zeichenketten zu übertragen, leider sind die dabei verwendeten Formate jedoch nicht standardisiert und somit nicht ohne weitere Einschränkungen interoperabel. Dieses Dilemma lässt sich nicht lösen und sollte beim Einsatz des CORBA-Komponentenmodells im Bewusstsein bleiben.

Eine Erweiterung des Installationsinterface kann unter Umständen vorgenommen werden.

Angesichts der Tatsache, dass aus oben genannten Gründen das Installationsinterface ohnehin nur innerhalb der Plattformimplementierung eines Herstellers verwendet werden sollte, kann eine solche Implementierung auch ohne weiteres dieses Interface erweitern. Dazu eignet sich eine einfache Ableitung vom IDL-Interface `ComponentInstallation`. Zum Beispiel ist es möglich, eine eigene Operation für die Übertragung eines Komponentenarchivs auf den Zielrechner im unmittelbaren Vorfeld einer Installation zu definieren. Die Spezifikation dafür könnte wie folgt aussehen:

```
interface ExtComponentInstallation :
          ComponentInstallation
{
    Location upload (in UUID implUUID,
                     in CORBA::OctetSeq package)
      raises (InstallationFailure);
};
```

Definition des nutzerdefinierten erweiterten Interface Ext Component Installation in IDL

upload()

Mit dieser Operation ist es nun möglich, die Archive von Komponentenimplementierungen explizit zu übertragen, und zwar ausschließlich mit den von CORBA bereitgestellten Mitteln. Der Initiator der Installation ist im Besitz des Archivs und veranlasst auch dessen Übertragung. Ein anderes Szenario, bei dem sich das Archiv beispielsweise auf einem Webserver befindet, müsste dafür Sorge tragen, dass zum einen der Webserver erreichbar ist und zum anderen die Implementierung des Installationsinterface über eine CORBA-Implementierung hinaus zusätzlich das in der URL angegebene Protokoll implementiert. Der Parameter `implUUID` enthält die Kennung für die spezielle Implementierung der Komponente. Er ist nicht unbedingt notwendig, kann aber für die Verwaltung der lokalen Kopie des Archivs verwendet werden, indem ein Directory gleichen Namens erzeugt wird, das das Archiv aufnimmt. Wird keine Sorgfalt bei der Verwaltung der Archivdateien geübt, kann es passieren, dass verschiedene Archive aufgrund ihres gleichen Namens in Konflikt geraten. In der Regel ist die Benennung der Archive dem Nutzer freigestellt, wodurch die Verwendung gleicher Namen nicht auszuschließen ist. Im Gegensatz dazu ist die Kennung einer Implementierung von Natur aus eindeutig, handelt es sich doch um eine DCE-UUID. Der Rückgabewert der Operation enthält einen `string`, der im Parameter `location` beim nachfolgenden Ruf der Operation `install` verwendet werden muss und das lokale Archiv identifiziert.

15.2 Erzeugung von Laufzeitinstanzen

Sind die Implementierungen aller für die Anwendung benötigten Komponenten auf ihren jeweiligen Zielrechnern installiert, so sind alle Vorbedingungen erfüllt, um die Komponenteninstanzen zu erzeugen, aus denen sich die laufende Anwendung zusammensetzen soll. Für den Prozess der Erzeugung dieser Instanzen ist natürlich wiederum Unterstützung durch die Plattform vonnöten. Wie sonst sollen die konkreten Implementierungsdateien für eine Komponente identifiziert und neue Programme gestartet werden? Das allgemeine Ziel der Instantiierung ist es, gemäss der im XML-Deskriptor enthaltenen Anwendungsbeschreibung die benötigten Instanzen zu erzeugen.

Der Prozess der Instanttierung ist mehrstufig.

Der Prozess der Instantiierung ist mehrstufig und erstreckt sich über drei Ebenen, maßgeblich um Freiheiten bei der Strukturierung der Laufzeitumgebung für Komponenten zu bieten. Die drei Ebenen umfassen die Ebene des Betriebssystemprozesses, die Ebene des Containers und die Ebene des *Home*. Zuerst wird ein neuer Betriebssystemprozess erzeugt, wobei alternativ unter bestimmten Umständen auch ein bereits existierender Prozess verwendet werden kann. Dieser Prozess dient als Laufzeitumgebung für Container und wird durch ein CORBA-Objekt repräsentiert, das die Erzeugung von verschiedenen Containern gestattet. Danach wird dann unter Verwendung dieses Objekts ein zur Implementierung der Komponente passender Container erzeugt, der im weiteren Verlauf die Laufzeitumgebung für die zu diesem Zeitpunkt noch zu erzeugenden Komponenteninstanzen bildet. Daran anschließend wird mit Hilfe des Containers die Implementierung der Komponente geladen und dabei eine entsprechende *Home*-Instanz erzeugt. Die *Home*-Instanz wiederum wird durch ein CORBA-Objekt repräsentiert, das das Interface der *Home*-Spezifikation implementiert. Erst mit Hilfe dieses Objektes ist es letztendlich möglich, die gewünschten Komponenteninstanzen zu erzeugen. Da die Beschreibung der Anwendung in XML Informationen darüber enthalten kann, ob bestimmte *Home*-Instanzen von Komponenten zusammen in einem Prozess laufen sollen, muss bei der Erzeugung der entsprechenden Container auch darauf geachtet werden.

15.2.1 Instantiierung eines Servers

Ein Serverprozess muss erzeugt werden.

Um auf einem Zielrechner einen neuen Serverprozess für die Aufnahme von Komponenten erzeugen zu können, besitzt die Plattform ein spezielles Interface `ServerActivator`. Zur Laufzeit muss auf jedem Rechner der Plattform wenigstens ein Objekt existieren, das dieses Interface implementiert. In der Regel wird es genau ein solches Objekt geben. Die Implementierung dieses Interface wird häufig auch als der *Komponentenserver-Aktivator* bezeichnet.

Definition des Typs ComponentServers in IDL

```
typedef sequence<ComponentServer> ComponentServers;
```

Da neben der Erzeugung von Komponentenservern auch deren Verwaltung in den Aufgabenbereich der Plattform fällt, wird ein neuer Typ spezifiziert, der die Auflistung aller bestehenden Komponentenserver auf dem lokalen Rechner ermöglicht.

```
exception InvalidConfiguration {
  InvalidConfigurationReason reason;
  FeatureName name;
};
```

Definition der Ausnahme InvalidConfiguration in IDL

Außerdem wird auch ein weiterer Ausnahmetyp benötigt, mit dessen Hilfe die Behandlung von Fehlern im Rahmen der Konfiguration von Instanzen erfolgen kann. Für den Typ `InvalidConfigurationReason` gibt es eine kleine Anzahl von konstanten Werten, die Informationen über eine mögliche Fehlerursache kodieren. Die Bedeutung des Typs `FeatureName` vom CORBA-Typ `string` in dieser Ausnahme-Definition ist nicht standardisiert. Es kann aber aufgrund des Typnamens davon ausgegangen werden, dass in dem Parameter `name` der Name eines Ports steht, für den gewisse Konfigurationsbedingungen verletzt sind. Das IDL-Interface `ServerActivator` verfügt über drei Operationen zum Erzeugen, Entfernen und Verwalten von Serverprozessen.

```
interface ServerActivator
{
    ComponentServer create_component_server (
      in ConfigValues config)
      raises (CreateFailure,
              InvalidConfiguration);

    void remove_component_server (
      in ComponentServer server)
      raises (RemoveFailure);

    ComponentServers get_component_servers();
};
```

Definition des Interface ServerActivator in IDL

create_component_server()

Die Operation `create_component_server` erzeugt einen neuen Serverprozess und liefert als Rückgabewert eine Objektreferenz auf ein CORBA-Objekt, das diesen Prozess repräsentiert. Das Interface des erhaltenen Objekts ist das IDL-Interface `ComponentServer`. Die Implementierung dieses Interface wird häufig auch als der *Komponentenserver* bezeichnet. Der Parameter `config` enthält eine Sequenz von Konfigurationswerten. Jeder einzelne der darin enthaltenen Werte ist vom Typ `ConfigValue`, einem speziell zur Konfiguration im CORBA-Komponentenmodell eingesetzten *Valuetype* und enthält somit ein Paar von `string` und `CORBA::Any`. Der Wert der Zeichenkette identifiziert dabei das zu konfigurierende Merkmal, wie beispielsweise einen speziellen ORB oder die verwendete Programmiersprache. Der für die Konfiguration gewünschte Wert wird als `CORBA::Any` dargestellt.

Auf diese Weise können beliebige Merkmale mit beliebigen Konfigurationswerten angegeben werden. Einzige Voraussetzung für deren tatsächliche Berücksichtigung ist, dass diese Paare von der Implementierung des IDL-Interface `ServerActivator` interpretiert und umgesetzt werden können. Das ist jedoch nur möglich, wenn der Umfang der von der Implementierung unterstützten Konfigurationsmöglichkeiten bei der Konfiguration bekannt ist. Im Standard des CORBA-Komponentenmodells selbst findet sich keinerlei Katalog von möglichen Konfigurationswerten und zugehörigen Datentypen. Nur unter der Annahme, dass die bei der Benutzung dieser Operation beteiligten Implementierungen vom gleichen Hersteller stammen, kann also sichergestellt werden, dass eine Konfiguration erfolgreich ausgeführt wird. Wenn eine Konfiguration ungültig ist, löst die Operation die Ausnahme `InvalidConfiguration` aus, wobei die Entscheidung, wann dies tatsächlich der Fall ist, im Ermessen der Implementierung liegt. Kann ein Serverprozess aus welchen Gründen auch immer nicht erzeugt werden, wird dies durch die Ausnahme `CreateFailure` angezeigt. Als Grund für eine solche Situation können z.B. erschöpfte Systemressourcen gelten.

remove_ component_ server()

Die Operation `remove_component_server` entfernt einen Serverprozess. Dabei werden alle darin enthaltenen Container-, *Home*- und Komponenteninstanzen ebenfalls zerstört. Der Parameter `server` ist eine Referenz auf das CORBA-Objekt, das den zu zerstörenden Serverprozess repräsentiert. Im Fehlerfall können zwei verschiedene Ausnahmen geworfen werden. Wurde der zu zerstörende Serverprozess nicht durch das gerufene `ServerActivator`-Objekt selbst erzeugt, wird die Ausnahme `BadParam` geworfen. Wenn der Serverprozess aus bestimmten Gründen nicht entfernt werden kann, wird die Ausnahme `RemoveFailure` geworfen.

get_component_ servers()

Die Operation `get_component_servers` liefert eine Liste von Referenzen, die auf alle CORBA-Objekte verweisen, die jeweils einen erzeugten Serverprozess repräsentieren.

15.2.2 Das Interface des Komponentenservers

Ein Serverprozess besitzt wiederum ein eigenes Interface.

Ein Serverprozess, der zur Verwaltung und Integration verschiedener Container dient, wird durch ein CORBA-Objekt repräsentiert, das das IDL-Interface `ComponentServer` implementiert. Die hauptsächliche Aufgabe dieses Interface ist es, die Erzeugung von Container-Instanzen als Laufzeitumgebung für Komponenten zu erlauben. Das Vorhandensein solcher Instanzen zur Laufzeit ist unbedingte Voraussetzung für die Erzeugung von Komponenteninstanzen. Im Folgenden wird das IDL-Interface ComponentServer näher erläutert.

```
typedef sequence<Container> Containers;
```

Definition des Typs Containers in IDL

Zur Berücksichtigung der Tatsache, dass in einem Serverprozess mehrere Container erzeugt und verwaltet werden können, wird zunächst eine neuer Typ definiert, der eine Sequenz von Objektreferenzen auf das IDL-Interface Container darstellt. Mit diesem Typ ist es möglich, die gesamte Liste aller bestehenden Container des Prozesses zu reflektieren.

Definition des Interface Component Server in IDL

```
interface ComponentServer
{
    readonly attribute ConfigValues configuration;

    ServerActivator get_server_activator();

    Container create_container(
      in ConfigValues config)
      raises (CreateFailure,
              InvalidConfiguration);

    void remove_container(in Container cref)
      raises (RemoveFailure);

    Containers get_containers();

    void remove()
      raises (RemoveFailure);
};
```

configuration()

Neben Operationen zur Steuerung des Lebenszyklus von Containern verfügt das IDL-Interface ComponentServer auch über ein Attribut, mit dessen Hilfe die Konfiguration der vorhandenen Implementierung erfragt werden kann. Dieses Attribut trägt den Namen configuration und ist als nur lesbar definiert. Sein Wert ist eine Sequenz von Konfigurationswerten vom Typ ConfigValue, der bereits weiter oben beschrieben wurde. Die Konfiguration wurde bei der Erzeugung des Komponentenservers am IDL-Interface ServerActivator als Parameter der Operation mit dem Namen create_component_server angegeben.

get_server_activator()

Die Operation get_server_activator liefert eine Referenz auf das CORBA-Objekt, das für die Erzeugung des Komponentenservers verwendet wurde.

create_ container()

Die Operation `create_container` erzeugt einen neuen Container innerhalb des Serverprozesses. Der Rückgabewert ist eine Referenz auf ein neues CORBA-Objekt, das die Repräsentation des Containers darstellt. Das Interface dieses Objekts ist das IDL-Interface `Container`. Der Parameter `config` erlaubt die Übergabe von Konfigurationswerten bei der Erzeugung. Der Typ des Parameters und seine allgemeine Verwendung wurden bereits beschrieben. An dieser Stelle dient er beispielsweise der Übertragung von Informationen bezüglich des Containertyps. Im Fehlerfall löst die Operation eine Ausnahme vom Typ `InvalidConfiguration` aus, wenn die zur Konfiguration angegebenen Werte keine Gültigkeit besitzen. Falls der Container, aus welchen Gründen auch immer, nicht erzeugt werden kann, wird dies durch die Ausnahme `CreateFailure` angezeigt.

remove_ container()

Die Operation `remove_container` entfernt einen zuvor erzeugten Container. Dabei werden auch alle in diesem Container enthaltenen *Home*- und Komponenteninstanzen vernichtet. Der Parameter `cref` verweist auf das CORBA-Objekt, das den zu entfernenden Container repräsentiert. Ist diese Referenz ungültig oder verweist auf ein Objekt, das nicht in diesem Komponentenserver erzeugt wurde, löst die Operation die Systemausnahme `BAD_PARAM` aus. Wenn der Container oder ein darin enthaltenes *Home* nicht entfernt werden kann, wird die Ausnahme `RemoveFailure` ausgelöst.

get_containers()

Die Operation `get_containers` liefert eine Liste mit Referenzen auf alle in diesem Serverprozess erzeugten Container-Objekte.

remove()

Die Operation `remove` wird gerufen, wenn der repräsentierte Serverprozess einschließlich aller darin erzeugten Container entfernt werden soll. Gelingt es nicht, den Serverprozess oder einen seiner Container zu entfernen, löst die Operation die Ausnahme `RemoveFailure` aus.

15.2.3 Das Container-Interface

Auch die Laufzeitumgebung einer Komponente hat ein spezifisches Interface.

Unter einem Container versteht man die auf ORB, POA und CORBA-Diensten basierte Laufzeitumgebung für *Home*- bzw. Komponenteninstanzen. Dies wurde bereits in Teil I beschrieben. Es gibt verschiedene Containertypen, die sich anhand ihres Interface für die Interaktion mit Komponenten unterscheiden. Außerdem sorgen verschiedene Benutzungsmodelle für eine unterschiedliche Benutzung von ORB, POA und CORBA-Diensten (s. Kap. 4). Für alle

Container gemein ist ihre Repräsentation durch ein CORBA-Objekt, das das IDL-Interface `Container` implementiert. Dieses Interface dient dem Laden von Komponenten, genauer gesagt, der Erzeugung von *Home*-Instanzen.

Definition des Typs CCM Homes in IDL

```
module Components
{
    typedef sequence<CCMHome> CCMHomes;
};
```

Home-Instanzen werden durch CORBA-Objekte repräsentiert, deren Interface durch die äquivalente Umwandlung der IDL-Spezifikation des *Home* definiert wird. Für alle diese Interfaces gibt es jedoch ein gemeinsames Basis-Interface. Das ist das IDL-Interface `CCMHome`. Damit implementiert jede Repräsentation einer *Home*-Instanz auch dieses Interface. Um eine Menge von *Home*-Instanzen behandeln zu können, was bei bestimmten Verwaltungsoperationen nötig ist, wurde ein neuer Typ definiert, der eine Sequenz von Referenzen auf `CCMHome`-Objekte darstellt. Sein Name ist naheliegender Weise `CCMHomes`.

Definition der Ausnahme ImplEntryPoint NotFound in IDL

```
exception ImplEntryPointNotFound { };
```

Die Aufgabe der Erzeugung von *Home*-Instanzen beinhaltet das Laden von Komponentenimplementierungsdateien in den Container. Dazu ist die Angabe eines besonderen Symbols, eines Einsprungpunktes nötig. Die Thematik des Einsprungpunktes wird an späterer Stelle noch behandelt. Hier soll darauf hingewiesen werden, dass dadurch eine neue Fehlerklasse entsteht, die nicht mehr durch bereits definierte Ausnahmen abgedeckt werden kann. Aus diesem Grund wurde eine weitere spezielle Ausnahme mit dem Namen `ImplEntryPointNotFound` definiert, die anzeigt, dass der angegebene Einsprungpunkt nicht gefunden werden konnte.

Definition des Interface Container in IDL

```
interface Container
{
    readonly attribute ConfigValues configuration;

    ComponentServer get_component_server();

    CCMHome install_home (in UUID id,
                          in string entrypt,
                          in ConfigValues config)
      raises (UnknownImplId,
              ImplEntryPointNotFound,
              InstallationFailure,
              InvalidConfiguration);
```

```
    void remove_home (in CCMHome href)
      raises (RemoveFailure);

    CCMHomes get_homes();

    void remove()
      raises (RemoveFailure);
};
```

configuration()

Das IDL-Interface `Container` verfügt neben mehreren Operationen über ein Attribut namens `configuration`. Dieses Attribut ist nur lesbar und liefert bei einem Zugriff die Konfiguration, die bei der Erzeugung des Container-Objekts mithilfe der Operation `create_container` übergeben wurde.

get_comonent_server()

Die Operation `get_component_server` liefert die Referenz auf das `ComponentServer`-Objekt, mit dem das gerufene `Container`-Objekt erzeugt wurde.

install_home()

Die Operation `install_home` erzeugt ein neues `CCMHome`-Objekt und liefert eine entsprechende Referenz als Rückgabewert. Die Parameter der Operation spezifizieren die zu erzeugende *Home*-Instanz näher. Der Parameter `id` enthält eine Zeichenkette, die die Kennung der zu instantiierenden Implementierung angibt. Damit werden unter Verwendung des Installationsinterface der Plattform, die benötigten Implementierungsdateien identifiziert, die in die Laufzeitumgebung geladen werden müssen. Der Parameter `entrypt` ist ebenfalls eine Zeichenkette und enthält die Bezeichnung des Einsprungpunktes zur Erzeugung der *Home*-Instanz. Als dritter Parameter erlaubt `config` die Übergabe einer gewünschten Konfiguration für die neue *Home*-Instanz. Die Art der Konfiguration auf der Grundlage von Name-Wert-Paaren ist die gleiche, wie bei der Konfiguration von Serverprozessen und Containern. Konkret können an dieser Stelle beispielsweise Informationen bezüglich einer Persistenzquelle oder Richtlinien für Transaktions- und Sicherheitsmanagement der Komponenteninstanzen übergeben werden. Dies ist der Weg, auf dem die Metainformationen aus einem *CORBA Component Descriptor* ihre Anwendung finden. Die Operation löst die Ausnahme `UnknownImplId` aus, wenn der Parameter `id` keine zuvor mithilfe des Installationsinterface installierte Komponentenimplementierung identifiziert. Die Ausnahme `ImplEntryPointNotFound` zeigt an, dass der vom Parameter `entrypt` bezeichnete Einsprungpunkt in der Implementierung nicht vorhanden ist. Wenn die *Home*-Instanz nicht erzeugt werden kann, löst die Operation die Ausnahme `InstallationFailure` aus. Gründe, die zu dieser Situation führen können, sind beispielsweise zu geringe Ressourcen oder eine für den Container unpassende Komponentenimplementierung, wie etwa eine Implementierung in C++, die in einen Java-Container installiert werden soll. Enthält die Angabe der Konfiguration ungültige Werte, löst die Operation eine Ausnahme vom Typ InvalidConfiguration aus.

remove_home()

Die Operation remove_home entfernt eine *Home*-Instanz aus einem Container. Dabei werden auch alle von dieser Instanz erzeugten Repräsentationen von Komponenteninstanzen zerstört. Der Parameter href enthält die Referenz auf das zu entfernende Objekt. Ist dieses Objekt nicht am gerufenen Container erzeugt worden, löst die Operation eine Systemausnahme vom Typ BAD_PARAM aus. Für den Fall, dass die *Home*-Instanz oder eine von ihr erzeugte Komponenteninstanz nicht entfernt werden kann, wird eine Ausnahme vom Typ RemoveFailure ausgelöst.

get_homes()

Die Operation get_homes liefert eine Sequenz von Referenzen auf alle CCMHome-Objekte, die in diesem Container erzeugt wurden.

remove()

Die Operation remove entfernt den Container einschließlich aller darin erzeugten *Home*- und Komponenteninstanzen. Schlägt diese Zerstörung fehl, wird eine Ausnahme vom Typ RemoveFailure ausgelöst.

15.2.4 Einsprungpunkte

Komponentenimplementierungen liegen in Form dynamischer Bibliotheken vor.

In der Regel verbirgt sich hinter einer konkreten Komponentenimplementierung ein dynamisch nachladbares Modul, das den ausführbaren Implementierungscode enthält, wie etwa eine DLL für das Windows-Betriebssystem, eine *Shared Library* für Unix oder eine Java-Klasse in einer Java-Umgebung. Damit können Implementierungen dynamisch in laufende Prozesse eingebettet werden, was nötig ist, um die Containerimplementierungen zu verwenden, die von der Komponentenplattform bereitgestellt werden. Auf diese Weise ist es auch möglich, mehrere Komponentenimplementierungen in einem gemeinsamen Prozess auszuführen, beispielsweise mit dem Ziel, den bei der Interaktion zwischen Instanzen entstehenden Aufwand zu reduzieren und so eine Leistungssteigerung der Anwendung zu erreichen. Die Spezifikation der Struktur einer komponentenbasierten Anwendung mithilfe des *Component Assembly Descriptor* erlaubt eine derartige Strukturierung. Obwohl die Implementierung von Komponenten als nachladbares Modul also auf der Hand liegt, gibt es noch eine andere Variante, die der Vollständigkeit halber hier erwähnt werden soll. Implementierungen von Komponenten können demnach auch als ausführbare Dateien vorliegen, die zur Erzeugung einer *Home*-Instanz einfach gestartet werden müssen. Allerdings ist nicht ganz klar, wie der Start erfolgt und auf welche Weise die neue *Home*-Instanz bekannt gemacht wird, da es in diesem Fall ja nichts Vergleichbares zu einem Rückgabewert einer Operation gibt. Der wesentliche Nachteil dieser Variante ist jedoch, dass die Implementierung der Komponente ihre eigene Implementierung der Laufzeitumgebung, des Containers, etc. mitbringen muss. Es erfolgt keine Einbettung in die zugrundeliegende Komponentenplattform.

Die Verwendung dynamischer Bibliotheken erfordert die Definition von Einsprungpunkten.

Bei der Implementierung in einem Modul ist es wichtig, dass sich sowohl der Programmcode für die Komponente als auch der für das *Home* gemeinsam in einer Datei befinden. Schließlich spielt jedes *Home* die Rolle einer Fabrik für Komponenten und die Erfüllung der Aufgabe, Komponenteninstanzen zu erzeugen, setzt zwangsläufig die Kenntnis der Implementierung dieser voraus. Um eine Komponenteninstanz in einem Container erzeugen zu können, wird eine Laufzeitrepräsentation des *Home* benötigt. Das heißt, es muss eine *Home*-Instanz vorhanden sein. Da der für die Erzeugung dieser Instanz zu verwendende Programmcode in der Implementierungsdatei der Komponente steckt, muss diese in den Container geladen werden. Anschließend wird durch den Ruf eines bestimmten Einsprungpunktes im neu geladenen Modul die *Home*-Instanz erzeugt. Der Einsprungpunkt ist eine Funktion bzw. Operation, die in jeder Komponentenimplementierungen vorhanden sein muss und immer die gleiche Signatur besitzt. Durch diesen generischen Charakter kann der Container beliebige *Home*-Instanzen erzeugen, ohne spezifisches Wissen über die jeweilige konkrete Implementierung zu besitzen. Die genaue Signatur der Einsprungpunkte ist dabei abhängig von der Programmiersprache, die für die Implementierung der Komponente verwendet wurde. Im Standard sind Signatur und Semantik nur für C++ und Java spezifiziert. Beiden Varianten ist gemein, dass es keine Parameter gibt und eine Referenz auf eine Implementierung des IDL-Interface `HomeExecutorBase` als Rückgabewert geliefert wird.

15.2.4.1 Einsprungpunkte in Java

In der Sprache Java sind Einsprungpunkte statische Methoden einer Klasse, deren Ruf die Implementierung eines *Home* liefert. Die Signatur dieser Methoden ist folgende.

Einsprungpunkt in Java

```
public static HomeExecutorBase foo();
```

Um den Einsprungpunkt beim Laden einer Komponentenimplementierung zu identifizieren, wird der vollständige Name der Methode benötigt. Für jede Implementierung einer Komponente ist dieser Name Teil der Metainfomationen, die sich im *Software Package Descriptor* befinden. Für die folgende Java-Implementierung ist `hello.CallerHomeFactory.create` der Name des Einsprungpunktes.

Beispiel für einen Einsprungpunkt in Java

```
package hello;

public class CallerHomeFactory
{
    public static HomeExecutorBase create()
    {
        return new CallerHomeImpl();
    }
}
```

15.2.4.2 Einsprungpunkte in C++

In der Sprache C++ sind Einsprungpunkte Symbole im entsprechenden dynamischen Modul, deren Aufruf die Implementierung eines *Home* zurückliefert. Ein Einsprungpunkt sollte durch Voranstellung von `extern C` als einen im herkömmlichen C-Stil zu exportierenden *Identifier* deklariert werden, damit keine Namenskodierung wie in C++ üblich verwendet wird. Diese unter der Bezeichnung *C Linkage* geführte Benennung von Symbolen gewährleistet, dass das Symbol unabhängig vom verwendeten Compiler einen eindeutigen Namen trägt.

Für das folgende Beispiel in C++ ist der Name des Einsprungpunktes `createCallerHome`.

Beispiel für einen Einsprungpunkt in C++

```
extern "C" {
  HomeExecutorBase* createCallerHome
  {
      return new CallerHomeImpl();
  }
}
```

15.3 Laufzeitrepräsentationen von Anwendungen

Auch eine laufende Anwendung verfügt über ein eigenes Interface.

Bei der Inbetriebnahme einer komponentenbasierten Anwendung wird aus der in Form des XML-Deskriptors vorliegenden Beschreibung der Anwendung ein auf der Komponentenplattform tatsächlich laufendes System erzeugt, das die vom Nutzer gewünschte Anwendung darstellt. Dieses System verfügt über die gemäss der Spezifikation der Anwendung geforderte Funktionalität und ist einsatzfähig. Für die Gewährleistung von Funktionalität und Benutzbarkeit genügt bereits die Existenz der einzelnen, miteinander verbundenen Komponenteninstanzen. Die Repräsentation der Anwendung als die Menge ihrer Bestandteile reicht jedoch für die Verwaltung der gesamten Anwendung zur Laufzeit nicht aus. Dazu ist eine zentrale Laufzeitrepräsentation nötig, die die Identität der Anwendung selbst widerspiegelt, sämtliche Informationen verwaltet und über ein Interface das Management des Lebenszyklus einer laufenden Anwendung erlaubt. Die Laufzeitrepräsentation wird auch *Assembly* genannt.

Der Lebenszyklus der Anwendung beginnt mit der Erzeugung und endet mit der Zerstörung der laufenden Anwendung. Die Verwaltungsaufgaben reichen also von der Erzeugung der Komponenteninstanzen, einschließlich Installation, Instantiierung und Konfiguration über das Verbinden von Instanzen bis hin zum anschließenden Laufzeitmanagement und dem letztendlichen Beenden und eventuellen Deinstallieren der Anwendung. Aus diesen Gründen wird die Laufzeitrepräsentation zu Beginn der Inbetriebnahme erzeugt und bleibt über die Dauer der Anwendung bestehen. Es handelt sich dabei um ein CORBA-Objekt mit einer allgemeinen Implementierung, welche unabhängig von der konkreten Anwendung ist, also für beliebige Anwendungen verwendet kann. Das Interface dieses Objekts ist durch das IDL-Interface `Assembly` definiert. Dieses Objekt wird auch *Assembly*-Objekt genannt.

Definition des Typs Assembly State in IDL

```
enum AssemblyState { INACTIVE, INSERVICE };
```

Zunächst wird ein eigener IDL-Typ definiert, der den Zustand der Anwendung charakterisiert. Es gibt genau zwei gültige Werte, `INACTIVE` und `INSERVE`. Der erste Wert zeigt an, dass die Anwendung inaktiv ist, also noch nicht erzeugt oder wieder zerstört ist. Der zweite Wert bedeutet, dass die Anwendung gestartet und noch nicht wieder beendet wurde.

Definition des Interface Assembly in IDL

```
interface Assembly
{
    void build()
      raises (CreateFailure);

    void tear_down()
      raises (RemoveFailure);

    AssemblyState get_state();
};
```

Das IDL-Interface `Assembly` verfügt nur über sehr einfache Verwaltungsoperationen zum Starten und Beenden einer Anwendung sowie zum Abfragen ihres Zustands.

build()

Die Operation `build` wird verwendet, um die Anwendung, die durch das *Assembly*-Objekt repräsentiert wird, zu starten. Nach Rückkehr dieser Operation ist die Anwendung betriebsbereit und kann vom Nutzer eingesetzt werden. Die Inbetriebnahme beinhaltet Installation, Instantiierung und Konfiguration aller beteiligten Komponenten. Ausgangsbasis ist die im *Component Assembly Descriptor* enthaltene Beschreibung der Anwendung. Sie muss korrekt auf die Laufzeit abgebildet werden. Das heißt, die darin beschriebene Verteilung der Komponenten einschließlich der Informationen, ob Komponenten in einem eigenen Prozess laufen sollen oder nicht, müssen bei der Erzeugung der laufenden Anwendung nachgebildet werden. Im Fehlerfall ist die Operation dafür verantwortlich, dass alle bereits erzeugten Teile der Anwendung beziehungsweise dafür benötigte Konstrukte wieder zerstört werden. In diesem Fall wird die Ausnahme `CreateFailure` ausgelöst.

tear_down()

Die Operation `tear_down` beendet die Anwendung. Beim Beenden werden alle Komponenten beendet, die Verbindungen gelöst und für den Betrieb der Anwendung erzeugte Konstrukte innerhalb der Plattform wieder zerstört. Wenn die Anwendung nicht korrekt beendet werden konnte, wird dies durch das Auslösen einer Ausnahme vom Typ `RemoveFailure` angezeigt.

get_state()

Um den gegenwärtigen Zustand der Anwendung zu erfahren, kann die Operation `get_state` verwendet werden. Der Rückgabewert dieser Operation enthält die Information, ob die Anwendung aktiv oder inaktiv ist. Er ist vom Typ `AssemblyState`. Die Anwendung ist inaktiv bevor oder während des Rufs der Operation `build` und während oder nachdem die Operation `tear_down` gerufen wurde. Sie ist aktiv, wenn sie erfolgreich gestartet und noch nicht wieder beendet wurde.

15.3.1 Erzeugung von Laufzeitrepräsentationen

Die Erzeugung von Laufzeitrepräsentationen geschieht durch die Plattform.

Um die Laufzeitpräsentation einer Anwendung erzeugen zu können, steht ein spezielles Interface zur Verfügung, das von der Plattform angeboten wird. Genauer gesagt muss sich auf mindestens einem Rechner der Plattform ein CORBA-Objekt befinden, das das entsprechende IDL-Interface implementiert. Es handelt sich dabei um das IDL-Interface `AssemblyFactory`, das eine Fabrik für *Assembly*-Objekte darstellt.

Definition von Ausnahmen zur Verwendung im Interface Assembly Factory in IDL

```
exception InvalidLocation { };
exception InvalidAssembly { };
```

Für die Behandlung möglicher Fehlersituationen bei der Erzeugung von *Assembly*-Objekten werden als erstes zwei Ausnahmen definiert. Die Ausnahme `InvalidLocation` zeigt an, dass die Angabe des Anwendungsarchivs für die zu erzeugende Anwendung fehlerhaft ist. Die Ausnahme `InvalidAssembly` wird ausgelöst, wenn für eine bestimmte Kennung kein existierendes *Assembly*-Objekt gefunden werden kann.

Definition des Interface Assembly Factory in IDL

```
interface AssemblyFactory
{
    Cookie create (in Location assembly_loc)
      raises (InvalidLocation,
              CreateFailure);

    Assembly lookup (in Cookie c)
      raises (InvalidAssembly);

    void destroy (in Cookie c)
      raises (InvalidAssembly,
              RemoveFailure);
};
```

Wie bereits erwähnt, ist das IDL-Interface `AssemblyFactory` eine Anwendung des Entwurfsmusters einer Fabrik für *Assembly*-Objekte. Nach der Definition dieses Entwurfsmusters muss es eine Operation zur Erzeugung dieser Objekte geben. Darüber hinaus können erzeugte Objekte auch nachgeschlagen und wieder zerstört werden.

create()

Die Operation `create` erzeugt auf dem lokalen Rechner, also dort wo die Implementierung des Interface läuft, ein *Assembly*-Objekt zur Verwaltung einer komponentenbasierten Anwendung. Der Parameter `assembly_loc` enthält die Identifizierung des Implementierungsarchivs für die gewünschte Anwendung. Als Rückgabewert liefert die Operation jedoch nicht die Objektreferenz des neu erzeugten Objektes, sondern eine spezielle Kennung zu seiner eindeutigen Identifizierung. Um die tatsächliche Referenz zu erhalten, muss in einem zweiten Schritt die Operation `lookup` verwendet werden, die weiter unten vorgestellt wird. Der Grund für diese auf den ersten Blick umständliche Prozedur liegt darin, dass eine Objektreferenz in CORBA nicht die Identität des Objektes bestimmt, sondern nur seine Adresse darstellt. Es ist durchaus möglich, dass ein und dasselbe Objekt mehrere verschiedene Referenzen besitzt. Da ein *Assembly*-Objekt als Repräsentation einer komponentenbasierten Anwendung in jedem Fall über die gesamte Lebenszeit der laufenden Anwendung existieren muss, kann seine Identität nicht an Objektreferenzen gebunden sein. Bei einem Ausfall des Servers ist es in der Regel nicht möglich, dem möglicherweise aus einer Datenbank restaurierten Objekt seine alte Objektreferenz wiederzugeben. Durch die Verwendung einer besonderen Kennung zur eindeutigen Identifizierung von *Assembly*-Objekten kann gewährleistet werden, dass das entsprechende Objekt zu jeder Zeit auffindbar ist. Zudem umfasst der Aufgabenbereich des Interface `AssemblyFactory` auch noch die Verwaltung der erzeugten Objekte einschließlich ihrer Zerstörung. Auch für diesen Zweck ist die Existenz einer eindeutigen Identität nötig. Der Typ dieser Identität, also des Rückgabewertes der Operation, ist `Cookie`. Es handelt sich dabei um einen *Valuetype*, der bereits früher im Zusammenhang mit dem Komponenteninterface in Kap. 9.2.2 eingeführt wurde und an dieser Stelle nur eine Wiederverwendung findet. Im Fehlerfall kann die Operation zwei verschiedene Ausnahmen auslösen. Wenn das Implementierungsarchiv der Anwendung nicht gefunden werden kann, wird die Ausnahme `InvalidLocation` ausgelöst. Für den Fall, dass das *Assembly*-Objekt nicht erzeugt werden kann, aus welchen Gründen auch immer, gibt es die Ausnahme `CreateFailure`.

lookup()

Die Operation `lookup` liefert die Objektreferenz eines existierenden *Assembly*-Objekts. Um das gewünschte Objekt genau zu identifizieren wird mithilfe des Parameters `c` eine entsprechende Kennung in Form eines Wertes vom Typ `Cookie` übergeben. Dieser Wert wurde bei der Erzeugung des *Assembly*-Objekts mittels der Operation `create` gewonnen. Wenn durch die angegebene Kennung kein Objekt identifiziert werden kann, das an diesem Interface erzeugt wurde, wird bei dieser Operation die Ausnahme `InvalidAssembly` ausgelöst.

destroy()

Die Operation `destroy` wird benutzt, um ein *Assembly*-Objekt zu zerstören. Der Parameter `c` enthält die Kennung der Identität des Objekts, das zerstört werden soll. Mit dem Ruf dieser Operation wird die Laufzeitrepräsentation einer Anwendung beendet. Im Fehlerfall können zwei verschiedene Ausnahmen ausgelöst werden. Wenn durch die angegebene Kennung kein Objekt identifiziert werden kann, das an diesem Interface erzeugt wurde, löst die Operation die Ausnahme `InvalidAssembly` aus. Falls die repräsentierte Anwendung aus beliebigen Gründen nicht korrekt beendet werden konnte, wird die Ausnahme `RemoveFailure` ausgelöst.

15.3.2 Bemerkungen

Das Interface einer Anwendung ist sehr einfach.

Obgleich die vorgestellte Laufzeitrepräsentation von Anwendungen ihre Verwendbarkeit in existierenden Implementierungen unter Beweis stellen konnte, lassen sich einige Mängel oder Verbesserungsmöglichkeiten erkennen. Die Spezifikation des IDL-Interface `Assembly` als Interface für die Laufzeitrepräsentation einer Anwendung bietet nur sehr einfache Möglichkeiten zur Verwaltung des Lebenszyklus. Über das Erzeugen und Beenden der Anwendung hinaus gibt es keine Operationen zur weiteren Steuerung. Es ist nicht möglich, eine Anwendung zu überwachen, also weitere Informationen über die aktuelle Konfiguration der Komponenteninstanzen oder die Topologie der Anwendung zur Laufzeit zu erhalten. Die Möglichkeit der Nachfrage, ob die Anwendung gestartet ist oder nicht, stellt dafür keinen Ersatz dar. Der gegenwärtige Entwurf betrachtet eine Anwendung mehr oder weniger als statisch und klammert dadurch dynamische Aspekte wie Rekonfiguration völlig aus. Aber gerade bei komponentenbasierter Softwareentwicklung ist der Austausch oder die Konfiguration von Komponenten innerhalb einer Anwendung sehr interessant.

Die Semantik von Operationen ist nicht klar spezifiziert.

Neben der eingeschränkten Funktionalität der spezifizierten Interfaces muss an dieser Stelle auch bemerkt werden, dass die Beschreibung der Operationen im Standard hin und wieder größeren Spielraum bei der Interpretation der Semantik lässt. Beispielsweise ist nicht klar, was genau die Zerstörung eines *Assembly*-Objekts für die installierten Komponenten der Anwendung bedeutet. Ist die Deinstallation der Implementierungen mit eingeschlossen, und wenn ja, wann erfolgt sie? Insgesamt haben diese Fragen keine Relevanz für die Funktionalität einer Anwendung oder deren Benutzung, stellen sich aber bei der Implementierung und der Administrierung der Plattform. Auch hier gilt also, dass für die Verwendung des CORBA-Komponentenmodells nicht nur der Standard beachtet, sondern auch die Eigenschaften der konkreten Implementierung betrachtet werden müssen.

15.4 Sichtbarkeit von Laufzeitinstanzen

Wie gezeigt wurde, steht der Lebenszyklus der zu einer komponentenbasierten Anwendung gehörenden Laufzeitinstanzen unter der Kontrolle der Laufzeitrepräsentation der Anwendung, die in Gestalt eines *Assembly*-Objekts existiert. Alle Instanzen werden im Rahmen der Inbetriebnahme der Anwendung erzeugt und in der Folge von diesem Objekt verwaltet und schließlich wieder zerstört. Damit sind zwar alle Referenzen innerhalb des *Assembly*-Objekts bekannt, aber nicht von außerhalb einsehbar, da dessen Interface die Übermittlung derartiger Informationen nicht vorsieht.

Aus verschiedenen Gründen kann die externe Sichtbarkeit von Laufzeitinstanzen erwünscht sein.

Es gibt allerdings durchaus Gründe, die dafür sprechen, dass wenigstens ausgesuchte Laufzeitinstanzen einer Anwendung auch nach außen hin sichtbar sein sollten. Zu diesen Gründen zählen beispielsweise der Wunsch nach einer allgemeinen Überwachung der Struktur von Anwendungen oder die Visualisierung von Teilen einer laufenden Komponentenplattform. Ein weiterer wichtiger Beweggrund ist die Gestattung der Wiederverwendbarkeit, als eine der zentralen Eigenschaften von Komponenten. Wiederverwendbarkeit in verschiedenen Anwendungen bzw. Umgebungen bezieht sich dabei hauptsächlich auf die Wiederverwendbarkeit von Typen, nur in seltenen Fällen und unter bestimmten Umständen auch auf die von Instanzen. Die konsequente Anwendung auf Komponenteninstanzen ist nur eingeschränkt möglich, da eine Instanz in der Regel einen Zustand besitzt, welcher als Teil der Anwendung, dessen Bestandteil die Instanz ist, betrachtet werden kann. Ist der Zustand der Instanz allerdings unabhängig von der konkreten Anwendung, können auch Instanzen von Komponenten wiederverwendet werden. Das Prinzip der Wiederverwendung ist ein allgemeines Prinzip und unterliegt keiner Beschränkung auf bestimmte Bereiche im Lebens- oder Entwicklungszyklus einer Komponente. Die Wiederverwendung von existierenden Komponentenspezifikationen beim Entwurf neuer Anwendungen ist ebenso ein Beispiel wie die mehrfache Verwendung einer installierten Komponentenimplementierung durch verschiedene laufende Anwendungen. Die Wiederverwendung auf diesen Betrachtungsebenen ist offensichtlich und leicht einzusehen. Auf der Spezifikationsebene werden einfach die entsprechenden existierenden IDL-Spezifikationen beim Entwurf neuer Systeme wiederverwendet. Auf der Ebene der Implementierung ermöglicht die Existenz einer Kennung zur eindeutigen Identifizierung jeder Komponentenimplementierung, diese konkrete Implementierung in beliebigen Anwendungen zu verwenden. Eine interessante Frage ist nun, inwiefern sich das allgemeine Prinzip der Wiederverwendung auch auf die Laufzeitebene übertragen lässt und welche Mittel hier zur Verfügung stehen. Bei der Behandlung dieser Frage, muss am Anfang untersucht werden, welche Laufzeitinstanzen für eine mögliche Wiederverwendung überhaupt relevant sind. Die Menge der aus dem Blickwinkel der Wiederverwendbarkeit wichtigen Teile einer laufenden Anwendung umfasst zunächst die Laufzeitrepräsentationen der *Home*- und Komponenteninstanzen. Darüber hinaus würden sich aber auch Serverprozesse und Container aufgrund ihrer Interfaces für eine mehrfache Verwendung eignen. Wichtig ist, dass jede dieser Laufzeitinstanzen über eine Repräsentation durch ein CORBA-Objekt verfügt, über dessen standardisiertes Interface die nötige Kommunikation erfolgen kann. Die Komponenteninstanzen und die Repräsentation der Anwendung selbst, also ein *Assembly*-Objekt, spielen eine Sonderrolle und sind wie bereits weiter oben angedeutet, aufgrund ihres Instanzcharakters nur unter besonderen Bedingungen für eine Wiederverwendung geeignet. Das eingeschränkte Interface eines *Assembly*-Objekts schließt praktisch dessen mehrfache Verwendung aus.

Sei es nun um Informationen über Laufzeitinstanzen einzuholen oder diese einer Wiederverwendung zuzuführen, die Sichtbarkeit dieser Instanzen über standardisierte Interfaces muss gewährleistet sein. Im Folgenden werden die sich für das CORBA-Komponentenmodell bietenden Alternativen betrachtet.

15.4.1 Durchsuchen der Plattform

Die Interfaces der Plattform erlauben den Zugriff auf beliebige Laufzeitinstanzen.

Eine Möglichkeit, um sich Referenzen auf existierende Laufzeitinstanzen zu beschaffen, ist die Navigation über die Interfaces der Plattform, deren hauptsächlicher Zweck zwar die Erzeugung dieser Instanzen ist, die darüber hinaus aber auch entsprechende Informationen anbieten. Diese Interfaces sind die IDL-Interfaces `ServerActivator`, `ComponentServer` und `Container`. Auf diese Weise lassen sich für jeden Rechner der Plattform die bestehenden Serverprozesse, die darin enthaltenen Container, sowie die laufenden *Home*-Instanzen in Erfahrung bringen. Dieser Ansatz ist sehr gut für die Visualisierung und Überwachung einer Plattform geeignet. Es handelt sich um eine generische Methode, die allgemein angewendet werden kann, unabhängig von tatsächlich laufenden Anwendungen.

Im Gegensatz dazu ist dieser Ansatz für eine gezielte Wiederverwendung von Laufzeitinstanzen nicht geeignet. Es ist zwar durchaus möglich, alle wichtigen Informationen zu sammeln, die Verwendung dieser Interfaces einschließlich der dadurch gewonnenen Informationen sollte aber nicht durch beliebige Anwendungen erfolgen, sondern eher Werkzeugen zur Verwaltung der Plattform überlassen bleiben. Schon die Auflösung einer initialen Referenz auf die Implementierung des IDL-Interface `ServerActivator` setzt besonderes Wissen über die Implementierung der Plattform voraus und steht damit nicht jeder Anwendung offen. Zudem geschieht das Ausfragen der Plattform quasi hinter dem Rücken der Entwickler bereits laufender Anwendungen und ohne ihr Einverständnis. Wie bei der Instantiierung von Komponenten gezeigt wurde, ist es durchaus möglich, dass die Struktur der laufenden Anwendung als Teil der Spezifikation betrachtet werden kann. In diesem Fall ist es nicht akzeptabel, dass zwar bei der Inbetriebnahme der Anwendung darauf geachtet wird, dass Komponenten in eigenen Serverprozessen residieren, später jedoch möglicherweise fremde Komponenten dazukommen und dadurch die Leistung der Anwendung beeinträchtigt wird. Zudem kommt es spätestens bei der Zerstörung von laufenden Anwendungen zu nicht auflösbaren Widersprüchen. Zum einen müssen alle von einer Anwendung erzeugten Laufzeitinstanzen von dieser auch wieder zerstört werden. Zum anderen können sie nicht zerstört werden, wenn sich fremde Komponenten dieser bedient haben und davon abhängig sind. Zusammenfassend muss also festgehalten werden, dass die Benutzung der Plattformschnittstellen lediglich zur Visualisierung oder ähnlichem verwendet werden sollte, bei der die Instanzen nicht modifiziert werden.

15.4.2 Verwendung von Standarddiensten

Namens- und Händlerdienst eignen sich für den Zugang zu ausgewählten Instanzen.

Eine weitere Möglichkeit, Laufzeitinstanzen für die Außenwelt sichtbar zu machen, ist die Verwendung von CORBA-Standarddiensten, namentlich des Namensdienstes und des Händlerdienstes. Man kann die Bereitstellung dieser Dienste durchaus zur Komponentenplattform zählen, auch wenn sie natürlich nicht durch das CORBA-Komponentenmodell eingeführt wurden.

Sollen Namensdienst oder Händlerdienst verwendet werden, müssen die entsprechenden Laufzeitinstanzen explizit nach ihrer Erzeugung durch das *Assembly*-Objekt beim Dienst registriert werden. Die Registrierung ist auf *Home*-Instanzen und Komponenteninstanzen beschränkt und bedarf der ausdrücklichen Anordnung innerhalb der Spezifikation einer Anwendung. Das heißt, in einem *Assembly Descriptor* muss ausgewiesen werden, ob und unter welchem Namen eine *Home*-Instanz oder eine Komponenteninstanz beim Namens- oder Händlerdienst angemeldet werden soll. Das kann für eine *Home*-Instanz, die im Namensdienst eingetragen werden soll, beispielsweise folgendermaßen aussehen.

```
<homeplacement id="myHome">
    ...
    <registerwithnaming name="myHome">
    ...
</homeplacement>
```

Nach erfolgreicher Inbetriebnahme der Anwendung können die betroffenen Instanzen durch beliebige Klienten unter einfacher Verwendung dieser Dienste aufgefunden werden. Das ermöglicht es, Laufzeitinstanzen einer Anwendung durch deren Umgebung zu benutzen oder in anderen Anwendungen wiederzuverwenden. Natürlich ist diese Vorgehensweise nicht unabhängig von der Anwendung, da wenigstens der Name bekannt sein muss, unter dem sich die Referenz auf eine Laufzeitinstanz auffinden lässt. Da die Veröffentlichung von Instanzreferenzen unter Verwendung von Standarddiensten die aktive Mitwirkung seitens der Spezifikation einer Anwendung erfordert, kann zugesichert werden, dass die entsprechenden Instanzen für die weitere Verwendung vorgesehen sind.

15.4.3 Home Finder

Es gibt einen speziellen Dienst zum Auffinden von Home-Instanzen.

Um für die Erzeugung von Komponenteninstanzen auf *Home*-Instanzen zurückgreifen zu können, die bereits auf der Plattform vorhanden sind, bzw. um diese *Home*-Instanzen für ihre weitere Verwendung erst sichtbar zu machen, gibt es einen speziellen Dienst, der von der Plattform implementiert wird, den so genannten *Home Finder*. Dieser Dienst verfügt über zwei unabhängige Interfaces, die eine Trennung zwischen Registrierung von *Home*-Instanzen einerseits und deren Abfrage andererseits ermöglichen. Für die Registrierung gibt es wiederum zwei Möglichkeiten. Im ersten Fall wird bereits bei der Spezifikation einer Anwendung in XML angegeben, dass sich bestimmte *Home*-Instanzen bei diesem Dienst registrieren lassen sollen. Das kann im *Component Assembly Descriptor* beispielsweise folgendermaßen aussehen.

Registrierung eines Home im Home Finder

```
<homeplacement id="myHome">
    ...
    <registerwithhomefinder name="myHome">
    ...
</homeplacement>
```

Ein spezielles Interface erlaubt die explizite Registrierung von Instanzen.

Im zweiten Fall kann eine Komponenteninstanz selbst die Registrierung ihrer *Home*-Instanz veranlassen. Dabei wird explizit das Interface zur Registrierung von *Home*-Instanzen verwendet. Dieses Interface ist durch das IDL-Interface `HomeRegistration` spezifiziert. Es handelt sich um ein internes Interface, das die Komponenteninstanz über ihren Kontext erhalten kann.

```
local interface HomeRegistration
{
    void register_home (in CCMHome home_ref,
                        in string home_name);

    void unregister_home (in CCMHome home_ref);
};
```

Definition des Interface Home Registration in IDL

register_home()

Die Operation `register_home` sorgt für die Registrierung einer *Home*-Instanz, sodass diese Instanz bei einer entsprechenden Abfrage gefunden wird. Der Parameter `home_ref` identifiziert die Instanz, indem er eine Referenz auf das CORBA-Objekt enthält. Der Parameter `home_name` enthält den Namen, unter dem die Instanz registriert werden soll. Das Format entspricht dabei dem Namensformat für den Namensdienst. Wird kein Name angegeben, bedeutet das, dass die *Home*-Instanz nicht unter einem bestimmten Namen gefunden werden kann, wohl aber unter ihrem Typ.

unregister_home()

Die Operation `unregister_home` löscht die Registrierung einer *Home*-Instanz. Der Parameter `home_ref` enthält die Referenz auf die zu löschende Instanz.

Das Interface zur Abfrage registrierter *Home*-Instanzen ist mithilfe des IDL-Interface `HomeFinder` spezifiziert. Klienten können dieses Interface nutzen, um *Home*-Instanzen mit einem bestimmten Namen oder für bestimmte *Home*- oder Komponententypen zu erhalten. Die Referenz eines Objekts, das dieses Interface implementiert, kann vom ORB durch den Ruf der Operation mit dem Namen `CORBA::ORB::resolve_initial_references` mit dem Parameterwert „`ComponentHomeFinder`" erhalten werden. Die Signatur dieser Operation sieht dabei folgendermaßen aus.

```
module CORBA {

  interface ORB {

      Object resolve_initial_references (
        in ObjectID identifier)
        raises (InvalidName);
  };
};
```

resolve_initial_references() am ORB

Die Definition des IDL-Interface `HomeFinder` hat folgendes Aussehen.

```
module Components
{
  exception HomeNotFound {};
```

Definition des Interface HomeFinder in IDL

```
  interface HomeFinder
  {
      CCMHome find_home_by_component_type (
        in CORBA::RepositoryId comp_repid)
        raises (HomeNotFound);

      CCMHome find_home_by_home_type (
        in CORBA::RepositoryId home_repid)
        raises (HomeNotFound);

      CCMHome find_home_by_name (
        in string home_name)
        raises (HomeNotFound);
  };
};
```

find_home_by_component_type()

Die Operation `find_home_by_component_type` liefert eine Referenz auf ein Objekt, das ein beliebiges *Home* für den angegebenen Komponententyp implementiert. Der Komponententyp wird als Parameter `comp_repid` übertragen. Dieser enthält die Bezeichnung der Komponente im *Interface Repository*. Für den Fall, dass kein entsprechendes Objekt für diesen Komponententyp registriert ist, wird die Ausnahme `HomeNotFound` ausgelöst. Über eine mittels des Rufes dieser Operation erhaltene *Home*-Instanz kann allerdings nichts weiter ausgesagt werden. Wenn das von dieser Instanz implementierte *Home* keinen primären Schlüssel definiert, implementiert das Objekt zusätzlich das Interface `Components::KeylessCCMHome` eines jeden schlüssellosen *Home*, somit kann die generische Operation `create_component` zur Erzeugung von Komponenteninstanzen verwendet werden. In der Regel muss ein Klient also versuchen, die erhaltene Referenz in ein `Components::KeylessCCMHome` umzuwandeln. Gelingt dies nicht, gibt es keine Möglichkeit Instanzen über generische Operationen erzeugen zu lassen. Das bedeutet, dass der Klient über besonderes Wissen über die erhaltene Referenz verfügen muss oder diese Informationen aus einem *Interface Repository* bezieht und anschließend mithilfe des *Dynamic Invocation Interface* entsprechende Operationen dynamisch aufruft. Dies sind sehr starke Anforderungen an eine Implementierung.

find_home_by_home_type()

Die Operation `find_home_by_home_type` liefert eine Referenz auf ein Objekt, das das angegebene *Home* implementiert. Der Parameter `home_repid` enthält die Bezeichnung des *Home* im *Interface Repository*. Ist kein entsprechendes Objekt für dieses *Home* registriert, wird die Ausnahme `HomeNotFound` ausgelöst.

find_home_by_name()

Die Operation find_home_by_name liefert eine Referenz auf ein Objekt, das ein *Home*-Interface implementiert und unter einem bestimmten Namen im *Home Finder* registriert wurde. Der Parameter home_name enthält diesen Namen. Sein Format muss der Zeichenkettendarstellung von Namen des CORBA-Namensdienstes entsprechen. Wird kein Objekt dieses Namens gefunden, löst die Operation eine Ausnahme vom Typ HomeNotFound aus.

16 Inbetriebnahme von Anwendungen

Der eigentliche Zweck einer Softwareanwendung und damit letztendliches Ziel ihrer Entwicklung liegt in der Verwendbarkeit durch einen Nutzer. Damit der Nutzer eine Anwendung verwenden kann, muss ihm ein ausführbares Programm zur Verfügung stehen. Da davon auszugehen ist, dass die Domäne bzw. Umgebung eines Nutzers verschieden ist von jener Umgebung, in der die Anwendung entwickelt wurde, liegt für diesen Nutzer vor Ort in der Regel noch keine Installation bzw. lauffähige Anwendung vor. Vielmehr ist der Einsatz von Komponenten ja gerade darauf ausgerichtet, eine scharfe Trennung zwischen Entwicklung und Einsatz zu ziehen. Aus diesem Grunde steht vor der Verwendung einer Anwendung zunächst ihre Inbetriebnahme in der Domäne des Nutzers.

Die Inbetriebnahme einer komponentenbasierten Anwendung wurde bereits in Kapitel 6 grob behandelt. An dieser Stelle sollen die dort beschriebenen Konzepte vor dem Hintergrund der konkreten Infrastruktur der Plattform noch einmal aufgegriffen und konkretisiert werden. Für eine komponentenbasierte Anwendung bedeutet Inbetriebnahme, dass alle ihre Komponenten auf der konkreten Zielplattform installiert und gestartet werden müssen. Aufgrund der möglichen Komplexität muss dieser Vorgang durch Werkzeuge unterstützt werden, die demjenigen, der die Inbetriebnahme vornimmt, helfen, die damit zusammenhängenden Aufgaben zu lösen. Zum einen muss im Vorfeld der Installation die Verteilung der einzelnen Komponenten der Anwendung auf der Zielplattform bestimmt werden. Zum anderen muss anschließend eine Kommunikation mit den Schnittstellen der Komponentenplattform stattfinden, um die Anwendung zu installieren und zu starten.

Nach dem Start der Anwendung ist der Prozess der Inbetriebnahme abgeschlossen, sodass sie anschließend im Sinne ihrer Spezifikation benutzt werden kann.

16.1 Bestimmung der Verteilung

Zu Beginn der Inbetriebnahme muss zunächst die Verteilung der Anwendung bestimmt werden.

In Übereinstimmung mit der Beschreibung der Inbetriebnahme von komponentenbasierten Anwendungen als einen mehrstufigen Prozess, muss zu Beginn der Inbetriebnahme zuerst die Verteilung der Anwendung bzw. ihrer Komponenten auf der konkreten Zielplattform des Nutzers bestimmt werden. Wie auch schon an früherer Stelle angedeutet, empfiehlt der Standard des CORBA-Komponentenmodells dazu die Verwendung eines Werkzeuges, um diese Aufgabe zu erleichtern. Da jedoch keine genaue Spezifikation eines entsprechenden Werkzeuges vorliegt, kann es sich dabei in der Realität um eine beliebige Implementierung handeln. Somit ist nicht eindeutig zu beschreiben, wie die Bestimmung der Verteilung der Komponenten beginnt. Der Ruf nach dem Einsatz eines Werkzeuges ist angesichts der Komplexität der zu lösenden Aufgabe leicht verständlich und begründet. Die fehlende genaue Spezifikation ergibt sich aus der Tatsache, dass auch die Beschreibung bzw. Modellierung der Zielplattform einschließlich benötigter Schnittstellen nicht standardisiert wurde.

Die Ausgangsbasis für die Inbetriebnahme einer Anwendung bildet das die Implementierung enthaltende Anwendungsarchiv, so wie es von einem Anwendungsentwickler bereitgestellt wird. Für die Bestimmung der Verteilung der Anwendung muss dieses Archiv geöffnet und die darin enthaltene Beschreibung gelesen werden. Weiterhin müssen die speziellen Anforderungen der verschiedenen Implementierungen der Komponenten aus den entsprechenden Komponentenarchiven bzw. den darin enthaltenen Beschreibungsdateien extrahiert und den tatsächlichen Gegebenheiten der Zielplattform gegenüber gestellt werden. Dadurch, dass die Beschaffung der Informationen über die Plattform nicht standardisiert ist, entsteht an dieser Stelle eine sehr starke Abhängigkeit eines entsprechenden Werkzeuges von der Implementierung der Plattform. Auch darauf wurde bereits hingewiesen.

Die zentrale Anforderung an ein Werkzeug zur Bestimmung der Verteilung ist natürlich, die Entscheidung für die Verteilung der Komponenten zu unterstützen. Dies kann in Abhängigkeit der konkreten Situation automatisch, manuell oder in beliebigen Zwischenstufen erfolgen. Im Umfeld der Inbetriebnahme der Anwendung durch den Endnutzer ist eine automatische Variante sicher von Vorteil, da für den Nutzer die Verteilungstransparenz erhalten bleiben soll und unwichtige Details lieber verborgen bleiben. Dagegen sollte ein Administrator durchaus daran interessiert sein, Einfluss auf die Verteilung von Anwendungen zu nehmen. Um dies zu gewährleisten, hat das zu verwendende Werkzeug eine gebührende, am besten graphische Aufbereitung der gewonnenen Informationen anzubieten, die als Entscheidungsgrundlage für die Verteilung dienen kann. Zu diesen Informationen zählen die Topologie der Zielplattform einschließlich aller Eigenschaften der einzelnen Rechner auf der einen Seite und die zur Anwendung gehörenden Komponenten mit den Anforderungen ihrer Implementierungen auf der anderen Seite. Die Verteilung der Anwendung auf der Zielplattform ist dann möglich, wenn sich für jede ihrer Komponenten ein Zielrechner findet, der die Anforderungen einer der Implementierungen erfüllt.

Die Informationen bezüglich der konkreten Verteilung werden zur Anwendungsbeschreibung hinzugefügt.

Wurde eine gültige Verteilung gefunden, müssen die neu gewonnenen Informationen wieder in die Beschreibungsdatei der Anwendung aufgenommen werden. Dies geschieht durch Hinzufügen oder Ausfüllen der XML-Beschreibungselemente `destination` und `componentimplref`. Das Beschreibungselement `destination` erlaubt für jede *Home*-Instanz die Angabe einer beliebigen Zeichenkette zur Identifizierung des Zielrechners. Da das Format der Zeichenkette nicht standardisiert ist, folgt direkt, dass auch hier eine sehr enge Bindung zwischen Werkzeug und Plattformimplementierung besteht. Für die spätere Interpretation der Zeichenkette durch die Plattform muss gewährleistet sein, dass ein sinnvoller Wert verwendet wurde. Existieren für eine Komponente mehrere Implementierungsvarianten im entsprechenden Komponentenarchiv, muss zusätzlich noch das Beschreibungselement `componentimplref` verwendet werden, das die Kennung der gewählten Implementierung enthält. Zum Schluss wird die modifizierte Beschreibungsdatei wieder in das Anwendungsarchiv gepackt.

Steht kein entsprechendes Werkzeug zur Verfügung, kann die Bestimmung der Verteilung unter bestimmten Umständen auch manuell mithilfe eines Archivierungswerkzeuges und eines Editors erfolgen. Bedingung dafür ist allerdings, dass alle Informationen über die Zielplattform explizit bekannt sind. In diesem Fall müssen die Archive von Hand geöffnet und die Beschreibungsdateien manuell gelesen und editiert werden. Dies ist aufgrund der Verwendung von XML möglich, wenngleich auch keine elegante und daher wirklich zu empfehlende Lösung.

16.1.1 Beispiel

Zur Illustration der Verteilung einer komponentenbasierten Anwendung soll hier erneut das Beispiel der speisenden Philosophen dienen. Die Implementierung dieser Anwendung wurde bereits beschrieben und liegt in Form eines Anwendungsarchivs vor, das die Implementierungen aller drei Komponenten jeweils für eine Linux- und eine Windows-Umgebung enthält. Die konkrete Zielplattform des Nutzers, in der diese Anwendung in Betrieb genommen werden soll, besteht aus drei miteinander verbundenen Rechnern, die jeweils über ein Linux-Betriebssystem verfügen und auf denen selbstverständlich eine Implementierung der Komponentenplattform läuft. Die Bezeichnung der Rechner sei `rechner1`, `rechner2` und `rechner3`.

Zur Vereinfachung kann ohne weiteres davon ausgegangen werden, dass die Bestimmung der Zielrechner für die Verteilung der Komponenten unabhängig voneinander erfolgen kann und nach gleichem Muster geschieht. Demnach genügt die exemplarische Betrachtung einer Komponente zur Veranschaulichung. Die Komponente, die hier betrachtet werden soll, ist die Komponente zur Repräsentation des Zuschauers. In der Beschreibungsdatei der Anwendung ist bezüglich dieser Komponente folgende Spezifikation enthalten.

Ausschnitt aus dem Component Assembly Descriptor (noch ohne Zuweisung des Zielrechners)

```
<homeplacement id="oHome">
  <componentfileref idref="observer"/>

  <componentinstantiation id="observe">
    <registercomponent>
      <registerwithnaming
        name="CCM/Components/Observer"/>
      </registercomponent>
  </componentinstantiation>

  <destination></destination>
</homeplacement>
```

Zu sehen ist, dass das Element `destination` zur Bestimmung der Platzierung der Installation bereits vorhanden, aber leer ist. Zudem war es zum Zeitpunkt der Spezifikation auch nicht möglich, die genaue Kennung der tatsächlich zu verwendenden Implementierung mittels des Elementes `componentimplref` anzugeben. Da in der vorliegenden Situation das Komponentenarchiv für die Komponente des Zuschauers aber zwei unterschiedliche Implementierungen enthält, ist die Angabe dieser Kennung in jedem Fall unbedingt erforderlich.

Angenommen sei der Fall, bei der Inbetriebnahme soll die Laufzeitrepräsentation der Komponenteninstanz des Zuschauers bevorzugt auf dem Rechner mit dem Namen `rechner1` erzeugt werden. Um diesem Wunsch entgegen zu kommen, muss zuerst überprüft werden, ob eine auf diesem Rechner lauffähige Implementierungsvariante der Komponente zur Verfügung steht. Wie bereits erwähnt ist das Betriebssystem dieses Rechners Linux, sodass eine Linux-Variante der Implementierung verwendet werden muss. Der erste Blick fällt also auf die Implementierungsbeschreibung der Komponente in Form der XML-Datei mit der Endung `.csd`. Eine solche Beschreibung befindet sich in jedem Komponentenarchiv. Die zum Archiv der Zuschauerkomponente gehörige Beschreibung enthält zwei Implementierungsvarianten. Eine für Windows und eine für Linux.

```
<implementation id="Zuschauer-win">
  <os name="WIN" />
...
</implementation>

<implementation id="Zuschauer-linux">
  <os name="LINUX" />
...
</implementation>
```

Ausschnitt aus dem Software Package Descriptor der Zuschauer-Komponente mit Angaben zu den Komponentenimplementierungen

Demnach kann die Komponenteninstanz auf dem Zielrechner `rechner1` erzeugt werden, wenn die Linux-Variante dort installiert wird. Die entsprechenden Informationen müssen in die Anwendungsbeschreibung aufgenommen werden. Die neu hinzugefügten bzw. veränderten Zeilen sind im Folgenden hervorgehoben.

```
<homeplacement id="oHome">
  <componentfileref idref="observer"/>
  <componentimplref idref="Zuschauer-linux"/>

  <componentinstantiation id="observe">
    <registercomponent>
      <registerwithnaming
        name="CCM/Components/Observer"/>
      </registercomponent>
  </componentinstantiation>

  <destination>rechner1</destination>
</homeplacement>
```

Ausschnitt des Component Assembly Descriptor mit Zuweisung von Zielrechner und Komponentenimplementierung

Nachdem die Zuweisung von Zielrechner und Implementierungsvariante für alle drei Komponenten in die Beschreibungsdatei der Anwendung eingetragen wurde, ist die Bestimmung der Verteilung abgeschlossen. Das modifizierte Anwendungsarchiv kann jetzt der Plattform übergeben werden, um die Inbetriebnahme automatisch fortzusetzen.

16.2 Übergabe an die Plattform

Nach der Bestimmung der Verteilung erfolgt die weitere Inbetriebnahme automatisch.

In Kapitel 6 wurde beschrieben, dass die Inbetriebnahme einer komponentenbasierten Anwendung neben der Bestimmung ihrer Verteilung in drei weitere Phasen untergliedert werden kann, nämlich Installation, Instantiierung und Konfiguration. Während die Phase der Verteilung zeitlich eindeutig von den anderen abgegrenzt und explizit kontrolliert werden kann, ist die genaue Trennung der anderen Phasen nicht mehr möglich, da sie automatisch unter der Kontrolle der Plattform ablaufen. Nach erfolgter Verteilung der Anwendung führt die Übergabe des Anwendungsarchivs an die entsprechende Schnittstelle der Plattform direkt und ohne Unterbrechung zur Erzeugung der Laufzeitrepräsentation der Anwendung.

16.2.1 Erzeugung der Laufzeitrepräsentation der Anwendung

Die Plattform erzeugt zuerst eine Laufzeitrepräsentation der Anwendung.

Das Interface, das initial für die Erzeugung der Laufzeitrepräsentation der Anwendung verwendet wird, ist das IDL-Interface `AssemblyFactory`. Ein entsprechendes CORBA-Objekt, das dieses Interface implementiert, muss von der Komponentenplattform bereitgestellt werden. In der Regel wird das Auffinden dieses Objekts von einem mit der Plattform verbundenen Werkzeug übernommen, das das Anwendungsarchiv als Parameter erhält und die Inbetriebnahme startet. Dadurch sind alle weiteren Details hinsichtlich der Inbetriebnahme der Anwendung vor dem Nutzer verborgen.

Durch den Ruf der Operation `create_assembly` am Interface `AssemblyFactory` wird ein neues CORBA-Objekt erzeugt, das die Laufzeitrepräsentation der Anwendung darstellt. Diese Laufzeitrepräsentation wird auch *Assembly* genannt. Die Vorgehensweise ist unabhängig von der konkreten Anwendung immer gleich. Ist die Laufzeitrepräsentation erzeugt, geschieht in der Folge alles Weitere unter der Kontrolle dieses Objektes. Über die Operationen `build` und `tear_down` kann das Starten und Beenden der Anwendung gesteuert werden.

Alle Informationen bezüglich Struktur und Implementierung der Anwendung entnimmt die Laufzeitrepräsentation der Beschreibung der Anwendung, die im Anwendungsarchiv enthalten ist. Die Verarbeitung dieser Informationen erfolgt unter dem jeweiligen Gesichtspunkt der verschiedenen Phasen im weiteren Prozess der Inbetriebnahme.

16.2.2 Installation

Die Installation der Implementierungen von Komponenten muss spätestens zum Zeitpunkt des Startens der Anwendung, also beim Ruf der Operation `build` an ihrer Laufzeitrepräsentation, erfolgen. Der genaue Zeitpunkt ist im Standard jedoch eigentlich nicht festgelegt. Daher ist es im Prinzip auch nicht untersagt, die Installation bereits im Zuge der Erzeugung der Laufzeitrepräsentation vorzunehmen.

Die Installation der Implementierungen gemäß der Verteilung der Anwendung wird vom Assembly-Objekt gesteuert.

Für jede in der Anwendungsbeschreibung spezifizierte *Home*-Instanz muss die Installation einer ausgewiesenen Implementierungsvariante auf dem durch das Beschreibungselement `destination` identifizierten Zielrechner erfolgen. Wie die Kennung des Zielrechners zu interpretieren ist, ist nicht standardisiert und hängt von der Implementierung der Komponentenplattform ab. Um die korrekte Interpretation sicherzustellen, sollten bei der Bestimmung des Zielrechners das von der Plattform akzeptierte Format und die Menge der möglichen Werte bekannt sein. In jedem Fall muss aus der Kennung des Zielrechners das für eine Installation benötigte Interface `ComponentInstallation` abgeleitet werden. Laut dem Standard existiert auf jedem Rechner der Komponentenplattform genau ein CORBA-Objekt, das dieses Interface implementiert. Obgleich die tatsächliche Lösung des Auffindens des richtigen Objektes rein implementierungsspezifisch ist, soll die Bemerkung erlaubt sein, dass ein möglicher Ansatz beispielsweise in der Verwendung des Namensdienstes liegt. In einem speziellen Namenskontext könnten alle entsprechenden CORBA-Objekte unter dem jeweiligen Namen ihres Rechners registriert und somit leicht wieder gefunden werden.

16.2.2.1 Beispiel

Betrachten wir wieder das Beispiel der Philosophen und lenken die Aufmerksamkeit diesmal auf die Installation der Komponente des Zuschauers. Für die Abbildung des Zuschauers enthält die Beschreibung der Anwendung die nachstehende Spezifikation, wobei die für die Installation unwichtigen Informationen ausgeblendet sind.

```
<homeplacement id="oHome">
  <componentfileref idref="observer"/>
  <componentimplref idref="dinner_ObserverImpl-
linux"/>
     ...
```

```
  <destination>rechner1</destination>
</homeplacement>
```

Die für die Erzeugung des Zuschauers benötigte *Home*-Instanz wurde dem Zielrechner mit der Bezeichnung `rechner1` zugewiesen. Nachdem die Laufzeitrepräsentation der Anwendung im Besitz der Referenz auf die entsprechende Implementierung des Interface `ComponentInstallation` auf diesem Zielrechner ist, wird diese Referenz zur Installation der Implementierung der Komponente verwendet. Dazu wird die Operation `install` gerufen. Sie erhält als Parameter eine Identifikation des Komponentenarchivs und die Kennung der zu verwendenden Implementierungsvariante. Diese Informationen sind ebenfalls in der Anwendungsbeschreibung zu finden.

Im konkreten Fall werden dazu die Beschreibungselemente `componentfileref` und `componentimplref` im Kontext der *Home*-Instanz gelesen. Ersteres verweist auf ein Beschreibungselement `componentfile`, dessen Attribut `id` den Wert `observer` hat. Dieses Element wurde an einer anderen Stelle in der Beschreibungsdatei spezifiziert und sieht folgendermaßen aus.

der Verweis auf die Implementierung der Zuschauer-Komponente im Component Assembly Descriptor

```
<componentfile id="observer">
  <fileinarchive
    name="meta-inf/observer.csd">
    <link href="observer.zip">
  </fileinarchive>
</componentfile>
```

Daraus ist zu erkennen, dass der Name des Archivs `observer.zip` lautet. Die Kennung der Implementierung ist direkt dem Beschreibungselement `componentimplref` zu entnehmen und lautet `dinner_ObserverImpl-linux`.

16.2.3 Instantiierung

Auch die Erzeugung von Laufzeitinstanzen steht unter der Kontrolle des Assembly-Objekts.

Nachdem die Implementierung einer Komponente auf dem ihr zugewiesenen Zielrechner installiert wurde, kann mit der Erzeugung von Laufzeitinstanzen begonnen werden. Wiederum dient die Beschreibungsdatei der Anwendung als Anleitung.

Ziel ist die Erzeugung von Laufzeitabbildungen aller *Home*- und Komponenteninstanzen, wobei die Verteilungsstrukturen exakt nachgebildet werden müssen. Das heißt beispielsweise, die Verwendung des Beschreibungselements `processcollocation` führt dazu, dass für alle darin enthaltenen Spezifikationen von *Home*-

Instanzen die Laufzeitabbildungen in einem gemeinsamen Prozess erzeugt werden. Die einfache Verwendung von `homeplacement` überlässt dagegen die Entscheidung zur Erzeugung von Prozessen der Plattform bzw. der Laufzeitrepräsentation der Anwendung.

Für die Erzeugung aller Laufzeitinstanzen werden die entsprechenden Interfaces der Plattform verwendet. Wie im vorigen Kapitel vorgestellt sind dies die IDL-Interfaces `ServerActivator`, `ComponentServer` und `Container`.

Wie schon bei der Installation wird die Information über den Zielrechner einer zu erzeugenden Laufzeitinstanz aus dem Beschreibungselement `destination` gewonnen. Anders als dort jedoch dient hier die Kennung des Zielrechners nicht dazu, die Implementierung des Interface `ComponentInstallation` zu finden, sondern die Implementierung eines Interface zur Erzeugung von Laufzeitinstanzen, in aller Regel das entsprechende CORBA-Objekt, das das Interface `ServerActivator` implementiert. Die auf diese Weise aufgelöste Objektreferenz ist der Einstiegspunkt für die Erzeugung von Laufzeitinstanzen auf dem Zielrechner. Die Implementierung des Interface `ServerActivator` wird verwendet, um ein neues CORBA-Objekt mit dem Interface `ComponentServer` zu erzeugen, hinter dem sich ein meist eigener Betriebssystemprozess verbirgt. Mithilfe dieses Objektes wird anschließend wiederum ein neues Objekt erzeugt, das das Interface `Container` implementiert. Damit können endlich die Laufzeitabbildungen der *Home*-Instanzen erzeugt werden, mit deren Hilfe abschließend die Instantiierung von Komponenten erfolgen kann.

16.2.3.1
Beispiel

Auch für die Betrachtung der Erzeugung von Laufzeitinstanzen wird wieder die Komponente des Zuschauers aus dem Beispiel der speisenden Philosophen herangezogen. Die in der Beschreibungsdatei der Anwendung bezüglich dieser Komponente enthaltene Spezifikation soll noch einmal vor Augen geführt werden.

Informationen zur Instantiierung der Zuschauer-Komponente im Component Assembly Descriptor

```
<homeplacement id="oHome">
  <componentfileref idref="observer"/>
  <componentimplref idref="dinner_ObserverImpl-
linux"/>

  <componentinstantiation id="observe">
    <registercomponent>
      <registerwithnaming
        name="CCM/Components/Observer"/>
      </registercomponent>
  </componentinstantiation>
```

```
  <destination>rechner1</destination>
</homeplacement>
```

Der Zielrechner für die Erzeugung der Laufzeitinstanzen ist wieder `rechner1`. Die Laufzeitrepräsentation der Anwendung findet mithilfe dieser Bezeichnung eine Referenz auf das CORBA-Objekt, das das Interface `ServerActivator` auf diesem Rechner implementiert. Die konkreten Schritte sind im Folgenden dargestellt.

Erzeugung des Servers
Die Operation `create_component_server` wird am Interface `ServerActivator` gerufen und liefert eine Referenz auf das Interface `ComponentServer`.

Erzeugung des Containers
Die Operation `create_container` wird an dem neu erzeugten Interface `ComponentServer` gerufen und liefert eine Objektreferenz vom Typ `Container`. Da das CORBA-Komponentenmodell verschiedene Containerkategorien in Abhängigkeit von der Art einer Komponente anbietet, muss dazu einerseits die Art der vorliegenden Implementierung bestimmt werden und andererseits die Information beim Ruf der Operation übertragen werden. Informationen über die Komponente befinden sich in der Komponentenbeschreibung, die sich zusammen mit der Implementierungsbeschreibung im Komponentenarchiv befindet. Die Übergabe des entsprechenden Typs muss als Parameter der Operation geschehen und zwar als ein Wert vom Typ `ConfigValue`. Die Standardisierung eines ausgezeichneten Konfigurationswertes für diesen Zweck ist noch nicht abgeschlossen. Solange die Implementierungen aller Interfaces der Plattform aber aus einer Hand kommen, erwächst daraus kein Problem für die Kommunikation zwischen diesen Objekten.

Erzeugung der Home-Instanz
Die Operation `install_home` wird an dem Interface `Container` gerufen und liefert eine Objektreferenz auf die Laufzeitabbildung der *Home*-Instanz. Dahinter verbirgt sich das Laden der Implementierung der Komponente in den Container. Benötigt wird lediglich die Information über die verwendete und zu diesem Zeitpunkt ja bereits installierte Implementierung. Deren Kennung kann leicht aus dem Beschreibungselement `componentimplref` in der Beschreibungsdatei der Anwendung entnommen werden. Tatsächlich erlaubt die Operation in ihrer Signatur auch die Übergabe des Einsprungpunktes und zusätzlicher Konfigurationswerte. Während die Konfigurationsmöglichkeit sinnvoll ist und konsequent in allen

derartigen Operationen angeboten wird, spricht einiges dafür, dass die Angabe des Einsprungpunktes eigentlich überflüssig und damit Gegenstand einer zukünftigen Revision des Standards ist. Alle Informationen, die für die Instantiierung des *Home*, also zum Laden der Implementierung und Rufen eines Einsprungpunktes, benötigt werden, erhält der Container durch die Verwendung der Operation `get_implementation` an dem Interface mit dem Namen `ComponentInstallation`.

Erzeugung der Komponenteninstanz
Aufgrund ihrer generischen Implementierung kann die Laufzeitrepräsentation der Anwendung nicht wissen, was sich konkret hinter der durch `install_home` gelieferten Referenz verbirgt. Sie benötigt jedoch ein spezielleres Interface, um die Komponenteninstanz zu erzeugen, die durch das Beschreibungselement `componentinstantiation` spezifiziert ist. Da es sich beim Typ der Komponente in diesem Fall um den Typ `session` handelt, kann die Referenz einfach konvertiert werden. Ein *Home* für eine Komponente dieses Komponententyps muss das IDL-Interface `KeylessCCMHome` implementieren, und damit die Operation `create` zur Erzeugung von Komponenteninstanzen anbieten. Mithilfe dieser Operation wird die gewünschte Instanz erzeugt. Wie in der Beschreibungsdatei zu sehen ist, muss die erzeugte Instanz noch im Namensdienst registriert werden. Damit ist die Phase der Instantiierung aus Sicht der Zuschauerkomponente beendet.

16.2.4 Konfiguration

Zuletzt sorgt das Assembly-Objekt für die Verbindung der Komponenteninstanzen und die gewünschte Konfiguration der Anwendung.

Nachdem im Zuge der Instantiierung alle Laufzeitabbildungen der spezifizierten Komponenteninstanzen existieren, schließt sich die Konfiguration dieser Instanzen an. Zur Konfiguration zählen hier sowohl die Konfiguration von Attributen der Komponenten auf der Grundlage von Konfigurationsdateien, als auch die Erzeugung von Verbindungen zwischen Komponenteninstanzen gemäß der Beschreibung der Anwendungsstruktur.

Ist in der Anwendungsbeschreibung die Konfiguration einer Komponenteninstanz durch die Angabe einer Konfigurationsdatei spezifiziert, müssen entsprechende Attribute der Instanz mit bestimmten Werten belegt werden. Dazu wird zunächst die Konfigurationsdatei analysiert. Es muss eine eindeutige Abbildung von Konfigurationswerten auf für die Konfiguration verwendbare Attribute geben. Ist dies der Fall, muss für jeden Konfigurationswert die Operation zum Schreiben des jeweiligen Attributes gerufen werden. Aufgrund der generischen Implementierung der Plattform, unter deren Kontrolle der Ruf dieser Operationen erfolgt, ergibt sich ein Problem. Die Implementierung der Plattform verfügt über keinen entsprechenden Programmcode zum Rufen der typspezifischen Operationen. Eine Lösung ergibt sich erst durch Verwendung des in CORBA vorhandenen *Dynamic Invocation Interface* (DII), mit dessen Hilfe Operationsrufe an zur Compilezeit unbekannten IDL-Interfaces zur Laufzeit dynamisch erzeugt werden können.

Die Erzeugung von in der Anwendungsbeschreibung enthaltenen Verbindungen zwischen Komponenteninstanzen geschieht wiederum generisch unter Verwendung der durch das Interface `CCMObject` an jeder Komponente zur Verfügung stehenden generischen Operationen zur Behandlung von Ports.

Um der Implementierung einer Komponenteninstanz die Möglichkeit zu geben, zu erfahren, wann ihre Konfiguration abgeschlossen, also ab welchem Zeitpunkt sie zur Verwendung bereit stehen muss, gibt es die Operation `configuration_complete`. Trotzdem diese Operation Bestandteil des standardmäßigen Interface jeder Komponente ist, muss sie nicht zwangsläufig gerufen werden. Stattdessen kann jede Komponente in ihrer Komponentenbeschreibung ausdrücken, ob diese Operation verwendet werden soll oder nicht. In der Regel ist es sinnvoll, davon Gebrauch zu machen.

16.2.4.1 Beispiel

Für die Illustration der Konfiguration von Komponenteninstanzen sollen die Instanzen der Komponente Philosoph aus dem Beispiel der speisenden Philosophen betrachtet werden. Hier finden sich beide Varianten der Konfiguration. Jede Philosopheninstanz verfügt sowohl über konfigurierbare Attribute als auch über Verbindungen zu anderen Komponenten.

Konfiguration von Attributen

Zunächst soll die Konfiguration von Attributen anhand der Spezifikation der Komponenteninstanz zur Repräsentation des Philosophen Kant untersucht werden.

Verweis auf den Component Property File Descriptor im Component Assembly Descriptor

```
<componentinstantiation id="Kant">
  <componentproperties>
    <fileinarchive name="kant.cpf"/>
  </componentproperties>
</componentinstantiation>
```

Die durch das Beschreibungselement `componentproperties` benannte Konfigurationsdatei `kant.cpf` enthält unter anderem die Spezifikation zur Konfiguration des Namens des Philosophen.

Konfiguration eines Attributs einer Philosophen-Komponente im Component Property File Descriptor

```
<simple
  name="name"
  type="string">
  <value>Kant</value>
</simple>
```

Die Implementierung der Komponentenplattform interpretiert diese Beschreibung dahingehend, dass die zu konfigurierende Komponenteninstanz über ein Attribut verfügt, das vom Typ `string` ist und den Namen `name` trägt. Dieses Attribut ist tatsächlich an der Komponente für Philosophen definiert. Die Konfiguration des Namens erfolgt also wie beschrieben. Damit hat auch die Laufzeitabbildung der Komponenteninstanz, die innerhalb der Anwendungsbeschreibung als Kant bezeichnet wurde, den nach außen hin sichtbaren Namen Kant.

Verbindung von Instanzen

Die Spezifikation der Verbindungen von Instanzen ist maßgeblich für die Struktur der Anwendung und befindet sich im hinteren Teil der Anwendungsbeschreibung. An dieser Stelle soll exemplarisch gezeigt werden, wie die Abbildung der Spezifikation von Verbindungen auf die Laufzeit erfolgt. Zunächst soll noch einmal die Beschreibung der Verbindung zwischen der linken Hand des Philosophen Kant und einer der Gabeln vor Augen geführt werden.

Konfiguration der Verbindung zwischen einer Philosophen-Komponente und einer Besteck-Komponente im Component Assembly Descriptor

```
<connectinterface>
  <usesport>
    <usesidentifier>
      left_hand
    </usesidentifier>
    <componentinstantiationref
      idref="Kant"/>
  </usesport>
  <providesport>
    <providesidentifier>
      the_fork
    </providesidentifier>
    <componentinstantiationref
      idref="Gabel1"/>
  </providesport>
</connectinterface>
```

Hierbei handelt es sich um eine Verbindung zwischen einem *Facet* und einem *Receptacle*. Die Verarbeitung dieser Beschreibung durch die Plattform geschieht folgendermaßen. Zuerst müssen die Referenzen der CORBA-Objekte, die sich hinter den miteinander zu verbindenden Komponenteninstanzen verbergen, aufgelöst werden. Das ist leicht möglich, da der gesamte Prozess der Inbetriebnahme unter der Kontrolle der Laufzeitrepräsentation der Anwendung erfolgt. Sie hat die entsprechenden Objekte erzeugt und kann deren Zuordnung zu den verwendeten Namen verwalten. Für das *Facet*, das sich hinter dem Beschreibungselement `providesport` verbirgt, ist seine Referenz in diesem Fall über die Operation `provide_facet` an der Laufzeitrepräsentation der Komponenteninstanz mit dem Namen `Gabel1` zu bekommen. Als Parameter dieser generischen, also von jeder Komponente implementierten Operation wird der Name des *Facet*, hier `the_fork`, übergeben. Diese Referenz kann jetzt an die Laufzeitrepräsentation der Komponenteninstanz, dessen *Receptacle* verbunden werden soll, übergeben, womit die Verbindung hergestellt ist. Die Übergabe erfolgt mittels der ebenfalls generischen Operation `connect`. Die Angabe des Portnamens als Parameter stellt die Verwendung des richtigen Ports sicher.

Teil IV

Entwickeln mit Qedo

17 Die Software Qedo

Die vorangegangenen Kapitel haben den Leser in die Welt der Komponenten eingeführt, das CORBA-Komponentenmodell sowohl von seiner theoretischen Fundierung her als auch in der praktischen Anwendung in der Komponentenentwicklung vorgestellt und den Weg aufgezeigt, von vorfabrizierten CORBA-Komponenten zu lauffähigen CORBA-Anwendungen zu kommen. Da jedoch der beste Weg zum Erlernen einer neuen Technologie darin besteht, sie praktisch anzuwenden und auszuprobieren, soll der letzte Teil des Buches eine Implementierung des CORBA-Komponentenmodells vorstellen und den Umgang mit den mitgelieferten Werkzeugen illustrieren.

Da das CORBA-Komponentenmodell ein noch relativ junger Standard ist, sind nur wenige Implementierungen dieses Modells gegenwärtig verfügbar. Eine von den Autoren des Buches entwickelte prototypische Implementierung des CORBA-Komponentenmodells ist Qedo. Das folgende Kapitel stellt die Geschichte von Qedo kurz vor. Daran schließen sich Kapitel an, die die Installation von Qedo und den Umgang mit den von Qedo mitgebrachten Werkzeugen anhand eines konkreten Implementierungsbeispiels beschreiben.

17.1 Geschichte von Qedo

Die ersten Entwicklungen für Qedo entstanden parallel zur Standardisierung des CORBA-Komponentenmodells.

Die Standardisierung des CORBA-Komponentenmodells war und ist eine schwierige und langwierige Sache. Dies wird insbesondere daran deutlich, dass die endgültige Verabschiedung der Spezifikation für die Integration von Sicherheitsaspekten in das CORBA-Komponentenmodell noch immer aussteht. Viele Dinge in der Spezifikation haben sich während der Ausarbeitung der endgültigen Fassung noch einmal wesentlich geändert. Da OMG-Standards nur dann als solche akzeptiert werden, wenn es mindestens eine Implementierung dieses Standards gibt, war es erforderlich, die Konzepte des Standards zeitig in einem Prototyp zu implementieren und auf ihre Richtigkeit und Zweckmäßigkeit zu untersuchen.

CIF und Qedo waren Urväter für das heutige Qedo-Projekt.

Aus diesem Grund wurden frühzeitig mehrere unabhängige Implementierungen für das zu standardisierende CORBA-Komponentenmodell gestartet, zwei für die C++-Programmiersprache und eine für die Java-Programmiersprache. Die drei Implementierungen wurden jeweils von verschiedenen Mitgliedern der Standardisierungsgruppe für das CORBA-Komponentenmodell, zu denen die Autoren gehören, entwickelt. Die beiden ersten sehr frühen C++-Implementierungen datieren aus dem Jahr 2001. Sie wurden jeweils am Fraunhofer Institut Fokus bzw. an der Humboldt-Universität zu Berlin entwickelt. Die von Fraunhofer Fokus entwickelte Variante trug den Namen *Qedo*. Dieser Name stand für *Quality of Service Enabled Distributed Objects* und sollte schon frühzeitig die Ambitionen der Entwickler deutlich machen, in diese Implementierung später auch eine Dienstgütebehandlung einzubauen. Qedo baute auf einer damals schon vorhandenen komponentenorientierten Middleware-Plattform beim Fraunhofer Institut Fokus auf. Die Implementierung der Humboldt-Universität trug den Namen *CIF* und stand für *Component Implementation Framework*. Diese Implementierung wurde komplett neu entwickelt. Beide Varianten wurden parallel entsprechend der fortschreitenden Standardisierung weiterentwickelt.

Im Jahr 2001, nach mehreren Jahren der Standardisierung, wurde das CORBA-Komponentenmodell endlich in der Version 1.0 verabschiedet. Mit der Fertigstellung des Standards entstand natürlich der Wunsch nach gut benutzbaren Implementierungen. Die Firma Eurescom GmbH, die eine führende Rolle bei der Leitung und Organisation gemeinschaftlicher europäischer Forschungsarbeit im Telekommunikationsbereich wahrnimmt, unterstützte die damalige Weiterentwicklung der CIF-C++-Prototypenimplementierung finanziell. Im Rahmen dieser Zusammenarbeit wurde die CIF-Implementierung in wesentlichen Teilen neu strukturiert. Die aus der Zusammenarbeit mit Eurescom entstandene Implementierung war eine erste Grundlage für Forschungsarbeiten und Evaluierungsarbeiten zum CORBA-Komponentenmodell.

CIF und Qedo wurden während des EU-Projekts COACH zusammengeführt.

Komponentenbasierte Softwareentwicklung wurde im Jahr 2002 auch als ein wichtiger Forschungsschwerpunkt in der Europäischen Union erkannt und entsprechende Fördergelder im Rahmen des sechsten Rahmenprogramms für Forschung und technologische Entwicklung bereitgestellt. Das Forschungsprojekt COACH (*Component Based Open Source Software Architecture for Telecommunications*), das von der EU im Rahmen dieses Programms gefördert wurde, setzte sich zum Ziel, anhand von Implementierungen für das

CORBA-Komponentenmodell zu untersuchen, ob und wie diese Implementierungen auch die speziellen Anforderungen der Telekommunikationsindustrie erfüllen können. Sowohl die Entwickler von Qedo als auch die Entwickler von CIF waren am COACH-Projekt beteiligt. Schnell erkannte man jedoch, dass die parallele Entwicklung und Pflege zweier C++-Implementierungen dem Projekt nicht dienlich sei. Man einigte sich darauf, die beiden C++-Implementierungen zu einer gemeinsamen Implementierung zu verschmelzen. Als Name der neuen Implementierung wurde der damals schon etablierte Name Qedo benutzt, da auch das COACH-Projekt entsprechende Erweiterungen in Richtung Dienstgüte und Datenströme anstrebte. Basierend auf den Quellen von CIF und Qedo wurde eine komplett neue C++-Implementierung auf die Beine gestellt, die von den Erfahrungen beider Entwicklerstämme aus den bisherigen Implementierungen profitieren konnte.

Innerhalb des COACH-Projekts wurde Qedo konsequent weiter entwickelt und verbessert. Unter Nutzung von Qedo wurde auch die große Abschlussdemonstration des COACH-Projekts programmiert, die sämtliche relevanten Projektergebnisse vor der Europäischen Union darlegen sollte.

17.2 Eigenschaften von Qedo

Bei der Entwicklung von Qedo haben sich die Programmierer im Wesentlichen auf die stabilen Konzepte im Standard konzentriert. Großer Wert wurde auf eine leistungsfähige und sowohl in der Windows-Welt als auch in der Unix-Welt gut einsetzbare und erweiterbare Werkzeugkette gelegt, die dem Entwickler einen großen Teil der Arbeiten abnimmt und ihn bei der Konzentration auf seine eigentliche Geschäftslogik unterstützt. Das folgende Kapitel fasst die Eigenschaften von Qedo kurz zusammen.

17.2.1 Allgemeine Eigenschaften

Qedo ist in C++ implementiert.

Qedo ist eine C++-Implementierung des CORBA-Komponentenmodells. Sämtliche Bestandteile der Laufzeitumgebung einschließlich der Werkzeuge sind objektorientiert in der Programmiersprache C++ programmiert. Folgerichtig unterstützt Qedo auch nur die Implementierung von CORBA-Komponenten in C++. Die entwickelten Komponenten werden gegenwärtig nur in dem von Qedo selbst bereitgestellten Container lauffähig sein, obwohl es potentiell möglich ist, einen Container eines Fremdherstellers zu verwenden. Aus Mangel an verfügbaren C++-Implementierungen zum Zeitpunkt des Schreibens dieses Buches erübrigt sich dies im Augenblick jedoch.

Qedo läuft unter Windows und Linux.

An dieser Stelle soll der Leser auch auf die Probleme aufmerksam gemacht werden, die sich bei der Programmierung von CORBA-Komponenten in C++ und der Nutzung von beliebigen Fremdcontainern ergeben. Es existieren hierbei sekundäre Abhängigkeiten, die nicht so ohne weiteres ersichtlich sind. Als erstes ist da natürlich die Abhängigkeit von der Zielplattform. Qedo selbst läuft unter Windows und Linux, wodurch ein Entwickler prinzipiell in der Lage ist, für beide Plattformen Komponentenimplementierungen zu bauen. Bei Verwendung von Linux muss als weiterer Abhängigkeitsparameter die zugrunde liegende Hardware beachtet werden.

Qedo unterstützt den Microsoft-C++-Compiler und den GNU-C++-Compiler.

Unter Windows wird der Microsoft C++-Compiler unterstützt, wie er in der Microsoft Entwicklungsumgebung Visual Studio .NET zu finden ist. Unter Linux wird auf den GNU-C++-Compiler gcc zurückgegriffen. Damit kommt leider ein dritter Abhängigkeitsparameter hinzu, die Abhängigkeit vom genutzten C++-Compiler. Leider ist heutzutage weder die Kodierung von C++-Namen noch die Repräsentation von Daten im Speicher oder die Behandlung von Ausnahmen standardisiert. Die Folge ist, dass Objektdateien, die von verschiedenen C++-Compilern auf derselben Plattform kompiliert wurden, in den seltensten Fällen miteinander zusammenarbeiten (sprich: gegeneinander gelinkt werden) können.

Qedo läuft unter ORBacus (Iona) und unter MICO.

Erschwerend kommt eine vierte Abhängigkeit hinzu, die sich daraus ergibt, dass der CORBA-Standard keine exakte Abbildungsvorschrift für komplexe Datentypen definiert. Nutzt eine ORB-Implementierung Konstrukte aus der *Standard Template Library* für die Implementierung von IDL-Typen wie Sequenzen und Strukturen, so kann ein anderer ORB eines anderen Herstellers hierfür selbst bereitgestellte C++-Datentypen verwenden. Demzufolge können solche Daten nicht zwischen zwei Objektdateien, die für verschiedene ORBs kompiliert wurden, ausgetauscht werden. Beide ORBs wüssten zwar, dass es sich um einen bestimmten IDL-Typ handelt, allerdings wird der eine ORB eine andere Darstellung des Typs im Speicher aufweisen als der andere ORB.

Aufgrund dieser Tatsache verbietet es sich, die Implementierung einer CORBA-Komponente mit einem anderen ORB zu implementieren als der, der auch für die Implementierung des Containers benutzt wurde. Bei der Entwicklung von Qedo wurde zwar versucht, Abhängigkeiten von einem bestimmten ORB weitestgehend zu minimieren, allerdings sind erfahrungsgemäß immer noch kleine Anpassungen notwendig, wenn auf einen neuen ORB portiert wird. Gegenwärtig lässt sich Qedo unter Windows für das ORB-Produkt

ORBacus von *Iona* und den frei verfügbaren ORB *MICO* kompilieren. Entsprechende Konfigurationsdateien werden bereitgestellt. Unter Linux ist eine Kompilation für den ORB MICO möglich. Hier werden die erforderlichen *Makefiles* durch einen *configure*-Schritt erzeugt.

17.2.2 Eigenschaften der Laufzeitumgebung

Qedo stellt einen Session-Container bereit.

Qedo wurde über mehrere Jahre entwickelt und verbessert. Entsprechend der fortschreitenden Standardisierung wurden die Funktionen in Qedo angepasst und neue Funktionen eingeführt. Gegenwärtig unterstützt Qedo die Entwicklung von *Session*-Komponenten. Dazu stellt es einen voll funktionsfähigen *Session*-Container bereit. Ein Session-Container ist bekanntlich in der Lage, sowohl Session-Komponenten als auch Service-Komponenten zu verwalten. Prinzipiell würde also der Unterstützung von Service-Komponenten durch Qedo nichts im Wege stehen. In einigen Punkten benötigen jedoch Service-Komponenten eine im Vergleich zu Session-Komponenten andere Behandlung durch den Session-Container. Diese Anpassungen stehen noch aus.

Qedo unterstützt den locator-basierten Ansatz.

Der Qedo-Session-Container verfolgt den *locator*-basierten Ansatz, bei dem die Komponente einen *Executor Locator* bereitstellt, über den der Container Implementierungen für einzelne *Facets* oder Ereigniskonsumenten erfragen kann. Dieser Ansatz ist gegenüber dem monolithischen Ansatz deutlich flexibler und leistungsfähiger. Allerdings hat er auch den Nachteil, dass er für den Containerhersteller schwieriger zu implementieren ist.

Dreh- und Angelpunkt sämtlicher Laufzeitkonstrukte ist der Komponentenserver-Aktivator. Dieser implementiert das CORBA-Interface `ComponentServerActivator`. Qedo stellt hierfür eine ausführbare Datei mit dem Namen `qcsa.exe` (unter Windows) bzw. `qcsa` unter Linux zur Verfügung. Ein solcher Prozess muss auf jedem Rechner gestartet sein, auf dem später einmal Komponenteninstanzen in einem Container erzeugt werden sollen.

Der Komponentenserver-Aktivator wiederum ist in der Lage, Komponentenserver zu erzeugen. Ein jeder Komponentenserver läuft in einem neuen Prozess und ist damit vollständig von anderen, parallel laufenden Komponentenservern abgegrenzt. Er implementiert das CORBA-Interface `ComponentServer` und wird in Qedo in der ausführbaren Datei `qcs.exe` (unter Windows) bzw. `qcs` (unter Linux) implementiert.

Der Komponentenserver erzeugt Container. Die Art des zu erzeugenden Containers wird aus einer Sequenz von Konfigurationswerten ermittelt, die der entsprechenden `create_container`-Operation am Komponentenserver übergeben wird. Diese Sequenz ist vom Typ `Components::ConfigValues` und besteht aus einer Sequenz von Name-Werte-Paaren. Leider standardisiert das CORBA-Komponentenmodell die Art der zu übergebenen Konfigurationsparameter nicht. Deshalb muss jede Implementierung eine eigene Entscheidung bezüglich des Namens und den zugelassenen Werten für bestimmte Konfigurationsparameter treffen.

In Qedo wird für die Spezifikation der Art des zu erzeugenden Containers bei der `create_container`-Operation der Name `CONTAINER_TYPE` verwendet. Erlaubte Werte für diesen Parameter sind

- SESSION
- ENTITY
- EXTENSION

Allerdings unterstützt Qedo gegenwärtig die Funktionalität des Entity-Containers noch nicht und erzeugt stattdessen einen Session-Container. Der Wert `EXTENSION` kann für die Erzeugung eines erweiterbaren Containers benutzt werden. Dieser Containertyp ist nicht standardisiert. Qedo bietet mit ihm die Möglichkeit, einen Session-Container dynamisch zur Laufzeit um weitere Dienste zu ergänzen. Unter anderem gestattet er, zur Laufzeit gewisse Anbieter von Dienstgütemerkmalen in den Container zu integrieren. Für die normale Anwendung im Rahmen des CORBA-Komponentenmodells ist er nicht vonnöten.

Fertige Komponentenimplementierungen liegen unter Windows als DLL und unter Linux als Shared Library vor.

Komponentenimplementierungen werden zur Laufzeit in einen Container geladen. Nach dem Laden können über das zugehörige Home Komponenteninstanzen erzeugt werden. Um Komponenten dynamisch nachladen zu können, muss Qedo auf die durch die Plattform bereitgestellten Funktionen für die Erzeugung und Handhabung dynamischer Bibliotheken zurückgreifen. Unter Windows werden deshalb Komponentenimplementierungen immer in eine *Dynamic Link Library* (DLL) kompiliert. Eine DLL enthält genau eine Komponentenimplementierung. Unter Linux wird auf das Konzept der so genannten *Shared Libraries* zurückgegriffen. Auch hier wird für jede Komponentenimplementierung eine eigene Bibliothek angelegt.

17.2.3 Eigenschaften der Werzeuge

Servants müssen durch containerspezifische Werkzeuge bereitgestellt werden.

Eine Implementierung des CORBA-Komponentenmodells, die keine Werkzeuge bereitstellt, ist wenig zweckmäßig. Das liegt daran, dass beim CORBA-Komponentenmodell bestimmte Eigenschaften der Implementierung auf Meta-Ebene festgelegt und nicht von Hand ausprogrammiert werden. Qedo stellt eine Menge von Werkzeugen zur Komponentenentwicklung und Laufzeitverwaltung bereit. Die von einer Komponentenimplementierung benötigten *Servants* sind nicht Bestandteil der Komponentenimplementierung. Diese *Servants* sind in hohem Maße containerabhängig, da sie bei der Kommunikationsverarbeitung eng mit dem Container zusammenarbeiten müssen, um Transaktionsgrenzen zu setzen und zu beobachten, Sicherheitsrichtlinien anzuwenden und Auslagerung und Einlagerung von persistenten Komponenteninstanzen zu überwachen und zu steuern. Da nur der Containerhersteller das Wissen hat, wie die *Servants* geeignet in die Kommunikationskette des Containers zu integrieren sind, muss er entsprechende Werkzeuge bereitstellen, die aus der Spezifikation der CORBA-Komponente automatisch *Servants* generieren. Diese *Servants* müssen dann bei der Installation der Komponente auch geeignet in den Container geladen werden (bzw. gegen den ausführenden Prozess gelinkt werden).

Ebenfalls containerspezifisch ist das Kontext-Interface, über das die Komponente mit dem Container reden kann. Am Kontext-Interface bieten sich der Komponentenimplementierung beispielsweise Operationen zum Zugriff auf verbundene *Receptacles* und zum Aussenden von Ereignissen an. Beide Funktionen greifen tief in die Containerstrukturen ein. Die Implementierung dieses Interfaces kann komplett generiert werden, allerdings nur unter spezifischem Wissen über den zu bedienenden Container. Somit fällt auch die komplette Generierung der Implementierung des Kontext-Interface für eine CORBA-Komponente in den Aufgabenbereich eines Werkzeugs.

Implementierungsskelette werden durch containerunabhängige Werkzeuge erzeugt.

Obwohl CORBA-Komponenten auch vollständig von Hand implementiert werden können, bietet sich mit CIDL eine gute Möglichkeit, wesentliche Teile der Implementierung automatisch erzeugen zu lassen. Dazu gehören die Generierung der IDL-Spezifikationen der lokalen Interfaces der Komponente und der, von der gewählten Segmentierung abhängenden, tatsächlich zu implementierenden Callback-Interfaces der Komponente. Auch hierfür können wiederum Werkzeuge herangezogen werden, die im Gegensatz zu den *servant*-erzeugenden Werkzeugen jedoch nicht containerabhängig sind.

Das universelle Werkzeug von Qedo heisst `cidl_gen`.

Qedo bietet sowohl für die Generierung von containerspezifischen Dateien als auch für die Generierung containerunabhängiger Dateien das Werkzeug `cidl_gen` an. Dieses Werkzeug ist wie auch die komplette Laufzeitumgebung in C++ geschrieben und verarbeitet, wie der Name bereits andeutet, die Sprache CIDL, die wiederum folgende Teilsprachen umfasst:

- IDL2.x,
- IDL3,
- PSDL und
- CIDL.

Die Sprache PSDL zur Beschreibung von persistenten Objekten wird in der gegenwärtigen Version zwar vom Werkzeug akzeptiert und auf korrekte Syntax getestet, allerdings findet keine PSDL-spezifische Codegenerierung statt.

Die von `cidl_gen` erzeugten Implementierungsskelette bestehen aus einer Menge von C++-Klassen, an denen an bestimmten Stellen noch die eigentliche Geschäftslogik der Komponente eingefüllt werden muss. Neben den oben dargestellten Aufgaben nimmt dieses Werkzeug noch weitere Aufgaben wahr. Es kann bei Bedarf initiale Projekt-Dateien zur Benutzung mit der Microsoft-Entwicklungsumgebung Visual Studio .NET erzeugen. Dadurch ist es in kürzester Zeit möglich, eine CORBA-Komponente mit Visual Studio .NET zu implementieren. Alternativ kann `cidl_gen` auch *Makefiles* generieren. Diese können unter Linux zur Erstellung der *Servants* und Komponentenimplementierungen mit MICO genutzt werden.

Eine weitere Fähigkeit dieses Generatorwerkzeugs besteht in der Erzeugung eines XML-Skeletts für den *Component Descriptor* und den *Software Package Descriptor*. Diese Dateien finden sich später in dem Komponentenarchiv wieder, müssen allerdings vorher noch an einigen Stellen mit weiteren Informationen gefüllt werden, die nicht automatisch durch das Werkzeug generiert werden können.

Die softwaretechnische Architektur des Generators basiert auf dem Konzept einer universellen Datenbank, die Informationen über die Spezifikation von Komponenten und Implementierungen aufnehmen kann. Eine solche Datenbank wird auch *Repository* genannt. Das im Generator eingesetzte *Repository* ist ein normales IDL3-*Interface Repository* mit Erweiterungen für die CIDL-Konstrukte. Der Parser speichert die bei der Bearbeitung von IDL- und CIDL-Dateien gewonnenen Informationen im *Interface Repository*. Im Anschluss daran können verschiedene interne Generatoren über dem

Interface Repository arbeiten und beispielsweise Implementierungsskelette oder Deskriptoren generieren. Das *Interface Repository* ist auch als selbstständig ausführbare Datei in Qedo vorhanden.

Zur Installation und Konfiguration einer komponentenbasierten Anwendung wird durch Qedo das Werkzeug `qdeploy` bereitgestellt. Dieses Werkzeug führt auf der Grundlage eines Anwendungsarchivs die Inbetriebnahme der darin enthaltenen Anwendung aus.

18 Installation von Qedo

Vor der eigentlichen Entwicklung von CORBA-Komponenten mit Qedo steht die Installation des Qedo-Pakets selbst. Qedo wurde unter einer speziellen freien Benutzungslizenz veröffentlicht, der *GNU General Public License*. Dadurch sind die Quellen von Qedo für jedermann erhältlich und unter Umständen an die eigenen Anforderungen anpassbar. Das folgende Kapitel diskutiert, wie man die Quellen von Qedo beziehen kann, welche Abhängigkeiten der Qedo-Software von fremden Softwarepaketen existieren und wie die Installation von Qedo zu erfolgen hat.

18.1 Die aktuellen Quellen

Qedo liegt in verschiedenen Quelltextpaketen vor. Das erste Paket enthält die Implementierungen der CORBA-Interfaces `ServerActivator`, `ComponentenServer`, `Container`, `HomeFinder` und `AssemblyFactory`. Ein weiteres Paket enthält das Werkzeug `cidl_gen`. Weitere Pakete existieren und enthalten Beispiele für CORBA-Komponenten. Zugriff auf die Quelltexte erhält man über die Qedo-Homepage `http://www.qedo.org`.

Die Quellen von Qedo werden im Versionsverwaltungssystem CVS verwaltet.

Zur Verwaltung der Quelltexte von Qedo wird ein Versionsverwaltungssystem mit Namen CVS (*Concurrent Versions System*) verwendet. Dieses Verwaltungssystem erlaubt es mehreren Entwicklern an einem gemeinsamen Projekt zu arbeiten und jeweils isoliert Änderungen an den Quellen vorzunehmen. Später werden die jeweils lokalen Änderungen der einzelnen Entwickler zurück in den CVS-Quellbaum gestellt. Ein CVS-Server ermöglicht es, Zugriff auf den Quellbaum über eine Netzwerkverbindung zu erhalten.

Gegenwärtig werden die Qedo-Quellen durch die Entwicklerplattform BerliOS (`http://www.berlios.de`) verwaltet. Unter der gegenwärtig benutzten BerliOS-Plattform ist es möglich, die Quellen sowohl durch den dort laufenden CVS-Servers unter Nutzung eines lokalen CVS-Client über eine Netzwerkverbindung zu erhalten als auch über ein durch BerliOS bereitgestelltes Web-Interface die entsprechenden Quellarchive runterzuladen. Qedo stellt die folgenden Pakete bereit.

- qedo – enthält die Laufzeitumgebung,
- generator2 – enthält das universelle Generator-Werkzeug,
- examples – enthält Beispiele zur Nutzung mit Qedo.

Im Folgenden sollen die Vorgehensweisen zur Beschaffung der Qedo-Quelltexte kurz erläutert werden.

18.1.1 CVS-Benutzung

Über einen CVS-Klienten erhält man direkten Zugriff auf die letzten Änderungen der Quellen.

Um die aktuellen Quellen direkt aus dem CVS-Quellbaum zu erhalten, wird ein CVS-Klient benötigt. Dieser kommuniziert mit dem CVS-Server, um die gewünschten Quelltextpakete zu extrahieren. Bevor man die Quellen extrahiert, sollte man sich ein geeignetes Verzeichnis auf seiner Festplatte anlegen, unter dem alle Qedo-Quellen geordnet werden. Als Nichtentwickler wird ein so genannter anonymer Zugang gewährt, bei dem die Quellen erreichbar, jedoch nicht änderbar sind. Gewöhnlich muss man sich beim CVS-Server erst anmelden, bevor man Quellen extrahieren kann. Dies geschieht durch den folgenden Aufruf des CVS-Klients (zu beachten ist, dass, obwohl der Text hier im Buch umgebrochen wird, alles in einer Zeile zu stehen hat).

Anmeldung im CVS

```
cvs -d
:pserver:anonymous@cvs.qedo.berlios.de:/cvsroot/qedo
login
```

Hat man sich auf diese Weise beim CVS-Server angemeldet, kann man daran gehen, die Quelltextpakete zu erhalten. Dies geschieht mit dem folgenden Aufruf des CVS-Klients (wieder in einer Zeile).

Extrahieren der Quellen aus dem CVS

```
cvs -z3 -d
:pserver:anonymous@cvs.qedo.berlios.de:/cvsroot/qedo
co qedo
```

Der CVS-Server bei BerliOS akzeptiert allerdings auch das anonyme Extrahieren der Quellen ohne vorherige Anmeldung. Auf diese Weise können im Anschluss daran auch die Module `generator2` und examples extrahiert werden. Zum Abschluss kann man sich noch abmelden.

Abmelden vom CVS

```
cvs -d
:pserver:anonymous@cvs.qedo.berlios.de:/cvsroot/qedo
logout
```

Der CVS-Klient legt die Quelltexte für Qedo in das aktuelle Verzeichnis ab. Wurden sämtliche Module extrahiert, so finden sich dort ein Verzeichnis qedo mit den Quellen der Laufzeitumgebung, ein Verzeichnis generator2 mit dem Generatorwerkzeug und ein Verzeichnis examples mit den Beispielen.

18.1.2 Web-Benutzung

Unter Nutzung eines herkömmlichen Browsers, wie Mozilla oder dem Internet Explorer, können die Quelltextpakete auch über das World Wide Web bezogen werden. Dazu folgt man auf der Qedo-Homepage (http://www.qedo.org) einfach dem Link CVS auf der linken Seite. Über diesen Link landet man auf der CVS-Seite für Qedo. Im Hauptfenster finden sich nebeneinander als Kopfzeile eine Vielzahl von Links (unter anderem Summary, Home Page, Forums, News, CVS, Files). Hier folgt man dem Link Files und gelangt auf eine Seite, auf der die beiden Hauptmodule qedo und generator2 in verschiedenen *Release*-Versionen zum Runterladen zur Verfügung stehen. Auf diese Seite gelangt man alternativ auch direkt über die Qedo-Homepage, wenn man dem Link Downloads folgt. Es empfiehlt sich meist jeweils die höchste Versionsnummer der angezeigten Module zu nehmen. Unter einer Versionsnummer finden sich dort normalerweise sowohl zip-Archive als auch mit gzip komprimierte tar-Archive. Beide Archivvarianten enthalten für jede Version jeweils die gleichen Quellen und es bleibt der Vorliebe des Nutzers überlassen, welchen Archivtyp er wählt.

Nach dem Runterladen sollte man sich ein geeignetes Verzeichnis anlegen, unter dem die Quellen ausgepackt werden können. Beide Quelltextpakete öffnen beim Auspacken ein eigenes Unterverzeichnis, so dass es keine Konflikte gibt. Das Modul „examples“ ist gegenwärtig nicht über das bequeme Web-Interface verfügbar. Für die Entwicklung von Komponenten ist es nicht nötig. Bei Bedarf muss es also aus den CVS-Quellen von Hand extrahiert werden, s. Kap. 18.1.1.

18.1.3 FTP-Benutzung

Von Zeit zu Zeit werden stabile Versionen auch über einen FTP-Server angeboten. Dazu folgt man auf der Qedo-Homepage dem Link `FTP Server` und gelangt zu einer Auflistung der verfügbaren Dateien. Dort finden sich dann Archive für die Laufzeitumgebung (`qedo`), den Generator (`generator2`) und die Beispiele (`examples`).

18.2 Kompatible ORB-Produkte

Qedo arbeitet mit den ORB-Produkten ORBacus und MICO zusammen.

Obwohl Qedo den Anspruch hat, ORB-unabhängig implementiert zu sein, treten in der Praxis immer noch Probleme bei der Integration mit einem neuen ORB-Produkt auf und machen kleinere Anpassungen an den Quellen erforderlich. Aus diesem Grund ist Qedo bisher auch nur mit zwei ORB-Produkten ausgiebig getestet worden. Es handelt sich hierbei zum einen um den erfolgreichen ORB *ORBacus* von *Iona*. Dieser wurde ursprünglich von der Firma *Object Oriented Concepts* entwickelt, bevor diese Firma von *Iona* aufgekauft wurde. *ORBacus* ist ein kommerzielles Produkt, für das *Iona* allerdings für akademische Zwecke kostenlose Lizenzen gewährt. Inwieweit diese Politik auch in Zukunft fortgesetzt wird, kann an dieser Stelle nicht gesagt werden. *ORBacus* läuft unter Windows und Unix, und es existiert sowohl eine C++-Version als auch eine Java-Version. Da Qedo eine C++-Implementierung ist, muss ORBacus auch in der C++-Version auf dem Entwicklersystem installiert sein. Es ist zu beachten, dass ORBacus in der Version mit dynamischen Bibliotheken verwendet werden soll.

Zum anderen unterstützt Qedo den ORB *MICO*, einen sowohl in der Forschung als auch in freien Softwareprojekten sehr erfolgreichen und beliebten ORB. Die Quellen von MICO sind frei verfügbar und können über die Seite `http://www.mico.org` geladen werden. MICO ist ein C++-basierter ORB und lässt sich sowohl unter Windows als auch unter Unix kompilieren. Auch hier ist es wichtig, dass die MICO-Bibliotheken dynamisch kompiliert sind (unter Windows als DLL, unter Unix als *Shared Library*). Dies ist aber in aktuellen MICO-Versionen die Standardeinstellung. MICO muss in der Variante genutzt werden, die mehrere *Threads* unterstützt. Für diese Unterstützung ist eine weitere Bibliothek notwendig, die `pthreads`-Bibliothek. Diese Bibliothek ist auf der folgenden Seite in Quellenform als auch als vorkompilierte Version erhältlich: `http://sources.redhat.com/pthreads-win32`.

Hat man diese Bibliothek installiert und konfiguriert, so muss man MICO mit dieser Bibliothek neu kompilieren. Dazu ist in der MICO-Konfigurationsdatei die `HAVE_THREADS`-Definition auszukommentieren. Bei der sich unmittelbar anschließenden Konfiguration der *Thread*-Variablen `PTHREADS_LIB` und `PTHREADS_EXC` sollte man in jedem Fall die zweite Beispielsvariante auswählen. Danach kann der MICO entsprechend der mitgelieferten Installationsanleitung kompiliert werden.

18.3 Weitere benötigte Software

Neben einem lauffähigen ORB-Produkt ist weitere Software für die korrekte Funktion von Qedo und die Nutzung seiner sämtlichen Möglichkeiten erforderlich. Diese Softwarepakete werden im Folgenden behandelt.

18.3.1 XML-Unterstützung

Die Verarbeitung von XML-Dokumenten spielt eine zentrale Rolle im CORBA-Komponentenmodell. Neben den verschiedenen Deskriptoren benutzt Qedo auch XML, um seine eigenen Konfigurationsdaten zu speichern. Da es stabile und gut funktionierende Softwarepakete für die Verarbeitung von XML-Dokumenten gibt, war es nicht erforderlich, eine eigene Implementierung hierfür zu schreiben.

Qedo benutzt zur XML-Verarbeitung die XercesC-Bibliothek.

Qedo benutzt für die Verarbeitung von XML die bekannte XercesC-Bibliothek. Diese Bibliothek ist in C++ implementiert und stellt ein entsprechendes API bereit, über das Qedo unter Benutzung des standardisierten DOM-API Zugriff auf die in den XML-Dateien enthaltenen Daten erhält. Leider sieht es so aus, dass die Entwickler von XercesC immer wieder starke Änderungen am XercesC-API vornehmen, wodurch neue Versionen dieser Bibliothek selten sofort mit Qedo benutzbar sind. Gegenwärtig benötigt Qedo die XercesC-Version 2.1.

Diese Bibliothek kann über die folgende Seite bezogen werden: `http://xml.apache.org/xerces-c/index.html`. Ältere Versionen lassen sich unter der folgenden Seite wiederfinden: `http://xml.apache.org/dist/xerces-c/stable/archives`. Es empfiehlt sich, nicht die bereits kompilierte Version, die ebenfalls über diese Seite verfügbar ist, zu nutzen, sondern auf eine selbst kompilierte Version zu setzen.

18.3.2 Archivierungsunterstützung

Qedo benutzt zur Archivbearbeitung die ZLib-Bibliothek.

Komponentenimplementierungen und Anwendungen werden im CORBA-Komponentenmodell in Archive verpackt. Solche Archive sind herkömmliche `zip`-Archive, die die entsprechenden Dateien enthalten. Für die Behandlung, also die Komprimierung und Dekomprimierung von Komponenten- und Anwendungsarchiven, stützt sich Qedo auf die Funktionen der ZLib-Bibliothek ab. Diese Bibliothek stellt ein API bereit, um programmatisch Dateien und Dateibäume einpacken und auspacken zu können. Die ZLib-Bibliothek ist verfügbar unter `http://www.zlib.org/zlib`. Für Windows lässt sich dort eine vorkompilierte Version herunterladen. Für Unix-basierte Systeme muss die Bibliothek erst anhand der beiliegenden Installationsanleitung kompiliert und installiert werden.

18.3.3 Softwarepakete für den Generator

Das Generatorwerkzeug für Qedo ist ein komplexer Compiler und Code-Analysator. Bei der Kompilierung dieses Werkzeugs kommt eine Reihe von Compilerbauwerkzeugen zum Einsatz. Diese sollen hier vorgestellt werden.

Flex und Bison

Zuerst wären da die beiden Werkzeuge *Flex* und *Bison* zu nennen. *Flex* ist die frei verfügbare GNU-Variante des bekannten Lexik-Analysewerkzeugs *Lex*. *Bison* ist die freie GNU-Variante des Compilergenerators *Yacc*. Die beiden GNU-Varianten unterstützen jeweils eine Reihe zusätzlicher Funktionen im Vergleich zu ihren Urvätern, können jedoch bei Bedarf in einen Kompatibilitätsmodus gesetzt werden.

Implementierungen dieser Werkzeuge lassen sich beispielsweise für Windows-Systeme in der Distribution von Cygwin finden (`http://www.cygwin.com`). Für Unix können Quellen zu diesen Werkzeuge beispielsweise von der folgenden Seite geladen werden: `http://www.gnu.org`.

Kimwitu++

Ein weiteres wichtiges Werkzeug ist Kimwitu++, die C++-Variante des Compilerbau-Hilfswerkzeugs Kimwitu. Dieses Werkzeug kann ebenfalls kostenlos von der folgenden Seite heruntergeladen werden: `http://site.informatik.hu-berlin.de/kimwitu++/download.html`. Für Windows-Systeme lässt sich unter dem Link `precompiled executable` sogar eine vorkompilierte Version runterladen. Für Debian-Systeme existieren ebenfalls fertige Pakete, die unter dem Link `Debian` erreichbar sind.

Python

Zum Schluss bleibt noch Python. Diese Script-Sprache wird ebenfalls für den Bau des Generatorwerkzeugs von Qedo benötigt, ist aber für den späteren Betrieb nicht mehr notwendig. Unter Windows-Systemen findet man auch hier in der Cygwin-Distribution ein funktionierendes Python. Unter Unix-Systemen ist es erforderlich, eine eigene Version zu kompilieren. Die Quellen für Python, so es denn nicht schon auf dem System vorhanden ist, können über die folgende Seite bezogen werden: `http://www.python.org`.

18.4 Installationsprozess

Der Installationsprozess setzt voraus, dass die eben diskutierten Softwarepakete ordnungsgemäß auf dem Zielsystem installiert wurden und die Quelltextpakete für die Laufzeitumgebung, den Generator und bei Bedarf die Beispiele heruntergeladen und in einem bestimmten Verzeichnis ausgepackt wurden. Jetzt soll gezeigt werden, wie man zu einer lauffähigen Qedo-Installation jeweils unter Windows und Linux kommt.

Bevor man an die Kompilierung von Qedo geht, müssen noch einige Umgebungsvariablen gesetzt werden. Soll mit dem ORBacus gearbeitet werden, so muss eine Umgebungsvariable `ORBACUS` definiert werden, die auf das Installationsverzeichnis des ORB verweist. Für MICO muss entsprechend eine Umgebungsvariable `MICO` mit einem Verweis auf das MICO-Installationsverzeichnis gesetzt werden. Als nächstes werden jeweils Umgebungsvariablen für die Hilfswerkzeuge benötigt.

- `LEX`
  Muss auf ein Programm zeigen, dass für Generierung der Lexik-Analyse genutzt werden soll, z.B. `flex.exe`.
- `YACC`
  Muss auf ein Programm zeigen, dass für die Generierung des Parsers genutzt werden soll, z.B. `bison.exe`.
- `PYTHON`
  Muss auf ein Python-Interpreter zeigen, z.B. python2.2.exe.
- `KC++`
  Muss unter Windows auf das Kimwitu++-Werkzeug zeigen.

- KC_PP
  Muss unter Linux auf das Kimwitu++-Werkzeug zeigen.

Jetzt müssen noch zwei Umgebungsvariablen definiert werden, die den Ort der XercesC-Bibliothek und der ZLib-Bibliothek anzeigen.

- XERCES
  Muss auf das Installationsverzeichnis der XercesC-Bibliothek zeigen.
- ZLIB
  Muss auf das Installationsverzeichnis der ZLib-Bibliothek zeigen.

Zum Abschluss muss noch das gewünschte Installationsverzeichnis für Qedo, auch Qedo-Projektverzeichnis genannt, gewählt werden. Hier bietet es sich an, das Verzeichnis zu wählen, in dem auch die Unterverzeichnisse mit den Qedo-Quelltextpaketen liegen. Folgt man diesem Ansatz, so gelangen die bei der Installation erzeugten Verzeichnisse `bin`, `include` und `lib` auch in dieses Installationsverzeichnis. Die entsprechende Umgebungsvariable, in der das Installationsverzeichnis abgelegt wird, heißt `QEDO`. Eine Beispielkonfiguration für diese Umgebungsvariablen unter Windows könnte wie folgt aussehen.

Umgebungsvariablen unter Windows

```
KC++=C:\bin\kc++.exe
LEX=C:\Cygwin\bin\flex.exe
ORBACUS=C:\ORBacus
PYTHON=C:\Cygwin\bin\python2.2.exe
QEDO=C:\projects\Qedo
XERCES=C:\Packages\xerces_2.1
YACC=C:\Cygwin\bin\bison.exe
ZLIB=C:\Packages\zlib
```

18.4.1 Installation unter Windows

Für die Installation unter Windows ist es erforderlich, dass auf dem Windows-System, auf dem die Quellen kompiliert werden sollen, ein Microsoft Visual Studio .NET installiert ist und die Umgebungsvariablen wie eben besprochen gesetzt sind.

18.4.1.1
Installation der Laufzeitumgebung

Nach dem Auspacken bzw. nach dem Extrahieren des Moduls `qedo`, dass die Laufzeitumgebung enthält, erhält man ein Verzeichnis `qedo`. In diesem Verzeichnis findet sich unter anderem eine Datei `StreamContainer.sln`. Diese Datei kann mit Visual Studio .NET geöffnet werden. In der nun sich öffnenden Übersicht erkennt man mehrere Teilprojekte, die zusammen die Laufzeitumgebung von Qedo bilden.

- `AssemblyFactory`
  Enthält die Quellen für die Handhabung von *Assemblies*.
- `ComponentContainer`
  Enthält die Quellen für die Container.
- `ComponentIDL`
  Enthält die IDL-Dateien.
- `ComponentServer`
  Enthält die Quellen für den Komponentenserver.
- `ComponentServerActivator`
  Enthält die Quellen für den Komponentenserver-Aktivator.
- `DeploymentClient`
  Enthält die Quellen für das Werkzeug `qdeploy`.
- `HomeFinder`
  Enthält die Quellen für den *HomeFinder*.
- `QedoUtil`
  Enthält verschiedene Hilfsfunktionen.

Als nächstes ist die Konfiguration auszuwählen, in der die Laufzeitumgebung gebaut werden soll. Da die *Release*-Konfigurationen noch nicht hinreichend getestet sind, sollte man sich hier für eine *Debug*-Variante entscheiden, gegenwärtig entweder für die Konfiguration `Debug_mico` für MICO oder `Debug_orbacus` für ORBacus.

Zum Start der Kompilierung wählt man nun aus dem Menu `Build` den Unterpunkt `Build Solution` aus. Jetzt werden automatisch zuerst die IDL-Dateien kompiliert und danach die verschiedenen Bibliotheken und ausführbaren Dateien gebaut. Wenn alles erfolgreich gebaut wurde, findet man unter dem Verzeichnis, auf das die Umgebungsvariable `QEDO` zeigt, ein `bin`-Verzeichnis mit ausführbaren Dateien, ein `include`-Verzeichnis mit Header-Dateien und ein `lib`-Verzeichnis mit Bibliotheken. Abschließend sollte das bin-Verzeichnis in den Pfad für ausführbare Dateien genommen werden.

18.4.1.2 Installation des Generatorwerkzeugs

Im Anschluss an die Installation der Laufzeitumgebung kann das universelle Generatorwerkzeug von Qedo kompiliert und installiert werden. Nach dem Extrahieren bzw. Auspacken des Quelltextbaums für den Generator findet man im entsprechenden Verzeichnis ein neues Verzeichnis `generator2`. Unter diesem Verzeichnis sind die Quellen des Generatorwerkzeugs zu finden. Dort wechselt man in das Verzeichnis `build\win32\VC7` und öffnet die Datei `generator.sln` mit Visual Studio .NET. Die im Verzeichnis `build\win32\VC6` zu findenden Dateien für Visual Studio 6 sind veraltet und sollten nicht mehr benutzt werden. Microsoft Visual Studio .NET zeigt nach dem Öffnen des Generatorprojekts die verschiedenen Teilprojekte des Generators.

- `CIDLFrontendLib`
  Enthält den Parser-Teil des Generators
- `CIDLGenerator`
  Enthält die verschiedenen Generatoren
- `CIDLRepositoryLib`
  Enthält die Implementierungen der CIDL-spezifischen *Repository*-Objekte
- `ComponentRepositoryLib`
  Enthält die Implementierungen der IDL3-spezifischen *Repository*-Objekte
- `IFRidl`
  Enthält die IDL-Dateien
- `RepositoryStandAlone`
  Enthält ein selbstständiges *Repository* für CIDL- und IDL3-Konstrukte

Als Konfiguration sollte man entweder `Debug_orbacus` oder `Debug_mico` auswählen, abhängig davon, mit welchem ORB-Produkt man arbeiten möchte. Zum Start der Kompilierung wählt man wieder aus dem Menu `Build` den Unterpunkt `Build Solution` aus. Im Anschluss daran wird das Generatorwerkzeug gebaut. Nach der erfolgreichen Kompilierung findet sich im `bin`-Verzeichnis die ausführbare Datei des Generators wieder: `cidl_gen.exe`.

18.4.2
Installation unter Linux

Für die Kompilierung und Installation unter Linux wird ein hinreichend moderner GNU-C++-Compiler vorausgesetzt. Zur Konfiguration der Quelldateien und zur Generierung der plattformspezifischen *Makefiles* werden so genannte `configure`-Scripte eingesetzt.

18.4.2.1
Installation der Laufzeitumgebung

Zur Installation der Laufzeitumgebung wechselt man zuerst in das Verzeichnis `qedo`. Dort finden sich in verschiedenen Verzeichnissen die Unterprojekte der Qedo-Laufzeitumgebung wieder. Jetzt müssen die Quellen zuerst konfiguriert werden. Der Konfigurationsvorgang erzeugt nebenbei auch die erforderlichen *Makefiles* aus den mitgelieferten *Makefiles*-Schablonen. Die Konfiguration kann nun folgendermaßen gestartet werden.

Konfigurieren der Makefiles für die Laufzeitumgebung

```
./configure --prefix=$QEDO --with-xerces-c=$XERCES \
--with_mico=$MICO --disable-optimize --enable-debug
```

Unter der Voraussetzung, dass die Umgebungsvariablen `QEDO`, `XERCES` und `MICO` richtig gesetzt sind, kann die Kompilierung angestoßen werden.

Compilieren der Laufzeitumgebung

```
make all
```

Jetzt werden zuerst die IDL-Dateien kompiliert und danach die verschiedenen Bibliotheken und Werkzeuge gebaut. Ist der Kompilierungsvorgang erfolgreich abgeschlossen, kann die Laufzeitumgebung installiert werden.

Installieren der Laufzeitumgebung

```
make install
```

Die ausführbaren Dateien werden in das `bin`-Verzeichnis des Qedo-Projektverzeichnisses (auf das die Umgebungsvariable `QEDO` weist), installiert. Die Bibliotheken werden in das `lib`-Verzeichnis des Qedo-Projektverzeichnisses und die Header-Dateien in das `include`-Verzeichnis des Qedo-Projektverzeichnisses installiert.

18.4.2.2
Installation des Generatorwerkzeugs

Jetzt muss noch das Generatorwerkzeug kompiliert und installiert werden. Dies erfolgt wiederum auf der Basis eines `configure`-

Scripts. Dazu wechselt man zuerst in das Verzeichnis generator2, das nach dem Extrahieren bzw. Auspacken der Quellen des Generators angelegt worden ist. Dort startet man die Konfiguration folgendermaßen.

Konfigurieren der Makefiles für den Generator

```
./configure -prefix=$QEDO
```

Danach kann die Kompilierung angestoßen werden.

Compilieren des Generators

```
make all
```

Wurde das Generatorwerkzeug erfolgreich kompiliert, kann es jetzt installiert werden.

Installieren des Generators

```
make install
```

Der Generator wird in das `bin`-Verzeichnis des Qedo-Projektverzeichnisses installiert und kann nun für die Entwicklung eigener Komponenten verwendet werden.

18.5 Inbetriebnahme von Qedo

Um die durch Qedo implementierte Komponentenplattform starten zu können und komponentenbasierte Anwendungen in Betrieb zu nehmen, ist noch eine abschließende Konfiguration nötig. Die Qedo-Laufzeitumgebung verfügt über eine zentrale Konfigurationsdatei. Diese Datei ist in XML geschrieben und enthält neben anderen Dingen beispielsweise auch die Adresse des zu nutzenden Namensdienstes und das Verzeichnis, in dem installierte Komponentenimplementierungen gespeichert werden. Die Verfügbarkeit eines Namensdienstes stellt die Grundlage für die Kommunikation der verschiedenen Teile der Plattform dar und ist daher unverzichtbar.

Eine Beispieldatei für diese Konfigurationsdatei findet sich im Quelltextverzeichnis für Qedo im Unterverzeichnis `etc`. Diese Datei heißt `Qedo.conf.sample`. Sie sollte in das `etc`-Verzeichnis unter dem Qedo-Projektverzeichnis kopiert (also `%QEDO%\etc` unter Windows bzw. `$QEDO/bin` unter Linux) und dort in `Qedo.conf` umbenannt werden. Dadurch ist sicher gestellt, dass die Qedo-Laufzeitumgebung diese Datei auffindet.

Die wichtigsten Anpassungen sind die Eintragung des verfügbaren Namensdienstes der neuen Umgebung und das Installationsverzeichnis für die Ablage aller Komponentenimplementierungen. Die Konfigurationsdatei ist in mehrere Sektionen unterteilt. Der Eintrag für den Namensdienst findet sich in der Sektion `General`. Der Eintrag für das Installationsverzeichnis findet sich in einer Untersektion von `General` mit dem Namen `Deployment` wieder. Der folgende Auszug aus dieser Datei zeigt die Stellen, wo Anpassungen nötig sind.

Ausschnitt aus der Konfigurationsdatei Qedo.conf

```
...
<SECTION name="General">
  <CONFIGVALUE name="NameService" \
value="corbaloc::geist::3000/NameService"/>

  <SECTION name="Deployment">
    <CONFIGVALUE name="BaseDir" value="/home/Qedo"/>
  </SECTION>
</SECTION>
...
```

Wurden diese Anpassungen vorgenommen, und läuft der Namensdienst, kann die Infrastruktur der Plattform gestartet werden. Auf jedem Rechner wird dazu eine Implementierung des CORBA-Interface `ServerActivator` durch den Aufruf der ausführbaren Datei `qcsa.exe` (unter Windows) bzw. `qcsa` (unter Linux) gestartet. Danach erfolgt ebenfalls auf jedem Rechner der Start der Implementierung der Installationsschnittstelle mittels Aufrufs von `qci.exe` bzw. `qci`. Abschließend muss auf mindestens einem Rechner noch eine Implementierung des CORBA-Interface `AssemblyFactory` gestartet werden. Das entsprechende Programm lautet `qassf.exe` bzw. `qassf`. Damit ist die Plattform betriebsbereit und es können unter Verwendung des Werkzeugs `qdeploy.exe` bzw. `qdeploy` Anwendungen auf der Grundlage ihrer Anwendungsarchive in Betrieb genommen werden.

19 Ein Beispiel mit Qedo

Nachdem die Qedo-Laufzeitumgebung und das Generatorwerkzeug installiert sind, kann man daran gehen, eigene Komponenten zu entwickeln. Das folgende Kapitel erläutert die Entwicklung eines konkreten Beispiels und den Umgang mit dem Qedo-Codegenerator. Hierbei wird sich auf die Entwicklung unter Windows bezogen. Das Vorgehen unter Linux sieht genauso aus und unterscheidet sich nur in der Benutzung von generierten *Makefiles* statt der generierten Visual-Studio-.NET-Projekte.

19.1 Die Benutzung des Generatorwerkzeugs

Der Generator von Qedo erleichtert dem Komponentenentwickler die Arbeit enorm. Neben der Generierung der äquivalenten IDL-Beschreibung aus der IDL3-Beschreibung und der Generierung der containerspezifischen *Servants* übernimmt er unter anderem auch die Generierung von Implementierungsskeletten, die vom Entwickler zu füllen sind.

--target gibt das Ziel an, für das Code generiert wird.

Die Steuerung des Generators erfolgt über Kommandozeilenargumente. Der Generator arbeitet zielorientiert. Das bedeutet, der Entwickler muss ihm immer eine konkrete Komposition benennen, für die Code zu generieren ist. Die Benennung der Komposition erfolgt über ihre Kennung im *Interface Repository* und wird über den folgenden Schalter an den Generator übergeben.

```
--target <composition_id>
```

Damit kann man den Generator schon instruieren, eine äquivalente IDL2.x-Datei zu einer IDL3-Datei zu generieren:

```
cidl_gen --target IDL:dinner/Philosopher:1.0 \
philosopher.cidl
```

Allerdings wird der Generator in diesem Fall meist die Qedo-spezifischen IDL-Dateien als auch die ORB-spezifischen IDL-Dateien nicht finden. Aus diesem Grund muss man dem Generator zusätzlich diese Verzeichnisse mittels des Schalters für *Include*-Dateien übergeben. Außerdem ist entsprechend des verwendeten ORBs eine Definition für den Präprozessor erforderlich. Für den Fall der Benutzung von ORBacus unter Windows sieht das folgendermaßen aus.

```
cidl_gen -I%QEDO%\idl -I%ORBACUS%\idl \
-I%ORBACUS%\idl\OB -DORBACUS_ORB -DWIN32 \
--target IDL:dinner/Philosopher:1.0 \
philosopher.cidl
```

Unter Linux und MICO ergibt sich ein ähnliches Bild.

```
cidl_gen -I$QEDO/idl -I$MICO/include \
-I$MICO/include/mico -DMICO_ORB \
--target IDL:dinner/Philosopher:1.0 \
philosopher.cidl
```

--servant erzwingt die Erzeugung von fertig implementierten Servants.

Als Ergebnis erzeugt der Generator eine IDL-Datei, die das äquivalente IDL für alle die Komposition betreffenden Konstrukte enthält. In den meisten Fällen ist dies jedoch nicht ausreichend. Häufig sollen auch die containerspezifischen *Servants* fertig implementiert erzeugt werden. Für diesen Zweck kennt der Generator den folgenden Schalter.

```
--servant
```

Wird dem Generator dieser Schalter mitgegeben, so generiert er zusätzlich die Quelltextdateien mit den notwendigen *Servant*-Implementierungen der betrachteten Komponente und ein IDL-File, das die Definitionen der lokalen CORBA-Interfaces beinhaltet, die später vom *Executor* der Komponente zu implementieren sind. Diese Interfaces müssen an dieser Stelle bekannt sein, da die *Servants* auf diese Interfaces delegieren müssen.

--business erzwingt die Erzeugung von Implementierungsskeletten für die Komponente.

Um nun auch das Schreiben der Geschäftslogik zu vereinfachen, existiert ein weiterer Schalter, der den Generator veranlasst, auch die Implementierungsskelette für die Komponente zu erzeugen.

```
--business
```

Bei Benutzung dieses Schalters erzeugt der Generator zusätzlich die Implementierungsdateien für die Geschäftslogik. Diese Dateien sind in so fern vollständig, als dass sie sämtlichen Code beinhalten, der nicht direkt der eigentlichen Geschäftslogik der Komponente zugeordnet ist. In einer weiteren IDL-Datei werden die endgültigen lokalen Interfaces festgelegt, die entsprechend der gewählten Segmentierung der Komponente von jedem Segment jeweils zu implementieren sind. Weiterhin erzeugt der Generator hier zwei zusätzliche Dateien: `valuetypes.h` und `valuetypes.cpp`. Diese Dateien enthalten zur Bequemlichkeit Standardimplementierungen für die als Ereignistypen in der Komponentenspezifikation verwendeten *Valuetypes* und können bei Bedarf angepasst oder komplett durch eigene Implementierungen ersetzt werden.

Eine Besonderheit des Generators besteht in seiner Fähigkeit, fertige Projekte für Microsoft Visual Studio .NET bzw. fertige *Makefiles* zur Nutzung mit dem GNU-C++-Compiler unter Linux zu erzeugen. Für die Erstellung der Visual-Studio-Projekte ist folgender Schalter verantwortlich.

--vc7 lässt den Generator Projektdateien für Visual Studio .NET erzeugen.

```
--vc7
```

Zu beachten ist hierbei, dass mit diesem Schalter die später benötigten *Servant*-Quelldateien und die Dateien mit den Implementierungsskeletten automatisch während der Bauphase der Projekte in den entsprechenden Verzeichnissen erzeugt werden. Die gleichzeitige Anwendung dieses Schalters mit den Schaltern `--servant` und `--business` macht also keinen Sinn, da die dann generierten Dateien an der falschen Stelle stehen, und nicht von den Projekten berücksichtigt werden.

Unter Linux kann man einen Schalter zur automatischen Erzeugung von *Makefiles* benutzen.

--mkfiles lässt den Generator Makefiles für MICO unter Linux erzeugen.

```
--mkfiles
```

Mit diesem Schalter werden ähnlich den Projektdateien für Visual Studio .NET *Makefiles* für die *Servants* und die Komponentenimplementierung erzeugt. Diese finden sich jeweils wieder in neu erzeugten eigenen Verzeichnissen. Auch hier wird erst der Aufruf des `make`-Werkzeugs die eigentliche Erzeugung der *Servant*-Quelldateien und der Dateien mit der Komponentenimplementierung anstoßen. Eine gleichzeitige Verwendung dieses Schalters mit den Schaltern `--servant` und `--business` macht auch hier keinen Sinn.

19.2 Die Spezifikation der Komponente

Nachdem klar ist, wie die Benutzung des Generatorwerkzeugs von Qedo zu erfolgen hat, soll jetzt gezeigt werden, wie eine CORBA-Komponente mit Qedo implementiert wird. Die Implementierung wird unter Nutzung des ORBacus-Produkts unter Windows erfolgen. Die Vorgehensweise für MICO unter Windows und MICO unter Linux ist vergleichbar. Als zu implementierende Komponente wird wiederum die schon besprochene Philosophen-Komponente herangezogen, allerdings in einer etwas vereinfachten Variante.

Die Komponente wird in IDL3 spezifiziert und in einer Datei hinterlegt.

Bevor man an die Spezifikation der Komponente geht, hat man natürlich eine genaue Analyse der bedienten Anwendungsdomäne betrieben. In unserem einfachen Beispielfall haben wir das klassische Philosophen-Problem genau analysiert und sind zu dem Entschluss gekommen, dass sich ein einzelner Philosoph gut als CORBA-Komponente modellieren lassen würde.

```
#include „Components.idl"
#include „Cutlery.idl"

module dinner {

  interface Named {
    attribute string name;
  };

  exception ForkNotAvailable {};
  exception NotTheEater {};

  interface Fork {
    Components::Cookie obtain_fork()
      raises (ForkNotAvailable);

    void release_fork (in Components::Cookie ck)
      raises (NotTheEater);
  };

  enum PhilosopherStatus {
    EATING, THINKING, SLEEPING, HUNGRY, DEAD
  };

  eventtype PhilosopherState {
    public PhilosopherStatus status;
    public string name;
  };

  component Philosopher {
```

```
    attribute unsigned long thinking_seconds;
    attribute unsigned long eating_seconds;
    attribute unsigned long sleeping_seconds;

    uses Fork left_hand;
    uses Fork right_hand;

    publishes PhilosopherState philosopher_state;
  };

  home PhilosopherHome manages Philosopher {};
};
```

Diese Spezifikation wird in einer Datei `philosopher.idl` gespeichert. Zuerst wird ein CORBA-Interface `Named` spezifiziert, das genau ein Attribut enthält. Dieses Interface wird später von der Komponente unterstützt werden, wodurch die Komponente dann Lese- und Schreiboperationen für dieses Attribut implementieren muss. Danach werden zwei Ausnahmen definiert und das CORBA-Interface `Fork`, das später von der Philosophen-Komponente benutzt werden soll. Im Anschluss daran wird ein Ereignistyp `PhilosopherState` definiert, der später von der Komponente ausgesandt wird. Nun folgt die Spezifikation der eigentlichen Komponente `Philosopher`. Sie verfügt über drei Attribute zur Steuerung ihres zeitlichen Verhaltens: `thinking_seconds` für die Zeit des Nachdenkens, `eating_seconds` für die Zeit des Essens und `sleeping_seconds` für die Zeit des Schlafens. Des Weiteren besitzt die Komponente zwei *Receptacles* für das CORBA-Interface `Fork`, `left_hand` und `right_hand`. Ausserdem verfügt die Komponente über einen Publisher, der Ereignisse vom Typ `PhilosopherState` aussendet.

19.3 Die Implementierung der Komponente

19.3.1 Die Beschreibung mit CIDL

Die Beschreibung der Implementierung einer Komponente erfolgt mithilfe einer CIDL-Datei.

Im Grunde genommen, kann die Komponente jetzt auch manuell implementiert werden. Das erfordert die Spezifikation der zu implementierenden lokalen Interfaces entsprechend der CIDL-Sprachabbildung und das Aufschreiben der Implementierung. Hier soll jedoch das Generatorwerkzeug von Qedo zum Einsatz kommen, das nebenbei auch die erforderlichen *Servants*, das Kontext-Interface und weiteren notwendigen Code zur Integration in den Container generiert. Dazu muss jedoch erst eine Implementierungsbeschreibung in CIDL erfolgen.

```
#include „philosopher.idl"

module dinner {

  composition session PhilosopherImpl {
    home executor PhilosopherHomeImpl {
      implements dinner::PhilosopherHome;
      manages PhilosopherSessionImpl;
    };
  };
};
```

Diese Beschreibung der Implementierung wird in einer Datei `philosopher.cidl` gespeichert und kann nun durch den Generator bearbeitet werden. Der Generator kann fertige Visual-Studio-Projekte mit einer entsprechenden Dateibaumstruktur automatisch erzeugen. Für andere Fälle, wo die Nutzung von Visual Studio .NET nicht erwünscht ist, kann der Generator die Dateihierarchie auch flach und ohne Projektdateien erzeugen.

Als erstes soll der Information halber gezeigt werden, wie der Generator benutzt wird, um die Dateien außerhalb von Visual-Studio-Projekten erzeugen zu lassen.

einfacher Generatorlauf

```
C:\Development\Phil>dir /b
philosopher.cidl
philosopher.idl

C:\Development\Phil>cidl_gen -I%QEDO%\idl -
I%ORBACUS%\idl -I%ORBACUS%\idl\OB -I..\Cutlery -
```

```
DORBACUS_ORB --servant --business -d --target
IDL:dinner/PhilosopherImpl:1.0 philosopher.cidl
```

Während des Generatorlaufs werden verschiedene Meldungen über den Fortgang der Generierung ausgegeben. Im Fehlerfall diagnostiziert der Generator die fehlerhafte Stelle in der Datei. Nach dem Abschluss der Generierung finden sich eine Reihe zusätzlicher Dateien im aktuellen Verzeichnis wieder.

die durch den Generator erzeugten Dateien

```
C:\Development\Phil>dir /b
dinner_PhilosopherImpl.ccd
dinner_PhilosopherImpl.cpp
dinner_PhilosopherImpl.csd
dinner_PhilosopherImpl.h
dinner_PhilosopherImpl_BUSINESS.idl
dinner_PhilosopherImpl_EQUIVALENT.idl
dinner_PhilosopherImpl_LOCAL.idl
dinner_PhilosopherImpl_SERVANT.cpp
dinner_PhilosopherImpl_SERVANT.h
philsopher.cidl
philosopher.idl
valuetypes.cpp
valuetypes.h
```

Diese neu erzeugten Dateien haben folgende Bedeutung.

- `dinner_PhilosopherImpl.ccd`
  Das Skelett für den *CORBA Component Descriptor*
- `dinner_PhilosopherImpl.csd`
  Das Skelett für den *Software Package Descriptor*
- `dinner_PhilosopherImpl.h`
  Die *Header*-Datei für das Implementierungsskelett der Komponente
- `dinner_PhilosopherImpl.cpp`
  Die Implementierungsdatei für das Implementierungsskelett der Komponente
- `dinner_PhilosopherImpl_BUSINESS.idl`
  Die entsprechend der gewählten Segmentierung von der Komponente endgültig zu implementierenden lokalen *Callback*-Interfaces
- `dinner_PhilosopherImpl_EQUIVALENT.idl`
  Die aus der IDL3-Spezifikation der Komponente generierte äquivalente IDL-Spezifikation
- `dinner_PhilosopherImpl_LOCAL.idl`
  Die aus der CIDL-Sprachabbildung hergeleiteten lokalen *Call-*

back-Interfaces, die für die Definition der endgültigen *Callback*-Interfaces in dinner_PhilosopherImpl_BUSINESS.idl benötigt werden

- `dinner_PhilosopherImpl_SERVANT.h`
  Die *Header*-Datei für die fertig implementierten *Servants*
- `dinner_PhilosopherImpl_SERVANT.cpp`
  Die Implementierungsdatei für die fertig implementierten *Servants*
- `valuetypes.h`
  Die *Header*-Datei für die Standardimplementierungen der in der Komponentenspezifikation als Ereignistypen verwendeten *Valuetypes*
- `valuetypes.cpp`
  Die Implementierungsdatei für die Standardimplementierungen der in der Komponentenspezifikation als Ereignistypen verwendeten *Valuetypes*.

Da die fertige Generierung von Projektdateien zur Nutzung mit Microsoft Visual Studio .NET eine enorme Arbeitserleichterung darstellt, soll die alternative Generierung für Visual Studio .NET hier erläutert werden. Zu diesem Zweck ruft man den Generator nur mit dem Schalter `--vc7` auf.

Generatorlauf für Visual Studio .NET

```
C:\Development\Phil>dir /b
philosopher.cidl
philosopher.idl

C:\Development\Phil>cidl_gen -I%QEDO%\idl -
I%ORBACUS%\idl -I%ORBACUS%\idl\OB -I..\Cutlery -
DORBACUS_ORB --vc7 -d --target
IDL:dinner/PhilosopherImpl:1.0 philosopher.cidl
```

Während des Generatorlaufs werden wiederum verschiedene Meldungen über den Fortgang der Generierung ausgegeben. Nach dem Abschluss der Generierung finden sich eine Reihe zusätzlicher Dateien und Verzeichnisse im aktuellen Verzeichnis wieder.

die durch den Generator erzeugten Dateien und Verzeichnisse

```
C:\Development\Phil>dir /b /og
dinner_PhilosopherImpl
dinner_PhilosopherImpl_SERVANT
dinner_PhilosopherImpl.ccd
dinner_PhilosopherImpl.csd
dinner_PhilosopherImpl_EQUIVALENT.idl
philsopher.cidl
philosopher.idl
```

Die neu erzeugten Dateien haben folgende Bedeutung.

- `dinner_PhilosopherImpl`
  Ein Verzeichnis mit der Projektdatei für die Komponentenimplementierung
- `dinner_PhilosopherImpl.ccd`
  Das Skelett für den *CORBA Component Descriptor*
- `dinner_PhilosopherImpl.csd`
  Das Skelett für den *Software Package Descriptor*
- `dinner_PhilosopherImpl_EQUIVALENT.idl`
  Die aus der IDL3-Spezifikation der Komponente generierte äquivalente IDL-Spezifikation. Diese Datei ist in diesem Fall redundant, da sie sich später auch in den Projektverzeichnissen wiederfindet, sie kann gelöscht werden.
- `dinner_PhilosopherImpl_SERVANT`
  Ein Verzeichnis mit der Projektdatei für die *Servants*

In den beiden Projektverzeichnissen findet man jeweils eine Projektdatei, die sich mit Visual Studio .NET öffnen lässt.

eine erzeugte Projektdatei

```
C:\Development\Phil>cd dinner_PhilosopherImpl

C:\Development\Phil\dinner_PhilosopherImpl>dir /b
dinner_PhilosopherImpl.vcproj
```

19.3.2 Implementierung mit Visual Studio .NET

Die fertigen Projekte werden mit Visual Studio .NET geöffnet.

Nach dem Öffnen dieser Projektdatei zeigt Visual Studio .NET das Projekt für die Komponentenimplementierung. Dabei wurde implizit eine neue Visual-Studio-Lösung erstellt. Diese sollte man als erstes speichern, beispielsweise durch Auswahl des Menüpunkts `Save All` im Menü `File`.

Wichtig ist es, die richtige Konfiguration auszuwählen.

Als nächstes ist es wichtig, die Konfiguration einzustellen, unter der kompiliert werden soll. Da in diesem Fall für ORBacus kompiliert werden soll, sollte man als Konfiguration `Debug_orbacus` auswählen. Das Projekt ist nun zum Kompilieren vorbereitet. Allerdings ist zu erwarten, dass der Compiler eine Reihe von Fehlermeldungen beim erstmaligen Kompilieren ausgibt. Das liegt daran, dass die verschiedenen Funktionskörper, die die Geschäftslogik implementieren, noch leer sind und keine Rückgabewerte liefern.

Die noch fehlenden Dateien entstehen beim erstmaligen Kompilieren des Projekts.

Beim erstmaligen Kompilieren werden nun die fehlenden Dateien durch einen nochmaligen Generatordurchlauf erzeugt. Durch Auswahl des Menüpunkts `Build Solution` unter dem Menü `Build` lässt sich die Kompilierung starten. Als erstes erzeugt der Generator, diesmal in dem Projekt-Unterverzeichnis, die Quelltextdateien für die Implementierungsskelette, die Dateien mit den äquivalenten, lokalen und segmentierungsspezifischen IDL-Definitionen und die Quelltextdateien für die Standardimplementierungen der von der Komponente als Ereignistypen verwendeten *Valuetypes*. Danach verarbeitet der ORBacus-IDL-Compiler die entstandenen IDL-Dateien. Anschließend werden die Implementierungsdateien kompiliert.

Der Kompilierungsvorgang wird bei der Kompilierung der Datei `dinner_PhilosopherImpl.cpp` abbrechen, weil die Philosophen-Komponente Attribute definiert, die entsprechenden Funktionskörper für den Zugriff auf die Attribute in der Komponentenimplementierung von uns aber noch nicht ausgefüllt wurden. Aus diesem Grund soll an dieser Stelle zuerst mal ein Blick auf die generierten Implementierungsskelette geworfen werden, bevor mit der weiteren Implementierung der Komponente fortgefahren wird. Das folgende Listing zeigt Auszüge aus der generierten *Header*-Datei der Komponentenimplementierung.

die generierte Header-Datei für die Implementierung

```
#ifndef _dinner_PhilosopherImpl_H_
#define _dinner_PhilosopherImpl_H_

// BEGIN USER INSERT SECTION file_pre
// END USER INSERT SECTION file_pre

#include <CORBA.h>
#include „dinner_PhilosopherImpl_BUSINESS.h"
...

// BEGIN USER INSERT SECTION file_post
// END USER INSERT SECTION file_post

namespace dinner {

  class PhilosopherSessionImpl
      : ...
// BEGIN USER INSERT SECTION ...
// END USER INSERT SECTION ...
  {
    ...
  public:
    ...
    void thinking_seconds (CORBA::ULong param)
      throw (CORBA::SystemException);
```

```
    CORBA::ULong thinking_seconds()
      throw (CORBA::SystemException);

    void eating_seconds (CORBA::ULong param)
      throw (CORBA::SystemException);
    CORBA::ULong eating_seconds()
      throw (CORBA::SystemException);

    void sleeping_seconds (CORBA::ULong param)
      throw (CORBA::SystemException);
    CORBA::ULong sleeping_seconds()
      throw (CORBA::SystemException);

    void name (const char* param)
      throw (CORBA::SystemException);
    char* name()
      throw (CORBA::SystemException);

// BEGIN USER INSERT SECTION PhilosopherSessionImpl
// END USER INSERT SECTION PhilosopherSessionImpl
  };

  class PhilosopherImpl
      : ...
// BEGIN USER INSERT SECTION …
// END USER INSERT SECTION …
  {
    ...
  public:
    ...

    void configuration_complete()
      throw (CORBA::SystemException,
             Components::InvalidConfiguration);

    void ccm_activate()
      throw (CORBA::SystemException,
             Components::CCMException);

    void ccm_passivate()
      throw (CORBA::SystemException,
             Components::CCMException);

    void ccm_remove()
      throw (CORBA::SystemException,
             Components::CCMException);

// BEGIN USER INSERT SECTION PhilosopherImpl
// END USER INSERT SECTION PhilosopherImpl
  };
  ...
}
```

In diesem Listing wurden einige Teile, wie beispielsweise die Klassen für die Implementierung des *Home*, weggelassen. Für die meisten nicht-segmentierten Komponentenimplementierungen ist es tatsächlich ausreichend, Änderungen und Anpassungen am Hauptsegment (Klasse `PhilosopherSessionImpl`) und am *Executor Locator* (Klasse `PhilosopherImpl`) zu machen. Die erforderlichen Änderungen sollen nun diskutiert werden.

Eigener Code wird in die so genannten Benutzersektionen eingefüllt.

Beim ersten Blick auf die Datei fallen sofort die speziellen Generator-Kommentare `BEGIN USER INSERT SECTION` und `END USER INSERT SECTION` auf. Diese beiden Kommentare treten immer paarweise auf und begrenzen einen Bereich, in dem es dem Entwickler erlaubt ist, eigenen Programmcode, z.B. zur Erfüllung der Aufgaben der eigentlichen Geschäftslogik, einzutragen. Ein solcher Bereich wird auch Benutzersektion genannt. Code, der sich zwischen solchen Kommentaren befindet, wird bei einem erneuten Generatorlauf beachtet und unverändert in den neu generierten Code übernommen.

Benutzersektionen am Anfang der Datei erlauben Include-Direktiven einzufüllen.

In der Datei finden sich an mehreren Stellen solche Benutzersektionen. Als erstes existiert eine Benutzsektion am Anfang einer Datei, bevor *Include*-Direktiven auftreten. Hier können bestimmte zusätzliche *Include*-Direktiven, die allen anderen vorangestellt sein sollen, eingetragen werden. Für manche Komponenten, die unter Windows spezielle Windows-Funktionen benutzen, ist es hier beispielsweise erforderlich, die *Header*-Datei `windows.h` einzuziehen. Nach den *Include*-Direktiven folgt eine zweite Benutzersektion. Hier können ebenfalls weitere *Include*-Direktiven eingetragen werden. Häufig wird diese Benutzersektion jedoch dazu benutzt, weitere benötigte Klassendefinitionen, wenn es denn welche gibt, hier zu hinterlegen.

Daran anschließend erfolgt schon die Definition des Hauptsegments in Form der Klasse `PhilosopherSessionImpl`. Dies ist der Name, der sich auch in der CIDL-Beschreibung wieder findet. Da die Komponente nicht-segmentiert implementiert wird, ist es auch das einzige Segment. Im Hauptsegment finden sich die Zugriffsoperationen auf die Attribute wieder, zum einen das `name`-Attribut aus dem unterstützten Interface `Name` und zum anderen die von der Philosophen-Komponente angebotenen Attribute `thinking_seconds`, `eating_seconds` und `sleeping_seconds`. Diese müssen geeignet implementiert werden.

Der erste Schritt für die Implementierung der Attribute ist die Einführung von *Member*-Variablen für den Wert der Attribute. Zusätzliche *Member*-Variablen und *Member*-Funktionen der generierten Klasse werden in der speziellen Benutzersektion am Ende der

Klassendefinition eingefügt. Das folgende Listing zeigt eine mögliche Implementierung der Variablen.

Member-Variablen für die Implementierung der Attribute

```
namespace dinner {

  class PhilosopherSessionImpl {
    ...

// BEGIN USER INSERT SECTION PhilosopherSessionImpl
  private:
    std::string name_;

    unsigned long tsec_;
    unsigend long esec_;
    unsigned long ssec_;
    ...
// END USER INSERT SECTION PhilosopherSessionImpl
  };
}
```

Diese *Member*-Variablen werden durch die Attribut-Zugriffsoperationen ausgelesen und gesetzt. Diese Zugriffsoperationen müssen ebenfalls selbst in der Implementierungsdatei implementiert werden. Auch hier kommen wieder vom Generator generierte Benutzersektionen zum Einsatz. Eine solche Implementierung für das Attribut `thinking_seconds` könnte dann folgendermaßen aussehen.

Implementierung der Zugriffsoperationen auf die Attribute

```
void
PhilosopherSessionImpl::thinking_seconds
(CORBA::ULong param)
throw (CORBA::SystemException)
{
// BEGIN USER INSERT SECTION ...
  tsec_ = param;
// END USER INSERT SECTION ...
}

CORBA::ULong
PhilosopherSessionImpl::thinking_seconds()
throw (CORBA::SystemException)
{
// BEGIN USER INSERT SECTION ...
  return tsec_;
// END USER INSERT SECTION ...
}
```

Die *Member*-Variable `tsec_` wird benutzt, um den Wert des Attributs `thinking_seconds_` zu halten. Für jedes Attribut müssen jeweils eine Funktion zum Auslesen und eine Funktion zum Setzen implementiert werden. Die Attribute `name`, `eating_seconds` und `sleeping_seconds` können auf dieselbe Weise implementiert werden.

Aktive Komponenten müssen Threads bereitstellen.

Die Philosophen-Komponente ist eine aktive Komponente. Als solche agiert sie unabhängig von einem externen Operationsrufs. Ein eigener, selbst zu implementierender *Thread* ermöglicht der Komponente, eigenständig aktiv zu sein. Dazu muss in der *Header*-Datei eine entsprechende *Thread*-Funktion in der richtigen Benutzer-Sektion eingeführt werden. Die Implementierung der *Thread*-Funktion erfolgt in der Implementierungsdatei in einer anderen Benutzersektion. Zur Benachrichtigung des *Threads* zum Zweck der Beendigung wird eine weitere *Member*-Variable `stopped_` und eine *Member*-Funktion `stop` eingeführt. In der *Header*-Datei können diese Konzepte folgendermaßen definiert werden.

thread-spezifische Erweiterungen für die Implementierung

```
namespace dinner {
  class PhilosopherSessionImpl {
    ...

// BEGIN USER INSERT SECTION PhilosopherSessionImpl
  private:
    std::string name_;

    unsigned long tsec_;
    unsigend long esec_;
    unsigned long ssec_;

    bool thread_stopped_;
    Components::Thread_var thread_;
    void run();
    void stop();

  public:
    static void* dispatch_run (void*);
// END USER INSERT SECTION PhilosopherSessionImpl
  };
}
```

Die hier genutzte Thread-Abstraktion ist eine Qedo-Erweiterung.

Die *Thread*-Abstraktion ist eine Qedo-Erweiterung. In der *Member*-Variable `thread_` wird eine Referenz auf den erzeugten *Thread* gehalten. Die private *Member*-Funktion `run` implementiert die eigentliche *Thread*-Logik. Da die Einsprungpunkte für *Threads* jedoch immer eine globale Funktion oder eine statische *Member*-Funktion sein müssen, wird hier eine statische *Member*-Funktion mit dem Namen `dispatch_run` definiert, die über ihren Parameter einen gültigen `this`-Zeiger bekommt und über diesen `this`-Zeiger in die entsprechende run-Methode der Komponente springt. Die Implementierung dieser Methoden erfolgt in einer Benutzersektion in der Implementierungsdatei.

Implementierung der statischen Thread-Funktion dispatch_run()

```
namespace dinner {

// BEGIN USER INSERT SECTION ...
  void*
  PhilosopherSessionImpl::dispatch_run (void* data)
  {
    // this-Zeiger extrahieren
    PhilosopherSessionImpl* this_ptr =
      static_cast <PhilosopherSessionImpl*> (data);

    // Und die run-Methode der Instanz rufen
    this_ptr->run();

    return data;
  }
```

Implementierung der Member-Funktion run() für den Thread

```
  void
  PhilosopherSessionImpl::run()
  {
    // Erfragen des verbundenen Interface am
    // Receptacle ,left_hand'
    dinner::Fork_var left_hand =
      context_->get_connection_left_hand();

    // Erfragen des verbundenen Interface am
    // Receptacle ,right_hand'
    dinner::Fork_var right_hand =
      context_->get_connection_left_hand();

    // Enthält die Instanz des Ereignistyps
    dinner::PhilosopherState_var phil_state;

    // Nehmen die zurückgegeben Werte bei
    // obtain_fork auf
    Components::Cookie_var left_cookie;
    Components::Cookie_var right_cookie;

    while (! thread_stopped_)
    {
      // Neues Ereignis erzeugen
      phil_state = new PhilosopherStateImpl (
        THINKING, name_.c_str());

      // Ereignis aussenden
      context_->push_philosopher_state (phil_state);

      Sleep (tsec_);
```

```
phil_state = new PhilosopherStateImpl (
  HUNGRY, name_.c_str());

context_->push_philosopher_state (phil_state);

try {
  right_cookie = right_hand->obtain_fork();
}
catch (dinner::ForkNotAvailable&) {
  continue;
}
catch (CORBA::SystemException&) {
  continue;
}

// Der Philosoph hat nun die rechte Gabel
try {
  left_cookie = left_hand->obtain_fork();
}
catch (dinner::ForkNotAvailable&) {
  right_hand->release_fork (right_cookie);
  continue;
}
catch (CORBA::SystemException&) {
  right_hand->release_fork (right_cookie);
  continue;
}

// Der Philosoph hat nun beide Gabeln
phil_state = new PhilosopherStateImpl (
  EATING, name_.c_str());

context_->push_philosopher_state (phil_state);

// Und beginnt zu essen
Sleep (esec_);

try {
  right_hand->release_fork (right_cookie);
  left_hand->release_fork (left_cookie);
}
catch (dinner::NotTheEater&) {
  // Das kann nicht sein
  abort();
}
catch (CORBA::SystemException) {
  // Hier müsste jetzt eine umfassende
  // Fehlerbehandlung rein
  abort();
}
```

```
      // Der Philosoph ist satt
      phil_state = new PhilosopherStateImpl (
        SLEEPING, name_.c_str());

      context_->push_philosopher_state (phil_state);

      // Und beginnt zu schlafen
      Sleep (ssec_);
    }
  }

  void
  PhilosopherSessionImpl::stop()
  {
    stopped_ = true;
  }

// END USER INSERT SECTION

  ...
}
```

Implementierung der Member-Funktion stop() zum Anhalten des Threads

In diesem Quelltext kommen einige der interessanten Mechanismen vor, die einem Komponentenentwickler zur Verfügung stehen. Zuerst wird der neu erzeugte *Thread* in die statische `dispatch_run`-Methode springen. Von dort springt er in die *Member*-Funktion `run`. Da die Philosophen-Komponente über zwei *Receptacles* `right_hand` und `left_hand` verfügt, an denen externe Interfaces gebunden sein können, kann der *Thread* über die Operationen `get_connection_right_hand` bzw. `get_connection_left_hand` am Kontext der Komponente die entsprechenden verbundenen CORBA-Objekte erfragen. Der Generator hat automatisch eine Standardimplementierung für den durch die Philosophen-Komponente genutzten Ereignistyp `PhilosopherState` erzeugt. Diese Implementierung wird auch hier einfach benutzt. Das Aussenden des Ereignisses erfolgt wiederum über das Kontext-Interface. Da die Komponente einen *Publisher* mit dem Namen `philosopher_state` spezifiziert hat, steht am Kontext eine Operation `push_philosopher_state` bereit.

Die Verbindungen der Receptacles right_hand und left_hand werden einfach am Kontext erfragt.

In der hier gezeigten Form läuft die Philosophen-Komponente bis die *Member*-Variable `thread_stopped_` auf den Wert `true` gesetzt worden ist. Hier stellt sich die Frage nach einer geeigneten Stelle, um diese Variable zu beeinflussen. Der *Thread* sollte gewiss beim Entfernen der Komponente aus dem Container beendet werden. Da die zu implementierende Komponente eine Session-Komponente ist, könnte man die *Callback*-Operation `ccm_remove` des CORBA-Interface `SessionComponent` benutzen, um dort

Die Callback-Operation ccm_remove einer Session-Komponente wird benutzt, um den Thread zu beenden.

die Variable stopped_ auf den Wert true zu setzen. Allerdings ist zu beachten, dass dieses Interface von der Klasse PhilosopherImpl implementiert wird, die den *Executor Locator* der Komponente implementiert. Die Variable stopped_ gehört allerdings zu der Klasse PhilosopherSessionImpl, die das Hauptsegment implementiert. Demnach muss der *Executor Locator* in der Operation ccm_remove das Hauptsegment der Philosophen-Komponente, das ihm ja bekannt ist, informieren. Das könnte in diesem Fall dann so aussehen.

```
void
PhilosopherSessionImpl::ccm_remove()
{
  component_->stop();
}
```

Das Generator-Werkzeug generiert eine Standardverwaltung für die Segmente der Komponente.

Der Generator hat für den *Executor Locator* der Komponente automatisch eine Standardverwaltung der Segmente generiert. Das Hauptsegment der Komponente ist in der Klasse, die den *Executor-Locator* implementiert, über die *Member*-Variable component_ zugänglich. Über diese *Member*-Variable kann auf einfache Weise die gewünschte stop-Funktion an der Klasse PhilosopherSessionImpl gerufen werden. Es kann natürlich auch eine eigene Verwaltung der Segmente der Komponente geschrieben werden. Hier ist jedoch zu beachten, dass diese Verwaltung bei einem erneuten Generatorlauf verloren ist.

Zuletzt bleibt für diese Implementierung zu klären, wie und wann der *Thread* gestartet wird. Der Container kann an einer verwalteten Komponenteninstanz configuration_complete rufen, wenn sie fertig konfiguriert ist. Es bietet sich an, den *Thread* in dieser Operationsimplementierung starten zu lassen. Es ist wieder zu beachten, dass der *Executor Locator* der Komponente die Operation configuration_complete implementiert, und diese Operation an die Implementierung des Hauptsegments, das ja den *Thread* verwaltet, delegiert werden muss. Da bei Komponentenimplementierungen sehr häufig der Wunsch besteht, die einzelnen Segmente über den Operationsruf configuration_complete zu informieren, generiert der Qedo-Generator automatisch zusätzliche configuration_complete-Operationen für die Segmente, und veranlasst den *Executor Locator* im Falle des Operationsrufs configuration_complete, diesen Ruf an alle Segmente zu delegieren.

```
void
PhilosopherImpl::configuration_complete()
throw (CORBA::SystemException,
       Components::InvalidConfiguration)
{
  component_->configuration_complete();

// BEGIN USER INSERT SECTION ...
// END USER INSERT SECTION ...
}
```

Delegation der Operation configuration_ complete() an das Hauptsegment

In der Benutzer-Sektion kann weiterer Programmcode, der im Falle von `configuration_complete` abzuarbeiten ist, eingefüllt werden.

Damit genügt es also, das Starten des *Threads* in der durch den Generator ergänzten Operation `configuration_complete` des Hauptsegments starten zu lassen.

```
void
FileReaderSessionImpl::configuration_complete()
throw (CORBA::SystemException,
       Components::InvalidConfiguration)
{
// BEGIN USER INSERT SECTION ...
  thread_ = context_->start_thread (dispatch_run,
                                    this);
// END USER INSERT SECTION ...
}
```

Starten des Threads in der Operation configuration_ complete() des Hauptsegments

Die Operation `start_thread` am Kontext einer Komponente ist eine Qedo-spezifische Erweiterung. Als ersten Parameter verlangt sie einen Funktionszeiger auf eine globale Funktion oder statische *Member*-Funktion. Der zweite Parameter ist ein beliebiger Zeiger, der der gerufenen Funktion übergeben wird. Da die Implementierung der `dispatch_run`-Methode einen Zeiger auf eine Instanz von `PhilsopherSessionImpl` extrahieren will, übergeben wir den `this`-Zeiger an dieser Stelle.

Die Philosophen-Komponente ist jetzt fertig entwickelt. Sicherlich spiegelt diese Komponente nicht den typischen Anwendungsfall eine Geschäftskomponente wieder, allerdings ist das Vorgehen bei der Implementierung vergleichbar. Zum Abschluss der Implementierung bleibt festzustellen, dass der Eigenbeitrag des Entwicklers sich auf einige wenige Zeilen C++-Code beschränkt.

19.4 Die Erstellung des Komponentenarchivs

Die CORBA-Komponente ist nun fertig implementiert. Zur späteren Benutzung für das Philosophen-Beispiel, muss sie nun in ein Komponentenarchiv verpackt werden. Dazu gehört auch die Bereitstellung der Komponentenbeschreibung (*CORBA Component Descriptor*) und der Implementierungsbeschreibung (*Software Package Descriptor*).

19.4.1 Die Komponentenbeschreibung

In der Komponentenbeschreibung wird die Lebenszeitregel für die Servants festgelegt.

Die Komponentenbeschreibung kann unter Nutzung der Spezifikation der Komponente in großen Teilen automatisch generiert werden. In dem hier diskutierten Fall der Philosophen-Komponente wurde durch die `-d`-Option des Generators eine vorgefertigte Komponentenbeschreibung mit dem Namen `dinner_Philosopher-Impl.ccd` generiert. In dieser Beschreibung soll nur das Attribut `lifetime` des XML-Elements `servant` angepasst werden. Als Wert des Attributs wird `component` gewählt, da die hier verfolgte Komponentenimplementierung nicht darauf vorbereitet ist, im Kontext einer anderen Komponenteninstanz wiederverwendet zu werden (vgl. Kap 3.3).

Fragment des CORBA Component Descriptor

```
<?xml version = ‚1.0' ?>
<!DOCTYPE corbacomponent PUBLIC … >
<corbacomponent>
...
  <componentkind>
    <session>
      <servant lifetime="component"/>
    </session>
  </componentkind>
...
</corbacomponent>
```

19.4.2 Die Implementierungsbeschreibung

In der Implementierungsbeschreibung muss die Referenz auf die IDL-Datei für die Komponente angepasst werden.

Bei der Implementierugsbeschreibung sind ebenfalls einige Änderungen zu machen. Schließlich bezieht sie sich auf die konkret vorliegenden Implementierungen, zu denen nur der Komponentenentwickler Informationen bereitstellen kann. Glücklicherweise werden hier auch viele Teile der Beschreibung durch den Generator generiert. Als erstes können natürlich in den Elementen `Titel` und `Author` entsprechende Informationen abgelegt werden. Für die eigentliche Funktionalität der Komponente spielen die dort hinterlegten Informationen keine Rolle. Ausserdem muss die IDL-Datei, die die Komponentenspezifikation enthält, referenziert werden. Dies erfolgt mithilfe des XML-Elements `idl`. Der Name der Datei im Verweis muss auf den hier benutzten Namen für die IDL-Datei `philosopher.idl`, unter dem sie auch letztendlich im Komponentenarchiv gespeichert werden soll, gesetzt werden.

Da die Philosophen-Komponente Ereignistypen und damit *Valuetypes* benutzt, deren Implementierung dem Container bekannt sein muss, müssen Informationen über die Implementierungen, mit denen die *Valuetypes* erzeugt werden, bekannt sein. Leider standardisiert das CORBA-Komponentenmodell nur, wie Abhängigkeiten der Komponentenimplementierung von gewissen *Valuetype*-Implementierungen ausgedrückt werden, und nicht, wie diese Fabriken sich vor der Benutzung tatsächlich beim vom Container benutzten ORB anmelden können.

Mit der Namensänderung der IDL-Datei und des Eintragens der Abhängigkeit der Komponentenimplementierung von der Implementierung der Fabriken für die *Valuetypes*, sieht der entsprechende Teil der Implementierungsbeschreibung folgendermaßen aus.

Fragment des Software Package Descriptor

```
<?xml version = ‚1.0 ?>
<!DOCTYPE softpkg PUBLIC … >

<softpkg name="PhilosopherImpl_softpkg" \
version="1.0">

  <pkgtype>CORBA Component</pkgtype>
  …
  <idl id="IDL:dinner/PhilosopherHome:1.0">
    <fileinarchive name="philosopher.idl"/>
  </idl

  <implementation id=… >
    <dependency type="DLL">
```

```
      <valuetypefactory repid=\
"IDL:dinner/PhilosopherState:1.0">

        <fileinarchive> \
name="orbacus/dinner_PhilosopherImpl.dll"/>

      </valuetypefactory>

    </dependency>
    ...
  </implementation>

  ...

</softpkg>
```

Im generierten *Softeware Package Descriptor* fallen im unteren Teil des XML-Elements `implementation` zwei XML_Elemente `code` auf. Im ersten `code`-Element sind Informationen über die DLL mit der Komponentenimplementierung hinterlegt. Im zweiten `code`-Element folgen Informationen über die DLL mit den *Servant*-Implementierungen. Ein anderer Weg wäre, die *Servant*-DLL nicht mit im Komponentenarchiv zu liefern, sondern während der Installation automatisch erzeugen zu lassen. Obwohl Qedo zwischenzeitlich auch dieses Vorgehen unterstützte, ist es gegenwärtig abgeschaltet, da kein Bedarf dafür bestand.

19.5 Fertigstellung des Komponentenarchivs

Nachdem die Beschreibungen vervollständigt sind, kann das endgültige Komponentenarchiv fertig gestellt werden. Dazu werden die erforderlichen Dateien in einem ausgezeichneten Verzeichnis gesammelt:

die fertigen Dateien für das Komponentenarchiv

```
C:\Development\Phil\Package>dir /b /og
meta-inf
dinner_PhilosopherImpl.dll
dinner_PhilosopherImpl_SERVANT.dll
philosopher.idl

C:\Development\Phil\Package>dir /b /og meta-inf
dinner_PhilosopherImpl.csd
dinner_PhilosopherImpl.ccd
```

Der Inhalt des Verzeichnisses kann nun in ein zip-Archiv verpackt werden. Das Ergebnis ist eine auslieferbare CORBA-Komponente.

```
C:\Development\Phil\Package>wzzip /r /p Phil.zip
WinZip(R) Command Line Support Add-On Version 1.0
(Build 3181)
Copyright © WinZip Computing, Inc. 1991-2000 - All
Rights reserved

  Adding dinner_PhilosopherImpl.dll
  Adding dinner_Philosopher_SERVANT.dll
  Adding meta-inf/
  Adding meta-inf/dinner_PhilosopherImpl.ccd
  Adding meta-inf/dinner_PhilosopherImpl.csd
  Adding philosopher.idl
creating Zip file Phil.zip

C:\Development\Phil\Package>dir /b /og
meta-inf
dinner_PhilosopherImpl_SERVANT.dll
philosopher.idl
Phil.zip
dinner_PhilosopherImpl.dll
```

Erstellung des Komponentenarchivs

Das entstandene Komponentenarchiv `Phil.zip` kann jetzt von Dritten zum Bau einer komponentenbasierten Anwendung benutzt werden. Auf ähnliche Weise können nun auch die Komponenten *Cutlery* und *Observer* implementiert und als Komponentenarchiv eingepackt werden.

19.6 Ausblick

Das CORBA-Komponentenmodell ist eine noch sehr junge Technologie mit einer Reihe von offenen Punkten, die in zukünftigen Revisionen standardisiert werden müssen. Qedo als prototypische Implementierung des CORBA-Komponentenmodells musste für einige dieser offenen Fragen eigene Lösungen finden. Einige dieser Punkte sind aus Sicht der Autoren äußerst wichtig und standardisierte Lösungen müssen in naher Zukunft gefunden werden.

Ein Beispiel hierbei ist die Standardisierung der Anmeldung von Fabriken für benutzte Ereignistypen. Auch das Problem, dass mehrere Komponentenimplementierungen gültige Implementierungen für die verwendeten Ereignistypen anbieten können, wird im aktuellen Standard unzureichend diskutiert. Ein anderes Beispiel sind die vielen offenen Punkte und Freiheiten bei der Installation und Konfiguration, beispielsweise die zu verwendenden Konfigurationswerte (`ConfigValues`) bei der Erzeugung eines Containers.

Obwohl sich Qedo ebenfalls noch in einem sehr jungen Stadium befindet, lässt sich jedoch schon eine Vielzahl der Aspekte der Implementierung von CORBA-Komponenten bei der Arbeit mit dieser Software nachvollziehen. Dem Leser sei an dieser Stelle geraten, sich von kurzzeitigen Rückschlägen bei der Komponentenimplementierung nicht entmutigen zu lassen. Wie jede neue Technologie, so verlangt auch das CORBA-Komponentenmodell und seine Implementierung in Form von Qedo eine längere Zeit der Einarbeitung. Hat man jedoch erst einmal den Implementierungsweg verinnerlicht, kommt man in kürzerer Zeit zu attraktiven CORBA-Anwendungen und spart viele Arbeitsstunden an sekundärer Programmierarbeit.

Glossar

Anwendungsarchiv
Ein Anwendungsarchiv ist eine zip-Datei für die Inbetriebnahme einer Anwendung. Die Datei enthält die Anwendungsbeschreibung und Komponentenarchive (*assembly package*).

Anwendungsbeschreibung
Eine Anwendungsbeschreibung ist eine XML-Datei zur Beschreibung einer Anwendung aus Komponenteninstanzen (*Component Assembly Descriptor*).

Artefakt
Ein Artefakt ist eine allgemeine Bezeichnung für ausführbaren Programmcode zur Implementierung einer bestimmten Funktionalität (z.B. Implementationsklasse in C++).

Attribut
Ein Attribut ist eine benannte synchrone Kommunikationsprimitive an einem CORBA-Interface sowie einer CORBA-Komponente zum Zugriff auf einen Wert mittels Lese- und Schreiboperation.

Callback-Interface
Ein Callback-Interface ist ein von einer CORBA-Komponente implementiertes Interface, das vom Container verwendet wird.

Component Assembly Descriptor
siehe Anwendungsbeschreibung

Consumer
siehe Ereigniskonsument

Container
Ein Container bildet die Laufzeitumgebung einer Komponentenimplementierung. Komponenteninstanzen können über den Container

auf grundlegende Dienste, wie Sicherheitsdienst oder Transaktionsdienst zugreifen.

CORBA Component Descriptor
siehe Komponentenbeschreibung

CORBA-Interface
Ein CORBA-Interface ist ein mit Hilfe von CORBA-IDL definiertes Interface.

CORBA-Komponente
Eine CORBA-Komponente ist ein neuer Metatyp in CORBA. Er gestattet die Definition von Ports und ermöglicht damit die Spezifikation von Interaktionsanforderungen und -verbindungen auf Modellebene.

CORBA-Objekt
Ein CORBA-Objekt ist die Implementierung eines CORBA-Interface.

Deployment
siehe Inbetriebnahme

Inbetriebnahme
Die Inbetriebnahme einer komponentenbasierten Anwendung ist ein Prozess, der ausgehend von einem Anwendungsarchiv eine Anwendung startet. Inbetriebnahme umfasst dabei die Bestimmung der Verteilung der Komponenten, Installation und Instantiierung von Komponenten, sowie die Konfiguration der Komponenteninstanzen.

Emitter
Ein Emitter ist ein Ereignisproduzent, der für Konfigurationszwecke verwendet wird.

Ereignis (*event*)
Ein Ereignis ist eine asynchrone Kommunikationsprimitive, basierend auf CORBA-*Valuetypes*.

Ereigniskonsument
Ein Ereigniskonsument ist ein Port einer Komponente, an dem Ereignisse eines bestimmten Typs konsumiert werden.

Ereignisproduzent
Ein Ereignisproduzent ist ein Port einer Komponente, an dem Ereignisse eines bestimmten Typs ausgesendet werden. Ereignisproduzenten werden nach *Emitter* und *Publisher* unterschieden.

Executor (Komponenten-Executor)
Der Executor ist eine Menge programmiersprachlicher Artefakte, die die Geschäftslogik einer Komponente implementieren.

Executor Locator
Der Executor Locator ist die Implementierung des IDL-Interface `ExecutorLocator` zur generischen Einbindung beliebig strukturierter Executors in einen Container.

Facet
Ein Facet ist ein Port einer Komponente, an dem ein spezifiziertes Interface implementiert wird (CORBA-Objekt).

Home
Ein Home dient der Erzeugung und Verwaltung von Komponenteninstanzen eines Komponententyps.

Home-Executor
Der Home-Executor ist eine Menge programmiersprachlicher Artefakte, die die Geschäftslogik eines *Home* implementieren.

IDL (*Interface Definition Language*)
IDL ist die Sprache zur Spezifikation von Interfaces und Datentypen in CORBA.

IDL-Compiler
Ein IDL-Compiler erzeugt aus einer IDL-Spezifikation Programmcode (Stubs und Skeletons).

IDL-Interface
siehe CORBA-Interface

Implementierungsbeschreibung
Eine Implementierungsbeschreibung ist eine XML-Datei zur Beschreibung verschiedener Komponentenimplementierungen einer Komponente (*Software Package Descriptor*).

Installation
Die Installation einer Komponentenimplementierung ist die Bereitstellung von ausführbarem Programmcode zur Instantiierung von Komponenten und Objekten auf einem Zielrechner.

Interface
Ein Interface definiert eine Schnittstelle, die von einem Objekt angeboten (implementiert) werden kann, um externe Interaktionen zu erlauben. In CORBA verfügt es über die Kommunikationsprimitiven Operation und Attribut.

Komponente
Eine Komponente besitzt vertraglich spezifizierte Interfaces und ausschließlich explizite Kontextabhängigkeiten. Sie kann unabhängig von anderen Komponenten installiert und für Kompositionen benutzt werden.

Komponentenarchiv
Ein Komponentenarchiv ist eine zip-Datei zur Zusammenfassung verschiedener Implementierungsvarianten einer Komponente. Die Datei enthält eine Implementierungsbeschreibung und Komponentenimplementierungen (*software package*).

Komponentenbasierte Anwendung
Eine komponentenbasierte Anwendung ist eine Anwendung, die durch eine Komposition von Komponenteninstanzen realisiert wird.

Komponentenbeschreibung
Eine Komponentenbeschreibung ist eine XML-Datei mit Informationen zur Einbettung einer Komponente in einen Container (*CORBA Component Descriptor*).

Komponenteninstanz
Eine Komponenteninstanz ist die Instanz eines Komponententyps. Sie hat unterschiedliche Repräsentationen im Rahmen der Spezifikation einer Anwendung und zur Laufzeit.

Komponenteninterface
Das Komponenteninterface ist das primäre IDL-Interface einer CORBA-Komponente zum Management von Lebenszyklus und Verbindungen.

Komponentenimplementierung
Eine Komponentenimplementierung ist eine Menge von Artefakten, durch die eine CORBA-Komponente implementiert wird.

Komponentenkategorie
Die Kategorie einer Komponente legt die Art der Identität der Komponente und ihre Zustandsbehaftung fest.

Komponententyp
Die IDL-Spezifikation einer CORBA-Komponente kann als Komponententyp bezeichnet werden.

Komposition
Im Rahmen der Implementierung einer Komponente ist die Komposition das Konzept zur Spezifikation der Implementierung der Komponente. Bei der Anwendungsentwicklung bezeichnet die Komposition die Menge der in Verbindung stehenden Komponenteninstanzen.

Konfiguration
Die Konfiguration von Komponenten oder Anwendungen umfasst die Zuweisung von Attributwerten und die Erzeugung von Verbindungen zwischen Ports verschiedener Komponenten zum Zwecke der Herstellung einer Komposition.

Kontextinterface
Ein Kontextinterface ist ein vom Container implementiertes Interface (internes Interface), das von einer Komponentenimplementierung verwendet wird.

Navigation
Komponenten können verschiedene strukturelle Merkmale bereitstellen. Unter Navigation versteht man die selektive Auswahl eines dieser Merkmale.

Objektreferenz
Eine Objektreferenz adressiert ein CORBA-Objekt. Unter Nutzung der Objektreferenz können Operationen an diesem Objekt gerufen werden.

Operation
Eine Operation ist eine synchrone Kommunikationsprimitive an einem CORBA-Interface mit Parametern und einem Rückgabewert.

ORB (*Objekt Request Broker*)
Der ORB ist elementarer Bestandteil von CORBA und bildet die Grundlage für die Kommunikation zwischen CORBA-Objekten.

Persistenzdienst (*Persistent State Service*)
Der Persistenzdienst ist ein allgemeiner Objektdienst in CORBA zur Abspeicherung des Zustands von CORBA-Objekten.

Plattform
Eine Plattform bezeichnet ein allgemeines Konzept zur Abstraktion einer Ausführungsumgebung. Plattform kann sowohl ein Betriebsystem bezeichnen als auch eine Infrastruktur zur Ausführung von Komponenten.

POA (*Portable Objekt Adapter*)
Der POA ist ein standardisierter Objektadapter zur Implementierung von CORBA-Objekten.

Port
Port ist ein Konzept zur Spezifikation von Art und Richtung einer Interaktion im Rahmen der Spezifikation einer CORBA-Komponente. Ein für eine Komponente definierter Port hat einen eindeutigen Namen und kann entweder *Facet*, *Receptacle*, Ereignisproduzent oder Ereigniskonsument sein.

PSDL (*Persistent State Definition Language*)
PSDL ist die beim Persistenzdienst verwendete Sprache zur Spezifikation von Speicherschnittstellen, um eine einheitliche Speicherung von Zuständen zu ermöglichen.

Publisher
Ein Publisher ist ein Ereignisproduzent, der das Aussenden von Ereignissen an mehrere Ereigniskonsumenten erlaubt.

Receptacle
Ein Receptacle ist ein Port einer Komponente durch den die Fähigkeit einer Komponente beschrieben wird, ein spezifisches externes Interface zu benutzen.

Segment
Ein Segment ist eine Struktureinheit bei der Implementierung einer CORBA-Komponente und Teil des *Executor*.

Servant
Ein Servant ist die Basis der Implementierung eines CORBA-Objektes. Operationsaufrufe an CORBA-Objekten werden durch den POA an Servants delegiert.

Softwarekomponente
Eine Softwarekomponente ist zustandslos und kann mittels definierter Schnittstellen komponiert werden. Ein Beispiel für eine Softwarekomponente ist eine Microsoft Windows dll.

Software Package
siehe Komponentenarchiv

Software Package Descriptor
siehe Implementierungsbeschreibung

Speicherfabrikschnittstelle
Eine Speicherfabrikschnittstelle ist eine Schnittstelle zur Erzeugung von Speicherobjekten. Sie wird durch eine Speicherfabrik implementiert.

Speicherschnittstelle
Eine Speicherschnittstelle ist eine Schnittstelle zur Speicherung von Zuständen. Sie wird durch ein Speicherobjekt implementiert.

Transaktionsdienst
Der Transaktionsdienst ist ein allgemeiner Objektdienst in CORBA, der Unterstützung zur Realisierung von transaktionalem Verhalten bietet.

Wiederverwendbarkeit
Unter Wiederverwendbarkeit versteht man die Fähigkeit von Spezifikationen oder Implementierungen innerhalb verschiedener Anwendungen unverändert eingesetzt werden zu können.

Literatur

Born, Holz, Kath: „Softwareentwicklung mit UML 2". Addison-Wesley Verlag 2004. ISBN 3-8273-2086-0

Grey, Reuter: „Transaction Processing". San Francisco, California. Morgan Kaufmann Publishers, Inc. 1993

Henning, Vinoski: „Advanced CORBA Programming with C++". Addison-Wesley Verlag 1999. ISBN 0-201-37927-9

Lang, Schreiner: „Developing Secure Distributed Systems with CORBA". Artech House Computer Security Series 2002. ISBN 1-58053-295-0

Mintert: „XML & Co". Addison-Wesley Verlag 2002. ISBN 3-8273-1844-0

OMG 2000: „Trading Object Service" Version 1.0. OMG Dokument formal/2000-06-27

OMG 2001: „Event Service" Version 1.1. OMG Dokument formal/2001-03-01

OMG 2002a: „Security Service" Version 1.8. OMG Dokument formal/2002-03-11

OMG 2002b: „Meta-Object Facility" Version 1.4. OMG Dokument formal/2002-04-03

OMG 2002c: „CORBA Component Modell" Version 3.0. OMG Dokument formal/2002-06-65

OMG 2002d: „Notification Service" Version 1.0.1. OMG Dokument formal/2002-08-04

OMG 2002e: „Naming Service" Version 1.2. OMG Dokument formal/2002-09-02

OMG 2002f: „Persistent State Service" Version 2.0. OMG Dokument formal/2002-09-06

OMG 2003a: „Unified Modeling Language“ Version 1.5. OMG Dokument formal/2003-03-01

OMG 2003b: „Deployment and Configuration of Component-based Distributed Applications“. OMG Dokument formal/2003-07-02

OMG 2003c: „Transaction Service“ Version 1.4. OMG Dokument formal/2003-09-02

OMG 2004: „Common Object Request Broker Architecture (CORBA/IIOP)” Version 3.0.2. OMG Dokument formal/2004-03-12

Opengroup: „CDE 1.1: Remote Procedure Call”. The Open Group 1997. Document Number C706

Sun Microsystems: „Enterprise Java Beans Specification” Version 2.1. 2003. http://java.sun.com/products/ejb

Szyperski: „Component Software – Beyond Object Oriented Programming”. Addison-Wesley Verlag 1999. ISBN 0-201-17888-5

W3C: „Extensible Markup Language (XML) 1.0 (Second Edition)”. World Wide Web Consortium 2000

Sachverzeichnis

GPSR Compliance

The European Union's (EU) General Product Safety Regulation (GPSR) is a set of rules that requires consumer products to be safe and our obligations to ensure this.

If you have any concerns about our products, you can contact us on ProductSafety@springernature.com

In case Publisher is established outside the EU, the EU authorized representative is:

Springer Nature Customer Service Center GmbH
Europaplatz 3
69115 Heidelberg, Germany

Batch number: 10105465

Printed by Printforce, the Netherlands